運動感覚の深層

金子明友 著

明和出版

ま え が き

　『運動感覚の深層』と題された本書は，一連の〈身体知〉に関する理論の余剰として，と言っても不用な余りという意味ではなく，気になっていた書き残し，とりわけ動感感覚の原発生地平や本質直観の方法論などの駄目押し的内容も取り込んでいる。顧みれば，若い学生たちの運動分析研究とその指導に関わってきた長い大学生活を終えて，早速に取りかかったのが『わざの伝承』(2002)の執筆であった。それは人間のもつ奇妙な身体知が〈わざ〉に収斂され，地域を越え，世代を超えて伝承されていく運動感覚の深層世界を浮き彫りにしたかったからである。次いで，『身体知の形成（上下）』(2005)，『身体知の構造』(2007)を講義風にまとめ，最後に身体知分析論として体系化した『スポーツ運動学』(2009)を江湖に送り出した。ところが，わが身の浅学非才は当然ながら，馬齢を重ねての説明下手が災いして，一連の理論体系が諸賢に唯々と首肯されているとは言いがたい。その間，請われるままに講演や集中講義のなかで，その解説をしてきたが，そのときに用意した原稿を 5 章にまとめたのが本書である。だから，それぞれの章は独立した主題を基礎にしているので，各章のあいだには論展開や引用文献に重複が見られる。けれども，その繰り返しが理解を助ける限りではそのままに残した。その重複も意味をもつと考えるからだ。さらに難解な専門語には，その前後に理解を助ける説明をつけ加えてある。しかし，現象学術語の難解さは，表現それ自体よりも，考え方の違いによるので，できるだけ引用文献の当該箇所も示しておいた。とはいっても，科学的な運動分析論から区別される現象学的分析の動感発生論の深層に立ち入ろうと努めたつもりでも，ロックの呪縛に災いされて，その奇妙な反論理性の解明はとても非才の手に負えるものではない。こうして，一連の奇妙な動感発生論に関わりながら，驚異的な身体能力を生み出す源泉に立ち入ろうと，虚仮の一念を貫いて本論考をまとめた次第である。

　それにしても本書は，例のごとく訳のわからない奇妙な文章が続いているので，読者にとってはまさにそのアポリアに呆れてしまうかもしれない。それはもちろん老生の非才のせいであるのは喋々するまでもないが，アポリアに阻まれたときには〈身体で読む〉ことをお願いしたい。つまり自らの身体経験を通

して，この奇妙な動感感覚の世界に向き合ってほしいと思っている。このような経緯から，本書の主題には『運動感覚の深層』が選ばれたが，その運動感覚の表現は，長い歴史のなかに多義性をもっているから，まず序章で本論の拠点を確認しておくことが必要になる。その意味において，序章「運動感覚の両義性」では，科学的な運動感覚と現象学的な動感感覚(キネステーゼ)の差異が前景に立てられ，本論で取り上げるフッサールの動感発生論を理解する前提を確認するのを狙いにしている。

　第Ⅰ章「コツとカンの存在論」では，巷間にコツやカンといわれて，一方ではその奇妙な身体知が驚異的な〈わざ〉として関心を呼び，他方では素朴な身体感覚に頼る侮蔑感が露わにされている。その種明かしに意欲をかき立てるスポーツ科学の運動分析は陸続と続く。果たして，コツやカンという身体能力は存在するのか，その存在論に問いかけることを本論の起点に取り上げている。

　第Ⅱ章「身体で覚える動感世界」では，その分析論的基柢をなす本質直観の意味を確認しながら〈身体で覚える〉という動感世界の奇妙な発生現象が取り上げられる。その感覚質の発生は数学的確率論では捉えられない謎に満ちた深層がそこに浮上してくる。

　第Ⅲ章「動感発生に潜むアポリア」では，生成と消滅の二面性をもつ動感発生地平に潜む多くのパラドックスを浮き彫りにしながら，動感質を伝承する可能性を探るのがこの章の狙いになる。その動感伝承領域において，教師やコーチと生徒と選手たちの関係系に何が欠損しているかを際立たせようとしている。

　第Ⅳ章「動感発生の深層世界」では，受動発生，受容・能動発生，原発生の重層構造を確認し，絶対ゼロ点をもつ動感感覚の身体経験に直に向き合うことになる。ひとりでに動感能力が発生する受動世界を探り，さらに受容・能動発生領野における身体経験の時間性や空間性が明るみに出される。しかし，その動感世界はともに原発生地平に，奇妙な絶対時間化や隔たりの原現象の働く深層世界がそこに浮上してくる。

　第Ⅴ章「動感発生の分析論」では，それぞれの主観身体の深層に潜む動感質発生の分析論が主題となる。そこでは，スポーツ領域の本質直観分析論が改めて確認され，その様相化分析を支える分析能力の実践可能性が探られる。これらの多様な問題性を終章「動感運動学の道」としてまとめ，加えてこれからの喫緊の課題を展望しつつ「運動感覚の深層」と題した最終講義を閉じることに

なる。

　しかしこの論考において，その動感深層に潜む原発生地平を十分に解明できたとは言えるはずもない。もちろん，それは自らの非才ゆえに首肯せざるをえない。体系論としての『スポーツ運動学』上梓以降に，わが国古来の芸道や武道のもつ厳しい身体経験を基柢に据えて，その現象学的な新しい運動認識を理解していただこうと，できる限り努力をしてきたつもりである。このような発生現象学を基柢に据えた動感発生論を理解してもらうには，次世代の俊英たちにそのバトンを継いでもらうしかない。それを心密かにお願いしたいと思っている。できれば，この拙い論考をかつて大学人だった一人としての〈最終講義〉にしたいと思う。というのは，これまで関わってきた大学では，いずれも最終講義をもつことができなかった。このことが妙に心に引っかかって，せめて人並みに最終講義で締めくくりたいと思う次第である。

　老翁の説明下手は諸賢のよく知るところとしても，この拙い〈最終講義〉を聞いて，その未完のバトンを伝承して，次世代の動感世界に開花させていただければこの上ない幸いと思っている。この最終講義の構想をまとめるに当たって，いつも身近にいて話し相手になってくれた金子一秀教授に謝意を表さないわけにはいかない。それは，現役で動感運動学を講じているから，どこが学生たちにわかりにくいかを見事な例証の形で数多く提供してもらったし，物ぐさになった老翁にマッハの古典文献などを探して執筆意欲を支えてくれたからである。

　最後に，謎に満ちた身体知の一連の研究を絶えず励まし続け，この最終講義の機会を図らずも与えて，老生の晦渋な文章を厳密な校正で支えてくれた明和出版の和田義智社長に心からの感謝の言葉を忘れるわけにはいかない。

　2014 年　盛夏

金子明友

運動感覚の深層・目次

序　章　運動感覚の両義性

§1. 運動感覚の反論理に向き合う …… 2
§2. 身体運動の両義性を問う …………6
§3. 価値意識を伴う感覚質に向き合う …10
§4. 運動感覚の両義性を問う…………15
§5. 動感感覚の意味を確認する ………19

第Ⅰ章　コツとカンの存在論

[Ⅰ] 改めてコツとカンを問い直す ──────────────24

§6. 身体感覚は当てにならない ………24
§7. 身体能力の感覚質を問う…………27
§8. コツは身体中心化作用をもつ ……30
§9. カンは情況投射化作用をもつ……33

[Ⅱ] コツ・カンの源泉に遡る ──────────────────35

§10. 新しい運動分析論が台頭する……35
§11. 動感発生論の道が拓かれる ……38
§12. 感覚質の伝承危機が迫る…………41
§13. 動感質の源泉を探る ……………44

[Ⅲ] 動感質の存在論を問う ──────────────────46

§14. 感覚質の生成に向き合う…………46
§15. 感覚質の消滅に向き合う ………50
§16. 感覚質の発生を感じとる…………52
§17. 感覚質の伝承を志向する ………56

第Ⅱ章　身体で覚える動感世界

[Ⅰ] 身体運動それ自体に向き合う ────────────────60

§18. 身体運動の意味を確認する………60
§19. 動感スキップ現象に向き合う …64
§20. 動感する自己を感じとる…………67
§21. 運動は意識の奴隷ではない ……70
§22. 原努力は未来を志向する…………73
§23. 感覚質は安らぎを志向する ……75

[Ⅱ] 身体で覚える世界に分け入る ────────────────78

§24. 身体能力しか頼れない……………78
§25. 動感発生は原経験に遡源する …81
§26. 動感発生は気分に左右される……85
§27. 感覚質の連動現象に注目する …88
§28. 偶発消滅と破局消滅を区別する…91

[Ⅲ] 感覚質の価値知覚に向き合う ────────────────96

§29. 感覚質は確率論を拒否する………96
§30. 動機づけが感覚質を捉える ……99
§31. 内在経験の身体性を分析する……103
§32. 感覚質の程度差を感じとる……106

第Ⅲ章　動感発生に潜むアポリア

［Ⅰ］反復化の矛盾に向き合う ──────────────112
§33. 感覚質が反復化を求める………112　§34. デジタルとアナログの反復を問う…114
§35. 動感発生は交換同時性をもつ…116　§36. 反復化はパラドックスを蔵す…118

［Ⅱ］動感流の破局的消滅に向き合う ──────────121
§37. 固癖化と鋳型化を区別する……121　§38. 動感修正は源泉に遡源する……124
§39. 動感消滅に突然襲われる………127　§40. 戻れる動感故郷がない…………129

［Ⅲ］動感源泉の地平に注目する ────────────132
§41. 流れる原現在を感じとる………132　§42. 物体経験も動感意識と共働する…135
§43. 生ける想像力が気配感を生む…137　§44. 気分身体は動感源泉に住む……139

［Ⅳ］連帯感は越境性を保証する ────────────141
§45. 他者の感覚質に越境する………141　§46. 主観身体と間身体は統一態をなす…144
§47. 動感連帯化が伝承を支える……146　§48. 連帯感は間身体を生化する……148

第Ⅳ章　動感発生の深層世界

［Ⅰ］動感世界は重層構造をもつ ────────────152
§49. 感覚論的形態学に注目する……152　§50. 感覚質はゼロ点に遡源する……154
§51. 時空地平は世界意識を構成する…156　§52. 動感世界は層位構造を示す……158

［Ⅱ］受動発生の身体経験に向き合う ──────────162
§53. 受動発生のゼロ動感に向き合う…162　§54. ロックの呪縛を爆破する………166
§55. 隔たりは計測できない…………170　§56. 受動発生の欠損態に気づく……172

［Ⅲ］能動発生の身体経験に向き合う ──────────176
§57. 能動発生の地平を確認する……176　§58. 原現在は中庭をもつ……………178
§59. 時間化能力に向き合う…………180　§60. 隔たり原現象に向き合う………183
§61. 自我身体の分裂を経験する……185

［Ⅳ］原発生の身体経験に向き合う ───────────187
§62. 原発生の源泉に遡る……………187　§63. 二つの今を感じとる……………190
§64. 二つの上に気づく………………193　§65. 絡み合う原動感層に遡る………196

第Ⅴ章　動感発生の分析論

[Ⅰ] 動感分析論の対象を問う ―― 200
- §66. 発生分析の対象を確認する……200
- §67. 本原的な本質直観の道をとる…202
- §68. 発生論と静態論の関係を問う…209
- §69. 実践可能性の意味発生を問う…211
- §70. 抵抗経験が反復可能性を誘う…214
- §71. 時間流の反省分析に向き合う…217

[Ⅱ] 本原的直観の志向分析に向き合う ―― 220
- §72. 動感運動の本原性に立ち戻る…220
- §73. 感覚質発生に注目する…………222
- §74. ノエマ的意味を本質直観する…225
- §75. ノエシス契機の今を捉える……228
- §76. 動感質発生を本質直観する……230

[Ⅲ] 本質直観の分析論を問う ―― 234
- §77. 本質直観の三階層を確認する…234
- §78. 感覚質の様相変動に注目する …239
- §79. 様相化分析の役割を問う………241
- §80. ノエシス的分析が起点となる…244
- §81. 原発生の地平分析に向き合う…246
- §82. 分析能力の存在論を問う………250

[Ⅳ] 様相変動の分析能力に向き合う ―― 254
- §83. 動感移入して感覚質を統握する…254
- §84. 促発分析能力に注目する………257
- §85. 承け手の実的分析に向き合う…260
- §86. ノエマ的意味を問い直す………263
- §87. 感覚質の時間流を反省する……267
- §88. 反省能力が感覚質を捉える……270

終　章　動感運動学の道

- §89. 身体運動の始原性に遡る………274
- §90. 身体能力は動感世界に住む……277
- §91. 動感発生の謎に迫る……………279
- §92. 動感ヒュレーの分析能力を問う…283
- §93. 動感処方の分析能力を問う……286
- §94. 学校体育の運動学習を問う……290
- §95. 比較競技論の成立を探る………295

● さくいん ―― 299

序章

● 運動感覚の両義性

§1. 運動感覚の反論理に向き合う

　本論考では，当然ながらフッサールのキネステーゼ発生論が基柢に据えられ，その上にコツやカンという身体能力の存在論とその発生分析論が主題化されている。そこでは，フッサールの発生現象学的な運動認識論が展開されるから，科学的思考に慣れた人たちにとっては馴染みにくいかもしれない。生命ある身体運動を因果決定論に基づいて，それを客観化して理解しようとする人にとって，キネステーゼ感覚[1)]の示す奇妙な「反論理性」[2)]の出来事は，まさに謎となってしまうのだ。つまり，一つのコツが生まれるときには，同時にカンが身を隠し，その動く感じの生成と消滅は，先（プリウス）も後（ポステリウス）もない同時反転性をもち，順序づけはそこに存在しないからである。それどころか「その身体能力によって結果を先取りできる」という結論を耳にすると，それはまさに非科学的な，非論理的な奇妙な考え方であり，因果決定論の法則に反すると貶めざるをえなくなる。ところが，競技に打ち込んで深い身体経験をもっている人，あるいは歩くや投げるという日常の動きの〈今ここ〉をわが身にありありと，つまり本原的に直観できる人は，その動感感覚（キネステーゼ）という〈反論理的〉出来事のなかに，その本質を不可疑的な明証性をもつ〈本質普遍性〉として捉えることができるのだ。

　このようなキネステーゼ感覚，つまりフッサールが〈新しい運動感覚〉として取り上げた〈キネステーゼ感覚〉という独自な概念をその源流まで尋ねていくと，まさに同時代の物理学者マッハが，とりわけ感覚生理学を取り入れた『運動感覚論』[3)]の論考と真っ向から対立していることに注目せざるをえなくなる。それは後段（§5）で詳しく立ち入るが，いわば，フッサールの動感感覚（キネステーゼ）論は，19世紀後半において感覚論の主流を占めていた連合心理学者ベインの筋感覚論（1855）[4)]やマッハの物理学的な運動感覚論（1875）との対決を意識しているからである。だから，フッサール独特な〈キネステーゼ感覚〉という概念発生の源流に潜むこの区別を確認しておかないと，ヴァイツゼッカーがその

---

1) Hua. XVI. S. 161 [8. Kapitel : Der phänomenologische Begriff der Kinästhese, §44~§47]
2) Weizsäcker, V.v.: Gestaltkreis, Gesammelte Schriften, Bd.4, S.227f., 1997, Suhrkamp Verlag [邦訳:184-185頁]
3) Mach, E.: Grundlinien der Lehre von den Bewegungsempfindungen, Verlag von Wilhelm Engelmann Leipzig 1875
4) Bain, A.: The Senses and the Intellect, London, 1855

著『形態環(ゲシュタルトクライス)』(1940)で意味した「反論理性」の概念も理解することは難しくなる。とりわけ，19世紀の生理学者ヨハネス・ミュラー（*Müller, Johnnes Peter :1801~1858*)以来の感覚生理学との関係を重視した連合心理学的な〈運動感覚〉の概念は，フッサールのキネステーゼ感覚の意味内実を爆破してしまう勢いを今なおもち続けているからである。これから順次にその経緯に立ち入るが，フッサールがベインの連合心理学的〈筋感覚〉やマッハの〈運動感覚〉の用語をなぜ忌避したのかという事情を理解しないと，現象学的な新しい〈キネステーゼ感覚〉という意味内実はその姿を露わにしてくれない。だから，そのマッハの〈運動感覚〉とフッサールの〈動感感覚(キネステーゼ)〉との概念規定の区別を明確に気づかせるために，フッサールの場合には，わざわざルビを付けて運動感覚(キネステーゼ)，ないし手短に略して〈動感〉と表すしかない。フッサールの意味する〈キネステーゼ〉を語源的には運動(キネーシス)と感覚(アイステーシス)の合成語だからといって，端的に〈運動感覚〉と訳してしまうと，混乱が避けられないのは，この意味においてである。そこには，あまりにも先入見や誤解が多いため，その障碍となるアポリア［通り抜ける道がないこと］が肝心のキネステーゼ意識に潜む〈感覚質〉，つまり価値意識の働く感覚質の深層に立ち入るのを阻むことになってしまうのである。

　このような運動感覚に関する概念上の両義性を厳密に検討しておけば，たとい難解な原動感発生地平に潜む〈今ここ〉という〈絶対ゼロ点〉でも，わが身にありありと理解する可能性をもつことができる。このフッサールの〈動感感覚〉の概念上の認識は，さらに生き生きした的確な具体的例証を発見させてくれる。ところが，その基本的な動感認識論に無邪気に反論して，その動感能力の分析方法論が欠落しているから分かりにくいと批判する人もいれば，あるいはマニュアルが明示されないから運動感覚(キネステーゼ)の発生分析に入れないと不満をもらす人も後を絶たない。いわば，それはコツを掴む動きの感じを科学的に証明し，カンを掴むメカニズムを明示せよと迫る科学主義が大勢を占めている昨今である。その科学主義に対して，それは現象学的反省分析の自己観察の問題であり，感覚することは「自己を感覚すること」だからとシュトラウスを援用すれば，科学的に思考する人はそんな謎めいた言い訳ではとても納得できないと目くじらを立てる。果たして，フッサールが〈キネステーゼ感覚〉と言うときの〈感覚質〉は，当てにならない単なる仮象に過ぎないのだろうか。たしかに，〈ミュラー＝リヤー図形〉に示される錯視の例証分析が示しているように，視覚

で捉えた意味は，客観性がなく信頼できないという牧歌的な証明に納得し，感覚は単なるドクサ経験でしかないと断じる科学主義は今でも決して少なくない。後段（§ 27）で詳述することになるが，いわば，それこそフッサールが嘆く〈ロックの呪縛〉から解放されていないからである。フッサールはすでに『イデーンⅠ』（1913）の冒頭に本質直観の基礎づけを展開し，ロックの感覚論呪縛を際立たせている。つまり，「特殊な感覚質は単なる主観的でしかなく，幾何学的，物理学的な性質のみが客観的だ」[5]と主張するロックの感覚論を論破して，感覚質に潜む本質こそ直観化されなければならないと断じるのだ。この初期フッサールにおける感覚質の本質を直観化するという決定的な重大性は，遺稿となる『危機書』まで不変であることは周知の通りである。

　ところが〈ロックの呪縛〉から解放されていないと，フッサールの言う本質直観の動感分析論も，単なる〈運動の感覚〉として，人を欺く仮象的な〈感覚〉の記述でしかないことになる。だから，万人にとって通用する科学的客観性を呈示せよと迫り，万人を納得させる科学的明証性を保証すべきだと主張すること急である。そこでは，科学的明証性と現象学的明証性の本質必然的な区別にも気づかないままである。こうして，科学万能を確信する科学主義が見え隠れするから，その〈万人にとって〉という万人には，価値意識をもたないゾンビ[6]やセンサー付きのロボットも入るのかと皮肉を言いたくなる。このようにして，動感運動学の学的基礎づけを明らかにするために，例えば「運動は絶対に分割できない」と言うベルクソンの運動認識論を取り上げても，現代のスポーツ科学がそれを信じてくれるはずもない。現代の科学技術では，眼にも止まらぬ神業のような動きでも，超高速ビデオで 100 万分の 1 秒まで分割できるから，視感覚の欺瞞に満ちた仮象でも精密なデータで解析できると胸を張る。競技の勝敗決定が人間の感覚経験を無視したら，それは人間のスポーツ文化として我々を楽しませてくれるのかと毒づけば，あくまでも競技は公平を前提とした〈正義〉こそ〈格率〉となると主張する。それどころか「コツとカンは同時に反転可能だ」と動感感覚の本質法則を述べると，そんなドクサ経験の確信は，まさに非科学的な言表そのものであり，万人に通じるはずはないと一笑に付されてしまう。これでは，20 世紀を代表する哲学者ベルクソンの純粋持続論や

---

5) Hua. III. S.71f.［邦訳：第 40 節，段落①，173 頁］
6) 信原幸弘：意識の哲学（クオリア序説），31 頁以降，2002，岩波書店

フッサールの動感感覚論(キネステーゼ)を援用しても，それは前世紀の哲学者たちの歴史的言表でしかないと，にべもなく埒外の問題として排除されてしまうことになる。そこでは，精密科学の急速な発展によって，運動分析論も大きな転換期に来ていることを認識すべきだ，と口を揃える。しかし，発生現象学を基柢に据えて動感発生を論じるとき，いつも無用な心労を強いられるのは，その〈運動〉という概念の多義性による混乱である。それを生き生きした〈身体運動〉だと駄目を押しても，その身体は物質自然の生理学的ないし物理学的身体，ないし連合心理学的身体としてしか対象に取り上げられない。客観的な外部視点を放棄した〈運動分析論〉は明証性に欠けると人は言う。その外部視点を放棄した現象学的な動感運動の意識分析は，客観性が本来的に欠落していると批判されることも珍しくないのだ。この問題性は〈身体運動〉そのものの認識論が主題化されるから，その詳細は次節に送らざをえない。

　しかし，我々の発生論的な〈動感運動学〉は，フッサールの身体学的視座のもとに，生命ある〈身体物体〉の身体運動を主題化していても，いわば〈本質観取〉を志向した直観分析論の方法的理解がなかなか進まない。そこには，時間流の原発生における動感能力の生成・消滅する変様態とその動機づけが明確に統握できないと，動感伝承領野の発生分析論を体系的に確立できない難しさが存在するからである。たしかに，フッサールの発生現象学の用語は難解かもしれない。それは用語そのものの難しさというより，その出来事の奇妙さと問題意識の本質的差異が際立っているからであろう。しかし，動感時空世界のなかで，生徒や選手たちが新しい動きを身に付けるには，遂行自我の身体によって自らの感覚質発生に取り組まざるをえない。だから，動感世界に現れる奇妙な同時反転する反論理性は，知的に理解する対象ではなく，直にわが身でありありと感じとることが何よりも決定的な意味をもつことになる。ところが，動感時空世界の身体運動を指導する立場の教師やコーチは，動感能力の伝承世界に〈同時に居合わせる〉ことがない。つまり，教師やコーチがかつてもっていた遂行自我の生き生きした動感意識は，過去の彼方にとっくに消えてしまい，残っているのは「やったことがある」という単なる空虚形態の枠組みだけである。それどころか，全く未経験な動きには，その枠組みだけの空虚形態さえも存在していないのだから，選手や生徒の動感世界に同居できるはずもない。さらに加えて，生徒の学習対象となるノエマ的意味も生徒の意識作用のノエシス

契機にも教師が何一つ気づかないとしたら，そこに残された指導プログラムは，科学的な運動メカニズムの呈示と学習マネジメントの合理化に役立つ助言しかない。その動感伝承世界のなかに，共通の動感連帯感も発生していないとしたら，相互に意思疎通できる動感時空世界を共有していないことになる。これでは，運動それ自体の感覚質発生の学習指導ないしコーチングが成立するはずもない。しかも，この動感伝承の当事者，つまり伝え手と承け手の運動基盤が相互に共通認識に至っていないとしたら，つまり，キネステーゼ感覚質の発生指導が欠損した学校体育や競技スポーツの領域には，一体どんな運動文化の目標像が描かれていると言うのであろうか。我々の抱える動感発生論を主軸にしたスポーツ運動学の道には，あまりにも障碍が多すぎるのだ。その道を塞いでいる障碍を一つ一つ取り除いて，現象学的な動感発生分析の道を切り拓いていくしかないようである。

§2．身体運動の両義性を問う

　ここにおいて，運動認識論の基柢をなす身体運動の意味内実をまずもって確認しておかなければならない。この問題はすでに拙著『わざの伝承』（2002：第5章286~354頁）で詳しく取り上げられているが，関連するところを要約して，ここで確認しておきたい。健康や楽しみのために身体を動かすことを〈運動〉と人は言う。近年の健康意識の高揚に伴って，生理学的な〈運動処方〉という表現をよく耳にする。生理学的処方に則って歩くのを〈ウォーキングエクササイズ〉と呼んで，日常的に単に〈歩く〉という有意味な歩形態から一線を画す。つまり，人が歩くという有意味な行為やそのときの物理的な位置移動は背景に後退し，もっぱら健康や体力向上の手段として，その歩行形式が〈運動＝エクササイズ〉として利用される。このような運動とは，言うまでもなく〈動きかた〉という概念と関係をもってはいても，その動きの意味発生は顕在化してこない。だから，動感発生論の主題となる〈今ここで動く〉という身体運動の意味で，動く感じの感覚質の発生を論じるには，まずもってエクササイズという運動概念から区別しておかなければならない。アメリカでは，近年とみに〈美容や体つくり〉のための身体習練を *exercise* として限定的に表すようになり，スポーツやダンスで反復練習するのは *practice* と表して区別する[7]。戦後，ア

メリカに大きく影響されたわが国の体育事情も，もっぱら健康や体つくり，あるいは美容のためのエクササイズがブームとなり，運動といえば，エクササイズと同義と理解される。それだけに，スポーツの学領域でも，現象学的な運動学と科学的な運動学との区別が曖昧になってくるし，運動科学としての生理学的運動学との関わりにも注意を払う必要が生じてくる。

　さらに，わが国の〈運動学〉という名辞の理解に混乱を招き入れたのは，戦前におけるドイツやオーストリーの*Übungslehre*，つまりエクササイズの指導方法論を「運動学」と訳したからであろう[8]。しかし現在のドイツ語圏では，その*Übungslehre*の表記は使われずに，*Sportmethodik*［スポーツ方法論］ないし*Trainingslehre des Sports*［スポーツトレーニング論］と呼ばれ，そこで主題化される研究領域は，〈動きそれ自体〉の〈意味発生〉ないし〈感覚質発生〉を問う現象学的な〈純粋運動学〉からはっきりと区別されている。さらに，生理学的エクササイズや教育学的エクササイズとしての運動認識の混乱のほかに，もう一つの混乱を指摘しないわけにはいかない。それは，外的知覚における〈運動それ自体〉を主題化するバイオメカニクスやサイバネティクスに基づいた科学的運動学と，内在知覚における〈動きそれ自体〉の形相学としての現象学的運動学との区別である。その学問的な問題性も意識されないまま，不毛な議論や無邪気な誤解が絶えない。この問題圏は本論考の全編を通じて，精力的に解明されていくことになろう。

　〈エクササイズ〉という語が身体訓練に関わりをもつようになったのは，遠く16世紀にまで遡る。当時の貴族子弟のための学校において，精神形成のための*studia*［学問研究］と並んで用いられたのが*exercitia corporis*［身体習練］であった[9]。古典言語学者のゲーラーによると[10]，その単数形のエクゼルキティウムは，ギリシャ語のアスケーシスから翻訳されたという。それは苦行，禁欲，克己といった宗教的，道徳的内容を含意し，苦しみに耐えて行われる精神的訓練と反復による身体習練をその内容にしているのである[11]。このような身体

---

[7] Beyer, E.(Red.): Wörterbuch der Sportwissenschaft, Deutsch, Englisch, Französisch S.710 1987 Verlag Karl Hofmann
[8] 岸野雄三「運動学の対象と研究領域」『序説運動学』6頁，1968，大修館書店
[9] Beckmanns Sportlexikon: S.1533 1933 Verlaganstalt Otto Beckmann
[10] Göhler, J.: Die Leibesübungen in der deutschen Sprache und Literatur, S.2ff. 1954 Wilhelm Limpert-Verlag Frankfurt-Wien
[11] Göhler, J.: Japanische Turnkunst, S.10 1962 Limpert Verlag

習練を意味するラテン語 exercitia corporis を同じ意味の *Leibesübungen* としてはじめて取り上げたのはフィートであった。その著書『身体習練事典』(1795) のなかで，フィートはこの身体習練を「合目的に遂行できるように，繰り返し反復を必要とする身体の動き」[12] と定義している。だから exercitia corporis つまり身体習練は，その源流においては，まさに動きの反復による習熟向上がその本質的特性となっている。しかし，生理学的なエクササイズ効果が浮上してきたのは，その100年後の歴史的に有名な〈平行棒論争〉以降のことである。その立ち入った詳細は後段に送ることになろう。

　このような手段的に利用される反復形式のエクササイズは，19世紀において体つくりや美容効果，あるいはリハビリテーションとして運動の生理学的機能回復に直結するのは当然であろう。だから，オランダのリースドルプは，このような反復性の絶縁動作を〈媒介動作〉と呼んで，それを〈今ここ〉に現前化され，価値意識をもつ感覚質の身体運動から区別していることを見逃してはならない。つまり，「媒介動作は直接に運動そのものの成果を求めて行われるのではなくて，その結果として期待される他の効果のために行われる」[13] とリースドルプは正鵠を射た定義づけをしている。例えば，筋力養成の運動は，筋力の増大こそ決定的な意味をもち，その良否はすべて生理学的な身体効果によって決められる。ベンチプレスという運動に上手・下手はなく，生理学的に正しいかどうかだけが価値判断の基準となる。リースドルプは，この種の運動をマイネルに同調して〈構築運動〉と特徴づけている。そこでは，他の体部分の動きと関わりをもたない絶縁的動作が反復訓練されるのだから，「私は動きたい」というパトス的な内的衝動が欠落していると指摘しているのだ。この無味乾燥な動作の反復訓練に耐えられるのは，訓練後に期待される効果の魅力以外の何ものでもない。一向にスマートにならない美容体操は，女性の三日坊主を誘うに十分である。それだけに，単調な動作反復をなんとか楽しいものにしようと，目標を小刻みに設定したり，心弾む音楽伴奏を付けたりする。それが高じて，本来の健康保持や体つくりの意味が背景に沈められ，魅力的な動きかたのパフォーマンスとしてエアロビックスの国際競技にまで発展しているのは周知の通りである。

---

12) Vieth, G.U.A.: Encyklopädie der Leibesübungen, 1795; Studientexte zur Leibeserziehung, Bd.8 S.9 1970 Limpert Verlag
13) Rijsdorp, K.: Gymnologie S.102 f. 1975 Verlag Karl Hofmann

このような運動(エクササイズ)のもつ媒介性は，学校体育における身体活動にも混乱を引き起こしている。その教材としての運動(エクササイズ)は，教育目標を達成する手段でしかないから，それを目的に合うように変化させてもよいことになる。鉄棒の懸垂姿勢は，直立時の姿勢を崩さずに保持できる〈短懸垂〉が正しく，肩帯部を脱力した〈長懸垂〉は，だらしない姿勢として修正を求められたのはそう遠い昔のことではない。そうなると，体操選手の合理的な懸垂姿勢は正しくないことになる。さらに，体力つくりが陶冶目標に取り上げられると，ダンスの豊かな表現的な動きがその目標との整合性に問題が出てくる。ダンス特有な価値知覚の働く動きかたに固執すれば，体力向上を一義とする学校体育にダンスを位置づけるかどうかの本質問題にまで発展してしまう。体育における運動(エクササイズ)教材が単に手段化された運動(エクササイズ)として，陶冶目標に合わせて勝手に変形してよいとするのは，いろいろな混乱を招きかねない。その習練財の考察には，生き生きと現前化された動きのノエマ的意味に関する存在論分析が欠落しているからである。

　ここにおいて，体育としてのスポーツ運動は，単に身体の発育発達の手段だけではなく，いかなる実用的な目的からも解放された〈脱目的性〉を基柢に据えていることが確認されるのでなければならない[14]。その脱目的性を含意する〈純粋な動き〉は，単なる無目的なしぐさや動きが意味されているのではない。それは動きの自在化への高みを無限に追っていく目的論的構図を含意潜在態としている。そのような実用目的から解放されたスポーツの純粋な動きそれ自体の身体経験の〈発生学習〉こそ，人間形成にとって本質的な身体教育学の意味核をなすのである。〈動ける－動けない〉というパトス的な志向体験を無視した単なるスポーツ学習には，自らの生身に感じとれる〈本原性〉が欠損していることを見逃してはならない。こうして身体運動は，キネステーゼ感覚質の価値意識を含意潜在態に潜ませている動感運動であることを確認するのでなければならない。つまり身体運動は，わが身にありありと感じとれる本原的な身体性をもつ〈動感運動〉こそが身体教育ないし競技スポーツの本質可能性をもつ運動基盤に位置づけられることになる。それは身体教育，競技スポーツの領域を問わずに，単なる手段として他の実用目的に利用されるのではなく，その動き自体に価値意識をもつ感覚質発生を追求する〈本質必然性〉が基柢に据

---

[14] Grupe, O.: Grundlagen der Sportpädagogik, S.86ff. 2. unveränderte Aufl. 1975

えられているのでなければならない。

§3. 価値意識を伴う感覚質に向き合う

　このようにして，身体運動の概念にまとわりつく先入見を取り払っても，動感発生論の運動基盤をなす感覚質の〈能力可能性〉は，その現実態(エネルゲイア)の姿かたちをなかなか見せてくれない。動きつつある主観身体に内在する感覚質の変様態は，本質必然的に外部視点から窺い知ることができない。だから，内在的な動感発生を排除した科学的運動分析の成果は，どんなに精密なデータでも，微妙な感覚質の発生に気づき，それを身に付けるのに直接に利用するわけにはいかない。その〈運動科学〉のデータは，動きを実現する主観身体の価値知覚の働きに有体的に直接に関わっていないからである。しかし，その価値知覚の働きを保証する動感感覚質(キネステーゼ)がどのように発生するのかは，依然として闇のなかに沈められたままである。新しい動きかたを身に付けようとしても，わが身にどのような価値意識を伴う〈感覚質〉が，どのようにして発生してくるのか，つまり動く主観身体の内在的な動感経験がどのように立ち現れてくるのかは，遂行自我そのものにもアノニューム［匿名］のままなのである。それには，遂行自我が自らの動感意識に潜む本質を自己観察して直接に観取するという，本質直観の道をとるしか頼るべき方法論はないのだ。とすれば，その微妙な程度差をもつ感覚質が厳密に自己観察されるのには，一体どんな分析方法論が取り上げられるべきか，という問題が浮上してくる。その具体的な方法論は後段の第Ⅴ章「動感発生の分析論」で詳しく立ち入ることになる。ここでは，科学的な運動メカニズムの情報だけで直ちに動けるようにはならないことを確認するだけでよい。メカニズムが入力されれば直ちに動けるロボットが羨ましいと嘆くのは，動感発生に直接向き合っているアスリートその人だからである。その苦悩する選手たちに対して，コーチはその動感世界を共有し，その選手の動感世界に同時に居合わせ，選手の感覚質発生を厳密に触発化できる方法を切り拓くことが求められている。しかし，仮にその道を切り拓いたとしても，求めるテロス［目標像］は，あたかも陽炎(かげろう)のように，いつも無限の隔たりの彼方から，我々を手招きしているだけかも知れない。こうして，この重大な問いかけのために，動感深層の源泉に遡行しようとするには，我々はその前にまずもって，

どうして原発生の源泉をその時間流に求めざるをえないのかを確認しておかなければならない。この主題の詳細は後段の第IV章「動感発生の深層世界」に送るとして，ここでは，とりあえずその全体像を粗描しておく。

　生物学者ポルトマンによると，ヒトという生物は〈生理的早産〉によって特徴づけられると言う[15]。だから，ヒトという生物種が特有な運動や姿勢を身に付けるのに，他の哺乳動物には見られないほど，長い時間にわたる積極的努力を余儀なくされる[16]。そこでは，手を自由にした二足歩行の人間固有な動きかたは，誕生後少なくとも一年以上の歳月とそれなりの訓練が必要となる。人間は誕生しても，わずかな反射的な動きと一種の〈かたまり運動〉しか持ち合わせていない。だから，まさに「通常化してしまった早産」という表現が当てはまることになる。ヘルダーの優れた表現を借りれば，それは〈欠陥生物〉以外の何者でもないことになる[17]。とは言っても，ヒト特有の動感運動の高みに到達するのには，やはり人間社会という温床と母親による動きの触発化は不可欠の前提となる。それはアヴェロンの野生児（1797）や狼っ子のカマラとアマラ（1920）などの詳細な報告記録を援用するまでもない（『わざの伝承』142頁~）。社会的・文化的な温床のなかでこそ，人間固有の動感運動として多様な運動ゲシュタルトが生み出され，それはさらに分化し，洗練化されて，地域を越え，世代を超えて伝承されていくことになる。

　この意味においてこそ，高次元の運動文化の伝承を主題化したマイネルのスポーツ運動学が際立ってくることになる。そこでは，ヘルダーの言う欠陥生物だからこそ，その頼りない新生児の本能キネステーゼの無限の形態発生と未来に向けての〈伝承発生〉が意味をもつことになる。頼りない未熟児が動きの感覚質を少しずつ重ね合わせ，類化しながら〈這い這い〉から〈つかまり立ち〉に移り，〈伝え歩き〉を経て，やがて人間の基本的移動形式としての〈独り歩き〉に至るのだ。そのプロセスは，その親たちのみならず，多くの人たちの感動を呼び起こすに十分であろう。人間の日常的な動きかたは「独りでに覚えるものだ」と，したり顔で言ってはみても，その目まぐるしい動感運動の〈メタモル

---

[15] Portmann, A.: Biologische Fragmente zu einer Lehre vom Menschen, 1944, S.44　Benno Schwabe & Co. Verlag［『人間はどこまで動物か』60 頁，1961，岩波新書］

[16] Portmann, A.: ibid. S.70ff.［102 頁以降］

[17] Gehlen, A.: Der Mensch, S.83, 13 Aufl. 1986 AULA-Verlag［『人間』平野具男訳 93 頁 1985 法政大学出版局］

フォーゼ〉という〈形成〉と〈転成〉の現実に直面したとき,「ここまでおいで」と幼い子に手を差し伸べなかった母親はいるであろうか。まさに,「這えば立て,立てば歩めの親心」と巷間にいうのは,人間の本質必然的な動感伝承の営みを象徴的に表している。その母親は,わが子に感覚質の発生を願うことが運動文化伝承と認識していないまでも,わが子の動感発生の変様態に注ぐ愛の眼差しは,まさに競技スポーツの名コーチの鋭い動感観察能力を凌ぐといっても決して過言ではないであろう。

　しかしながら,母親が如何に感覚質の発生に関心をもち,愛情の眼差しによって動きのメタモルフォーゼを捉えたとしても,それが動感伝承の本質可能的な営みをもっているとは言い難い。乳幼児の動きの感覚質発生の様態は,まさに〈独りでに〉できるようになるとしか言いようがないからだ。言語がまだ十分に発達もしてないのに,指示された動きかたがよく分かるはずもない。人間特有な〈運動模倣〉もまだ十分に発現しない乳幼児が,どのようにして動く感覚質を捉え,周界情況の意味を感じとって,とっさに動きを変えることができるのか。それらの価値知覚の働く感覚質の原発生地平は深い謎に包まれたままである。こうして,マッハの〈運動感覚〉から区別しようとして,フッサールが提唱した〈キネステーゼ感覚〉の深層位が浮上してくる。そこでは,一体どんな出来事が起こっているのか,目に見えないコツやカンは果たして存在しているのか,その問いかけこそ本論の意味核を形づくっている。言葉を話せない乳児が自己観察を述べてくれるはずもない。新しい動きを覚えるには〈身体で覚える〉と人は言う。しかし,それを一体どこで感覚し,どのように記憶するというのか。そこには余りにも奇妙な発生現象が目白押しになっていることに気づかされる。

　わが国における戦前の技芸や競技の伝承世界においては,承け手の〈自得の美意識〉と伝え手の動感指導における〈阿吽の呼吸〉がその技芸伝承の決定的な運動基盤をなしていたのは,多くの例証からよく知られている。それは決して珍しいことではなく,極めて一般的な運動認識として,いわば〈常識〉[共通感覚]になっていたのだ。しかし,その微妙な感覚質の指導にいつ入るのか,どんなときに救命のブイを投げるかは,方法論の問題として区々ではある。としてもそれは,運動メカニズムの呈示とその理論的解説が感覚質発生のノエシス契機をなすものではないことは,すでに共通の運動認識になっている。そ

のために教員養成機関の実技指導が極めて厳しかったことは周知の事実である。ところが戦後になって，わざの動感伝承世界は大きく様変わりを見せはじめた。動きの学習指導は，運動メカニズムの理解が先行し，同時にその学習活動のマネジメントの合理化が前景に立てられるという構図に変わってきたからである。アメリカから新しい科学的な運動学（キネシオロジー）が導入され，ほどなくバイオメカニクスやサイバネティクスも次々と導入されたのは，歴史の示す通りである。このスポーツ領域における科学主義への傾斜は，古くさい芸道や武道の以心伝心的な感覚的指導を貶めるのに十分であった。やがてコツやカンの動感感覚の指導は全面的に背景に沈められる一方で，合理的なマネジメントに支えられた科学的コーチングが主流になっていくことになる。このような運動認識論の科学主義的潮流のなかでは，その対極にあるコツやカンの動感発生論は，まさに時代錯誤でしかないことになる。それにもかかわらず，コツやカンの動感発生に拘るのは，一体何故なのか。そこにこそ，「運動感覚の深層」と題された本論考の意図が浮上してくる。つまり，感覚質の発生を保証する運動基盤は，本質直観への道をとる発生現象学にその学的基礎づけを求める本質必然性をもっているからに他ならない。

　ところが，その〈キネステーゼ意識〉に潜む感覚質の発生地平には，奇妙な反論理性やパラドックスが生き生きと息づいている。例えば，一つの動きかたを何回も反復してやっと身に付いたと思うと，それは鋳型化して，よりよい動きに修正するのを阻むという〈二重パラドックス〉に悩まされるのは誰しも知悉していることであろう。新しい動きを覚えようと繰り返しているうちに，マグレの突然発生に狂喜しているのに，そのマグレ発生時の動感感覚質は何一つ意識に残っていないのだ。「今はこうだ」という動く感じは「いつも秘密なのだ」とヴァイツゼッカーがその〈偶発性〉を指摘するのは，この意味において理解することができる。しかし，このような謎めいた私秘性では，そのコツやカンを他人に伝えることができるはずもない。にもかかわらず，コツやカンは「伝わる人には伝わる」というのも不可疑的な〈原事実〉である。それとは反対に，今まで何気なく動けていたのに，突然にその動きが消えてしまうことも起こるから奇妙である。どんなに動こうとしても動けない突然の〈動感消滅〉は，世界的なトップアスリートさえも襲うのだ。それは決して珍しいことではない。〈マグレ発生〉にしても，動感意識流の突発消滅にしても，その本人の

動きの記憶は真っ白なのだから，その動感意識に反省を求めても答えが返ってくるはずもない。そのときの遂行自我の主観身体は，自我意識の働かない受動的な空虚地平で動いているのだから，その感覚質を感じとって反省し，未来の動きを先読みすることなどできるはずもない。そのときの動感源泉の原発生に流れている〈今ここ〉は，一体どうなっているというのか。その絶対ゼロ点の時間流のなかに，一体どんな原発生地平を統握できるというのか。動感深層の原発生現象に遡源する意味は，この問いかけに関わっていることを確認するだけに止めて，その詳細は第Ⅴ章「動感発生の分析論」に送ることになる。

　一体，独りでに，いつの間にか〈身体が覚える〉という動感世界とは，どんな時空間を基盤としていると言うのか。その感覚質の発生様相のなかに，つまり生成と消滅の変様態のなかに，どのようにして〈今ここ〉を捉えると言うのか。その分析方法はどうすればよいのかなど，余りにも奇妙な出来事に充ち満ちているのが動感深層の世界である。ところが，これらの問題意識には，多くの先入見がまとわりついていて，無用な批判や的外れの誤解があまりにも多く，混乱が絶えない。そのためには，専門語の概念規定を厳密にする必要が出てくるが，それもまた，そう単純な話ではない。すでに触れておいたように，ここで主題となっている〈運動感覚〉という用語にしても，オーストリーのマッハによる〈運動感覚〉とドイツのフッサールの〈動感感覚〉ではまさに，対極に位置しているからだ。フッサールのキネステーゼを「運動感覚」と訳すわけにはいかないから，表現を変えて〈動感〉と約言し，ルビを付しても，その意味内実が厳密に統握されていなければ何の意味もない。それらに潜む両義性を厳密に確認しておくことがどうしても不可欠となる。詳しくは次節に送るが，それは単に専門語の表現形式を変えてすむ問題ではなく，全く別種の学的〈基礎づけ〉をもつ二つの運動感覚論の意味内実を厳密に区別することからはじめなければならない。それは二者択一的にどちらが普遍妥当性をもつかという皮相的な問題ではない。こうして我々は次節において，感覚生理学や連合心理学領域で問題にされる科学的運動感覚とフッサールの現象学的動感感覚との意味内実を対比的に一瞥しておかなければならない。

§ 4. 運動感覚の両義性を問う

　運動感覚に関する筋生理学的な研究は，クラッティ [18] によると，1741 年にはすでに筋紡錘が発見され，1820 年になると，空間知覚領域における運動感覚の役割が指摘され，「筋肉器官は空間の広がり知覚を可能にする特殊な感覚器を形成している」[19] と述べられる。すでに 18 世紀後半には，黎明期を迎えていたフィラウメの〈身体教育〉(1787) [20] やフィート，グーツムーツの〈身体習練〉(1790 / 1793) [21] の体系論は，すでに〈感覚訓練〉として触覚，視覚，聴覚，筋感覚などの訓練を取り上げているほどである。しかし，空間知覚領域における運動感覚の役割が実際に連合心理学として明確になってくるのは，やはり 19 世紀後半まで待たなければならない。フランスの哲学者ベルクソンは〈筋努力〉[22] が身体意識や空間知覚と関わりをもつことに注目し，イギリスの連合心理学者のベインの仕事に言及し，筋活動に連動する感受性に関する注目すべき考察をしている。筋生理学が急速に発達した 19 世紀後半には，クラッティも述べているように，1876 年には筋紡錘や腱紡錘における受容器の働きが明らかになり，運動感覚がより構造的に要素主義的に分析されるようになる。しかし，これらの筋感覚にはじまる感覚生理学的ないし連合心理学的な運動感覚の分析研究は，全身に及ぶ〈体性感覚〉として研究が進められる方向に傾斜していくことになる。しかし，この個別感覚からその因果的に連合を捉える運動感覚論は，何といっても物理学者マッハの『運動感覚論』(1875) の理論体系を抜きに考えることはできない。フッサールが現象学的な〈キネステーゼ感覚論〉を立ち上げる契機がマッハの一連の〈運動感覚論〉にあることは，1907 年の夏学期のフッサール講義録からも窺い知ることができる。

　ウィーン大学のマッハは，その著『運動感覚論の概要』(1875) の冒頭において，運動感覚の意味内容を次のように述べている。すなわち「この特徴的な感覚は，我々の能動的ないし受動的な身体運動に伴って生じ，その運動に関わる

---

18) Cratty, B.J.: Movement Behavior and Moter Learning, 3.ed. 1973 Lea & Febiger / Motorisches Lernen und Bewegungsverhalten, 1975 Limpert
19) Brown, J.S./ Knauft, E.B./ Rosenbaum, G.: The accuracy of positioning reactions as a function of direction and extend. 1947
20) Villaume, P.: von der Bildung des Körpers 1787
21) Vieth, G.U.A.: Enzyklopädie der Leibesübungen 1790 / GutsMuths, J.C.: Gymnastik für die Jugend, 1793
22) Bergson, E.: Essai sur les données immédiates de la conscience, 1889~1993 p.16 Quadrige PUF

感覚とその広がりを捉えるために使われるが，その皮相的な観察から脱出してはいない」[23]とマッハは主張する。因みに，マッハがそこで〈受動的〉という表現を取り上げているのは，フッサールの受動的志向性ではなく，〈動かされる〉という受け身的な理解であることは言うまでもない。それ故にこそ，マッハはこの運動感覚の源泉を探し求めて，身体運動と運動感覚との依存関係を明らかにするのが本論文の課題であると宣言するのだ。そこから読み取れることは，位置移動する身体運動によって，その運動中の感覚与件が我々の身体にどのように生じるのかを観察しようとしていることである。そこで意味される身体運動は，物理的な移動運動であるのが明らかである。つまりそこでは，物理自然領域における身体運動に伴う位置移動の感覚与件が主題化されているのだ。その場合，物理学者マッハが運動感覚の源泉を探し求めるとは言っても，フッサールが身体の動きに触発される価値知覚の働く感覚質の発生源泉を追求する道ではないことを見逃してはならない。マッハの〈運動感覚〉とフッサールの〈動感感覚〉との決定的な差異性をそこに見出すことができるからである。すなわち，マッハはその連合心理学における感覚生理学的な問題として「我々の身体運動は常に一つの〈力学的事象〉である」と断じ，そこに「特別な運動感覚が存在するとすれば，その運動感覚の究極の起源は，どんな場合でも力学的事象のなかに存在する」[24]として，身体運動はその物理学の立場からすべて闡明にすることができるという立場をとっている。

　こうしてマッハは，物理学的な位置移動をする身体運動の〈感覚与件〉として〈運動感覚〉を捉えることになる。その直進運動で感覚されるのは，〈加速度〉だけであり，等速運動の場合には運動の感覚が生じないと指摘するのだ。同様にして，長体軸の回転運動でも〈角加速度運動〉のときに運動感覚が付与されると報告している。しかも，マッハは連合心理学の運動感覚分析に対して，「感覚の性質を感覚事象のなかで心理学的に区別しうるためには，それだけ多くの異なった〈物理学的過程〉を受け容れなければならない」[25]と結論し，物理学者として，より精密な物理学的分析の不可欠さを必然的に要求しているのである。このような運動感覚の感覚生理学的なマッハの実験研究は，その10年

---

[23] Mach, E.: Grundlinien der Lehre von den Bewegungsempfindungen, S.1 Verlag von Wilhelm Engelmann Leipzig 1875
[24] Mach,E.: Grundlinien der Lehre von den Bewegungsempfindungen, S.6 Leipzig 1875
[25] Mach,E.: dito, S.63 Leipzig 1875

後に上梓された『感覚の分析』(1885)に結実していくことになる。とりわけ「空間感覚の立ち入った研究」の章では，運動感覚に関する膨大な研究が追加されている。その結論として「場所の移動の際に立ち現れる一切の空間感覚と運動感覚とを単一的感覚の性質に還元しようとする試みが正当であることが明らかになった」[26]という結論に至っている。

　しかし，マッハの感覚分析論は改訂を重ねるたびに，感覚という要素〈エレメンテ〉は〈単一的感覚〉の性質に還元するという，いわゆる〈要素一元論〉へと収斂され，高められていく。このマッハの感覚論は，感覚分析の学的基礎づけも同時にその思索が深められ，感覚の分析が物理学と連合心理学に分断される二元論の立場を否定し，〈感覚要素一元論〉を主張するに至っている。感覚分析の如何なる対象も，物理学的，かつ心理学的であり，その物理的なものと心理的なものとの間には，何らの断層も存在しないといって，そこに機能的関係を見てとり，いわば〈中性的要素〉を捉えようとする。もしこの感覚という要素が二元的に対立して異質なものであれば，如何に生理学的に分析をしても一向に一つの感覚性質の心理学的分析に達することはできないと言うのだ。ところが，感覚生理学や連合心理学的な運動感覚の分析は，もっぱら精密な定量分析に傾斜し，いわば脳脊髄神経系の知覚や運動に関わる〈体性感覚〉の分析として，全身に及ぶこの深部感覚は，視覚や聴覚などとの分節化や中心化作用に関わりをもつ運動感覚として精密科学的に分析されていく。しかし，我々の生ける身体運動は，精密科学的な因果決定論では説明のつかない多くの奇妙な出来事として次々と明るみに出されてくる。その要素主義的な運動感覚の批判的分析は，その詳細をヴァイツゼッカーの〈形態環理論〉の記述[27]に譲らざるをえない。一例を挙げれば，「問題となるのは，各種多様な感覚器の達成能力が一部は動きかたや行為に，一部は固有な知的認識に密接に関わっているから」であり，「とりわけ重量感覚，圧感覚，力感覚，体位感覚，運動感覚，位置感覚などは，あらゆる身体運動に，とりわけ手仕事の動きや移動運動に有意味に絡み合っている」[28]からに他ならない。とりわけ，日常的な歩く形態にしても，ピアノ演奏は言うに及ばず，我々の競技スポーツの驚異的な身体能力の原発生

---

26) Mach, E.: Beiträge zur Analyse der Empfindungen S.75 1886 Verlag von Gustav Fischer
27) Weizsäcker, V.v.: Gestaltkreis, Gesammelte Schriften, Bd.4, S.128ff./ S.175ff.,1997, Suhrkamp Verlag［邦訳：128 頁以降，特に 119 頁以降］
28) Weizsäcker, V.v.: Gestaltkreis, ibid. S.177［邦訳：121 頁］

地平は，要素主義的な感覚生理学や連合心理学による科学的分析によっては不可能であるという例証が次々と明るみに取り出されてきているからである。

　すでに序章の第一節で述べているように，フッサールは『イデーンⅠ』（§40）の冒頭から，ロックの感覚論を拒否し，単一の感覚性質の感覚生理学的な要素論を排除している。その後の多くの実践的研究によって，そこに新しい視座に立つ現象学的な感覚質発生論が脚光を浴びることになる。そこでは，感覚生理学の要素主義がヴァイツゼッカーたちの精神病理学者やボイテンデイクらの人間学派の生理学者たちによって批判され，そこに新しい発生論的な現象学的分析を生み出していく端緒が作り出されていくことになる。それらの現象学的な感覚質分析論は，ドイツの神経生理学者ヴァイツゼッカーによって，新しい『形態環（ゲシュタルトクライス）』（1940）として体系化され，さらに〈医学的人間学〉として『パトゾフィー』（1956）に結実する。さらにオランダの心理学者ボイテンデイクが生理学的分析と心理学的分析の架橋を企図した『人間の姿勢と運動の一般理論』[29]（1948）という現象学的運動学に多くの実践可能性を生み出し，それはやがてボイテンデイクの遺著『人間学的生理学序説』[30]（1967）へと結実していくことは周知のことであろう。このヴァイツゼッカーやボイテンデイクの現象学的形態学こそが我々のスポーツ運動学の源泉になっていることは，ここではもはや言を重ねる必要はない。

　ところが，このような〈キネステーゼ感覚質〉の新しい問題意識にかかわらず，スポーツ科学の運動分析論として，いわば多くの因果法則的なマッハの運動感覚論として生き続けていることに注目しておく必要がある。それはスポーツ運動学の〈動感感覚論（キネステーゼ）〉と混同される可能性を否定できないからである。だから，フッサールのキネステーゼという外来語の意味をそのまま端的に〈運動感覚〉と訳すと，科学的心理学の運動感覚論にすり替わる可能性があるから，その概念規定を厳密に確認しておかなければならない。フッサール現象学の動感（キネステーゼ）感覚の意味内実を正当に理解していれば，因果論的な運動感覚ないし体性感覚との無邪気な混乱や誤解は生じるはずもない。現象学としての感覚質，とりわけスポーツ領域における価値知覚の働く〈動感質〉の発生現象は，指導実践の現場では避けて通れない不可欠な分析対象であることは言うまでもない。その立

---

[29] Buytendijk, F.J.J.: Algemene Theorie der menselijke Houning en Beweging, Antwerpen 1948 / Deutsche Ausgabe 1956
[30] Buytendijk, F.J.J.: Prolegomena einer anthroplogischen Physiologie, Otto Müller Verlag 1967 Salzburg

ち入った意味内実は本論に送ることになるが，無用な混乱を予め回避するためにも，ここにフッサール現象学の動感感覚(キネステーゼ)について，その大略を粗描しておく。

§5. 動感感覚の意味を確認する

すでに繰り返し述べているが，フッサールの造語による〈キネステーゼ感覚〉を〈動感感覚〉に置き換える理由を再度ここに確認しておきたい。キネステーゼというドイツ語をそのギリシャ語の語源〈キネーシス＝運動〉〈アイステーシス＝感覚〉から〈運動感覚〉と訳してしまうと，フッサールの言うキネステーゼ感覚は〈運動感覚・感覚〉と奇妙な表現になってしまう。だからといって，反復される〈感覚〉を短縮すると，〈運動感覚〉となって，再びマッハの科学的な運動感覚の概念に戻ってしまうことになる。それでは，フッサールの現象学的感覚質の意味内実は消されてしまうのだ。しかも，スポーツ運動学で取り上げられる身体運動は，外部視点から対象化された物体身体の位置移動ではなく，実存の主観身体にありありと感じとれる動感意識の住む身体運動が意味されている。それを起点として，はじめて間主観身体で〈共感できる〉動感世界が成立することになる。それどころか，ボールや竹刀などの用具それ自体にも動く感じが移り住むことにもなる。だから，フッサールが〈キネステーゼ感覚〉と言うときの感覚は，動感意識の感覚質，つまり〈動感感覚質(キネステーゼ)〉が主題化されていることを見逃してはならない。拙著『スポーツ運動学』でも動感質法則(268~270頁)として，つまり身体運動の高次元の動感意識の感覚質を約言した〈動感質〉として，その術語はすでに取り上げられている。いわば〈動きの安定さ〉〈リズム感〉や技が極まるときの〈冴え〉の美意識など，洗練化層位における高次元の〈キネステーゼ感覚質〉がすでに直観分析の対象に取り上げられている。しかし本論考では，動感原発生の地平分析が主題化されるので，その内在時間流に現れる原初的な感覚質が浮き彫りにされるのは多言を要しない。

第Ⅰ章に主題化されるコツやカンの動感運動学は，言うまでもなく動感発生論(キネステーゼ)，いわば〈キネステーゼ感覚質〉の発生論がその意味核をなし，それはフッサールの〈身体学〉を基柢に据えている。すでに述べているように，フッサールは1907年の講義「物と空間」で運動の〈感覚論〉を取り上げるが，そこで連合心理学的な〈運動感覚〉から区別するために，わざわざギリシャ語に基づ

いて、運動感覚を〈キネステーゼ〉[31]と言い直して、さらに〈キネステーゼ感覚〉という奇妙な用語を使いはじめたことは、すでに指摘した通りである。その経緯をフッサール自身に語ってもらいながら、その存在論を粗描しておきたい。

フッサールはまずもって、感覚与件の〈呈示感覚〉と動感感覚（キネステーゼ）の関係について詳しく述べている。そこでは「我々の論議のはじめには、すでに一つの矛盾が存在している」[32]という指摘にまず注目せざるをえない。「我々はたしかに、視覚による事物や空間と位置の視覚的構成を考察しようとしている。そこでは、はじめから身体運動が取り込まれているから、それによって運動の感覚が射程に入ってくるのだ。ところが、その運動感覚そのものは、視覚内容の枠組みに属してはいない。やがて分かってくるように、その視覚内容が、視覚の空間性や事物性の統握内容として機能するには、それ自体として十分だとは言えない」からである。同様のことが触覚内容と触覚空間にも通用するのは言うまでもない。そのために、触る感覚と動く感覚の絡み合いの例証をさらに挙げて、言を重ねる必要はないであろう。

フッサールはさらに、この視覚空間と触覚空間の問題がある正当性をもつとして、さらに詳しい説明に入っていく。「例えば、（触覚も同じなのだが）視覚は、その感覚が具象化されるときに、二つの契機が区別されている。その質料の実体的契機と延長的な契機（広い意味では性質契機）は、ある先経験的広がりを被い尽くし、充たしている。それはいわば必然的なのだ」と指摘する。つまり「このような特性を示す感覚しか事物性を呈示に持ち込めないのだ。客観空間のなかに広がりをもつ対象的質料だけが呈示に持ち込まれるのである。質料で充たされた空間は、感覚野のなかに示され、その感覚が表されるなかに、いわば一つの像のなかに必然的に呈示されるのだ。どんな現象野ももたない感覚の種類は、本来的にどんな〈延長〉にも属さないから、投射して呈示に持ち込むことができない」[33]のだと厳密な考察を続けていく。別言すれば、見られる事物性や触れられる事物性しか視覚や触覚の対象にならないのである。

これらの現象学的に厳密な知覚分析の基礎づけに基づいて、フッサールは連合心理学的な運動感覚をこの厳密な現象野のなかに引き入れて考察を進めていくのだ。このような因果論的な「運動感覚は、どんな外的事物を統握するとき

---

31) Hua. XVI. S.161 ［第 46 節，段落 ④〜⑤］
32) Hua. XVI. S.159 ［第 46 節，段落 ①〜］
33) Hua. XVI. S.159 ［第 46 節，段落 ②］

にも重要な役割を果たしているが，それらは運動感覚そのものの固有な〈資料〉として統握されていない。さらには，比喩的な質料としても，明確に捉えられるわけでもない。運動感覚は事物の投影を必要としていないのだ。事物のなかには，それらの運動感覚に対応する質的なものは何一つ存在していない。運動感覚は物体的身体を〈射映〉しないし，投射的に呈示するわけでもない」と厳密に考察していく。しかしながら，その運動感覚の協力がなければ，物体的身体さえもそこに存在できないし，どんな事物さえもその存在が否定されてしまうことになる。ここで意味されていることは，視覚ならびに触覚の延長的要因は，たしかに空間性を射映しているが，しかし空間性を構成する可能性は十分とは言えず，同時に，客観的に空間を充たしている微表の構成に対しても，その質的な要因は十分とは言えない。視覚や触覚で分からないからこそ，動いてその空間性を確かめているのだ。このようにして，独特な〈キネステーゼ感覚〉として，新しい感覚質が求められることになる。そこにこそ，フッサールが科学的な運動感覚を再構成し直す拠点を捉えていることに注目する必要がある。フッサールは，このように「物と空間」の講義を展開しながら，対象化された運動を〈感覚与件〉として捉える連合心理学的な運動感覚に対して，何故に現象学的なキネステーゼ感覚に置き換えなければならいか，という問題解明に立ち入っていくことになる。「この運動感覚は，生き生きとした統握のなかにおいて，もちろん，呈示しつつある内容として，ある全く別な位置づけと機能をもつことになるのだ。運動感覚は自らを呈示しないで，その呈示を可能にする」という決定的に重大な指摘に至ることになる。こうしてフッサールは，現象学的なキネステーゼ感覚の固有性を，つまり自らの動感意識を〈絶対ゼロ点〉の定位感と遠近感の隔たりの働きをもつ〈受動志向性〉のなかに浮き彫りにしていくのである。

　このようにして「私は同時に，術語としても注意しなければならない。この *Bewegungsempfindung*［運動感覚］という言葉は，もはや我々には使えない」のだとフッサールは断じることになる。それは「我々が事物の動きを感覚し，あるいは，その運動感覚のなかで事物の動きを呈示することさえも意味してはならない」からだと言う。「周知のように，この運動感覚という言葉は，自ら動く人に関係していて，心理学的に［外部視点から対象的に］理解しようとしている。我々はこの［連合］心理学的意味を排除して，余り混乱しない言葉として，外

来語の〈キネステーゼ〉感覚を使おうと思う」と結論するに至る。もちろん，我々はこの言葉を眼の動き，頭の動き，手の動きなどの場合におけるように，継続的な感覚の流れと関連づけているのだ。その手を動かす感覚の流れは，任意に規定できるし，その各局面の内容が変わらなければ，一つの〈持続〉のなかへと広げられていく。この持続的な変化しない感覚は，キネステーゼ変化ないしキネステーゼ流れと対峙した端的な〈キネステーゼ感覚〉を我々に生み出してくれることになる。もちろん，これらのキネステーゼ感覚群は連合心理学的ないし精神物理学的な運動感覚ではなく，現象学的に本質必然的に規定されているのだ。だから，この動感感覚が視覚や触覚の現出に作動しながら，しかもすべての視覚，触覚に対して，一定の独自性，いわば〈キネステーゼ感覚質〉をもつのかどうかということが，我々にとって重大な問題になってくるのである。

　このようにして，『危機書』における現象学的な〈動感感覚〉は「物体として自己呈示する身体の運動から区別されることになる。しかしながら，それは独特の仕方でその身体運動と一つになって，この二面性をもった自己の身体に帰属している」[34]ことになるのである。さらにフッサールは「存在が仮象へと変移する〈妥当変移現象〉」に注目することを求める。「私がその動感感覚を働かせながら，共に経過する多様な呈示を共に帰属し合うものとして体験するとき，自らを多様に呈示する一つの物が現実に現前しているという意識が維持される」ことになるからである。「そこには，身を隠した志向性として〈もし〜ならば〉という連関が働いている」のである。このような「生き生きと働く動感感覚は，〈動感能力〉をもつシステムのなかに存在するのだ。その〈動感システム〉には，調和的に帰属し合う〈可能的な連続システム〉がその相関をなしている」という指摘は決定的な意味をもつことになる。この〈動感能力〉こそが現前する物についてのすべての端的な〈存在確信〉の志向的背景をなしているからである。その動感能力は，いつも遂行自我に同時に〈居合わせている〉から，〈原身体〉として，すべての世界内存在の〈運動基盤〉を形成することになる。さらにその動感能力の生成消滅の様相変動は，その多襞的な重層構造のなかに様々な変様態を見せながら，動感創発における形態発生現象野と動感促発における伝承発生現象野のなかに呈示されるが，それについては，さらに以下の本論で詳しく立ち入ることになろう。

---

[34] Hua. VI. S. 164［邦訳：第47節，段落①〜②］

第Ⅰ章
● コツとカンの存在論

I―改めてコツとカンを問い直す

§6. 身体感覚は当てにならない

　日常生活で何気なく動こうとするとき，例えば水たまりを跳び越すには，身に付いた動きのコツを思わず使っているし，人混みを急いで通り抜けるには，カンを働かせて人にぶつからずに歩くこともできる。しかし，我々がコツとかカンと言い慣わしている〈身体能力〉は，言うまでもなくフッサールの言う〈キネステーゼ能力システム〉[1]に他ならない。そこには「調和して帰属し合う一連のシステムが相関」をなしている。これこそが「現前する事物のあらゆる存在確信を生み出す志向的背景」なのだとフッサールは断じて，動感能力のもつ始原性を際立たせている。だから，ここで意味される動感能力(キネステーゼ)のシステムは，サイバネティクス的システムではないし，その身体能力が〈体性感覚〉と呼ばれる感覚生理学的なシステムでもない。そこでは，まさに〈身体的なるもの〉の〈動感能力可能性〉が意味されることになる。

　ところが一般的に〈身体感覚〉は，余り当てにならない感覚的な思い込み，つまり〈ドクサ経験〉でしかないと理解されるから，それを客観的に解明しなければならないと考えてしまう。この考え方の背景には，イギリスのジョン・ロックの感覚主義的呪縛がまとわりついている。しかし現代の精密科学は，まさに科学万能を信じさせるに足る驚異的成果を誇っている。だから，それによってロックの呪縛から解放されると考えるのだ。こうして，ミュラー＝リヤー図形が実は錯覚と断じられ，その線分を計測すれば，感覚の仮象は暴かれてしまうことになる。音，匂い，味などの二次性質も単なる〈可感的性質〉だから客観的に定量化できるとする。事実，二次性質の味や匂いも人工的に生み出せるし，色彩の感覚も光の屈折率という数値によって捉えて，二次性質も一次性質に還元できるとニュートンが主張するのはよく知られている。

　だからといって，感覚は「当てにならない仮象」[2]に過ぎないと言い切り，太陽が東から昇って西へ沈むのを錯覚として地動説を主張するわけにもいかな

---
1) Hua. VI. S.164 ［邦訳：第47節・段落②　229頁］
2) Husserl, E.: Erfahrung und Urteil, ［以下 EU. と略す］S.22 F. Meiner Verlag, 1985 ［邦訳：第6節・段落③］

い。平行線は絶対に交わらないという幾何学に則って，交差的に閉じて見える線路を単なる錯覚として排除できるわけもない。しかし，そのような科学的思考は，何の違和感もなく我々に受け容れられるのであり，現代の科学万能の世界では，いわば，それは常識以外の何ものでもない。運動とは，ある物体ないし質点が客観的時空間の経過とともに位置を移す物理現象と理解するのに何の違和感もない。だから，運動体の変位を等質時空系のなかで計測し，その変化する運動形態を客観的に定量化できると信じるのは，誰も疑いを入れないことである。客観的に確認された科学的データ以外のことは，一切納得しない〈幾何学的精神〉3) の権化のように胸を張る人が少なくない現代に，今さらコツやカンという〈ドクサ経験〉の存在論を取り上げるのは，まさに時代錯誤以外の何ものでもないかも知れない。

　ところが，身体運動の発生現象学を唱道するフッサールは，我々の日常的な生活世界において，立ったり，座ったり，歩いたり，跳んだり，踊ったりするどんな身体運動にも，ある思い入れが込められて，そこには有意味な身体性の内在経験が蔵されていると指摘する 4)。もちろん，そこで意味されている身体運動は，生理学的な〈運動〉ではないし，物理学的な〈位置移動〉でもない。さらに加えてフッサールは「私の身体は様々な身体能力の基体だ」5) と言って，その〈身体性〉の経験には〈私は動ける〉という身体能力が蔵されていることに言及する。もちろん，その先言語的所与性 6) を表す〈基体〉としての本質的な身体能力は「いかなるノエマにおいても，その意味は欠落しないし，［ノエマ的］意味の必然的な中心，統一体，規定可能な X は決して欠落しない」7) のだとフッサールは注意を喚起する。そのような身体性が作動する動感能力は，〈基体 X〉として不可欠であると正鵠を射た指摘をする。こうして，我々日本人が日常的にコツやカンと呼んでいる動感能力，いわば，動感意識を含意潜在態とする身体能力は，フッサールによってその存在論が確認されているのだ。しかし，そのコツやカンの動感発生論は，科学的思考に慣れた我々には，その理解がなかなか進まない。身体能力と言えば，それは生理学的

---

3) パスカル『パンセ』上巻　11-14 頁　1988　新潮文庫
4) Hua. IV. S.240　［邦訳：第 56 節，h - 段落⑧］
5) Hua. IV. S.250　［邦訳：第 57 節，段落④ 注］
6) Landgrebe, L.: Phänomenologische Analyse und Dialektik, In Dialektik und Genesis in der Phänomenologie, S.76, 1980
7) Hua. III. S.272　［邦訳：第 131 節 - 段落⑤］

な体力に置き換えても，特段な違和感がないのだ．それ故に，本論では，その現象学的な運動感覚(キネステーゼ)の潜む身体運動の深層を暴き出しながら，実践的なスポーツ動感運動学(キネステジオロギー)の道を少しでも拓いていこうとするものである．

ところが戦後のわが国においては，コツやカンという表現には，非科学的な，単なるドクサ的な，いわば主観的な思い込みの信念でしかないという侮蔑的なニュアンスが付きまとっている．ところが他方では，フランスのメルロ＝ポンティによれば，そのコツやカンという身体能力の働く「現象野は一つの内的世界ではないし，その現象は単なる意識状態でも心的事実でもない」[8]と言い切っている．そこで意味される身体経験の発生現象は，「やっとコツを掴んだ」とか「とっさにカンが働いた」というように，直接にわが身に感じとられる本原的な出来事なのだという．いかにも日常的なこのような身体経験は，いわば主客未分の直接経験のなかで「一種の会得によってしか捉えられない」とメルロ＝ポンティがわざわざ指摘するのは，一体何を意味しようとしているのか．主観も客観もなく，その人の純粋経験に直接与えられるコツやカンという動感身体の生き生きした経験は「孤独で盲目な，しかも物言わぬ生命のことだ」と言い切るのだ．そこに潜んでいる含意潜在態に，メルロ＝ポンティは何を託そうとしているのか．コツやカンが働いて，一つの動きかたが発生したときに，「その動きを自らの身体が了解し，自らの世界に身体化したのだ」[9]とメルロ＝ポンティは断言して憚らない．さらに言を継いで「その身体が一つの意味核を吸収したとき」[10]に新しい意味が発生すると指摘する．すでにフッサールは，早くからその発生現象学の構想に際して，科学的な「エピステーメー領域からドクサ領域に帰還せよ」[11]と主張する真意は，わが身に直接感じとられるコツやカンのドクサ領域にこそ，身体経験の〈本原的原事実〉を捉えうる可能性が存在するからである．その意味においてこそ，フッサールのいう〈ドクサ領域へ帰還せよ〉というスローガンの真意を了解できるのである．

我々は日常生活のなかで「コツの呑み込みが早い」「コツが身に付いた」あるいは「カンが働いただけだ」「カンに頼るしかない」などいう表現を身近に聞くことができる．しかし，そのコツやカンの存在を明快に説明するのは，決

---

8) Merleau-Ponty, M.: Phénoménologie de la perception, p.70 ［邦訳『知覚の現象学』1：111頁］
9) Merleau-Ponty, M.: Phénoménologie de la perception, p.161 ［邦訳：233頁］
10) Merleau-Ponty, M.: Phénoménologie de la perception, p.171 ［邦訳：246頁］
11) EU. S.22［邦訳：第6節・段落③］

して容易なことではない。それは単なる確率論的予測ではどうにも説明ができるものではないからである。そのコツやカンが働く自らの身体経験は，謎めいた匿名性に覆われ，その本人にもはっきり分からない。しかしその本人は，そのぼんやりしているコツやカンがなければ，その動きが不可能だと確信しているのである。それはフッサールの言う不可疑的な〈明証性〉をもつ〈原事実〉だからである。わが身の生き生きした身体経験の深層地平から発生してくるコツやカンは，外部視点からその動きを分析しようとしても，その本来の姿を露わにしてくれない。このようなコツやカンの働きに否応なく気づかされるのは，一流選手が示す驚異的な身体能力を目の当たりにするときである。その驚異的な神業を高速ビデオで100万分の1秒まで微分しても，動感能力の様相変動は姿を見せはしない。フッサールは，コツやカンの身体能力をその〈キネステーゼ感覚質〉の親和性とコントラストによる〈連合的覚起〉[12]によるという。その驚異的な動感能力は，アスリートだけでなく，さらにピアニストや物づくり職人の驚くべき手業にも示されるのはいうまでもない。すでに述べたように，それどころか〈歩く〉〈跳ぶ〉などの日常運動のなかにも，単なる因果決定論では説明し切れない奇妙な身体能力が我々を驚かせる。さらに，そのコツやカンは，周囲世界の移りゆく〈動感情況〉と複雑に絡み合って，驚異的な動感発生現象が際限なく展開されていくのである。

§7. 身体能力の感覚質を問う

　こうして，驚異的な身体能力を見せつけられると，コツやカンという身体能力の奥深さに一驚して「それはまるで神業だ」と人は言う。我々の想像を絶する神秘的な〈わざ〉［技／芸／業／態］を目の当たりにすると，「どうしてそんなことができるのか」と我が目を疑いたくなる。その〈身体化現象〉の不思議さに神秘性さえ認めざるをえなくなってしまう。〈こうすれば必ずできる〉といった因果決定論的な論理思考の届かない身体能力が眼前に繰り広げられると，私秘性をもった〈身体知〉に畏敬の念さえ生じてくる。それはとても人間業とは考えられないからである。ところが，驚異的な技能の持ち主に神秘性を感じる一方で，その神業をなし遂げる本人自身がその〈動ける骨〉や〈勘どころ〉

---

12) Hua. XI. S.159ff.［邦訳：34節；段落①～②］

を明確に言表できないことにも驚かされる。それは，フッサールの言うように〈形態学的漠然性〉[13]が本質必然的に内在しているから，その先言語的な動感世界を首肯せざるをえなくなる。となると，日常的な箸の使い方やネクタイ結びに見られるコツやカンの奇妙な働きにも改めて気づかされることになる。さらに，その驚異的な身体能力の神秘性が増幅されてくると，いわばその能力の持ち主は，端的な未開社会でなくても，まさに呪術師の様相さえ帯びてくる。

コツやカンという表現は，漠然とした身体能力の意味で日常的によく使われ，要すればコツは〈骨〉，カンは〈勘〉とも表記される。ここでカタカナ表記をとるのは，その表現に動感発生論の鍵概念として特別な意味を託したいからである。もちろん運動現象学における動感発生論では，そのような動感能力が突然に生成消滅する奇妙な発生現象が主題的に取り上げられることになる。しかし，日常の動きや振る舞いに示されるコツやカンは，匿名性をもつ含意潜在態として，いつも背景に沈んだままである。因みに〈含意潜在態〉とは，その身体能力の地平構造の背景に畳み込まれた本質可能性が意味されている。しかし，それが受動的にしか感じとれないとしても，「顕在的な体験の意味を形づくる志向性のなかに深く折り畳まれながらも，暗黙のうちに予描されている」[14]とフッサールは注意を促している。その潜在的な身体経験が取り出されれば「そこに織り畳まれた暗黙の意味を解明する明証性となるからだ」と地平分析の決定的な重大さに言及している。

因みに，誤解を避けるために付言すれば，コツやカンという身体能力の〈身体〉という表現は，〈物質身体〉や〈物体身体〉ではなく〈動感身体〉が意味されている。もちろん，身体能力という表現は，筋力や持久力などの生理学的な〈体力〉を意味してはいない。生理学における体力は，物質身体の要素的条件を表すのだから，能力という表現を避けるべきだというフェッツの指摘[15]を首肯するからに他ならない。フェッツがその生理学的体力の属性を端的に示すには，運動基礎属性という表現を提言するのはこの意味においてである。いわば，体力とは，身体運動の〈基礎属性〉なのであり，体力の〈力〉は運動能力それ自体ではなく，生理学的な物質身体の属性と理解すべきだとフェッツは注意を促している。これに対して，我々の動感運動学における身体能力とは，

---

[13] Hua. III. S.138 [邦訳：第74節・段落①]
[14] Hua. I. S.85 [邦訳：第20節・段落②，94頁，岩波文庫]
[15] Fetz, F.: Bewebungslehre der Leibesübungen, S.225 1989

フッサールの言う〈キネステーゼ能力〉，つまり動感身体に潜む〈能力可能性〉が意味されている。とは言っても，コツという日本語では，わざわざコツ身体能力ないしコツ能力と言わなくても，そこに動感身体の能力可能性がすでに含意されている。同様にして，カンは身体経験の知恵として，周囲世界の微妙な動感情況を捉える身体能力と明快に了解できる。だからコツやカンは，動感運動学の術語として，その〈身体中心化能力〉を端的にコツと呼び，〈情況投射化能力〉をカンという表現に託せる利点をもっている。

　ここにおいて，物質身体の生理学的〈体力〉が筋力や持久力などの運動基礎属性を主題化するのに対し，それと区別された動感運動学の〈身体能力〉では，動感身体の基柢に潜む共通感覚的な性質，つまり〈キネステーゼ感覚質〉を統握する能力可能性が主題化されることになる。しかし「日常的に直観される環境のなかで，現実に経験される物体の感覚質，つまり物体それ自体のなかに知覚される色彩，手触り，匂い，温かさ，重さなどの属性が感覚的所与や感覚与件といつも取り違えられてきたのだ」[16]と指摘するフッサールの注意を見逃してはならない。それはロック以来の悪しき遺産に他ならないと断じているほどである。このフッサールの重大な指摘は，発生現象学におけるキネステーゼ感覚質の統握に決定的な重大さを示している。これまでの感覚与件の機械論的認識，つまり感覚与件を物理学的に捉えた刺激量に相関させた感覚認識論から，一気に動感発生論への道を拓く決定的な転機を与えることになるからである。このフッサールの指摘は，まずもって特筆されるのでなければならない。キネステーゼ感覚質の発生，つまり動く感じのなかで〈心惹かれるもの〉〈反感を呼ぶもの〉〈驚かされるもの〉などの原感情と原動感との統一態を示す〈感覚質発生〉は，まさに原身体の意味核をなすのであり，そのキネステーゼ感覚質の微妙な統握能力こそ，動感発生分析の独自性を形づくっているからである。

　因みに，ここで取り上げた〈キネステーゼ感覚質〉という用語は，すでに拙著（『スポーツ運動学』268〜270頁）でも〈動感質〉として取り上げられている。そこでは，わざの冴えや雄大さなどの高次元のキネステーゼ感覚質だけが分析対象に取り上げられている。しかし本論では，動感発生の源泉に遡って，その感覚質の原発生地平が主題化されるので，その分析対象が本来の原義に戻されることを付記しておかなければならない。言うまでもなく，キネステーゼ感覚

---

[16] Hua. Ⅵ. S.27f.［邦訳：第9節‐b‐段落④原注，83頁］

質は，フッサールのいう〈価値知覚〉という特徴的な概念に関わりをもっている。つまり動感意識の感覚質とは，動感運動に現れる価値意識が感覚の〈充実形態〉として露呈される感覚質が意味されている。いわばフッサールがロックの感覚与件と取り違えてはならないと注意した〈共通知覚〉(アイステータ・コイナ)の感覚質[17]こそが分析対象に取り上げられていることに注目しておかなければならない。このことについては，後段で詳しく立ち入るので，ここでは単に先取り的な予告に止めておきたい。その詳しい個別的考察については，むしろ本論考の全体を通して明らかにされていくことになろう。

§8. コツは身体中心化作用をもつ

　〈コツ〉という邦語表現は，すでに鎌倉時代の兼好法師による『徒然草』(第150段)に〈骨(コツ)〉として取り上げられている。すなわち「能を付かんとする人」という段において，何らかの技芸を身に付けようとする人の心得を論じているのだ。そこでは「天性その骨なけれども」と述べて，生まれつきの骨(コツ)，つまり才能に恵まれなくても，その道で停滞せずに励んでいく心構えの大切さを述べていることから，その骨という表現が一般に芸(わざ)を身に付ける身体の能力可能性の意味核あるいは中核的感覚質と理解できることになる。わが国では，このようにすでに600年以上も前の昔から，技芸の修練における自らの動きの要点(ポイント)を捉える身体能力をコツと呼んでいることは，まさに特筆に値しよう。いわば，骨(ほね)という会意文字は，体(からだ)の核心を意味しているから，それによって，時間流の原発生地平に潜んでいる〈動きかた〉の意味核も表すことができる。それはまさに正鵠を射た優れた表記であり，決して独りよがりの〈主観的なコツ〉と貶められるような概念などではない。ラントグレーベが指摘しているように，「絶対への道を主観性の深み以外のどこにも求めえない」[18]という〈絶対主観性〉の本原的な原事実としての〈コツ〉こそ，あらゆる〈間主観身体〉のコツ，いわば〈モナドコツ〉として伝承発生を可能にする動感能力(キネステーゼ)の源泉でもあると言えよう。

---

17) Hua. VI. S.27 f. [邦訳：第9節，b - 段落④ - 註 I]
18) Landgrebe, L.: Phänomenologische Bewußtseinsanalyse und Metaphysik, 1949 In: Der Weg der Phänomenologie, S.87f. Gütersloher Verlagshaus 1963 [邦訳：第Ⅳ章「現象学的意識分析と形而上学」，第5節 - 段落②，139頁]

このような自我身体に中心化される動感能力が意味されるコツの概念は，動感運動学の専門用語として，国際的にはどのように表記されているのかを一瞥しておきたい。黒田[19]によれば，コツは英語で *knack* や *hunch* が近い語感をもつという。*knack* という語はその語源が明確ではないが，14世紀中葉に *knakke* として現れ〈騙す，ごまかす〉という意味が隠されている。それがある特殊な技能を表すようになったのは，1581年にはじめて記録として現れ，子どもの教育訓練における必修内容の表現であるという[20]。しかし *knack* は動きかたの要となる能力が表されるとしても，カンという情況投射化の先読みとの相関共属性を含意して，コツの地平構造に同居するまでには至らない。同様に，騙すという意味は *trick* という英語表現にも見られる。*trick* はトランプ手品の巧みな手さばきの能力が意味される反面，〈ごまかし〉への侮蔑が裏で息づいている。それはコツという邦語表現との本質的な差異である。日本語のコツという表現には，本来的に侮蔑感が存在しないのに，ドクサ的と貶められるのは，明治以降の科学主義に起因するのであろうか。古来の芸道においては，「芸は身体で覚える」ことを教え，コツを自得することの重大性が世紀を超えて伝承されているわが国には，本来的に主観的コツへの侮蔑感は存在していないことを見逃してはならない。

　フランス語の *truc* も古プロヴァンス語の *truc* に遡り，ラテン語の *trudere* に遡るから，〈突く，打つ，押す〉などの動作表現に通じる。やはりそこでも，その身体能力の驚異性には，騙すという意味が付きまとっているようだ。その点では，フーコーが医師の〈見たて〉として〈一目で見抜く〉能力に，いつも *tact* という比喩を指摘しているのは示唆的である[21]。この *tact* はラテン語の *tangere* という〈触れる，掴む〉を原意としているから，フーコーが触覚と視覚という共通感覚質を見抜いている点では，〈コツ＝カン〉の重複一元性が示唆されていて極めて興味深い。さらに，技能や手腕，才覚などを表す *savoir-faire* という表現では，例えば *savez-vous nager？ je sais nager* は〈泳げる〉というコツ能力を表せるが，それは〈泳ぐノウハウを知っている〉という単なる知的情報も含意するから，必ずしもコツという身体能力の意味核を言い当てるにはどうしても隔靴掻痒の感を免れない。

19）黒田亮『勘の研究』（初版1933 岩波書店），19-27頁，1980，講談社学術文庫
20）Barnhart, R.K.: The Barnhart Dictionary of Etymology 1988. H.W. Wilson Company
21）フーコー『臨床医学の誕生』神谷美恵子訳，170-172頁，1969，みすず書房

この trick や truc の意味内容は，そのまま 19 世紀にドイツ語に転化され，単にトランプ用語としてのみならず，スポーツの世界でも熟練した〈技さばき〉として，Kniff と訳されているのは注目に値するであろう [22]。この Kniff はドゥデン語源辞典によると，kneifen（つねる，つまむ）から名詞化され，〈やっとコツを掴んだ〉というような日本語のコツに近い語感をもっている。しかし，この Kniff は Dreh というカラクリと同義にも使えるのだ。その Dreh という表現は，drehen（回す）に由来して，品物を回して見せてキズを見せないようにする手口も意味される。だから，やはり Trick（truc/trick）と同じく身体能力の意味核を純粋に表すコツと同義とするには舌足らずとなる。こうして，日本語のコツという表現は，少なくとも動感身体の能力可能性を含意して〈意味核としての骨〉を純粋に表せる。その点で，動感運動学における志向的な〈身体中心化能力〉を表記する術語として，極めて優れた表記だといっても過言ではない。むしろ，機械論的な認識に基づく感覚与件は，たしかに当てにならないかも知れない。しかし，自我身体に中心化される感覚質を内在させる身体能力というコツは，その感覚質の充実がなお十分でなく，頼りないことはあるとしても，その存在それ自体が疑われ，否定されることは決してない。そのコツによって，そのように動くことができたのは，私の身体感覚に関わらないと断言できるはずもない。それはラントグレーベが「すべて感覚することは〈自己−自身を−感覚すること〉そのものだ」と言い，いわば「感覚することは〈自己を−感じること〉だと断じる指摘 [23] をわざわざ援用するまでもない。自ら苦労して身に付けたコツのキネステーゼ感覚質を否定され，それは単なる仮象でしかないとしたら，私はもはや何一つ動けなくなってしまうのだ。わが国におけるコツの表現は，西欧語のような〈ごまかし〉や〈欺す〉などの意味をもっていない。むしろ，わが身でコツを掴めずに，運動メカニズムの合理正当性ばかり主張すると，「それは単なる画餅でしかない」と貶められることも珍しくない。身体中心化の意味核を表すコツは，本来的に侮蔑対象ではないことを確認しておくべきである。

---

[22] Bernett, H.: Technik, In: Terminologie der Leibeserziehung, S.122 1967, 3.Aufl.（1.Aufl.1962）Verlag Karl Hofmann

[23] Landgrebe, L.: Prinzipien der Lehre vom Empfingen, 1954 In: Der Weg der phänomenologie, Gütersloher Verlagshaus 1963, S.116

§9. カンは情況投射化作用をもつ

　カンという表現は日常的によく使われている。しかし，動感運動学としてのカンという表記が取り上げられるのは，もっぱら自らの〈内在経験〉に結晶した身体知として，運動主体と周囲世界との〈相即的形態発生〉に関わる現象野のなかにおいてである。たしかに「カンが鋭い」「カンが鈍い」「カンに頼る」など日常的に使い慣れた表現ではあるが，さらに「賭事はカンでする」とか「いい加減な山勘だ」などの侮蔑的表現にもつながる可能性ももつ。動感運動の世界でカンと呼ばれる身体能力は，周界情況に向き合うときに，予描的な動感システムをそこに投射して，刻々と変動していく動感情況を的確に捉える能力可能性の働きをもつから，約言して〈情況投射化能力〉と表すことができる。それは，周囲世界に変動しつつある動感情況[24]に向けて，絶対ゼロ点から発する原身体の予描的な動感能力が含意されている。いわば，カンはその運動主体がその周界の情況に自らの動感志向を投射して的確な情況判断を構成化できる〈予描的動感能力〉とまとめることができる。

　コツとの〈重複一元性〉という相関共属性をもつカンは〈勘〉とも表記される。その音符の甘は解字として〈挟む〉の意味をもつ。その場合〈匹〉は〈並べる〉の意味をもつから，両側から挟んで〈比べ考える能力〉が意味されている。いわば，カンの言語表記そのものには，単に〈動物的カン〉〈でたらめ山勘〉などと貶められる意味は含まれてはいない。それどころか，コツとの重複一元性を内在させるカン能力は，正鵠を射た情況判断の身体化現象として驚異的な競技力を構成する必然可能性をもっているのだ。それは，アスリートやコーチたちに当然のこととして知悉されている。しかし『勘の研究』で知られる黒田亮は，この勘と骨は一般に同義語として取り扱われやすいことを指摘[25]して，カンとコツをはっきりと区別することは不可能であると慎重である。たしかにコツとカンは，反対方向をもつ動感意識を志向して異なる作用をもっている。つまり，コツは求心的で自我身体に〈中心化〉されるのに対し，カンは遠心的で外に向かって〈投射化〉されることになる。しかし，そのコツとカンは同一の出来事に共属しているから，このコツとカンのもつ重複一元性は生き生きし

24）Claesges, U.: Edmund Husserls Theorie der Raumkostitution, S.120 1964 Martinus Nijhoff, Den Haag
25）黒田亮『勘の研究』（初版 1933 岩波書店），19-27 頁，1980，講談社学術文庫

た動感身体(キネステーゼ)のなかで〈同時反転性〉という奇妙な現象を生み出すことになる。そこには，極めて謎に満ちた動感原発生の地平志向性が浮き彫りになってくるのだ。その詳細は，第Ⅳ章「動感発生の深層世界」でさらに立ち入ることになろう。

　すでに述べているように，フーコーは，医師の〈見たて〉に *tact* という比喩表現を用いている。この *tact* はラテン語の *tangere* という触れる，掴むを原意とするから，コツとカンの一元的共属性を見抜いている点では，両者の接点領域に踏み込んでいて注目に値する。ドイツ語では，〈勘がいい〉というときの能力を〈いい鼻をもっている〉と表現するのも，鼻という嗅覚器が周囲世界の情況を感じとる様相を示していて興味深い。しかし，それはフランス語の〈嗅覚をもつ〉という表現のほうがより遠感覚による情況判断を表せるし，英語の *hunch*〔予感〕や *a sixth sense*〔第六感〕やフランス語の *la finesse*〔繊細な感じ〕という表現がより動感(キネステーゼ)情況を捉えるカン能力に近い表現とも言える。いずれにしても，様相変動を続ける動感情況を比較し〈勘案〉して構成する身体能力，つまり情況投射化能力という邦語の〈勘＝カン〉の意味内実には迫り切れない。まして，〈山を賭ける〉という意味が表に出る *spéculer, speculate, spekulieren* は投機的予測を表し，統計確率論へと紛れ込む可能性を否定できない。しかし，その〈山勘〉という表現を動感身体の能力可能性に引き寄せれば，ピッチャーの球種の〈山を当てる〉能力，盗塁の判断に〈山を賭ける〉能力などは，カンの動感発生論の問題圏に入ってくる。それは新しい動感能力の現象学的分析対象に浮上してくるし，そのトレーニング方法論への展望も見逃すことができなくなろう。

　こうしてカンは，動感情況を比較勘案して構成化していく身体能力として，動感発生論に決定的な意味をもつことになる。日常表現のカンという表現は，動感(キネステーゼ)運動の世界のなかで使われると，そのつど多様に変動する動感情況に応じて，どちらの〈動きかた〉ないし〈振る舞い〉がよいか，を勘案して構成化する動感発生論に収斂されていく。動感情況にうまく適合して動けたときに〈素晴らしいカンが働いた〉といい，その判断が悪いと〈カンが働かずドジを踏む〉などと言われる。いずれにしても，コツが私の身体に居合わせる〈中心化作用〉をもつ身体能力であるのに対し，カンは私の身体とそれを取り巻く動感情況との〈関わり〉のなかで，即座に〈勘案〉して動きかたを選び，同時に動ける〈情

況構成化作用〉をもつ身体能力と理解できる。しかも，そのコツとカンが同一の対象に〈同時に居合わせ〉ながら〈同時に反転する〉というこの奇妙な動感能力は，生き生きした実存運動のなかでは不可疑的な明証性をもっている。フッサールが感覚ヒュレーと志向モルフェーという二重性と一元性[26]を本質必然性とするのは，この意味において際立ってくることになる。しかし，この本質必然性も，コツ・カンというキネステーゼ感覚質の発生問題が主題化されてくると，時間流の原発生地平が全面に躍り出てきて，情況に応じて即座に姿を変える動感反転化の奇妙な同時性現象は，さらに我々に難題を突き付けてくる。その原発生地平の分析は，後段（§62～§65）にまとめて考察することになろう。

II─コツ・カンの源泉に遡る

§10. 新しい運動分析論が台頭する

　古代ギリシァにおけるポイエーシス［創作］の実践知としての〈テクネー〉概念や，古代中国における『荘子』の手加減としての〈数〉概念以来，物つくりのコツやカンは，神秘的な〈感覚知〉ないし〈身体知〉[27]としてその秘伝性が取り上げられ，中世までは宗教的な秘密儀式として世を動かしてきたことは，すでに拙著『わざの伝承』において立ち入って考察している。ところが，13世紀末葉にはじまるルネサンスから17世紀のいわゆる〈科学革命〉において，次第に合理的な因果決定論的思考が台頭し，ここで主題化されている〈感覚知〉や〈身体知〉の神秘性は，新しい科学によって懐疑の目に曝されることになる。その秘伝的な身体能力を秘儀化することは，欺瞞的な見せかけに過ぎないと疑われはじめるのだ。単に主観的な思い込みでしかないドクサ領域の曖昧な身体経験は，この時代の流れのなかで次第に批判の目に曝されることになる。デカルトは，曖昧な身体感覚を排除して機械論的な新しい運動認識を「方法序説」（1637）として世に問い，さらにニュートンはその「自然哲学の数学原理」（1687）

---

26) Hua. III. S.172［邦訳：第85節・段落④］
27) Buytendijk, F.J.J.: Das Menschliche der menschlichen Bewegung, S.186 In: Das Menschliche, 1958 Koehler Verlag

において，一様に流れる絶対時間と動かない絶対空間を座標軸にした〈絶対運動〉こそが客観的運動として真理だと主張する。この科学革命の流れのなかで，コツやカンという主観身体の内在経験は，身体運動の理論の背景に沈められ，その代わりに因果決定論に基づく機械論的な身体現象だけが際立ってくることになる。

このようにして，主観的なコツやカンの身体経験はすべて貶められ，科学的な〈運動法則〉に基づいた身体運動しか分析対象に取り上げられないことになる。生きものの運動現象でも，すべてニュートンの〈絶対運動〉の座標系のなかで，はじめて客観的に万人に説明可能だとし，そこでは因果決定論的な客観記述しか学問的基礎づけを主張できないことになる。いわば，因果決定論として分析できない身体運動は，科学的分析に値しない単なる信念対象，つまりドクサ的経験領域の出来事としてすべて排除されてしまうのだ。このような科学主義の運動認識は現代においても，とりわけスポーツ科学においては全面的に支持されている。その背景に支配的に潜んでいるのは，とりわけ定量分析のデータだけを勝敗決定の資料に取り上げる〈測定競技〉の運動認識であろう。そこには，たしかに勝敗決定の清冽な美意識と，その公平な判断基準が多くの人たちに支持されているからである。しかも，この定量化による客観主義はそれだけに止まらない。その他のサッカーなどの〈判定競技〉のみならず，フィギュアスケートや体操競技の〈評定競技〉さえも巻き込みはじめている。そこには，現代スポーツの競技論が改めて新しい問題性に直面していることを示している。

ところが19世紀末葉からの20世紀初頭にかけて，フランスのベルクソンによる生命哲学やドイツのフッサール現象学やディルタイの形態学や解釈学によって，新しい身体運動の認識論や現象学的身体論が脚光を浴びはじめる。さらに後期フッサールの発生現象学に影響を受けた精神医学領域でも，1920年後半からヴァイツゼッカーの形態円環論(ゲシュタルトクライス)（1933~1940），シュトラウスの感覚意味論（1935~1956）やボイテンデイクの現象学的機能運動学（1948~1956）などが陸続と現れはじめる。それは，生ける身体運動がドクサ経験に回帰し，その漠然性の本質必然性と本質可能性を形相的形態学[28]としたフッサールの現象学的分析が発表されて以来のことである。それどころか，これまで支配的だった因果決定論では説明できない身体運動の現象学的発生分析が現れはじめる。すなわち，反論理的な身体運動の形態発生は，多くの厳密な例証分析[29]によって，

---

28) Hua. III. S.302f.［邦訳：第145節，段落④~⑤］

その必当然的明証性が確認されはじめたのだ。その画期的な現象学的分析の流れは，むしろ新しい身体運動学として主流になって，もうすでに半世紀以上の歳月が流れている。

このような発生現象学を基柢に据えた動感論的運動学や人間学的運動学の流れのなかで，次々に厳密な例証分析が発表されてくると，コツやカンの価値知覚の働きを単なる曖昧なドクサ領域の身体経験に過ぎないと見過ごすわけにはいかなくなってきている。先（プリウス）も後（ポステリウス）もなく，同時に即興的に発生する〈キネステーゼ感覚質〉の発生分析論は，因果論的正当性をもたないから非科学的分析だと断じることができなくなっている。今までコツやカンの存在を論じ，その身体能力の動感意識を反省して分析するのは，単なる主観的な〈自己観察〉に過ぎないと貶められてきた問題意識が一気に新しい学問として脚光を浴びはじめている。ところが，精密科学の説明原理に慣れ切っている我々は，フッサールの現象学的還元の方法論になかなか馴染めない。とりわけ科学的分析の精密さに心酔している人たちは，まさにコペルニクス的転回を迫られているのに，〈ロックの呪縛〉（『わざの伝承』162頁～）はそう簡単には解放してくれないようである。

たしかに，直感で捉えるコツや山勘に頼って行動することは，決して自信に満ちた遂行決断というわけにはいかない。それは因果関係が明確でないから，万人を納得させる客観性の欠落に何となく不安が拭いきれない。ところが，自ら動く主観身体は，そのコツ・カンで決断し，遂行するのだから，それが〈紛いもの〉で〈当てにならない〉とどんなに非難されても，それを疑うことはそもそも不可能なのだ。つまり，フッサールの言う必当然的明証性は，如何なる経験によっても覆されない不可疑的な本質必然性をもっているからである。例えば〈歩いている私〉に向かって，他人から「今歩いているのは君ではない」と言われても，その不可疑的明証性を私が否定できるはずもない。たとい無意識に歩いていても，遂行する自我なしには動けないのだから，遂行自我の不可欠性を否定することは不可能なのである。受動志向性における「〈私がする〉は〈私はすることができる〉に先行する」[30]とフッサールがその微妙な〈動

---

29) Derwort, A.: Untersuchungen über den Zeitablauf figurierter Bewegungen beim Menschen in: Pflügers Archiv, Bd.240（1938）: S.661ff.
Christian, P.: Vom Wertbewußtsein im Tun. 1948 In: Über die menschliche Bewegung als Einheit von Natur und Geist S.19ff. 1963

感質〉を鋭く指摘するのは，この意味においてである。さらに，フッサールのいう〈立ちとどまりつつ流れる現在〉を捉えて動く「遂行主観の自我」[31]が仮に排除されるとすると，アンリの主張する「主観身体の運動」[32]そのものも成立しなくなってしまうのだ。その遂行自我は，受動発生の匿名性をもつ〈絶対主観性〉[33]を蔵（かく）しているからこそ，驚異的な職人の独善的一徹さや名選手の反論理的な言動が際立って我々の耳目を惹くことになる。

　こうして，今やコツやカンの現象学的分析は，その驚異的な身体能力の原発生地平に迫る転機に支えられることになる。それ故にこそ，フッサールは超越化的思考作用[34]を遮断し，超越化的解釈[35]の一切の判断中止（エポケー）を要請して，現象学的還元を迫るのである。フッサールによれば，超越論的現象野においては「その外部はまさに無意味である」[36]のだから，コツやカンの志向性分析は，外部視点をとる必要は全く存在しないのだ。それどころか，ドクサ領域の〈経験分析〉こそが本質必然性をもつと謎めいた宣言[37]をする。フッサールのその言明が謎めいて聞こえるほどに，科学的思考が私たちを籠絡しているというメルロ＝ポンティの指摘は，この意味において正鵠を射てくる。今ここの遂行自我に居合わせるコツ・カンの動感能力を捉えるのには「上空飛行的思考[38]を一切排除して，あるがままに〈私の身体〉の感覚世界に回帰しなければならない」とその現象学的分析の不可欠さをメルロ＝ポンティは宣言するに至るのである。

§ 11. 動感発生論の道が拓かれる

　このような匿名性をもつ絶対主観性としての自己運動は，キネステーゼ感覚質の有意味な発生現象に関わり合うが，そこでは，多くの反論理性に満ちた動

---

30) Hua. IV. S.261［邦訳：第 60 節 - a - 段落⑧；105 頁］
31) Hua. VIII. S.86ff.［Erste Philosophie II. Theorie der phänomenologischen Reduktion : 40.Vorlesung 1959］
32) Henry, M.: Pholosophie et phénoménologie du corps, p.100 -101; 1965 PUF［邦訳：105 頁以下　法政大学出版局］
33) Landgrebe, L.: Der Weg der Phänomenologie, Das Prpblem einer ursprünglichen Erfahrung, S.196f. 1978 Gütersloher Verlagshaus
34) Hua. II, S.39　［邦訳：60 頁］
35) Hua. X, S.117　［邦訳：11 頁］
36) Hua. I, S.117　［邦訳：第 41 節 - 段落①，153 頁］
37) EU. S.22　［邦訳：第 6 節 - ③］
38) Merleau-Ponty: L'Œil et l'Esprit, op.cit. p.12［邦訳：255 頁］

感意識の奇妙な一回性の出来事に出会うことになる。本質必然的に反論理性をもつ身体運動は，そのつどの〈価値知覚〉に応じて即興的に現れてくる。だから，伝統的な形式論理学の因果法則が通用するはずもない。科学的客観性を保証するために，分析対象から主観的な思い込みのドクサ的信念を排除し，動感流の〈身体感覚〉ないし〈感覚態〉をもつキネステーゼ感覚質の出来事をすべて捨象してしまえば，刻々と新しい動きを生み出す身体能力も一緒に弾き出されてしまうことになる。後に残るのは物体身体の物理座標系における単なる〈位置変化〉だけである。その身体の位置移動のデータによってしか客観的な運動メカニズムは示されないとしても，そこには，動こうとする主観身体の価値知覚は何一つ関わってはこない。物体化された運動メカニズムから，生き生きした感覚質発生を誘うノエシス契機を捉えることはできるはずもない。とすると，実存の身体運動に潜んでいる感覚質発生に絡む時間意識の持続と変化を捉えようとすれば，その遂行自我の動感意識流に直接問いかけるしか，もう道は何も残されていないのだ。こうして，パトス的情況のなかで動こうとする〈遂行自我〉が感知し共感できるコツやカンは，外部視点を遮断して，現象学的な動感発生論の立場から志向性分析に入らざるをえないことになる。つまり，ロボットの運動メカニズムを生ける人間の運動に生かそうとしても，それは結局のところ，主観身体における内在経験の工夫に再び丸投げされるだけである。

　ロボティックスの運動メカニズムそれ自体は，内在する動感ヒュレーを綜合するパトス的身体運動の〈動機づけ〉に全く関わりをもってはいない。それは単なるロボットの因果的動作発生を保証するだけである。たといロボットの自動装置に精密なセンサーを付けて選択可能性を拡大しても，そのソフトウェアは，すでに既知のデータから確率論的予測によるしかない。そこには，パトスをもって悩む人の未来予期の志向性を取り上げる余地は全くないのだ。その〈予期志向性〉とは，事実としてまだ生起してない未来の価値意識に向けられている。しかも，価値知覚の働く感覚質の発生は，後も先もない同時発生という〈反論理性〉に満ちた動感世界の未来予持地平のなかに生起するのである。〈今ここ〉のパトス的な志向性は確率論のデータに取り上げることができない。ロボットの未来志向の予測は，因果論的に必然的な既成のデータによって保証されるのだから，パトス的な動感能力の生成消滅現象とは本質必然的にどんな接点ももってはいない。とすると，私の内在経験のなかで，私秘的なキネステ

ーゼ感覚質がどのように統覚されていくのか，どんな動感様相化のなかで，どのような〈機能変動〉39)が発生するのかという感覚質発生の地平は，一体どのようにして捉えられるというのか。こうして，実存身体の感覚質発生を主題化するスポーツの動感運動学は，ロボティクスの運動分析論と本質必然的に訣別せざるをえなくなる。科学的運動学と現象学的運動学との違いは，単なる精密化の程度差でなく，本質必然的な差異性の問題に他ならない。競技する身体運動には，アスリートの動感身体に生成消滅する感覚質発生の本質問題が潜んでいることを無視することはできないのだ。それ故にこそ，フッサールも「自然科学には，どんな価値に関わる述語も，如何なる実践に関わる述語もすべて無縁なのだ」40)と言い切るのは，この意味においてである。ボイテンデイク41)が生ける人間の運動理論に〈自己運動〉〈主観性〉〈身体性〉という運動認識を導入しようとすれば，その新しい運動学は，その学的基礎づけを現象学的人間学に求めざるをえないと指摘する。ここにおいてボイテンデイクの指摘は，スポーツ運動学に決定的な意味をもってくることになる。

　この発生現象学的な分析論の実践可能性に西欧で早くから注目したのは，とりわけ精神医学領域の医師たちである。しかし明治初期における学校教育の改革以来，わが国の学校体育は健康の維持増進や体力向上がその教科の前景に立てられて今日に至っている。だから，よく動けない生徒の動感発生に関わる志向分析は，どうしても背景に沈められてしまう。むしろそこでは，コツ・カンという動感質の本質分析論は，非科学的な主観的経験分析として貶められ，排除される羽目に追い込まれていくことになる。西欧圏においては，早くから生成・消滅に絡む〈身体発生論〉に大きな関心が寄せられていたので，マイネルの『運動学』上梓（1960）と共に，まずもって〈現象学的形態学〉42)への気運が高まりを見せはじめることになる。わが国でも，マイネル教授の形態学的運動学の紹介43)と当時のオリンピック競技や世界選手権における国際的な活躍とが相まって，やっと新しいスポーツ運動学が陽の目を見るようになってきた。とは言っても，科学的運動学が主流であることには変わりなく，現象学的な発生運動学の研究会組織（1987）が動き出すまでには，『序説運動学』の上梓

---

39) Weizsäcker, V.v.: Gestaltkreis, Gesammelte Schriften, Bd.4, S.170f., 1997, Suhrkamp Verlag [邦訳：113 頁]
40) Hua. IV. S.25ff. [邦訳：第 11 節‐段落①]
41) Buytendijk, F.J.J.: Allgemeine Theorie der menschlichen Haltung und Bewegung, S.30 1956 Springer Verlag
42) Bernet, H.: Zum Begriff der Bewegung, S.9 Verlag Karl Hofman, 1966
43) 岸野雄三：運動学の対象と研究領域，『序説運動学』1〜47 頁，1968　大修館書店

（1968）から20年以上の歳月を待たざるをえなかった。こうして，やっと現象学的形態学を基柢に据えた運動分析論[44]への気運が起こりはじめ，運動現象学における動感発生論の道がおぼろげながら見えはじめることになる。それは同時にわが国における動きの感覚質を追求する実践可能性への道の記念すべき一歩ではあるとしても，フッサールの言うように，〈感覚与件〉と〈動感質〉の区別を無視してきた「ロック以来の悪しき遺産」[45]の呪縛からまだまだ解放されないのはどうしてであろうか。

§ 12. 感覚質の伝承危機が迫る

しかし残念なことには，ヴァイツゼッカー，シュトラウスやボイテンデイクらの現象学的人間学派の運動研究者たちによる新しい運動分析の成果は，競技スポーツになかなか通じにくい事情にある。その新しい現象学的分析の道に立ちはだかったのは，競技の公平性を確保するために，勝敗決定の精密化に一斉に傾斜していった時代の流れであった。とりわけ，陸上競技や水泳競技などの測定競技は，その競技成立の本質からいって，時間や空間の測定が精密化していくのはむしろ自明なことであろう。それが17世紀の科学革命以降における精密機器の目覚ましい進歩に支えられているのは言うまでもない。近年の電子工学による驚異的な測定精度の高まりは，もはや生身の感覚器には捉えられない次元の競技に変貌しつつある。そこでは，競技スポーツの勝敗決定権は，完全に電子工学の機器に奪われ，競技に生きる選手たちはその機器が示すデータに一喜一憂するだけとなる。この問題は測定競技の世界のみならず，サッカーや柔道など価値意識の働く判定競技にも，二者択一の判定基準に精密化傾向が見られ，それどころか，美意識による採点を本質とする体操競技などの評定競技でも，高速ビデオの再現による評価判定をするのを異としない現状である。それらの問題は人間のスポーツ文化におけるその本質必然性にまで影を落としはじめている。政治から中立であるはずの競技スポーツが，五輪大会の巨大化現象によって，経済圏を巻き込んだグローバルな潮流に身を委ねている現状は，スポーツ文化の本質に問題を投げかけている昨今である。

---

44) 金子明友：「運動観察のモルフォロギー」，筑波大学体育科学系紀要，第10巻，1987
45) Hua. VI. S.27 f.［邦訳：第9節，b - 段落④ - 註1］

このような競技における勝敗判定の精密化傾向は，さらにそのトレーニング方法論にも及び，科学的思考一辺倒に傾斜する勢いである．物質身体のトレーニング論は，もっぱら物質身体の体力要素主義に傾き，物理身体のトレーニング論は，その状況の〈ヴェクトル構造〉の合力に集約されていく．競技に勝利を得るためには，情報科学の確率論に基づいて未来の最適行動を予測する行動科学が前景に立てられてくる．それらの運動認識論を支配しているのは，身体運動の事物化思想に他ならない．その思想は，精巧なロボットのサイボーグ的な出力を具えた体力を理想とするから，すべてのトレーニング理論も競技の勝利至上主義に収斂されていくことになる．そのこと自体は競技スポーツである以上，成果主義に貫かれるのは自明のことである．したがって，コーチは競技の戦略と戦術をどのように捉え，どのように効果的に勝利につなげるかが喫緊の任務となる．本来的に選手たちの生ける身体能力を高めて競技に備えるかを任務とするコーチの役割も大きく方法論的転換が求められている．つまり，合理的なトレーニング活動を支えるマネジメント科学に精通し，体力トレーニングの科学的処方能力が求められるだけとなる．かつてのコーチが本来的に担っていた動感能力を高める方法論は，すべて選手に丸投げされてしまうのだ．さらに，かつての競技者だったコーチのもっているキネステーゼ感覚質は，すでに枯渇して，時代遅れの遺物でしかない．だから，コーチ自ら未経験な感覚質を伝える役割は，すでに消滅していることになる．昔取った杵柄は，物笑いの種にしかならない．その意味では，かつての名選手でなくても，コーチは務まることになるし，昔取った杵柄といっても，寄る年波には勝てず，そのコツやカンは干涸らびてしまって選手たちに通じなくなる．これでは，まさに渡りに船とばかり，マネジメントコーチ一色に染まってしまい，新しい技や動きの感覚質をコーチしても失笑をかうばかりだから，好んでコーチの権威を失墜する必要はないと臆面もなく断じることになる．

　こうして競技スポーツの指導者は，〈動感スキップ〉した感覚質を再生化しなくても，生理学的な体力トレーニング論とマネジメント管理論に精通していれば，競技に勝利させる選手を育てる役割は十分に果たせると考えるのだ．しかし，コーチが競技の勝利を保証できる体力トレーニングの処方を呈示し，さらに戦術力や技術力のトレーニング活動を合理的にマネジメントできれば，コーチの役割は問題なく果せるのであろうか．その選手たちがどのように動き，

どうような行動を何時どのようにとるかは，選手自身に課せられた実践可能性である。だから，自らそのコツを掴み，カンで情況を捉えるかは，選手自身の問題である。すでに，その合理的なトレーニング処方箋も呈示してあるし，そのトレーニング活動も指示通りに精力的に消化しているのだから，その成果を出せるかどうかは，すべて本人の努力次第となる。駄目なら，競技に出場させる権利を剥奪するだけのことである。ここにおいて，そのコーチはプログラミングをしただけで，その選手の〈感覚質発生〉には何一つ関わっていないことが確認されることになる。このままでは，次の世代に伝承できるのは，机上のトレーニング処方箋の情報だけである。具体的な動感伝承を発生させる実践可能性として，その動感質の内実は何一つ明らかになっていない。コツやカンという身体能力の伝承すべき動感意識のノエマ的意味構造もノエシス的統握の様相変動も，何一つ確認されていないことになる。物づくりにおける熟練工の技能が伝承できずに社会問題になるのは，この動感能力の感覚質発生分析が放置されているからに他ならない。

　コツやカンという動感能力による驚異的な〈わざ〉は，奇妙な反論理性や匿名的私秘性を本質可能的に潜ませているから，機械論的な因果決定論が通用する余地は全くない。科学的メカニズムや合理的トレーニング処方箋を生ける身体運動に転移しようとしても，その反論理的な感覚質によって拒否される破目となる。こうして，貴重な運動文化財は伝承されずに，その技能者と共に墓場に入れられてしまうのだ。マイネル教授がこの動感伝承の確立を目指してスポーツ運動学を唱道したのは周知のことであろう。結局，そのメカニズムの成否は，実践可能性を追うパトス的な身体能力に丸投げされ，そのすべての責任は，遂行自我の働きに転化されるだけのことである。スポーツ科学の関心は，もっぱら因果決定論に基づく機械論的身体運動のメカニズムそれ自体であり，現象学的な身体運動の動感発生とは全く異質であることを重ねて確認せざるをえない。つまり，スポーツ科学はその分析対象を必然的に物質ないし物体身体に限定しているから，感覚質を生み出す〈身体物体〉の動感発生の解明分析は，埒外に弾き出されてしまったのだ。人間の動感発生に関しては，遂行自我の動感能力に一方的に丸投げして自得を迫るだけで，勝負の世界に参画するコーチは，競技に関わらない科学分析者と同じであり，ヴァイツゼッカーに〈野次馬〉46)と揶揄されても仕方ない昨今である。

§ 13. 動感質の源泉を探る

　このようにしてスポーツの動感運動学は，精密科学的運動分析と訣別して，有意味なパトス身体がその動きの感覚質を発生する内在経験の現象学的分析に回帰することになる。そこでは，〈絶対ゼロ点〉の動感深層に潜む時間流の〈原発生地平〉[47]を分析対象に取り上げざるをえないと言うフッサールの指摘は，決定的な重大さを意味しているのだ。それは，コツやカンという動感能力の源泉をフッサールの言う〈絶対ゼロ点〉という〈原経験〉[48]の深層世界に求めなければならないからである。フッサールによる絶対ゼロ点の存在論とその深層構造の詳細については，後段（§50〜§52）で主題的に取り上げられることになろう。しかし，動感質発生に関わる〈身体経験〉の深層世界は，これまでの主観と客観の二元論に慣れている我々にとって，その動感経験に関する認識論が難渋を極めることになる。いわば，〈絶対ゼロ点〉という奇妙な表現からして，形而上学的なややこしい理論を想定して敬遠してしまうことが少なくない。ところが，我々が何気なく動いているときに〈上下－前後－左右〉の空間を独りでに受け容れているのであり，〈今ここ〉で動いている〈自己自身〉をそこで感じとっているのだ。そのような当たり前の内在時空間の動感世界の存在を気づかせてくれるのが，フッサールの言う〈絶対ゼロ点〉に他ならないのである。

　動感志向性としてのゼロ点の存在論に基づいて，その深層地平における身体運動の生成と消滅の発生様相を〈内在的超越〉として現象学的に純粋記述し，そこに本質可能性を追求する問題に向き合うことがはじめて可能になるのだ。しかし，解明化を進めて本質必然性に辿りつくには，その発生源泉にまで遡る〈超越論的分析〉にどうしても依拠せざるをえない。そのためには，価値意識を伴う感覚質を感知し共感する身体経験の源泉とは，一体どこに存在しているのかを確認しておかなければならない。この決定的な意味をもつ問題意識は，第Ⅳ章「動感発生の深層世界」で詳しく立ち入ることになる。動感意識を統握する身体経験の源泉こそがフッサールの動感発生論の原点をなすことを確認しておかなければならない。この〈絶対今〉と〈絶対ここ〉をもつ原動感志向性の存在論は，それなしにはスポーツ運動学の学問的基礎づけが成立しない

---

46) Weizsäcker, V.v.: Gestaltkreis, Gesammelte Schriften, Bd.4, S.273f., 1997 ,Suhrkamp Verlag ［邦訳：245 頁］
47) Hua. XI. S.73　　［邦訳：第 18 節・段落④］
48) EU. S.43　　［邦訳：第 10 節・段落⑤・⑥］

ほどの決定的な意味核を構成しているのだ。

　スポーツ指導の実践現場にいる教師やコーチの関心事は，生徒や選手たちの〈私は動ける〉という〈実践可能性〉の実現をどのように果たすのか，に収斂してくるのは言うまでもない。そのためには，価値意識を伴う感覚質の多様な様相変動に注目し，その様相化分析によってその生成と消滅に潜む含意潜在態を解明することがまずもって求められる。つまり，スポーツ科学が運動メカニズムそのものに関心をもつのに対して，スポーツの発生現象学は生徒や選手たちの動感意識の様々な様相変動に重大な関心をもたざるをえないのである。それなしには，〈私は動ける〉という実践可能性を実現させることができないからであり，どうしてもその変様態の志向分析に入らざるをえないのだ。生徒がどのような〈ノエマ的意味〉に向き合っているのか，〈ノエシス契機〉にどんな意味統握を志向しようとしているのかを知らずに，生徒の〈動感質〉に関わり合うことは到底できるものではない。目に見えないコツやカンを観察し，匿名性をもつコツに借問を続け，漠然としたカンの動機づけに探りを入れ，その動感システムを誘い出す教師やコーチは，どうしても運動現象学に展開される原発生の地平志向性に問いかけざるをえなくなる。ところが，その感覚質の発生分析における前提となるフッサールの現象学的還元方法論は，指導実践の現場では当たり前のことのように受け止められているのだ。動きを発生させるコーチは，そこで科学的なメカニズムの説明をしても，その〈意味発生〉につながらないことを知悉しているからである。だから，選手たちに科学的メカニズムを知的に理解させようとはしない。実践現場のコーチは，選手の誤ったコツをどのように見抜けるのか，情況を捉えるカンの取り違えをどのようにして，ノエシス契機に統握させるかという，現実的な喫緊問題に迫られているからである。

　コツやカンの誤りを即座に指示するか，古来の芸道のように〈自得〉の気配を待つかは，そのときの指導者の動感情況による判断次第である。しかし一般的には，コツやカンという主観的な感覚指導は，それを非科学的な方法だと貶めて，メカニズムの説明を先行させることが正当化されている昨今である。そこでは，科学的メカニズムを理解すれば，動感発生が必然的に成立するという因果決定論が前提として是認されているのだ。それはロボットには適用可能だが，パトス的な遂行主観には背理でしかない。キネステーゼ感覚質の発生現象

が原発生の動感深層に遡らざるをえないのをコーチは，自らの長い経験から知悉しているのだ。それは現実的な実践可能性の喫緊問題だからである。だからこそ，生徒や選手にそのコツやカンを直接経験させる道を前景に立てざるをえないのである。価値意識をもつ感覚質に気づく主客未分の純粋経験というものは，因果決定論ではどうしても説明がつかないからだ。その反論理性を理解できずに，科学的思考にのめり込んだコーチは，選手の身体運動を機械論的なロボットの運動と同一視して，果てしない道に迷い込んでしまうことになる。つまり，外部視点から習練活動を監視する行動科学的な道を前景に立てるか，体罰のショック療法によって一気にスキップさせるしかないことになる。ここにおいて，その動感意識の発生分析論を前景に立てるためには，我々は改めて動感感覚質の生き生きした発生現象野に正面から向き合うしかないことをここにしっかりと確認しておかなければならない。

III―動感質の存在論を問う

§14. 感覚質の生成に向き合う

　1960年に，ドイツのマイネル教授がスポーツの一般理論として『運動学（キネシオロジー）』を上梓したとき，巷間ではまさに賛否両論が拮抗していた。当時の科学的な運動学の研究者は，マイネルの形態学（モルフォロギー）分析の非科学性に露わな侮蔑を投げかけ，反対に，競技コーチや体育教師はその内在的な経験分析を干天の慈雨のように歓迎した。この対立的評価は，すでに拙著（『スポーツ運動学』第II章）で詳しく論じられている。約言すれば，当時のスポーツ領域の運動分析論は，バイオメカニクスからサイバネティクスへと傾斜しはじめた変革の時代がその背景を支えていたのだ。現象学的な動感意識分析や身体性分析は，ラントグレーベやボイテンデイクらの現象学者やヴァイツゼッカーらの精神医たちにしか関心がもたれていない。『身体知の形成』（講義11）に述べてあるように，スポーツ領域では，オーストリーのシュトライヒャー女史やその研究者たち以外は，まだ素朴な科学的運動認識に留まっていた時代である。偶然に生起した身体運動の

内在経験から，それをデータとして確率論的に未来の動きや行動を確定できると信じ，そこに何の疑念も生じないほど牧歌的な運動認識が大勢を占めていたのだ。そこに，運動する主観の〈自己観察〉や〈他者観察〉によるモルフォロギー分析論が突如として登場したのだから，当時としてはまさにコペルニクス的転回とも言えるほどの大事件であったに違いない。それほどに，マイネルの感覚論的運動学(エステジオロギー)の出現が世界のスポーツ科学に与えた衝撃は大きかったと言える。

　当時のドイツは，東西に分断されて，政治的なイデオロギー対立が激しかった時代である。しかしローマ五輪（1960）の体操競技では，東西統一チームを編成し，さらに運動分析論や術語論の研究面では，その政治的対立を超えて研究交流が行われていた。ところがマイネル教授の退官（1964）後は，その後継者シュナーベル教授も，西側のキール大学のウンゲラー教授も，東西ドイツにかかわらず，共にサイバネティクス分析論に傾斜しはじめた。しかし，その一方では，グルーペ教授による現象学的な新しい運動分析論（1967）も脚光を浴びはじめていた。同じ頃に，わが国でも『序説運動学』（1968）が世に問われている。主筆の岸野雄三教授のマイネル運動学の紹介論文がそこで発表されると，日本の科学的運動学に大きな衝撃を与えることになる。そこに所収された諸論文のなかには，まだ科学的分析論が混在しているとはいえ，明らかに現象学的運動認識がわが国に受容されつつあったことを示している。

　しかしわが国では，大学の体育学部ないし体育大学にやっと運動生理学やバイオメカニクスの講座が定着しはじめた頃だけに，新しいスポーツ運動学への抵抗が大きかったのも事実である。そこには，二者択一を迫られる研究者たちの抵抗は激しかった。本場の西欧圏でさえも，マイネルのモルフォロギー運動学は，極めて実践的だと評価されながらも，その分析方法論が理解しにくいと嘆く研究者[49]も決して少なくなかった。わが国の現象学的運動学がやっと存在意義を認められるのには，スポーツ運動学会が組織される頃（1987）まで待たなければならない。このような事情の下では，まずもってキネステーゼ感覚質の存在論やその本質直観の発生分析論それ自体に向き合うことが何よりも不可欠であると言えよう。言うまでもなく，ここでいわれる発生分析論は，〈可能態〉が偶然に実現される〈現実態〉そのもの成立を問題にするのではない。

---

[49] Sobotka, R. : Formgesetze der Bewegungen im Sport, 1974 Verlag Karl Hofmann

そのキネステーゼ感覚質の〈実践可能性〉[50]）の源泉に遡る超越論的な発生分析が，その道しるべとともに主題化されるのだ。たしかに指導実践の教師やコーチたちは，生徒や選手たちに直接向き合って〈そう動ける〉という実践可能性を拓いていく役割を担っている。しかもそこでは，コツやカンという身体能力の生成・消滅に関わる動感発生論への関心が不可欠な前提をなしているのだ。ところが，微妙な価値意識を伴う感覚質の存在を問い，その発生の様相変動に気づくことは，つまりコツやカンの価値知覚の働く感覚質の身体経験そのものは，余り関心がもたれないことが多い。要は〈できればよい〉という結果主義一辺倒になっているからである。動ける実践可能性を追求する本人さえ，〈できた−できない〉の二項対立にしか興味をもっていない。それどころか，教師さえももっぱら成果主義に徹して，ひたすら結果だけを出させようとする。その実践可能性の豊かな身体経験は，すべてスキップしてしまっても，最短のコースを追求させるのが合理的な学習過程と速断するのだ。だから，その学習過程が合理的な速成主義へと傾斜するのは自明のこととなる。ところが，感覚質が意味づけされる遂行自我の身体経験には，〈自己忘却性〉が内在しているから，本人もよく分からないままである。その価値意識をもつ感覚質が私秘的な個人問題だから，教師はそこに立ち入ろうともしない。それどころか，生徒が〈どのような動きの感覚質を捉えようとしているか〉という，生徒のノエシス契機の意味統握に対して，教師が共感する能力さえももっていないのだ。とすれば，生徒の学習活動に共に居合わせて，その動感発生に共感することはできるはずもない。そこで教師は，ヴァイツゼッカーのいう野次馬に変身してしまうことになる。教師は野次馬の立場に立っていて，どのように動きに潜む微妙な感覚質に気づかせる指導ができるというのか。すべての動感発生の学習活動は，生徒自身の努力に委ねられ，その本人が感覚質を自得するのを教師はただ待つだけとなる。こうして教師は，外部視点から生徒の学習過程を行動科学的に客観分析して，その学習活動の合理化を支援する道をとるしかなくなる。

　このような事情のもとでは，動感質の存在論も，生成・消滅する感覚質発生の〈本質直観〉の分析論も，すべて教師の関心を呼ぶはずもない。自分のコツやカンを掴むのは，生徒自身に課してある内在経験の学習だから，自らの身体経験の世界で自得させるべきだという。しかし，コツ・カンを自得する学習活

---

[50］Hua. IV. S.258ff.［邦訳：第60節‐a］

動を支援するのが教師の本来的な役割だとしたら，教師は感覚質のノエマ的意味づけを知悉し，ノエシス契機統握の観察眼をもっていなければならないはずである。学習教材の感覚質のノエマ意味も全くの白紙のままで，どのようにして感覚質の発生指導に入れるというのか。こうして，教師はコツやカンを埒外に移して，もっぱら体力要素のトレーニング処方を呈示し，その自得のマネジメント活動を監視するしか道はなくなる。そこでは，自主的な意欲を活性化する〈陶冶目標〉だけを掲げておけばよいことになる。教師本来の役割は，生徒の学習活動の合理的なマネジメント支援にあるとして，応援席に陣取って火事場の〈野次馬〉に変身する仕儀となる。しかも，そのことの重大さにも気づかないままである。それでは，生徒たちが喉から手が出るほど欲しいコツやカンの感覚質から逃避する言い訳をしているに過ぎない。さらに，生徒たちの動感発生の生々しいパトス世界の学習内容は，教師たちの指導内容から全く排除されるのは何故なのか。生徒たちは動きのコツに悩み，カンをいつ掴まえるか苦しんでいるのに，その感覚質の発信を馬耳東風と聞き流してしまって，どうして学習の意欲を起こさせることができるというのか。

　こうして，〈動ける〉という実践可能性の〈動感生成〉という学習内容を丸投げされた生徒たちは，一体どうすれば感覚質の〈道しるべ〉を見つけることができるのか。コツやカンという身体能力を身に付けるのは，他者からは窺い知れない問題だから，自ら努力して身に付けるしかないという。いわゆる〈自得の美意識〉こそ身体教育や競技スポーツに不可欠な教育内容そのものだと宣言するだけなら，体育以外の教師にも，それは可能である。そこで自得を求められた生徒たちは，どうすれば新しい動きのコツを掴めるというのか。機械的にその動きかたを反復練習しても，一向にそのコツやカンを捉えることができないとき，教師自身はその感覚質の〈生成転機〉となる〈コツの足音〉を感じとれるのか。その秘密に覆われた動感世界をわが身で共感できない教師が何を生徒たちに教えるというのか。学習手順を呈示するだけなら，その専門情報は巷間に溢れている。この事情は競技コーチたちにとっても同じである。コーチはプロとして，動感質の時空意識や地平意識の経験分析を知悉しているはずである。それとも，私秘性を蔵した感覚質現象も客観主義の行動科学で外部視点から分析可能だというのか。ところが現実には，他者のキネステーゼ感覚質を感知し共感できる希有なコーチは決して少なくないのだ。ボイテンデイク[51)]

の言う〈身体知〉ないし〈感覚知〉の意味内容を知悉している教師やコーチの動感経験の貴重な知恵は，どうして解明分析の対象に取り上げられないのか。それは希有な〈キネステーゼ感覚知〉として門外不出の特許権に固執したいからなのか。それとも，科学主義者から単なる非科学的な職人業(わざ)として貶められるのが嫌だからなのか。そのコツやカンの感覚質が生成され，確定化される現象野は，学的基礎づけが不可能な神秘世界というしかないのか。それはまさに，フッサールの言う〈本質直観〉に至る不可疑的明証性をもつ道程であり，超越論的分析論の起点をなしていることは，もはや多言を要しない。キネステーゼ感覚質の生成というその奇妙な出来事に気づき，その謎に問いかけることこそ，動感発生論の起点になっているのだ。

§ 15. 感覚質の消滅に向き合う

　このような指導実践に関わる問題意識こそ，スポーツ運動学の講義を開始（1931）したマイネル教授の求めて止まなかった原点に他ならない。マイネルはその実践可能性を追求していくスポーツ運動学の道を，いわばその学問的方法論をモルフォロギー分析論に求めたのは周知の通りである。しかし，ゲーテの創始による形態学(モルフォロギー)の思想に対して，ハイゼンベルクやハイトラーなど物理学者たちが高い関心を寄せている一方で，感覚論(エステジオロギー)を基柢に据えたマイネルの形態学的運動学が客観性に欠ける分析論として貶められるのは何故なのか。この問題に射程を越えて立ち入るわけにはいかないが，そこには，現象学的な感覚論(エステジオロギー)的形態学とロックの感覚与件との認識論的問題が潜んでいるのだ。むしろ精神医学領域のように，身体発生論への切迫性をもつ領域では，早くから形相学的形態学としての現象学的志向性分析の道が拓かれているのはよく知られている。しかし，競技世界で常にハイライトを浴びるのは，競技の名誉ある勝者であり，学校体育でもヒーローとなるのは，器用に動ける体力のある子どもである。いわゆる運動神経の鈍い子どもたちは，その学習活動の背景に沈められたままである。ここで前景に立っている価値知覚の働く感覚質の発生現象とは，そもそも生成と消滅という両面の〈実践可能性〉をもっている。しかし，

---

51) Buytendijk, F.J.J.: Das Menschliche der menschlichen Bewegung, S.186 In: Das Menschliche, 1958 Koehler Verlag

スポットを浴びるのは〈動ける〉という感覚質の〈生成現象〉だけである。その感覚質の半面である〈消滅現象〉は，いわば苦渋に満ちた不快な出来事であり，そこには，知らぬ間に習慣化した癖を消そうとしても，どうしても消せない苛々した出来事が際立っている。しかし，新しい動きが生成するためには，習慣化したこれまでの感覚質が消滅しなければならない。だから，むしろ〈生成しない〉ないし〈消滅する〉という出来事こそが価値意識の伴う感覚質の意味核として注目されるのでなければならない。

フッサールの言う絶対ゼロ点が住んでいる動感世界は，後段（§50）で詳しく立ち入るけれども，その身体性が潜む動感時空間世界は，物理的に計測できる時空間世界とは明確に区別される〈私の身体〉という〈固有領域〉の世界である。コツとカンは〈相互隠蔽原理〉に支配されていて，一方のコツが働くときには，カンは背景に身を隠して息づいており，カンが顕在的に表に現れるときにはコツは隠れて働くという〈同時反転性〉をもつのである。しかし，この現れと隠れの二重化は全く同時に働くのであり，このコツとカンの同時反転性は，動感身体の本質法則の一つである。例えば，歩いているときに不意に躓いたりすると，隠れて働いている〈歩くコツ〉の欠損態に気づくことになる。そのときの〈歩くコツ〉は隠れていても受動的に働いているのだ。その必然可能性が欠損態に陥ると，隠れて働く〈歩くコツ〉がその小石に受動綜合化できずに，つまり独りでに反転できずに躓くことになる。そこで，はじめて隠れの〈歩くコツ〉の存在論が問題意識に上り，その〈即興の動き〉が作動する同時反転化の感覚質が前景に立てられる。いわば，同時反転化する〈隠れ感覚質〉こそ〈身体媒体性〉[52]の起点であり，その隠れ感覚質への気づきこそ，ラントグレーベの言う動感的な〈世界内存在〉の〈運動基盤〉[53]に他ならない。ここにおいて，動感志向的な感覚質の発生現象は，主題的に〈作用するもの〉として注目されるのである。

我々はこのようにして，身体性を潜めた自己運動の動感発生分析に注目せざるをえなくなる。スポーツ運動学はむしろ〈動きたくても動けない〉パトス世界に苦悩する人たちのために，価値意識をもつ感覚質の生成消滅が主題化され，その道が拓かれるのでなければならない。動こうと思えばすぐに動ける恵ま

---

[52] 新田義弘：『世界と生命』媒体性の現象学　136頁以降，2001年　青土社
[53] Landgrebe, L.: Die Phänomenologie der Leiblichkeit und das Problem der Materie, 1965 In: Phänomenologie und Geschichte 1967 S.147 Gütersloher Verlagshaus, Gerd Mohn

た人たちには，自ずと楽しい競技世界も開かれていく可能性があろう。しかしその人たちでも，無限に広がる芸（わざ）の高みや奥深さに気づくと，同じような〈動きたくても動けない〉パトス世界に回帰せざるをえなくなる。こうして，超越論的な絶対主観性の立場から，我々はスポーツの身体運動を〈内在的超越〉として純粋に記述し，その感覚質をその源泉にまで遡行する道を辿っていくことになる。多くの謎に包まれたコツとカンという奇妙な動感能力は，その原発生地平を厳密な超越論的分析によって解明することが求められるのは，この意味においてである。すでに現象学として，動感意識分析論の道が拓かれてから一世紀以上の歳月が流れている。しかし，運動文化を伝承するスポーツの動感世界における意識分析論は多くの先入見や誤解に阻まれたままである。深層に潜む感覚質を主題化する動感運動学への道は，多くの人に見向きされないままに放置されているのは，遺憾としか言いようがない。

　スポーツ領域における身体運動は，その価値系と意味系に絡む動きの感覚質の時空間世界のなかに現出するのだから，その動感源泉に遡る超越論的分析がまずもって取り上げられるのでなければならない。その原発生地平分析のなかに，その本質法則を捉え，生ける動感経験の発生現象を解明していく道が拓かれれば，指導実践に関わる教師やコーチの役割は，さらにより明確な道しるべを設定することが可能となろう。しかし，その道は多くのアポリアやまとわりつく誤解に阻まれて，その具体的な動感発生分析は遅々として進まない。わが国の運動学会の発足からでも，はや四半世紀の歳月が流れている。我々は改めて超越論的分析としての動感質発生分析を阻む多くのアポリアや誤解を丹念に取り除いていかなければならない。そのためには，奇妙な生成・消滅を繰り返す動感質の発生現象に正面から向き合って，その実践可能性を意欲的に追求していくしか道はない。

§ 16. 感覚質の発生を感じとる

　このような経緯のなかでは，超越論的現象学に基礎づけをもつ動感運動学においても，そこに主題化される動感発生という表現それ自体さえも誤解される可能性を否定しきれない。すでに〈発生論〉という表現をめぐる誤解や混乱について，そのたびごとに注意を促している。しかし科学的思考の呪縛のためか，

いつの間にか知らずに科学的因果論に引きづり込まれてしまう。動感能力が受動的にまとまって自ずと身体が動いてしまう出来事は，発生現象学では受動的綜合と呼ばれる最大の関心事である。その場合の〈受動的〉という表現は，文法受動態の受け身の意味ではない。だから，運動現象学の〈受動綜合〉では，自発的に動きが綜合化されて自ずとまとまる動感感覚質の発生が主題化されるのだ。こうして，動感意識を志向した感覚質発生は〈できる－できない〉という端的な二項対立の出来事ではないことが確認されなければならない。そのなかでは，〈予期外れ〉が生じてその綜合化が否定され，動きに〈迷い〉が出て，折角の綜合化のノエシス契機も消滅したりする。その多彩な，しかも微妙な感覚質の様相変動は，その生成消滅する発生現象を〈様相化分析〉によってこそ解明されるのでなければならない。一回ごとに差異化された感覚質発生が起こっているのに，その様相変動を無視して機械的に反復しても，そこに〈意味発生〉は成立するはずもない。その動感発生の様相変動に直(じか)に向き合って，その感覚質発生の様相化を，つまり感覚質が生成消滅する一回性の様相変動を感じとる動感発生の身体経験こそ分析対象に取り上げられなければならないのだ。ところが，フッサール[54]が厳しく注意しているのにかかわらず，動感感覚というときの〈感覚〉は，価値知覚の働く〈感覚質〉が意味されているのに，それを〈感覚与件〉と取り違えて，ロックの呪縛に嵌ってしまうのだ。つまり，一回ごとに感覚質が変動するのでは，腑に落ちないから，科学的に分析してその因果法則を明確にしないと納得できないと考えてしまう。こうして，その感覚与件が客観的原因として取り上げられ，その起点を運動の感覚記憶に求め，その動きを指令する脳皮質の働きをを脳科学的に分析し，その原因を突き止めようとする。その原因が分かっても，それは〈感覚質発生〉に直結しないのに，ロックの呪縛からどうしても抜け出せない。仮に，原因が結果を生むとすると，競技のすばやい動きにはどうしても当てはまらなくなる。ところが，実存の身体運動は結果が時間的に原因に先立つ〈反論理性〉を示すとヴァイツゼッカーは言う。その形態円環(ゲシュタルトクライス)の理論は[55]，まさにその正当性を主張しているのだ。現実の競技における動感身体の運動は，本質必然的にそのヴァイツゼッカーの反論理性を示していて，それは明証的な原事実である。それどころか，我々の日常

---

54) Hua. VI. S.27 f.［邦訳：第9節，b - 段落④ - 註1］
55) Weizsäcker, V.v.: Gestaltkreis, Gesammelte Schriften, Bd.4, S.255ff., 1997, Suhrkamp Verlag［邦訳：221～223頁］

の歩く，走る，跳ぶという身体運動もすべて同時交換作用を示していて，そこに　先（プリウス）も　後（ポステリウス）もないのは不可疑的なことなのである。

　身体運動の科学的な因果決定論では，動きの感覚質の意味発生そのものの解明が埒外に外されていることを見逃してはならない。我々が動感指導の実践世界で知りたいのは，動感意識を志向した感覚質発生の分析論，つまりコツやカンを構成している価値知覚の働く感覚質がどのように意味づけされて〈動ける〉ようになるか，という動感素材（ヒュレー）の様相変動そのものなのだ。動きのコツをどのように感じとり，その場のカンをいつ捉えるかというその価値意識の感覚質発生分析こそ，競技トレーニングでは意味核となる関心事に他ならない。それは後段で詳しく立ち入るが，このような有意味な感覚質がわが身にありありと感じられる〈本原性〉に気づくとき，いわばコツやカンの過去把持地平の〈たった今〉を感じるとき，我々はそれを〈感覚質生成〉の〈ノエシス契機〉と呼ぶのだ。それはコツやカンが成し遂げた遂行結果に，事後的に価値意識が付与されるというのではない。主観身体におけるコツやカンの原現在に価値知覚が作動して，そこにどんな価値意識が発生するかが問題になるのだ。その価値意識の成立がどのような時間意識の持続と変化のなかに立ち現れるのか，そのキネステーゼ感覚質のノエマ意味とノエシス統握の時間化様相こそが解明分析されるのでなければならない。単なる感覚時点や感覚記憶の脳皮質の所在を確認しても，その動感経験における感覚質発生の変様態ないし意味形態の充実内容は何一つ捉えられていない。点的な時間意識の因果的前後関係をどんなに精密に分析して確認しても，そこから動感経験に潜む〈意味発生〉の生々しい変様態に迫ることは不可能なのである。

　こうして，我々は身体経験のなかに動感質の〈意味形態〉を掴まえるのに，絶対ゼロ点に遡源する超越論的分析に依拠することになる。とは言っても，わが身に知覚される端的な経験は，主観身体に私秘的な内在経験として，しかも漠然とした〈形態形成〉としてしか捉えられないのだ。だから，それを万人に通じる客観的認識として明らかにするには，客観的妥当性の分析が不可欠だとして再び精密分析に逆戻りしてしまうことになりかねない。そこでは，必然的に等号で結ぶ物質自然の因果法則によって，その対極にある生命ある運動の反論理性[56]をもつ生成・消滅の〈同時反転性〉を解明できるはずもない。いつ

---

56) Weizsäcker, V.v.: Anonyma (1946); S.49f. Gesammelte Schriften Bd.7, 1987 [邦訳:『生命と主体』95-96頁]

の間にか侵入してくるメルロ゠ポンティの意味する〈科学的思考〉[57]に対して，何の違和感も生じない科学主義の競技世界に我々は安住しているのかも知れない。だからこそ，判断中止（エポケー）して現象学的還元の遂行が必然的に求められることになる。その前提の上に，やっと現象学的な動感意識分析に入る可能性が現れてくる。もちろん，この動感発生論の手引きとなるのは，その静態論分析，つまり動感システムの構造論的分析であることは言うまでもない。静態論分析と発生論分析の比較考察は後段（§ 63）に譲るとして，まずもって動感発生論としての我々の運動学の学問的基礎づけに少し立ち入って解明しておかなければならない。

　この動感発生論は，別言すれば，ボイテンデイクのいう〈身体知〉[58]つまり〈身体的なるものの能力可能性〉の発生現象に関わる時間化分析論に他ならない。だから，まず運動学を運動科学から明確に区別しておかなければならないのだ。つまり，我々の動感運動学は，外部視点から精密分析をする科学的運動分析とは一線を画し，それとは全く別種の超越論的分析論に依拠しているからである。スポーツ選手の身体運動を客観的に精密分析しようとすれば，その分析対象を物質身体ないし物体身体の位置移動に限定せざるをえない。いわば，自然科学的に分析するには，生ける実存身体をいったん〈事物化〉した上で，その客観化された出来事を外部視点から精密に計測することからはじめられるのだ。

　これに対して，競技世界のなかで価値系と意味系に絡む身体運動は，プリウスもポステリウスもない〈即興的同時性〉のなかに発生するのだから，本質必然的に定量化不可能である。選手たちは，刻々と変化する状況に応じて，即興する自らの動きを内在身体のなかに私秘的に感知しているのだ。いわばその動感運動は，主観身体による有意味な〈自発運動〉に他ならない。だから，外部からの行動科学的分析を必然的に拒否せざるをえないとフッサール[59]は指摘する。自ら動く身体は，そこにパトス的私秘性を潜在態（デュナミス）としているのだ。その〈先存在〉として，〈それ自体所与性〉が先所与的に与えられ，作動しているとフッサールは決定的に重大な発言をしているのである。パトス的決断は〈自由〉と〈必然〉の抗争のなかにあるのだから，そこに科学的な因果決定論が成立す

---

[57] Merleau-Ponty: L'Œil et l'Esprit, op.cit. p.12 Gallimard 1964　［邦訳：255頁，みすず書房］
[58] Buytendijk, F.J.J.: Das Menschliche der menschlichen Bewegung, S.186 In: Das Menschliche, 1958 Koehler Verlag
[59] Hua. IV. S.25ff.［邦訳：第 11 節・段落①～③］

るはずもない。いわば〈したい〉と〈ねばならない〉のせめぎ合いのなかでは，因果連関は全く関わりをもつことができないのだ。人間における身体運動を本質直観するには，自然科学的な精密分析の方法論からの撤退を主張せざるをえないというヴァイツゼッカー[60]の主張を我々はこの意味において理解することができる。

§17. 感覚質の伝承を志向する

　昨今におけるスポーツ運動学会の研究発表や諸論文は，新しい運動認識のもとに，その論展開も次第に充実しつつある。しかしその研究発表は，静態論的な構造分析の論考が多く，発生論的分析がほとんど見受けられない。静態論分析と発生論分析の相補連関の考察は後段（§68）で立ち入ることになるが，ここで問題となる〈発生論分析〉とは，動感経験に潜む生成と消滅を繰り返す感覚質の発生変様態を主題化するのだから，動感発生に直結する指導実践の現場に関わる問題圏にあることをここで確認しておきたい。それは，マイネル教授が求めて止まなかった指導実践の運動基盤であり，そこでは，価値意識を含む感覚質の発生分析が精力的に行われることに大きな期待が寄せられていたのだ。もちろん，静態論的分析は運動学に不可欠な構造分析の領野であり，発生分析の手引きの役割を果たしていることは喋々するまでもない。その静態論的な構造分析を体系化するには，当然ながら指導現場における具体的な感覚質発生に関わるノエシス契機の内在経験が必然可能的に分析対象に取り上げられているはずである。その生々しい内在経験の貴重な感覚質がすべて背景に沈められてしまうのでは，その静態的構造論は次第に鋳型化され，硬直した構造分析に堕してしまうのだ。たしかに，学会発表や研究論文には，理論的に明解な構造分析を前景に立てるほうが一般的かも知れない。しかし，その静態論的な論証への傾斜のために，実践現場における動感発生の〈生動性〉が次第に萎縮し，鋳型化されていくのは何としても阻止しなければならない。静態論的分析が発生論の手引きになるとしても，感覚質のノエシス契機の生き生きした様相変動が厳密に分析されないのでは，その構造論は次第に生気を失ってしまうからである。本質普遍的な枠組み構造を追求する静態論分析と，多様な持続と変化の潜

---

[60] Weizsäcker, V.v.: Gestaltkreis, Gesammelte Schriften, Bd.4, S.314f., 1997, Suhrkamp Verlag ［邦訳：293頁］

む内在経験にその動感質を追う発生論分析とは,〈相補的統一態〉をなしてこそ,そこに我々の指導実践における動感運動学の本義が存在することを確認しておきたい。

このようにして我々の運動現象学の〈発生論(ゲネアロギー)〉は,動感発生の源泉に遡ってその原発生の深層を解明する独自な役割を担うことになる。とは言っても,単なる思いつきや何らかの偶然に恵まれて,難しい動きが〈できた〉とき,その偶発的なマグレ発生という実在的な運動経過を外部視点から分析しても,そのこと自体は,価値意識をもつ感覚質の〈意味づけ〉にはならない。言うまでもなく,〈動感形態〉という表現は,固定された鋳型的な事物の形態が意味されているのではない。たしかにその動感経験の端的な純粋記述は,現象学的発生論の運動基盤を形づくっている。しかしそこで,動感志向的な感覚質の統一態に至る内在経験の様相変動が厳密な志向分析に持ち込まれなければ,価値知覚の作動する感覚質の発生分析とは呼べない。スポーツ実践における身体運動の生成・消滅の動感発生地平こそが現象学的分析を待っているのである。実践現場の偶発的な身体経験がどんな動感能力に支えられて意味発生するのか,その源泉にまで遡って記述され,その深層位の源泉に潜む原事実の存在論が明るみに出されるのでなければならない。偶然に成立した経験的事実を動感システムの感覚質発生と速断してはならないのだ。つまり,〈可能態(デュナミス)〉が〈現実態(エネルゲイヤ)〉になるのを端的に〈発生〉と呼ぶのではないのである。それは,実践可能性の偶発的な手続きの端的な発見であり,感覚質の〈価値意識発生〉と区別されることを見過ごしてはならない。その偶発的な現実態(エネルゲイヤ)の次元では,動感伝承の動感発生論は成立しないからである。動感伝承を実現できる感覚質の意味内実が〈間主観身体〉として確認されるのでなければ,マグレのままで,その人の物質身体と共に墓場に埋められてしまうからである。コーチング論の学問的基礎づけを形態学的運動学(モルフォロギー)に求めて講義[61]を開始したマイネル(1931)の真意が無視されてしまうことになる。

このような経緯を顧みると,我々のスポーツ運動学は多くの誤解や偏見に取り囲まれていているのに気づかされることになる。発生現象学にその学的基礎づけをもつスポーツ運動学が非科学的であるとの批判は,余りにも素朴な誤解

---

61) Grosser, M.: Zum Theorie-Praxis-Verhältnis der allgemeinen Bewegungslehre des Pports, In: Sportwissenschaft auf dem Weg zur Praxis, 1978 Karl Hofman Verlag

というしかない。それは二者択一の問題などではない。しかし，一方的に科学方法論の運動分析を批判するのは当たらない。むしろ批判されるべきは，科学的運動学がその本来の精密な因果決定論からパトス的な動感発生領野に越境して，内在経験の動感発生論にそのテリトリーを拡大してしまうことにある。スポーツ運動を遂行する生ける身体は，本質必然的に〈身体物体〉なのだから，そこではボイテンデイクの言う〈高次元の協力〉[62]こそ不可欠となるのであろう。いわば，我々のスポーツ運動学は，動感能力の〈身体性〉が主題化され，その〈動感発生〉が分析対象に取り上げられ，経験しつつある〈主観身体〉[63]で動感システムを感知し共感できる能力の〈身体性分析論〉が意味核となることを確認しておく必要がある。言うまでもなく，ここで意味される主観身体は，〈独我論的主観〉の身体ではない。それは〈間主観身体〉の経験領野に共生可能な〈生ける身体〉に他ならない[64]。それにしても，スポーツ領域では，科学的運動学との二者択一的対立に終止符を打って，高次元の協力を保証する道こそ新しく拓かれるべきであろう。

---

[62] Buytendijk, F.J.J.: Allgemeine theorie der menschlichen Haltung und Bewegung, S.30 1956 Springer-Verlag
[63] Hua. IV. S.55ff. ［邦訳：第 18 節，a‐段落①～］
[64] Hua. IV. S.77ff. ［邦訳：第 18 節，e‐①］

第Ⅱ章
●身体で覚える動感世界

I ― 身体運動それ自体に向き合う

§ 18. 身体運動の意味を確認する

　我々の動感世界に内在するコツやカンという奇妙な身体能力は，私の身体という〈固有領域〉[1]のなかで，受動的にも能動的にも発生してくる。その〈動ける〉身体能力の奇妙な発生を〈身体で覚える〉と人は言う。それは，動くメカニズムを知っていても，その意識の奴隷にはならない身体運動の奇妙な本質可能性が意味されるのだ。そのような動感時空世界に住む身体能力の問題性に立ち入る前に，身体運動の意味内実をまず確認しておかなければならない。身体運動という表現は，余りにも多義性を背負わされているからである。すでに序章（§ 2）でも取り上げているが，我々はまずもって，身体運動の概念を身体習練の概念から区別しておかなければならない。わが国ではあまり馴染みのない〈身体習練〉という表現は，西欧の 16 世紀における騎士学校(ナイトアカデミー)や大学において，studium［研究や勉学］の対語として exercitium corporis［身体習練］としてラテン語のまま使われている[2]。それが 18 世紀末葉になって，やっと社会一般の関心が〈身体教育〉[3]や〈身体習練〉[4]に寄せられることになる。そこでは，日常生活の基本動作や作業訓練ないし体力づくりや健康維持という実用目的のために身体習練が利用されているに過ぎない。その詳細は拙著（『身体知の形成』上巻：講義 6）に譲るとして，この身体習練としての運動は，必然的に実用目的に制限されることになるのは言うまでもない。となると，その意味核として身体運動に内在している価値知覚の働く感覚質[5]は背景に沈められたままとなる。キネステーゼ感覚質については後段（§24）でも立ち入るが，このような価値意識の働く感覚質を排除する運動認識は，現代に至るまで，わが国の学校体育のなかに脈々と受け継がれているのに注目しておく必要がある。

　ここにおいて，学校体育のなかで，例えば体力向上が一義的に強調され，そ

---

1) Hua. I.S.124 ff.［邦訳：第 44 節‐⑨］
2) Beckmanns Sportlexikon, S.1534, Berlin / Wien 1933
3) Villaume, P.: Von der Bildung des Körpers, 1787~1969, Limpert Verlag
4) Vieth, G.U.A.: Versuch einer Encyklopädie der Leibesübungen, 1790~1970, Limpert Verlag
5) Hua. IV. S. 77［邦訳：第 18 節，d‐⑤］［信原幸弘：意識の哲学　クオリア序説　2 頁以降　岩波書店 2002］

の目的的な授業展開が前面に打ち出されると，ダンスやリズム体操などは，その存在理由まで問われかねないことになる。いわば，身体そのものの認識論が物質身体だけに一義的に傾斜すると，その身体習練の方法は，体力トレーニングが主題化されるのだ。そこでは，遂行自我の動きそれ自体が，つまり身体運動そのものが生理学的効果に直結されるのは自明のことになる。こうして exercitium corporis という中世ラテン世界以来の表現は，physical exercises, Leibesübungen として身体運動，体育運動などと訳される。となると，字義通りに physical movement や Leibesbewegung を身体運動と訳したら，その区別がつかなくってしまう。exercise physiology が運動生理学ないし体育生理学と訳されたりすると，自我身体の動きそのものに〈自己を感じとる〉[6] というラントグレーベの言う超越論的な純粋運動学の対象領域は排除されてしまうことになる。こうして，西欧における 18 世紀以来の体育としての身体習練の概念と我々の動感運動学の身体運動の概念とが必然的に区別されていることをここで確認しておかなければならない。

　この意味において，スポーツ運動学に学的基礎づけを与える発生現象学は，動感システムにおける感覚質の生成・消滅という発生現象を分析対象に取り上げるところにその独自性をもつことになる。この動感運動学の発生分析では，主観身体に感知され共感されるノエシス・ノエマ的志向分析が主題化されるのはこの意味においてである。そこでは，自らの身体に潜む動感能力の感覚質発生が厳密な反省分析によって取り上げられる。その動感志向的な反省分析の学的基礎づけを保証するのがフッサールの現象学的身体学である。その身体学的分析の学問的な基礎づけについては，すでに拙著にその大略（『スポーツ運動学』第一章：身体論的運動学の道）は取り上げられている。しかも，物質自然領域における科学的運動学との差異を明確にするために，スポーツ運動学を現象学的運動学ないし動感発生論的運動学と別言して，区別することになる。繰り返し述べているように，その発生論という表現は，言うまでもなく物質自然領域の遺伝学的発生論ではない。そこでは，アウアスペルクやボイテンデイクの主張する現象学的な身体発生論が意味されている。当然ながら，その源流はフッサール領域論の生命的自然領域[7]における身体学的発生論に求められる[8]。

---

[6] Landgrebe, L.: Prinzipien der Lehre vom Empfingen, 1954 In: Der Weg der phänomenologie, Gütersloher Verlagshaus 1963, S.116

しかしながら，科学的な運動分析に慣れ親しんできた我々は，現象学的意識分析ないし動感意識の反省分析などの超越論的な現象学分析に不慣れの場合は，そんな非科学的な反省分析などで客観的な運動分析になるとは信じられないという。それどころか，コツとかカンといった非科学的なドクサ経験を反省分析して，本質必然性という普遍妥当性を捉えることができるとは，単なる哲学的詭弁と疑いたくなる。ところが，フッサールは「経験しつつある個別的な直観というものが本質直観へと，つまり理念を観て取る働きへと転化させられる」[9]と断言する。そこでは，現象学的意識分析の基柢を支える本質直観の方法論が前提になっている。その本質直観の具体的な分析方法論は，後段の第Ⅴ章（§76〜§77）で考察することになろう。

　考えてみれば，アスリートが競技力を高めるために，個人的な動感経験を積み重ね，何とかその動きの本質を掴まえようとする。一回ごとにその微妙な感覚質の差異を感じとり，取捨選択して，次にどう動くかを予描しながら反復するのは，感覚質発生に向けての当然の道程である。しかも，競技スポーツの世界では「ゴールに背を向けてカンでシュートを打つ」のは当たり前であり，「敵方の動きを背中で見抜ける」と確信し，カンやコツを頼りに命綱となる動きを生み出しているのだ。即興的に予描した動きをどのように身体化するか，それこそが競技者に課せられた喫緊の問題に他ならない。わが身にありありと感じとれるコツやカンの身体能力こそがアスリートの固有財産であり，究極の命綱になるのだ。それは，フッサールによれば，あらゆる具体的な感覚経験の基柢層をなす「受動的原ドクサの能動化」[10]なのであり，競技者自身にとっては不可疑的な原事実である。だからこそ「身体で覚える動感世界」が現象学的分析の対象に浮上してくるのだ。その詳細は第Ⅴ章に送るとしても，動感経験を反省分析して，形相的な本質直観に至る分析方法論は，決してアスリートたちに理解できない難解な哲学ではない。現に競技トレーニングのなかで，当たり前な〈道しるべ〉として取り上げられているのだ。いわば，それは「身体で覚える」道程そのものに他ならない。しかし，そんな客観性のない漠然として経験分析で，普遍妥当性をもつ理念に達しうるのかという疑念は容易に拭い去れ

---

7) Hua. IV. S.90 ff.［邦訳：第 19 節］
8) Hua. V. S.7 ff.［邦訳：第 2 節，b‐⑤］
9) Hua. III. S.10［邦訳：第 3 節・段落①，64 頁］
10) EU. S.67［邦訳：第 14 節・段落②］

ない。それは，外部視点から物体身体の位置移動を精密に分析する自然科学的分析論とは全く別種な現象学的分析論が前景に立てられているからである。しかし，ここでは，目に見えないコツやカンという動感意識が現象学的な厳密分析の対象になっていることを確認するだけで十分であろう。

　ここにおいて，スポーツ運動学の世界に定着しつつある現象学的構造分析に比して，その相関概念をなす発生論的運動分析の立ち後れは，折に触れて指摘している。それは，個人的な動感経験の意味発生を記述し，その本質普遍性に至るまでの動感様相の変動それ自体に関心が生まれないからである。ここで言う発生論という表現は，習練対象の技能が達成されたときに，端的に〈できるようになった〉という出来事が意味されていると速断してはならない。例えば，何度繰り返し練習してもできなかった〈逆上がり〉がマグレで突然できると，やっと「形になった」と言い，その出来事に対して「まとまった動きかたがやっと発生した」と人は言う。つまり，それは技能達成の出来事を〈運動形態の発生〉と素朴に理解してしまうからである。この場合の〈形態発生〉という出来事それ自体は，遂行自我による生成現象ではあっても，そこに動感身体に価値知覚の作動する感覚質の〈意味発生〉が統握されているとは限らないのだ。つまり，そこに動感意識をもつ感覚質の意味内実が統握されているかどうかは，その分析対象になっていない。その端的な偶発性の出来事は，厳密なノエシス分析によって，その実(レエール)的な内在経験に意味統握が成立しなければ，決して動感伝承の発生次元に入ってこないことをここに確認しておかなければならない。

　超越論的な志向分析においては，そのときの動感経験に潜んでいる動く感じの原発生地平に遡って反省分析を施し，そこに伝承可能な本質法則がはじめて確認されることになる。そこでは，単に「できればよい」という成果主義的な自然的態度が許されるはずもない。それは，発生現象学としての厳密な反省分析が無視されたままになっているからである。マグレにできた偶然の事実を反復して，その確率を上げるという科学的方法論と明確に区別されるのは，この意味においてである。このような発生現象に関する素朴な運動認識こそ，微妙な感覚質の発生分析を疲弊させてしまうことを見逃してはならない。そこで，物質身体の科学的分析やマネジメント分析の道につい誘い込まれてしまうのは，現象学的意識分析との本質的な区別が截然としていないからに他ならない。動きの感覚質の本質直観分析への道は〈身体的なるもの〉の志向分析に基づいて，

主観身体における動感感知の潜在態(デュナミス)を解明する役割を担っていることをここで確認しておかなければならない。こうして，動感身体性に内在する価値意識の発生現象をアウアスペクが端的に〈身体発生〉[11]と呼んでいるのは，この意味においてはじめて理解することができるのである。

§ 19. 動感スキップ現象に向き合う

ところが，指導実践の現象領野には，さらに奇妙な出来事が次々と起こってくる。〈そう動こう〉と意志する主観身体が〈そうに動ける〉ようになったとき，今ここで〈何がなされたのか〉という一連の手続きは覚えている。しかし〈どのように動いているか〉という原現在の〈たった今〉はほとんど記憶に残っていない。いわば価値意識を伴った感覚質発生という出来事における動きの感じは，いつも匿名のままで自覚されてない。今ここに動きつつある主観身体の自己意識は，ラントグレーベ[12]が指摘するように，自己忘却性のなかに隠れたままなのであり，後追いの反省のなかでは捉えられないのだ。つまり〈今ここ〉という原現在の動感意識流は，受動志向性のまま感覚質が空虚形態として作動しているだけである。言うまでもなく，フッサールは「準現在化の原形態としての過去把持と未来予持は空虚形態なのだ」[13]と言う。つまり，フッサールが漠とした予感の先構成として意味発生の空虚枠組だけの存在を指摘しているのはこの意味において理解できる。しかし，そこで動感意識が受動的に機能しているのに，自我意識が関与しないという受動志向性の表現はいかにも腑に落ちない。立ち入った考察は後段に送るが，フッサール自身も「適切な言葉がないから，〈受動的〉という規定詞を付けて受動志向性とするしかない」[14]と断っているのだ。すでに指摘しているように，この受動的という表現は，文法の受け身という受動態ではなく，〈独りでに自ずから〉という自発性の意味である。このような動感意識の発生を動感能力の受動綜合化として，その絡み合った現象を「連合的綜合」と呼ぶとフッサールは付け加える。このような受動綜合の

---

[11] Auersperg, Alfred P.: Vorläufige und rückläufige Bestimmung in der Physiogenese; Jahrbuch für Psychologie, Psychotherapie und medizinische Anthropologie, 8, 1961, S.226

[12] Landgrebe, L.: op.cit. 1980, S.83f.

[13] Hua. XI. S.326 ［B-Abhandlungen <14> Retention und Wiedererinnerung］

[14] Hua. XI. S.76 ［邦訳：第 18 節 - 段落⑧］

発生分析は，端的な因果分析の手に負えるものではない。例えば，突然に逆上がりに成功した子どもに「今どう動いたの」と聞いても「分かんない」という答えしか返ってこない。このような動感意識が一気にスキップしてしまう出来事を〈動感スキップ現象〉と呼ぶ。このような奇妙な現象は，スポーツの実践現場ではよく見られる日常的な出来事である。

　しかしその身体能力は，動感意識が作動しなくても，たしかに機能しているのだ。このような実践可能性が自ずと充実して〈動ける〉という事実は，発生運動学にとって極めて重大な問題提起となる。それにもかかわらず，その〈受動発生〉に対する一般的認識はかなり低いと言わざるをえない。独りでにできたり，できなかったりしても，それを繰り返しているうちに，何となく動く感じが少しずつ分かるようになると人は言う。その動く感じをわざわざ反省分析しなくても，その動きかたはいつの間にか習慣化して〈身に付く〉のだからそれでよいと考える。その動きの習慣化によって，意識せずに自在に動けるようになるのだ，と極めて牧歌的である。しかし，その動感能力の受動発生という現象野では，自我意識なしにいつの間にか〈動けるようになる〉という驚くべき出来事が起こっているのだ。とすれば，反復を楽しくマネジメントできれば，誰にでも難しい技がいつの間にか身に付くようになるというのか。動きかたのコツやカンを掴むのは自得できるのだから，そのトレーニングや学習の合理的なやり方の情報さえ呈示してやれば，必然的に〈自ずとできる〉ことになる。とすれば，ビデオコーチ[15]による身体化の有効な情報さえあれば，わざわざ体育教師やコーチに指導してもらう必要もなくなる。その人に何の感覚質も感じとれずに，その動感意識は白紙のままでも〈私は動ける〉ようになるのだ。ややこしい動感発生の意識分析をわざわざ掘り起こして，何故に原発生地平にまで遡って厳密な分析をしなければならないというのか。しかしそこには，身体運動の本質必然性に関わる数多の問題性が潜んでいるのを見逃してはならない。つまり，突然の動感消滅現象に襲われたときに，帰還すべき動感故郷世界が存在していないという事実，さらに動感発生論なしには，次の世代に貴重な感覚質の伝承発生が成立しないという事実など決定的な問題圏が放置されたままになってしまうのである。それらの受動志向性をめぐる綜合発生の現象野は，

---

[15] 金子明友：「運動観察のモルフォロギー」，118頁，筑波大学体育科学系紀要，第10巻，1987 [Boeckmann, K./ Heymen, N.: Zur Funktion der Video-Information bei sportmotorischen Lehr-Lern-Prozessen, In: Sportwissenschft Nr.1, S.73f., 1979]

動感分析論に重大な問題を投げかけてくるから，後段（§52）で再び動感深層の原発生分析論として立ち入ることになろう。

このように動感スキップのまま，動けるようになった生徒や選手たちは，よりよい動きかたに修正しようとするとき，あるいはその無意識の動感流が突然消滅してしまったときに，どうすれば再び動けるようになるのか，皆目見当もつかなくなる。なぜなら，動きを覚えたときの動感システムは白紙のままであり，その主観身体には，価値意識をもつ何らの感覚質も内在していないからだ。それどころか，動感スキップのまま動けるようになった体育教師やコーチには，その専門能力をめぐって新しい問題が浮上してくる。その教師たちは，生徒に教える感覚質を内在経験として何も持ち合わせていないことになる。それで，どうして動きの発生指導ができるというのか。その教師が若くて動けるうちは，何とか現に示範できるとしても，その視覚情報は何らかのビデオで代替できるし，学習手順の知的情報は，パソコンで手軽に誰でも知ることができる。後に残っているのは，学習指導のマネジメント能力か，いわゆる〈気合い〉を入れるという体罰方式しかないことになる。

ところが，怪我に苦しみ，現役選手を諦めざるをえない立場に苦しんだ身体経験をもつ指導者は，価値を知覚できる感覚質の豊かな財産をもっていることが少なくない。その動感消失の危機を体験した人は，否応なしに動感発生の源泉に遡って，そのノエシス契機の意味統握に出会っているのである。そのような多襞的な内在経験をもった人は，身体性分析の仕方や動感スキップの克服方法論に関わる貴重な身体経験をもっていることが多い。それだけに，教師養成機関のカリキュラムがこの貴重な身体経験の実習を看過している重大さは，改めて注目されるのでなければならない。ここにおいて，実践例証をもった受動発生の解明化分析とその方法論の不可欠さが改めて浮上してくる。例えば，一つの動きかたが受動志向性のままで動けるようになったとき，その本人はその動感システムがいかに崩れやすいか，いかに儚（はかな）いものかをわが身で感じているのだ。いわば，主観身体の自己運動は，本質可能的に〈自己自身に留まっている〉という原自覚[16]を先反省的に知悉しているとラントグレーベが指摘するのはこの意味においてである。そのような先経験世界における動感意識を原発

---

[16] Landgrebe, L.: Phänomenologische Analyse und Dialektik, In:Dialektik und Genesis in der Phänomenologie, S.78, 1980

生分析として取り上げてこなかったところにこそ問題が潜んでいることを知らねばならない。

とは言っても，現実の学校体育では，泳げない金槌先生やダンスの踊れない先生，いわば価値知覚の働く感覚質が欠損している体育教師は，決して珍しくない昨今である。だから，その動感経験における感覚質発生は，ますます錯綜した問題を投げかけることになる。それどころか，一流選手でも，その価値意識の働く感覚質がしっかり感知され，共感されているとは限らないから，その動感深層の原発生分析の実習は不可欠となってくる。いわゆる〈動感スキップコーチ〉も決して珍しくない昨今にもかかわらず，競技コーチや体育教師が職業として成り立つとすれば，指導者構成機関では，実技実習を必修単位にする必要はなくなってしまうのだ。こうして，体育大学の実技実習は不要となり，体力トレーニングによって物質身体を改造する科学的運動理論の情報さえ呈示すればよいことになる。科学的コーチングとは，マイネルに倣って言えば，どんな動きかたでも即座に〈組み立て可能〉とする19世紀的構築主義の現代版に過ぎない。そのようなマイネルの批判する構築主義に逆戻りする指導者にとっては，サッカー選手に見られる奇妙な予描能力は，単なる偶発事象の確率論的な出来事でしかない。こうして，動感発生の指導現場に居合わせていても，感覚質発生のどんなノエシス契機にも，すべて無関心の態となる。生徒や選手の動感経験に生き生きと現前する〈身体的なるもの〉の感覚質発生に全く無関心な教師やコーチたちは，今日でも決して珍しいことではない。そこでは，動感経験のなかに生成消滅を繰り返す感覚質の発生現象に正面から向き合うことが，改めて教師に求められることになる。さらに，その感覚質発生の動機づけにも何らの関心も示さない運動認識論の在り方も，重大な問題を投げかけていることを見逃してはならない。

§ 20. 動感する自己を感じとる

ここにおいて，我々は改めて〈主観身体〉[17]に蔵（かく）されている動感経験，つまり，キネステーゼ感覚質の身体経験に注目し，その本質可能性に改めて問いかけておく必要に迫られる。すでに述べたように，自然主義的立場における〈身体経

---
[17] Hua. IV. S.55ff.［邦訳：第18節，a - 段落①～］

験〉という表現は，客観的時空系のなかにおける経験主義と理解されることが少なくない。だから，発生現象学における身体経験の概念は，そのような科学的因果法則の経験概念と混同されてはならない。因果決定論に支配される科学の経験世界は，それ自体で存在し，その経験の客観性は，はじめから自明のものとして理念化され，解釈されているとフッサール[18]が注意するのは，この意味においてである。これに対して，発生現象学における価値知覚の働く感覚質の住む身体経験は，わが身にありありと感じとられる端的な確信様相のなかに与えられるのだ。そこに露呈される動感経験は，現実に〈かのように〉と変様される想像体験[19]も含められ，多様な動感システムに支えられた身体経験が意味されている。

　それどころか，多様な動感志向性を蔵(かく)している〈身体経験〉は，単に動きをわが身で感知する知覚経験だけではない。さらに，動きつつある身体状態感の快不快や恐怖を感じとる心情経験，動きの価値意識を感じとる価値知覚経験，さらにどう動くかの最終決断が迫られる意志経験など，多彩な身体性を含意する経験も動感志向的な身体経験として，つまり〈動感経験〉のなかにすべて含意されている。それらの多様な動感経験は，その個人の〈歴史身体〉も背負って受容されているのだ。だから「判断が万人に対して妥当する」[20]という自然科学的な経験概念とはっきりと区別せざるをえない。このことは，動感経験の根源性に遡源する超越論的現象学の道しかないことを示唆している。フッサールも「あらゆる認識形成の究極の源泉への問い返し」[21]こそ超越論的発生分析の道であると言い切るのもこの意味においてである。

　こうして我々は，動感経験の源泉に遡行し，その原動感性の志向分析を取り上げざるをえなくなる。したがって，その超越論的分析は，〈原経験〉[22]の内在する先述定経験のドクサ世界に立ち戻ることを前提とすることになる。その深層世界に潜む原動感能力の存在構造こそが露呈されるのでなければならない。いわば，オリンピックのメダリストないし選手権保持者というタイトルそれ自体を動感経験の伝承財と等式で結べないのは，この意味においてである。そこ

---

18) EU：S.41［邦訳：第10節・段落④］
19) EU：S.23［邦訳：第7節・①］
20) EU：S.57［邦訳：第12節・⑥］
21) EU：S.48 f.［邦訳：第11節・③］
22) EU：S.43［邦訳：第10節・⑤～⑥］

では，動感スキップした単なる仮象技能には，偶発達成という疑念を払拭し切れないからである．さらに，その一流選手の動感経験からでっち上げられた似非(えせ)図式もまた，同様にして否定できないのだ．たしかに動感志向の身体能力には，単純な因果法則に支配されないアポリアが存在している．しかし偶発達成や似非(えせ)図式からは，次の世代に伝承可能な真の動感能力を確定することはできない．動感志向性をもつ貴重な運動文化が，この世から消滅してしまうのを我々はどうしても避けなければならないからこそ，動感発生論に立ち戻り，動感伝承を保証する本質直観の道を辿らざるをえないのである．

ここにおいて，動感意識をスキップしたままでも技能が定着し，さらに勝れた競技成績も残せるとなると，我々は動感能力の受動発生に潜むディレンマに悩まされることになる．我々の身近な例証が示しているように，わが身の深層に潜んでいるコツやカンを反省分析で確認できるかどうかは，単にその人の技能の高さだけに依拠しているわけではない．何れにせよ，コツやカンの本質を直観しようとする動感時空世界は，我々に多くの厳密な反省分析を強いてくるからである．その場合に我々は，動感発生の様相変動をその〈原経験〉[23]の地平にまで遡って，その本質普遍性を直観する可能性をどのようにして捉えるかという問題に逢着する．コツやカンという固有領域の身体経験を一体どのようにして統握できるというのか．こうして我々は，「すべて感覚することは〈自己自身を感覚する〉のだ」[24]というラントグレーベの指摘に注目せざるをえなくなる．ラントグレーベは「何かを感じとる」とか「何らかの感じを受ける」という表現が，認識や感情，意欲と言い慣わされている表現と絡み合っているのだという．そこで，誤解を招かない慎重さをもって，〈感覚すること〉は〈自己を感じとる〉ことだ，とラントグレーベは言い切る．さらに言を重ねて，そのときの〈自己〉とは，価値知覚の働く感覚質のノエシス契機をもつ〈自己自身を意識する存在〉がそこに予示されているという．

こうして〈感覚する〉とは，常に同時に〈自己自身を感覚する〉となると，その自己を感覚することは，もっとも基本的な仕方で，気分や感情をもつ主観身体の〈情態性〉を確認できることになる．そこでは，わが身を取り巻く情況

---

[23] EU. S.43 ［ibid. 第10節・⑤〜⑥］
[24] Landgrebe, L.: Prinzipien der Lehre vom Empfingen, 1954 In: Der Weg der phänomenologie, Gütersloher Verlagshaus 1963, S.116

や雰囲気からくる〈気分〉や快不快という〈原感情〉の様相が同時にノエシス的意味統握として捉えられるのだ。しかし，感覚することが純粋な受容性と理解されて，その意識の自発的働きが単に感覚素材を与える能力と速断してはならない。そこでは，〈感覚する〉ことが〈感覚与件〉の手段となり，〈自己自身の感覚〉の〈自ずからの働き〉という本来の意味内実が消えてしまうからである。むしろ，〈感覚する〉は動感意識に支えられ，いわば〈感覚すること〉それ自体のなかに〈私は動く〉という自己意識が含意されているからこそ，常に〈自己を感じとる〉という本質可能性が際立ってくると，ラントグレーベは結論するのだ。例えば，私が水たまりを跳び越そうとするとき，その動感意識は，わが身にありありと息づいて感じられている。現実に私がジャンプをするときに，ジャンプを志向し，今ここでジャンプしつつある自己自身を受動的に，自ずと独りでに感じとっている。そこには，遂行自我の〈絶対事実性〉として，その明証性は本質必然的に不可疑的なのだ。いわば，この動感意識の〈自己を感じとる〉という本原的な原事実は必当然的明証性をもっているのである。

§ 21. 運動は意識の奴隷ではない

　この意味において，スポーツ運動学の意味核をなす〈動感システム〉という基本概念に改めて注目してみる必要に迫られる。我々が現実に位置移動しなくても，つまり物理的に動かなくても，常に動く感じを生み出す動感システムがわが身にありありと作動するのだ。そのとき同時に〈自己感覚〉を基柢に据えているという謎めいた言い回しは，一体何を意味するというのか。まずもってそのためには，この動感能力を生み出す〈身体感覚〉が，科学的な生理学や心理学で〈体性感覚〉と呼ばれる身体感覚と本質的に区別されていることを確認しておかなければならない。体性感覚という表現は，生理学的な自律神経系の対語となる体性神経系によって大脳皮質の体性感覚領に伝達される〈身体感覚〉が意味され，その感覚はロックの〈感覚与件〉と捉えられる。これに対して，現象学で意味される〈身体感覚〉は，動感志向的な感覚質であり，つまり超越論的身体性を含意潜在態とする動感システムの感覚質に他ならない。そこでは，フッサールによれば，〈身体性〉という基本的枠組みとして一つのゲシュタルトが意味されている[25]。だから，眼や耳の個別感覚器から感覚情報が

一方的に付与されてくるのではない。動感能力という〈共所与性〉[26]をもつ〈感覚質システム〉を通して，我々は見たり，聞いたりしているのだ。いわば，身体性の基本枠組みとしての形態(ゲシュタルト)は「共通に知覚されるもの」 *aisthētà koinà* [27]という〈共通感覚質〉を基柢に据えている。フッサールはその拠点からロックの感覚与件を批判するのだ。したがって，我々が日常的に用いている〈身体で覚える〉〈身体で考える〉という表現も，このフッサールの共通感覚質(アイステータ・コイナ)の働く身体感覚と理解されなければならない。つまり，キネステーゼ感覚質という統一態(システム)の共通感覚質がコツやカンとして作動しているのだ。感覚生理学の体性感覚という〈身体感覚〉と現象学の共通感覚質(アイステータ・コイナ)という〈身体感覚〉とは似て非なるものであることをここで確認しておかなければならない。

　こうして，動感(キネステーゼ)身体に作動する〈共通感覚質システム〉は，物理時空間の運動として〈位置移動〉を感じとる感覚器の働きと区別される。それはすでに序章において，マッハの運動感覚とフッサールの動感感覚として区別しておいたのはこの意味においてである。むしろキネステーゼ感覚質は〈自己を感覚する〉と〈自己を統握する運動意識〉の統一システムとしての能力可能性を含意するのだ。この意味において，動感システムをもつ主観身体の存在は，我々を取り巻く外界のあらゆる物体から区別され，最上位の類として身体性の領域存在論を基礎づけることになる[28]。フッサールに倣って言えば，動感システムの〈有体性〉と〈自己性〉を蔵(かく)している本原的な主観身体こそが生ける身体運動の原点になるのだ。その原点こそが〈絶対ここ〉と〈絶対今〉をもつフッサールの言う絶対ゼロ点に他ならない。その絶対ゼロ点という源泉から湧き出てくるのが，コツやカンという驚異的な動感能力である。その絶対ゼロ点を蔵(かく)した主観身体がコツやカンの動感能力を働かせて，生き生きした千変万化の身体運動を生み出し，自発的に動ける〈世界内存在〉の〈運動基盤〉として，あらゆる時空間形成の原理として機能することになる。

　このように，生き生きした身体運動の本質可能性が動感発生論のなかで確認されることによって，身体運動それ自体の動感世界に向かって，我々は純粋に立ち入る可能性が拓かれることになる。すでに述べているように，自己感覚と

---

25) Hua. IV. S.37 f.［邦訳：第15節，ｂ - 段落①］
26) Hua. IV. S.40.［邦訳：第15節，ｂ - 段落⑥］
27) Hua. VI. S.27 f.［邦訳：第9節，ｂ - 段落④ - 註 1］
28) Hua. IV. S.55ff.［邦訳：第18節 - ａ］

動感(キネステーゼ)運動とが〈統一態(システム)〉として現出するのは，〈触る−触られる〉という二重感覚の例証のなかに顕在化される。この触覚における二重感覚は，キネステーゼ感覚質との絡み合いをもつと，さらに顕在化されてくるのはよく知られている。この動感質とその他の感覚図式との絡み合い現象も周知の通りである。例えば，視覚の眼球運動のなかでも，また無意識に耳を傾けて聴こうとするときでも，その動感システムが即興的に現れるのだ。それを意図的に分割すると，奇妙な振る舞いとして際立ってくる。例えば，頭部を動かさないで横目で見ようとすると，その動感感覚質の統一態(システム)が破壊されて，そのしぐさは〈狡猾さ〉に変様してしまう。ボイテンデイクが指摘するこの〈連動運動の原理〉[29]は，決して生理学的な反射などではない。

それらの動きかたは，自ずと現れる動きであり，これらの動きが抑制されると，つまり動感質の統一態(システム)を意図的に分割すると，その動きは異様な感覚質を生み出してしまう。例えば，手首の連動現象を遮断して力こぶを見せるしぐさは，弱々しさが必然可能的に表出されるし，それを逆用して，ずば抜けた力強さを再現することもできる。日常の仕草(しぐさ)でも，緊張して目を凝らし，耳を欹(そばだ)てるとき，あるいは物を握りしめる場合［屈曲反射］など，その例証に事欠かない。そこには，身体運動の無限の表現世界が開かれていくことになる。これらの例証から，感覚印象を捉えることは，単に感覚情報を受け取るのではないことが明らかとなる。それは単に〈感受する〉や〈触発される〉という単なる〈感覚与件〉ではないことを示しているのだ。しかし，連動する動きそれ自体は，潜在的であれ，顕在的であれ，すでに〈私は動ける〉という動感能力の能動的な出来事に他ならない。だから，感覚質を捉えるということは，そのつどの知覚志向に即して〈感覚可能な最適のもの〉が志向された自己運動と別言できることになる。ここにおいて，我々は発生現象学の意味核をなす〈身体運動〉が，別言すれば身体性に内在する〈実存運動〉が他の目的に利用される単なる道具的存在ではないことを確認することができる。因みに，メルロ＝ポンティ[30]が実存としての「運動とは予め表象された空間上の点へと身体を運んでいく意識の奴隷のようなものではない」と断言し，グルーペ[31]がスポーツ競技の驚異的な技能における自我と身体の関わりを「道具性をもつ関係とは決して理解

---

[29] Buytendijk, F.J.J.: 1956, op.cit. S.102ff.
[30] Merleau-Ponty, M.: Phénoménologie de la perception, p.161 ［邦訳：1-233 頁］
[31] Grupe, O.: Grundlagen der sportpädagogik, S.80 ff. 1975 Verlag Karl Hofmann

できない」と言い切るのもこの意味において重みをもつことになる。

§ 22. 原努力は未来を志向する

　ここにおいて，このような身体性を蔵(かく)した実存運動が本質必然性をもつ〈私の身体〉という〈固有領域〉に属するのかどうかに問いかけておく必要に迫られる。「自ら動いているから生きているのだ」[32]というヴァイツゼッカーの単刀直入な名言に倣って，自ら動くという自己運動は〈自ら動ける〉という能力可能性をすでに含意している。生命あるものは単に〈動かされる〉存在だけでない。自ら動ける運動は，生命あるものの外側に実在する外部視点から観察できる単なる出来事ではないのだ。「生命あるものは，〈動かされる〉のを〈引き受けている〉存在だからだ」とラントグレーベは言い，それは「自ら動くことは動かされるなかにあっても常に自分自身と一つの関係を保っている」[33]という重大な指摘をする。そこでは，一つの〈自己関係〉が意味されていて，いわば〈自ら動きつつある者〉は，その私の動きをわが身にありありと感じとれる本原的自己運動として，しかも反省という方法をとらずに，いわば〈先反省的〉にそれをいつもすでに〈知っている〉のだ。すなわち，自己運動とは〈自己自身に留まっている〉という原初的な自覚のなかに，先反省的な〈受動統一態〉という意味をもつことになる。別言すれば，自己運動は，その遂行のなかに自ら動きつつあることを直に確信しているのだ。それは，一般に理解される反省のように，〈後から気づく〉ということではない。

　ここにおいて，この〈先反省性〉という概念が，本質必然的に身体運動の自己関係に決定的な意味づけをしていることを確認しておかなければならない。それは，キネステーゼ感覚質の先反省という本質必然性が，絶対ゼロ点の源泉に遡っていく超越論的分析を可能にする根拠を与えているからである。とすれば，動感時間流の原発生地平に向けて，厳密な超越論的分析を施すには，動感質に潜む先反省の基盤世界，いわば先経験世界を明らかにしなければならない。それは後段の第Ⅳ章「動感発生の深層世界」のなかでまとめて詳しく考察することになろう。その深層世界を先取り的に概括すれば，自ら動く遂行自我の動

---

[32] Weizsäcker, V.v.: Gestaltkreis, Gesammelte Schriften, Bd.4, S.101, 1997, Suhrkamp Verlag ［邦訳：31 頁］
[33] Landgrebe, L.: Phänomenologische Analyse und Dialektik, In Dialektik und Genesis in der Phänomenologie, S.78, 1980

感時空間世界は，その感覚質の働く動感発生地平における遂行目標の指示から導き出されることになる。その場合，自己運動生成の原動力となる働きは何か，にまず問いかけなければならない。動きつつある自我身体の運動基盤には，原初的な今統握という現前化能力が先所与されているのだ。その今統握の能力は，原現在に過去と未来の動感作用を引き寄せる〈時間化能力〉に支えられている。というのは，その受動的な経験地平のなかには，〈原連合〉[34]という受動的な〈原動感性〉がいつもすでに息づいているからである。しかし，過去に流れ去った動感意識とこれからやってくる未来の動感意識を今ここの身体意識に引き寄せるとは，一体どういうことなのか。この謎めいた〈原連合化〉の働きのなかで，生き生きした現在に原印象として現れる動感素材(ヒュレー)は，強い触発化傾向をもっているとフッサールは注意する。しかも「だからこそ，その触発化作用は，伝播方向が未来に向かった統一的傾向をもち，その志向性は主に未来に方向づけられている」[35]といみじくも指摘することになる。

　ここにおいて，動こうとする動感身体に働く「原動力は一つの原努力に他ならない」というラントグレーベの指摘[36]は，我々の動感運動学に決定的な意味を与えてくれる。その主観身体の知覚経験のなかで，その動感志向性が常に何かに触発されて働くにしても，我々はその儚さを本原的にわが身で感じとっている。コツやカンという儚さをもった動感能力を確信できるものとして，わが身にありありと捉えたいと願う原動力は，本質可能的に根源的な努力志向性つまり〈原努力〉に支えられているのだ。幼い子どもが滑り台の遊びに夢中になり，何かに取り付かれたように〈滑る感じ〉の反復を求めるのは，そこに動感意識を受動的に志向する原努力が働いているからに他ならない。このような受動発生の感覚質に向けられた〈原努力志向性〉を含意潜在態にしている動感経験こそが，学校における身体教育の基柢に据えられるのでなければならない。そこには，因果決定論に傾斜する体力向上や健康維持という体育目標が閉じられた目的論に束縛されるのに対して，さらに開かれた目的論として，高次元の身体経験の動感世界がそこに浮上してくるのである。そこにこそ，原努力性を潜ませた動感経験のなかに，貴重な教育学的意味核を見出すことができる。この原努力をもつ動感志向性は，アスリートの過酷な身体経験をも支え，その

---

[34] Hua. XI. S.151［邦訳：第33節・段落①］
[35] Hua. XI. S.156［邦訳：第33節・段落⑫ 225頁］
[36] Landgrebe, L.: Phänomenologische Analyse und Dialektik, op.cit, S.78

高次の人間形成にも資するところに，競技スポーツの身体教育としての意義を見出せることも多言を要さないであろう。スポーツや舞踊という身体運動は，単に将来に開かれた楽しい運動生活の設計に資するというだけはでない。それらの〈自ら動ける〉という自己運動が学校教育にとっても，高次元の含蓄に富む貴重な身体経験を潜在態としてもち，その原努力志向性という本質可能性に独自な〈原本性〉を見出すことができるからに他ならない。

§ 23. 感覚質は安らぎを志向する

　しかし，そのような原努力志向性をもつ身体経験は，どのような動感世界に住んでいるのか，その源泉にさらに尋ね入ってみる必要がある。その原努力志向性とは，常に〈〜へ向かっての努力〉〈〜から脱出する努力〉が意味され，その原努力は，基本的に動感システムをもつ自己運動のなかに潜んでいると，ラントグレーベは指摘する[37]。しかしそれは，決して〈感覚与件〉が主観性に入り込んでくるという意味ではない。その主観身体が感じとるすべては，動感運動との共演という相関関係のなかにこそ与えられる。感覚与件は，いつも有意味な関心によってのみ誘い出されるのだ。つまりそれは，〈〜に向かう運動〉〈〜から離れる運動〉〈魅力あるものや関心あるものに向き合うこと〉が意味される。あるいは嫌悪感や恐怖感を引き起こすものからの回避によって引き起こされるのだ。〈何かに向かって努力を重ねる〉という身体運動とは，そのなかで動きが充実するのを，つまり〈自らそこに居合わる〉という独自な様相の〈充実を自ら共有できる安らぎ〉のなかに探し求めていく営みだとラントグレーベは強調する。ところが，マグレで偶発的に動かされた身体の経験地平は，空虚なままに留まっていて，有意味な身体経験に充実してはいない。そこでは，動きの感じがすべて流れ去ってしまって何も残っていないのだ。しかし，最初のうちはぼんやりしていても，何となく〈動きの感じ〉が内在経験としてわが身に居合わせているのが感じとられる可能性が現れてくる。それは独りよがりの思いこみ経験，いわば曖昧なドクサ経験でしかないかもしれない。しかし，そのドクサ経験こそが〈規定可能な未規定性〉を含意した匿名な（アノニュウム）身体経験として，わが身に思わず知らず受動的に感じとられているのだ。そこでは，〈自

---

[37] Landgrebe, L.: Phänomenologische Analyse und Dialektik, op.cit, S.78f., 1980

らそこに居合わせる〉という〈安らぎ〉[38]に向けて原衝動が触発され，実践可能性に向けての受動的な反復化現象が誘われることになる。それは実践可能性に潜む価値知覚[39]を含意潜在態とする原感情と原動感との匿名的な〈原構造〉[40]が働いているとフッサールが指摘するのは，まさにこの意味においてである。その動感深層への立ち入った考察は，後段の第Ⅳ章「動感発生の深層世界」に送られることになる。

　日常生活において，何の志向性も働かないまま，わが身に直接に感じとられる身体経験，いわば，主客未分の直接経験としての動感経験は，多くの例証によってよく知られている。そのような純粋な身体経験は，意識されない空虚な動きや話しかけるときの何気ない手振りや振る舞いであっても，偶発的な〈まぐれ当たり〉の奇妙な出来事でも，いわば日常的によく出会う価値知覚の働く感覚質に他ならない。むしろそのような動きは，とっさにわが身が勝手に動いてしまうから，そのときに，どのように動いたのか本人にもよく分からない。とは言っても，そのときに〈こう動いた〉という動感ヒュレーそれ自体は，決して疑うことはできない必当然的明証性を潜ませている。ここにおいて，どうしても「そう動きたい」のに「動けない」とき，同じ動きを知らずに繰り返してしまう反復化現象に注目しなければならない。言うまでもなく，同じ動きの反復といっても，同一動作ではなくて，類的動きであるのは喋々するまでもない。生ける身体運動というものは，一回性原理に支配されているからである。しかし，そのとき反復する出来事は，どんな動機づけから発生するのだろうか。それはスマートになりたいという美容目的でも，筋力をつけたいという体力目的でもない。そこには，反復すれば，そのうち〈動きかた〉が分かって「動けるようになる」という漠然とした予感が潜んでいることに注目するのでなければならない。

　その反復のときには，空虚形態が先構成されているとして，反復の現象学的分析に入ることができるとフッサールは言う。その詳細は後段の第Ⅲ章「動感発生に潜むアポリア」（§33～§36）で考察するが，それはこの空虚形態のなかに感覚質ヒュレーの〈漠然とした予感〉ないし時間流に浮かび上がってくる〈気配感〉が反復化を誘い出すのだ。いつかやってくるだろう〈まぐれ〉の到来を

---

38) Landgrebe, L.: dito.
39) Hua. Ⅳ. S.9 ［邦訳：第4節・段落⑦］
40) Hua. ⅩⅤ. S.385 ［Text・Nr.22・段落⑰］

わが身で感じとり，〈自らそこに居合わせる安らぎ〉を探し求めるという，独りでに向き合う受動志向性がそこに働いているのである。だから，夢中で滑り台で遊ぶ子どもの振る舞いに対して，その受動発生のなかに感覚質のノエシス契機を捉えることができる。そこでは，その内在経験における実的分析[41]によって，その子どもの一回ごとの動感差に向き合えることになる。そのなかに〈原努力志向性〉を読み取ることによって，はじめて幼児体育は生理学的体力主義を超克して，身体経験の現象学的分析への転回が可能になる。そこでは，すでに述べたように，独りでに反復を誘う原努力が自ずと働き出すのを誘い込む方法論が注目されるのでなければならない。その原努力志向性の受動発生の方法論開拓こそ学校体育，とりわけ幼児体育の本領になることをここに確認しておきたい。

ところが教師の眼差しが，このような有意味な〈純粋経験〉の現象野に向けられることはむしろ珍しい。その子どもたちのたび重なる〈滑り〉は，無意味な同一動作の繰り返しにしか見えないからである。それどころか，その子どもの動感運動は，その本質的一回性が完全に無視されて物体運動に変様していることに教師たちも気づかないままとなる。これでは，動物の調教レヴェルに止まってしまう。マイネル教授がひたすら機械的な動作反復を強いる学校体育の運動発生学習を批判したのは，すでに半世紀も以前のことである。さらに競技スポーツの世界でも，その野性の動感能力のまま競技に勝利してしまうことも決して珍しい出来事ではない。そこでは，動物の調教と同じ方法で訓練された高度な競技力によって，世界チャンピオンの栄誉を勝ちとることも不可能ではないのだ。そのメダリストは，伝承発生という高次元の動感時空間世界に住んだことがないから，その優れた動感能力を見せることはできても，その感覚質の〈意味発生〉には何の関心ももたないままである。そこでは，いわゆる〈動感スキップ現象〉が支配的に現れるから，伝承発生の現象野は全く未開拓のまま，厳密な本質直観の志向分析は放置されたままとなる。「名選手必ずしも名コーチならず」と巷間で言われるのは，まさにこの意味においてである。その動感スキップしたメダリストの身体能力は，フッサールの言う〈野性動感〉ないし〈本能動感〉[42]のままである。その空虚形態は，ゼロ動感志向性の充

---

41) Hua. III. S.201ff.［邦訳：第 97 節・段落①］
42) Hua. XV. S.660f.［Beilage: 54］

実化以前の動感深層に沈んだままの中身のない枠組みだけである。高次の自在境地に至っている名選手が心の赴くまま無心に動ける適自然の動感世界とは天地の隔たりをもつことが確認されるのでなければならない。

しかし〈まぐれ〉の統覚化層位ないし確定化層位でも、高次元の自在境地を示す洗練化層位でも、そのキネステーゼ感覚質は、受動発生の内在経験のなかに、実的なノエシス契機として蔵されているのだ。しかし、その運動経過を外部視点からどんなに精密に測定しても、その内在する身体経験の深層は明るみに出てこない。となると、どうしても動感経験の超越論的分析に立ち入って、その動感源泉に遡って厳密に本質直観の反省分析に入らざるをえなくなる。たとい金メダリストでも、動感深層の身体経験が空虚なままの人もいるし、反対に不安定な動感経験を見事に志向分析できる体育教師も珍しくはない。だから、競技成績の結果だけでその選手の動感経験の層位を捉えることはできない。空虚な動感地平の構造に気づかないままでは、どんな素晴らしい競技歴をもっていても、動感経験の伝承に責任を負う指導者の任務に耐えうるはずもない。そこに競技コーチの資格認定の本質必然的な問題性を見出すことができる。このようにして、我々は〈身体で覚える〉という奇妙な動感受動志向性の身体経験に立ち入って、その動感経験の本質直観分析への道を垣間見ておく必要に迫られるのだ。

II ― 身体で覚える世界に分け入る

§ 24. 身体能力しか頼れない

巷間で「技芸は身体で覚える」と人は言う。〈身体で覚える〉という表現は、現代脳科学における感覚記憶の相関分析からは「まさに非科学的だ」と批判されるであろう。まして、競技世界でよく耳にする「背後に迫る敵は背中で見ろ」というコーチの発言は、まさに非科学的な世迷い言であり、低次元のドクサ経験でしかないと貶められること必定である。その批判に抗して反論しても、なかなか快刀乱麻という解明は難しい。せいぜいヴァイツゼッカーの反論理の例

証を列挙する程度に止まる。たしかに、ピアニストや職人の示す驚くべき手業(てわざ)も含めて、アスリートたちの驚異的な〈身体能力〉はまさに秘密に満ちている。その人にしか感じとれないコツやカンの分析論には、まだ多くの障碍(アポリア)に阻まれたままである。しかし、その私秘的な動感世界の本質必然性が厳密に解明されなければ、その貴重な技能財を運動文化として、次の世代に伝承できる保証は生まれてこない。不世出と謳われる名選手の身体能力でも、それは漠然性を本質とする〈ゲシュタルト〉を基柢に据えているから、その希有な〈わざ〉も肉体の死とともに墓場に葬り去られてしまう。それを何とか伝承発生の領野に繋ぎ止めようと志向したのがマイネルその人であり、それが彼のスポーツ運動学[43]を唱道する起点になっているのは周知の通りである。そのような驚異的な身体知、つまり動感身体の〈能力可能性〉は、一体どのようにして生み出されるのだろうか。

そこでは、まず動感能力の感覚質発生という偶発的な一回性現象に注目せざるをえなくなる。その感覚質発生は、自らの動感経験のなかで、動きかたの〈価値知覚〉[44]に偶然に出会うところからはじまる。その時間流の原発生分析は後段（§62〜§65）に送るとして、いわゆる〈マグレ〉を反復しながら、やっと〈動ける〉ようになるところに、動感志向的な〈身体発生〉[45]と呼ばれるドクサ経験の地平が立ち現れてくる。因みに、動感能力の発生論は、後期のフッサール現象学にやっとその道が拓かれることになる。ところが、わが国の15世紀の室町初期には、世阿弥の『風姿花伝』や『花鏡』などの芸道に関する貴重な伝書のなかに、その〈態(わざ)の発生〉について貴重な記述が残されているのはまさに一驚に値する。そこでは、コツやカンという動感身体の能力は、自ら習得するしか道はないことが明らかにされ、いわば無師独悟で自得するのを至芸への本義としている。この能楽の教えは、禅宗の教外別伝(きょうげべつでん)の思想と共に、武芸や技芸一般まで及んで、わが国独特な技能伝承世界を構成している。その芸道の世界では、独りで技能を習得するときの運動意識が重視され、その自得の働きを支えるという運動認識は、改めて我々の関心を誘うに十分である。しかしそれについては、ここでの射程を超えるので、後段（§61）に送らざるをえない。

---

43) Meinel, K.: Bewegungslehre, S.21ff. 1960 ［邦訳：9頁以降］、
44) Hua. IV. S.9 ［邦訳：第4節・段落⑦］
45) Auersperg, Alfred P.: Vorläufige und rückläufige Bestimmung in der Physiogenese; Jahrbuch für Psychologie, Psychotherapie und medizinische Anthropologie, 8‐1961, S.238

たしかに，動きのコツやカンを会得する動感システムの世界には，動きつつある本人以外は誰も介入できるはずもない。その遂行自我の動感システムを本原的に捉えるには，その動きを自ら感知し，他者の動きに共感できなければ，何一つ新しい感覚質を生み出すことはできない。しかもその動感質が捉えられていなければ，どのように動くのかを判断することさえもできない。仮に，その習得手順を指導者から示唆されたとしても，自ら動けるようになるには，〈今ここ〉にいる私の身体が〈自ら動ける〉のでなければならない。そのすべては，わが身の〈自己責任〉に帰せられる。その身体能力を自得するには，自らの価値意識が働く感覚質以外に頼れるものは何一つ存在しない。〈自ら動ける〉ためには，動こうとする主観身体に内在するコツ・カンを自ら掴まえるしか道はないのだ。どんなに科学的に精確なメカニズムを呈示されても，どんなに親身になって励まされても，〈自ら動ける〉感覚質を生み出すのには，自らの身体がその価値知覚を働かせてコツ・カンを掴むしかない。動く感じの感覚質が意味発生に至るには，別言すれば，動感志向的な価値知覚の働く感覚質発生に至るのには，自ら直にその本質を直観する道しかない。その道は，まさに動感発生論における本質直観の本質可能性，つまり〈必然可能性〉[46]を直に示しているからである。

しかし，身体の心情的自我という生ける主観が前景に立てられる身体論領域においては，その身体運動は「〈幽霊身体〉[47]の位置移動などでは決してないのだ」とフッサールは巧みに指摘してみせる。つまり，動き回る幽霊でも，身体をもっているが，その〈幽霊身体〉は，もちろん現実の物質自然ではない。そこに現出する物質性は錯覚に他ならない。その幽霊身体と対比してみれば，有意味な動きで競技する身体は，物質自然領域における単なる物体的な身体でもないし，フェヒナーの精神物理学で分析される因果連関的な身体でもない。そこでフッサールは，物理的な身体運動との区別をはっきりと例証を挙げて説明している。つまり「人間が動くのでなくて，人間という肉の塊（かたまり）だけが自ら運動したり，通りを歩き回ったり，自動車に乗り，田舎や都会に住んでいると言ったら，それは何と奇妙なことだろう」[48]と巧みに表現する。物質化ないし物体化した身体運動をどんなに精密に分析しても，生き生きした身体運動その

---

46) Hua. III. S.302f.［邦訳：第 145 節‐段落④～⑤］
47) Hua. IV. S.94［邦訳：第 21 節‐③～④］
48) Hua. IV. S.32［邦訳：第 13 節‐⑤］

ものの本質を解明することはできないと言い切るフッサールの指摘は，スポーツ運動学にとって決定的な意味をもつことになる。さらにフッサールは，コツやカンを感知し共感できる身体能力こそが，人間に固有な動感世界を構成することができると言う，その指摘を見逃してはならない。

　このようにして〈身体で覚える〉という奇妙な出来事を解明するには，科学的な精密分析の〈対象身体〉[49]を〈括弧づけ〉にしてこそ，動感志向的な運動分析の起点に立つことができる。つまり，身体という表記にルビを付けて〈からだ〉と読んでも，古語の〈から〉は骸(遺体)の意味でしかない。だからこそ，〈から＝だ（接尾辞）〉の語源的意味を捨象して〈生ける身体〉に正面から向き合うことが求められるのだ。とは言っても，このことは物質自然領域の〈肉の塊〉という身体，いわば物質身体や物体身体を排除するという意味ではない。フッサールは身体性を蔵した肉体，いわば〈生ける身体〉を慎重に〈身体物体〉[50]と表現していることを見逃してはならない[51]。生命・精神の有意味な統一的働きをする〈実存運動〉[52]こそが多彩な動感様相の変動を露わにしてくれるからである。我々が動感発生現象の分析対象に取り上げようとしているのは，まさにスポーツ領域における実存としての身体運動であることをここで確認しておかなければならない。

§ 25. 動感発生は原経験に遡源する

　こうして，主観身体が〈そう動いた〉ことに自己責任をもつという運動の〈原経験〉[53]こそが動感能力の源泉になっていることに注目するのだ。その原経験への遡源がフッサールに〈ドクサ経験〉[54]への還帰を唱えさせ，現象学に超越論的発生分析の道を拓かせる起点となるからである。自らのコツとカンだけを頼りに，多くの微妙な感覚質に価値知覚を鋭く働かせ，そのわが身にありありと感じとる〈本原的直観〉[55]を通して，その感覚質素材を取捨選択して

---

49) Merleau-Ponty, M.: Phénoménologie de la perception, op.cit. p.123 ［邦訳：『知覚の現象学』1, 184~185 頁］
50) Hua. IV. S.144 ［邦訳：第 36 節・①］
51) Waldenfels, B.: Das leibliche Selbst, S.252 Suhrkamp Verlag 2000 ［邦訳：271~272 頁］
52) Merleau-Ponty, M.: Phénoménologie de la perception, op.cit. p.160 ［邦訳 1：232~233 頁］
53) EU. S.43 ［邦訳：第 10 節・⑤］
54) EU. S.22 ［邦訳：第 6 節・③］
55) Hua. III. S.36f. ［邦訳：第 19 節・段落②~③，104~105 頁］

いくのだ。その彷徨いのなかで，自ずと奏でられる〈動感メロディー〉をもつ動感形態に偶発的に出会うことになる。しかし，この感覚質に新しい意味発生をもたらす営みは，誰にも頼ることはできない。ひたすら自らの感覚質を鋭く感じとり，試合情況やボールの動きにカンを投射する身体能力以外に何一つ頼れるものはない。つまり，流れる時間のなかで，そのノエシス契機に自らの価値知覚を作動させて，意味をもつ感覚質に自ら出会うしか道はないのだ。それはまさに〈自得〉の道であり，すべてが〈自己責任〉の道である。すでに前段で述べたように，この道こそわが国古来の技芸修行の本道に他ならない。このような身体性の〈原経験〉こそが我々の身体教育の基柢に据えられるべき〈運動基盤〉なのであり，この意味においてこそ，学校体育はその独自な役割をもつことができる。

このような原経験の運動基盤に回帰するとき，〈動きたいけど動けない〉という身体運動のパトス的な感覚質に気づく動感世界の存在を見過ごすわけにはいかない。いわば，ヴァイツゼッカーのいうパトスカテゴリー[56]に属する自己運動が分析対象として浮上してくるのは，この意味においてである。そのパトス的自己運動は，外部視点からの発生分析を拒否することになる。そこにおいてこそ，主観身体ないし間主観身体の動感運動がその運動基盤として姿を露わにしてくるのだ。それはまさに，フッサールが〈身体物体〉と呼んだ，生ける身体の動感世界に他ならない。自我身体が生み出すこのような運動基盤の世界には，物体身体が位置移動する物理現象は存在しないのだ。だからそこに，物理的には不動のまま，動感意識で生き生きと動ける身体経験が，現在化と準現在化を問わずに，動感時空世界のなかに露呈されてくることになる。その生ける私の身体は，上下・前後・左右や遠近というあらゆる空間的な方位づけや隔たりの起点として，〈絶対ここ〉に方位づけられ，同時に，未来から過去へと立ちとどまりつつ流れる〈絶対今〉の原現在に方位づけられているのである[57]。その動感世界については，後段の第Ⅳ章「動感発生の深層世界」（§50）で詳しく立ち入ることになる。この〈絶対ここ〉〈絶対今〉を同時にもつ〈絶対ゼロ点〉は，形而上的な一つの極限が意味され，それは目には見えないのだ。この奇妙な動感運動世界の理念的原点について「自我身体という知覚対象は，

---

56) Weizsäcker, V.v.: Gestaltkreis, Gesammelte Schriften, Bd.4, S.310ff., 1997, Suhrkamp Verlag ［邦訳：288頁以降］

57) Hua. XI. S.297f.［B. Abhandlungen, I.-2.: Zeitliche und räumliche Perspektiivität］

不思議なことに他の対象を知覚するどんなときでも，いつもそこに居合わせているし，いつも同時に構成されているのだから，〈これは凄い！〉としか言いようがない」と述べて，フッサール自身もその驚きを隠さないほど，謎に満ちた動感時空世界がそこに浮上してくる。

　ここにおいて，コツやカンの身体能力は，どのように発生し，それをどうすれば身に付けられるのか，その問題性がやっと分析対象として浮上してくる。すでに述べているように，この関心事は感覚質の〈意味発生〉という問題圏に収斂されてくる。サッカーの選手の信じられないような見事なボール捌きを見ると，「どうしてあんなに動けるのか」と知りたくなる。その選手に聞いても，「長い間の経験からいつの間にか身に付いたのだ」と言い「私の身体が勝手に動くから」と言って，全く取り付く島もない答えしか返ってこない。だからといって，そのメカニズムが科学的に解析され，その因果連関が分かったとしても，そのメカニズムが動く人の感覚質に〈綜合化〉される様相は解明されないままである。さらに，物質身体の筋力や持久力などの体力条件をトレーニングで個別的に強化しても，謎に満ちた動感能力に直ちに綜合される保証はどこにもない。つまりすべては，選手たちの苦悩に満ちた動感経験に丸投げされているだけである。だから，長い間の「多様な身体経験の積み重ねだ」という選手の言葉が正鵠を射ているのは当然のことである。とすれば，我々はこの驚異的なコツやカンという動感能力を生み出す内在的動機づけの〈身体経験〉に直接に向き合わなければならない。つまり〈身体的なるもの〉に露呈される動感質経験に改めて注目せざるをえなくなるのだ。こうして，動きの価値知覚が働く感覚質に向き合った身体経験の発生分析は，知的な運動メカニズムの理解や物質身体の条件トレーニング［体力トレーニング］とは異質な分析領域に属していることに注目しておかなければならない。

　このような〈身体で覚える〉という奇妙な一回性の出来事は，すでに述べているように，主観身体におけるその原現在の動感意識流をわが身にありありと感じとる〈本原的経験〉を起点としている。そこでは，発生現象学の動感源泉に遡る超越論的分析が不可欠になってくる。絶対ゼロ点の〈今ここ〉の地平構造を自らの感覚質で捉える〈身体状態感〉が超越論分析の対象に取り上げられるのもこの意味においてである。そこには「新たに開かれる空虚地平を待ち構える我々が存在する」と言って，フッサールは「如何なる空虚地平も存在しな

いところにどんな充実も存在しない」[58]と奇妙な指摘をしはじめる。感覚質の意味発生という決定的な出来事に対して，空虚形態と呼ばれる〈意味枠組〉さえも分析対象にならないのでは，超越論分析に入る運動基盤はまだ構成されていないことになる。そこでは，未来に向かって〈規定可能な未規定性〉をもつ〈原発生地平〉[59]こそが決定的な重要さをもつ。とりわけ空虚な未来予持地平における意味発生の志向分析は，これまでのマイネルのモルフォロギー運動学でも見過ごされていたことに注目しておかなければならない。

そのためには，時間流の動感経験を厳密に反省分析できる〈時間化能力〉が求められることになる。もちろん，この反省分析の対象は，生起した出来事の結果についてではない。過ぎ去った結果の端的な反省的態度は，仕込まれてサルでもポーズをとることができる。そこでは，流れ去る動感メロディーを〈今統握〉として引き寄せ，来るべき未来の動感メロディーが〈今ここ〉の身体に奏でられるのだ。そこには，その微妙な感覚質ヒュレーを捉える時間化能力が求められるのは喋々するまでもない。マイネルが動感反省のない機械的反復を意図的に排除するのは，まさこの意味においてなのである。しかし残念ながら，マイネルにとってその本質直観の分析論を展開する時間は残されていなかった。その十数年後に開催されたマイネル生誕百年記念行事の〈国際スポーツ運動学会〉（1998）における〈マイネルシンポジウム〉の基調講演[60]を「マイネル教授の遺志を継ぎたい」という言葉で締めくくったが，この拙い動感発生の論考でその一端でも果たせれば望外の幸いと思うものである。

こうして，多襞的な統覚化層位をくぐり抜けて，やっとマグレの動感システムの生成現象が立ち現れてくる。そのあとに確定化層位から洗練化層位へと本質直観の方法論は，すでに拙著『スポーツ運動学』第Ⅴ章「形態発生論」として具体的に展開されている。動感経験に畳み込まれている身体能力の純粋本質は，つまり普遍的本質として「純粋に捉えられた形相」[61]は，多くの階層を経ながら無限の高みに引き上げられていくのだ。しかし，その動感志向的な反省分析における感覚質の意味内実は，その本人の私秘的な動感能力のなかに含意潜在態として蔵(かく)されたままである。だから，その外的経過を対象化して，精

---

58) Hua. XI. S.67 ［邦訳：第16節・段落④］
59) Hua. XI. S.73 ［邦訳：第18節・段落④］
60) Kaneko, A.: Zur Bedeutung der ästhesiologischen Morphologie von Prof. Kurt Meinel, In: Praxisorientierte Bewegungslehre als angewandte Sportmotorik, S.33ff. 1999 Academia Verlag
61) Hua. III. S.9f. ［邦訳：第2節・段落②，63頁］

密に計測し，因果論的に分析をしても，主観身体に感知され共感される生成や消滅の感覚質の意味発生は，何一つ解明されていない。その動感変様の多襞的な発生現象においては，その形態充実の漠然性は，動く本人にも，本質必然的に匿名のままである。その微妙な様相変動の存在が分かってはいても，その顕在化に向けての志向分析は，多くの障碍に阻まれてなかなか進まない。だから，動感発生という固有領域の奇妙な現象は，まさにアポリアと言いたくなるほどの苦悩を我々に強いてくるのだ。

§26. 動感発生は気分に左右される

　日常の身体経験でも，全く意図してないのに，その身体が〈独りでに動いてしまう〉という出来事はよくある。例えば，食事のときの箸の使い方や，ネクタイを結ぶときの両手が共働する動き，さらには鉛筆を削るときの両手の微妙な連係作業に多くの例証を挙げることができる。その習慣化された動きかたは，全く同一動作の機械的な反復に見えてしまう。しかし，生命ある身体の動きというものは，一回性原理による動感システムの働きだから，そこには微妙な感覚質の変様態が同時に潜んでいる。だから，センサーを備えたロボットの自動運動とは，本質必然的に異質である。ロボットの自動的な物理運動は，既知の動きを悉くプログラムできるからといって，そのメカニズムを人間の気まぐれな感覚質発生に転移できるわけではない。そこに横たわっている両者の違いは，精密性の〈程度差〉という問題ではない。ロボットの運動メカニズムと価値意識を伴う感覚質ヒュレーの受動発生との間には，〈数学的形式化〉と〈類的普遍化〉[62]という本質必然的な差異性が存在することを見過ごすわけにはいかない。

　物質自然領域の因果決定論に支配されるロボットの動きかたは，選択可能な膨大な予備情報をロボットにプログラムしたとしても，その情報は必然的に人間が想定した既知のソフトウェアを前提にし，そのなかで二者択一的な決断と承認が求められていくだけである。これに対して，その人の歴史を背負った生ける身体性の作動するパトスカテゴリー領域においては，そこに〈気分づけられた身体〉の行う動きや振る舞いは，その動感時空世界のなかで，パトス的自

---

[62] Hua. III. S.26f.［邦訳：第13節・段落①〜⑥，88頁］

我の自由な決断と承認という二重化の様相変動のなかに示されるのだ。未来の動きを予期することは「知覚された現在が必ずしも未来に展開するわけではない」[63]と指摘して，フッサールは厳しくその本質直観の志向分析を迫るのは，この意味において重みをもってくる。

そこにおいてフッサールは，本質直観として，わが身にありありと捉えられる本原的直観として，未来に予期される〈未知なるもの〉の存在を〈まさに規定されるもの〉として，その人の動感経験のなかで感知可能だと指摘する。つまり，発生現象学の受動志向性における空虚・充実の本質法則として，それは必当然的明証性をもつことになる。例えば，それは歩行中に突然に躓くという例証にも現れてくる。この不意打ちの躓きは，過去地平に沈んでいた歩きの空虚形態と動感未来予持の漠とした先構成枠組みの空虚形態との〈コントラスト的連合化〉によって発生するのだ。そこでは，歩行欠損態が受動的に覚起され，歩きの空虚表象に向かってその感覚質の発生が同時に作動する。この躓き現象における欠損態の受動覚起の例証分析は，動感発生論に多くの示唆を与える可能性をもつ。未来における〈規定可能な未規定性〉を無限にもつパトスカテゴリーの内在的な動感世界は，連合化の起こらないロボット運動とは異質な世界である。その機械論的なロボットの運動世界とは，全く異郷世界[64]にあることをここに確認しておかなければならない。つまり，我々の感覚質の働く動感世界は，その無限にデジタル化されたロボットの因果論的な運動世界と截然と区別され，ロボット工学的運動原理は，パトス的身体の〈動感質発生〉に転移できるはずもない。

生ける動感身体の故郷世界における動きや行動の手続きは，気分づけられた身体が動きや行動の多様性のなかから，その〈身体状態感〉や動感情況の〈気配感〉によって，その動きかたをパトス的に自由に選び取るのである。そのことは後段（§43）でさらに立ち入ることになろう。ここにおいて，動感発生における感覚質素材をノエシス契機として捉える場合に，遂行自我の動感世界がハイデッガーのいう〈気分性〉を伴う〈情態性〉[65]に深く絡み合ってくることを見過ごすわけにはいかない。その情態性という〈気分可能性〉が，コツや

---

63) Hua. XI. S.69［邦訳：第17節・段落②］
64) Hua. I. S.159ff.［邦訳：第58節・段落②～］
65) Heidegger, M.: Sein und Zeit S.134ff. M. Niemeyer Verlag Tübingen 1984［ハイデッガー全集，第2巻，第29節，206頁以降］

カンの感覚質素材(ヒュレー)を捉えるときに，その現存在の運動基盤を形づくっているからである．しかも，受容経験世界はいうに及ばず，〈借問分析〉に大きなアポリアをもつ乳幼児の受動発生の動感世界は，我々をハイデッガーの〈気分づけられた情態性〉に注目させずにはおかない．幼児の運動発生学習で，その動きの感覚質を確かめようと借問に入ろうとしても，子どもは何も答えてくれない．さらに受容経験領野におけるマグレ発生では，一流選手でもその同時発生という即興性の秘密を語りたがらない．その動感質発生という内在経験の機微を行動科学的に外部視点から分析できないのを指導実践の現場は知悉しているのだ．こうして，我々は情態性に潜む〈気分可能性〉に立ち向かわざるえなくなってくる．

　しかし，その第一の〈存在論的気分性〉としては，そこに気分づけられた「情態性は現存在をその〈被投性〉のなかに避けながら背を向けるような様相のなかに開示していく」（第29節‐段落⑤）ことになる．〈被投性〉という表現は，世界内存在として自己を現存在に投げ込まれるという「委ね渡す事実性」（第29節‐段落④）が表されている．それは，投げられたものに〈向き合う〉とか，〈背を向ける〉という仕方で，自らを開示することが意味されている．第二の〈存在論的気分性〉は「実存それ自体が世界内存在だから，情態性は共現存在と実存という世界の同一根源的開示の実存論的な根本様相」（第29節‐段落⑨）のなかに示されることになる．だから，気分が塞いでしまうと，周囲の世界が見えなくなり，自らの気分性も無反省になってしまうのだ．さらに第三の〈存在論的気分性〉は「世界の世界性のより透徹した理解に寄与する」（第29節‐段落⑩）ものとなる．「予めすでに開示された世界が世界内存在に出会いをさせる」（第29節‐段落⑩）というのだ．そのような「まずもって気遣って見回しながら出会わせること」（第29節‐段落⑩）は，気分づけられた情態性によって構成されることになる．その情態性に基づいて襲われる仕方のなかで「その情態性はその世界を脅威可能性に向かって開示してしまっている」（第29節‐段落⑩）という．その気分づけられる情態性は，現存在が世界に開かれているということを実存論的に構成していることになる．

　こうして，動感発生現象の意味核をなす感覚質素材を捉えうるのは「諸々の感覚が存在論的に気分づけられる世界内存在の在り方をもっている」（第29節‐段落⑪）からである．〈気分づけられた情態性〉に注目することこそ，動感発

生の意味核をなしているのだ。こうして，微妙な感覚質素材に気づき，そこにノエシス契機を捉え，意味発生のモルフェー構成の可能性に立ち向かうことになる。その情態性という〈世界内存在の気分可能性〉への関心もなく，微妙に〈気分づけられる情態性〉がしっかり捉えられなければ，すべては過去に流れ去ってしまい，そこには何も残らないことになる。そこには，反論理的な動感発生世界がすでにいつも先構成されているから，その気分可能性の潜む〈情態性の先所与的存在〉を見逃してはならないのだ。しかし，微妙に現れる感覚質のヒュレー契機を気分によって選びとるとは言っても，それはそう単純な作業ではない。しかも，後段の第Ⅳ章で取り上げる受動発生と受容発生が時間流の原発生の地平分析に回帰するときにも，結局は，主体的に承認され決断されなければならないのだ。そこには，自己責任の下に振る舞う遂行自我の深層世界を見逃すわけにはいかない。我々はここにおいて，まずもって，生理学的反射法則に反する日常的な動きに向かって，視野を広げながら価値知覚の働く感覚質の深層に立ち入っていかなければならない。

§ 27. 感覚質の連動現象に注目する

　人間の実存的な身体運動には，生理的な反射運動が数多く存在している一方で，その反射弓に属さない〈連動原理〉[66]に基づく奇妙な動きかたも無意識のうちに絡み合って現れ出てくる。例えば，私が何かを見ようとすると，その方に顔が独りでに向き，その首の動きを抑制すれば，狡猾な表情が際立ってきて異様な感じを与えてしまう。さらに，二の腕の力こぶを誇示しようとすれば，手首は自ずと曲がるが，それを反対方向に，いわば背屈すると，弱々しいしぐさに姿を変えるのだ。つまり身体運動を行う世界には，生理的反射ではない〈同じ方向づけをもつ動きかた〉，つまり連動する動きが〈受動発生〉することにボイテンデイクは注目しているのだ。コツやカンという動感能力は，生理反射に従わずに価値知覚を受動発生させてしまうかと思えば，意図的に生理反射を抑制する動きも可能となるから，生理学主義の古典的スウェーデン体操は窮地に追い込まれてしまう。生理学的な反射理論による体操を体系化したスウェー

---

[66] Buytendijk, F.J.J.: Allgemeine Theorie der menschlichen Haltung und Bewegung, S.102ff. 1956 Springer Verlag

デン体操は，わが国の学校体育に大きな影響を及ぼしたが，その体操方式がわが国の学校体育に持ち込まれたとき（1913年，大正2年）には，すでに西欧では，学問的に問題が指摘されていたのは周知のことである。それは19世紀半ばにドイツに起こった有名な〈平行棒論争〉(Barrenstreit : 1860~1863) が歴史的によく知られている。つまり，その学問論争は，古典的生理学主義とコツやカンの身体論的現象学との理論闘争であり，それは現代まで尾を引いて，大きな問題性を抱えているほどである。

　我々はここにおいて，この反射弓に属さない連動現象に注目することによって，コツやカンという身体能力の本質的な実践可能性をもつ動感世界に向き合うことができる。伝承発生の実践現場においては，このような連動現象のノエシス契機を捉える〈実的分析〉[67] は，日常的に行われている。だからその例証に事欠かくことはない。例えば，逆上がりをやりたいとその心が逸ると，生徒は頭部の背屈反射（緊張性頸反射）が働いて身体が反ってしまい，腕が曲げにくくなる。経験不足の教師は，そのとき腹筋と腕の屈筋のトレーニングを処方することが多い。しかし老練な先生になると，その長い経験から，逆上がりに成功させる動きかた，いわばその意味核となる〈コツ〉をよく心得ていて，生理学的反射を遮断する方法をとる。つまり，腕を曲げて体を鉄棒に引き寄せるには，〈首を煉めた〉頭部腹屈による〈連動原理〉に従う身体知［モナドコツ］を即座に取り入れるのだ。だから，コツやカンという身体能力を生み出す動感世界では，端的な生理学的反射をエポケー［判断停止］しておく必要に迫られる。さらに，ボイテンデイクのいう連動原理に基づく動きかたが舞踊や演劇の表現世界では，本質必然的な実践可能性をもつのは喋々するまでもない。競技スポーツでも，動感システムに関わる感覚質発生の貴重な動機づけに特に注目しておく必要がある。

　このようにして，因果決定論的な生理反射機能は，動感発生分析からエポケーされることになるが，さらに〈気分づけられた身体〉が生み出すパトス身体に関わる動きは，感覚質の発生分析として主題化されることも見逃してはならない。つまり，動感形成化領野の分析対象には，パトス的な意味内実を潜めている連動現象がまずもって前景に立てられる必要がある。そこでは，マグレの偶発現象に至るまでの統覚化領野を否定，疑念，可能性の層位に向き合って慎

---

67) Hua. III.S.201ff.［邦訳：第97節・段落①~］

重に〈様相化分析〉[68]するとき，独りでに動いてしまう連動現象に特に注目することが求められるからだ。すなわち，感覚質ヒュレーが何となく疑わしく，動感システムに〈当て外れ〉が起こるときには，知らぬ間に連動現象が際立っていることが少なくない。その可能性は統覚化領野のみならず，修正化を含めた確定化領野でも起こりうる。とりわけパトス的なカテゴリー領域との絡み合いでは，〈そうやりたいのにできない〉〈やろうとしてもできない〉といった深刻なパトス的な葛藤に苦しむときには，独りでにこの連動現象が姿を現してくるからである。

　このような連動する動きは，独りでに受動発生する必然可能性[69]をもつだけに，その微妙な感覚質の様相変動に配意することが求められる。大相撲の力士たちがインタヴューを受けると「私の身体(からだ)が勝手に動いてくれたから勝てた」と他人事のような答えをよく耳にする。さらに，見事なシュートを聞かれたサッカー選手が「感覚だけでシュートを打ったので何故かと聞かれても答えようがない」という。「私の身体(からだ)に覚え込ませてあるから，それが勝手にシュートを打ったのだから私に聞かれても困る」と答える選手たちは，借問する動感分析者にとっては全く取り付く島もない。「背中で見てシュートを打つ」といった奇妙な言い方は，選手たちにとって決して珍しい表現ではない。そんな非科学的な答えしか返ってこないからといっても，その驚異的な身体能力の存在を否定できるはずもない。そのような名力士や名選手たちが自らの感覚質と対話して，その純粋記述をそのまま言表すると，いつも〈自然的態度〉で生活している我々にとって，理解を超える奇妙な発言としか受け取れないことになる。例えば，名力士は「立ち会いのとき，掴むべき締込みの位置が光っている」といい，サッカーの名選手の奇妙な表現，つまり「センターリングされたボールがヘディングシュートして欲しいと私に近づいてくる」といった風変わりな表現を耳にすると，そんな主観的な運動意識は，何の意味もないと断じるスポーツ科学的な発言も珍しくない。動感世界を外部視点から分析することこそ客観的事実を捉えうると信じている科学主義者にとっては，この選手たちの言表は埒もない戯言でしかないのかも知れない。

　たしかに，力士の締め込みも，蹴られて飛んでくるボールも，それは物質な

---

68) Hua. XI. S.25ff. ［邦訳：第5節・段落①］
69) Hua. III. S.302f. ［邦訳：第145節・段落④］

のだから，〈布の前褌（まえみつ）〉が光るはずもないし，跳んでくるボールが発言するはずもない。しかし，フッサールは現実に経験される物体の「現実的ないし可能的な感覚形態は，さしあたり経験的直観，感覚的直観のなかで，感覚として充実した物質形態として与えられる」70) と謎めいた指摘をする。別言すれば，そこに与えられ〈感覚形態〉の「その属性をその形態の内容的充実と呼ぶ場合，その形態を物体自体の〈性質〉，しかもその物体の〈感覚質〉と捉える」71) のだと断じて，その認識論に立ち入って説明している。ロックの呪縛によって，〈感覚与件〉が〈感覚質〉と取り違えられてきたことをフッサールは「ロックの時代以来の心理学的伝統の悪しき遺産でしかない」と断じて，科学的認識論の危機を指摘するのだ。そのロックの呪縛に呪われたままのスポーツ科学が技の極致を究めた名選手たちの奇妙な表現を嗤うとしたら，それは一体どこに問題が潜んでいるのか。むしろ，コツやカンだけに頼って技の極致を追求していくアスリートこそ，フッサールの言うロックの呪縛からすでに解放されていることになる。そこには，先述定的な経験世界に存在しているフッサールの言う〈絶対事実性〉72) が潜んでいるのを見逃してはならない。こうして我々は〈独りでに動く〉という奇妙な動感時空世界に潜んでいる問題性にもう少し立ち入っておく必要に迫られてくる。

§ 28. 偶発消滅と破局消滅を区別する

　こうして，我々は主観身体が勝手に〈独りでに動ける〉という〈受動発生〉の奇妙な動感現象に向き合うことになる。その立ち入った考察は，次の第Ⅲ章「動感発生に潜むアポリア」から順次展開していくことになるが，その前に〈受動発生〉という本質必然的な動感現象を一瞥して，難解と嘆じられる動感発生論の問題意識を前景に浮上させておきたい。フッサールは，主観身体が何も志向していないのに，勝手にわが身が動く出来事を〈受動志向性〉と呼ぶ。それは，〈受動性〉と〈志向性〉のという相反する自己矛盾的表現 73) を承知の上で取り上げているからである。その受動性は，文法における受動態という〈受け身〉

---

70) Hua. VI. S.27［邦訳：第9節‐ｂ‐段落④］
71) Hua. VI. S.27f.［邦訳：第9節‐ｂ‐段落④‐注］
72) Hua. XV, S.386［Text‐Nr.22‐⑰］
73) Hua. XI. S.76［邦訳：第18節‐段落⑧］

の意味ではない。〈自発性〉という独りでに自ずと発生する出来事が意味されているのだ。だから，その自発的な動きを行動科学的に分析しても，〈なぜ本人が匿名のままにそう動けたのか〉という意味内実は，その分析対象になっていない。だから，それは不明のままなのは当然である。しかも，その本人のコツやカンは無意識に働いているのだから，その奇妙な身体能力の獲得は，その伝承を〈自得の美意識〉に頼るしかなくなる。しかも，この受動志向性をもつコツやカンは，その〈生成現象〉よりも〈消滅現象〉のほうが手に負えないアポリアとして我々を苦しめるのだ。それ以外のすべての動きが何の障碍もなくできるのに，ある特定の〈動き〉だけが消えてしまうという奇妙な消滅現象は，多くの名選手さえも悩ませる謎の現象であり，どんな名コーチでも，選手の自己責任に押しつけたくなるほどである。

　ところが，動きの形態発生は「その偶発性，つまり〈今はこうなのだ〉［という様相］は常に秘密だ」とヴァイツゼッカーは言い切っているのだ。たしかにこれまでの因果決定論では，ゲシュタルトクライスという同時交換作用を解明できないのだから，その断定的発言は当然と言えよう。動感発生現象のこの難問に対して，ここでは少なくとも，統覚化層位の変様態における〈偶発的な動感消滅〉と，すでに自動化した確定化層位における〈破局的動感消滅〉との区別だけはしておかなければならない。つまり，統覚化領野における原初的なマグレの形態発生は，先行形態の同時反転的な動感消滅によって成立する形態生成だから，それはむしろ不可疑的な原事実として，本人に本原的に了解されているのだ。しかし，その感覚質がどのようなノエシス契機で捉えられたのかは，それは全く秘密のままである。だから，すぐにも消えてしまいそうな〈予感〉に襲われて，その感覚質素材（ヒュレー）を改めて感知し，確認しようと，思わず繰り返すことになる。それは期待に満ちた反復化を触発する運動基盤の上で行われるのだ。感覚質素材（ヒュレー）が偶発的に構成された新しい動感形態は，その後の突然の欠損性にかかわらず，すでにその遂行自我に必然可能的に先構成されているのだ。そのマグレの成功が全く儚い動きかたでしかないことは，本原的に，つまりわが身にありありと予感されているから，夢中に数稽古にのめり込んでいくのを誰もが〈有体的〉に，つまりわが身で了解できているのである。

　しかし，すでに確定化層位にあって，安定している動感システムが突然に消滅すると，それは全くの予想外の出来事として，重大な破局に追い込まれてし

まうことになる。確定化層位では，より高次元の動きの自在化を求めて意欲的な能動志向性が〈生化〉しているのだ。それまで何度やっても失敗したこともなく，自在に身体化した動きなのに，突然その動感意識流が消えてしまうのである。それは信じられない出来事である。今まで失敗したこともない安定した動きが全くの遂行不能に陥るのだから，本人ばかりでなく，周りの人たちもそのメロディー消滅に一様に驚きを隠せない。しかも，それ以外のどんな難しい動きに何の問題も生じないから，その不気味な出来事について生理学的，精神病理学的な原因を求めることもできない。その本人は，わが身が冷たく反逆を続ける執拗さに不気味さすら感じてしまう。こうして，本人の心情は，まさに五里霧中のなかにただ彷徨うだけとなる。このような動感志向性に関わる消滅現象は，競技世界では決して珍しいことではない。いわゆる〈技の狂い〉と呼ばれるこの〈破局的危機〉は周知の出来事であるのに，その苦悩から救ってやれるコーチは極めて珍しい。

　このような悲惨な動感欠損に見舞われた選手たちの動機づけを探ると，ひたすら機械的反復にのめり込み，あるいは鋳型化を急いだ速成トレーニングに追い込まれた歴史をもつ〈身体性〉に逢着する。その動機づけを一気に約言すれば，それは〈立ちとどまりつつ流れる原現在〉という〈絶対時間化〉[74]への反省分析を無視した〈歴史身体〉が鋳型化された事実に行き着くことになる。その危機に陥った選手たちの動感世界には，自らの動感流を取り戻す生まれ故郷も同時に失われていることに注目しなくてはならない。その選手が生まれ育った〈動感故郷〉は，最初から動感時空世界というノエマ的意味が何かの理由からか，欠損態のまま放置されていたのであろう。自らの功名心からか，速成を急いだコーチの成果主義からか，ひたすら機械的な反復によって無機質な鋳型だけが形づくられ，そのままに確定化領野ないし洗練化領野に入ってしまった経緯が考えられる。そこでは，動感質の本質を直観する道がどこかで遮断されたのかも知れない。この破局的な動感消滅現象こそ本論で主題化される問題性の一つである。

　因みに，わが国の芸道では，入門時から厳しく〈初心〉の美意識を構成化する基礎が叩き込まれるのはよく知られている。いわば，発生現象学として別言すれば，ラントグレーベのいう時間化の受動志向性を構成する運動基盤[75]が

---

[74] Hua. XV. S. 670 [Text Nr. 38]

本質可能性として動感発生の基柢に先所与性として前提されているということができる。しかし昨今では，端的に結果だけを求める美意識が先行し，いわゆる速成システムを科学的トレーニングと合理的マネジメントだけに依存しているコーチも少なくない。生き生きした動感能力の源泉が枯渇していては，〈絶対ゼロ点〉の今ここを感じとる再生化の道はすでに断たれていることを知らなければならない。世阿弥の教える〈初心〉に返ってやり直そうとしても，その破局的消滅に瀕したキネステーゼ感覚質を再生化してくれる動感故郷は，すでにゴーストタウン化しているのだ。このことは，動感原点領野における動感形成化の受動綜合のなかに，感覚質ヒュレーに意味発生を与える決定的な重要性を示唆して余りある。こうして，多襞的な動感変様態が様相化分析の対象として浮上してくることになる。それは第Ⅴ章にまとめて，さらに立ち入った考察として取り上げられる。

　ここにおいて，〈身体が覚えている〉〈身体が動きを覚える〉とは一体どんな出来事なのかという問題意識が浮かび上がってくる。そこでは，主観身体が自らの〈動感システム〉を感知し共感できる〈身体経験〉とは，つまり動感経験とはどのような出来事なのか，に改めて問いかけてみなければならない。しかしこの問題圏は，フッサールの〈主観身体〉[76)]がその〈絶対主観性〉を基柢に据える現象学的な運動認識の確認からはじめなければならない。もちろん，その絶対主観の身体が独我論としての自我身体でないことは喋々するまでもない。いわばそれは，アンリも指摘する〈本原身体〉[77)]の経験深層に関わることが意味されている。対象身体の体力要素論や物体身体の運動メカニズムの因果分析に慣れている我々は，フッサールの求める現象学的還元の方法論に基づいて，それらの科学的運動認識そのものをエポケー［判断中止］する必要に迫られるのは，この意味においてである。

　そのエポケーの前提に基づいて，本質直観の〈形相的還元〉として，本原的直観[78)]の方法論が浮上するのであり，やっと古来の芸道で求められる〈身体(からだ)で覚える〉という出来事に向き合うことができる。つまり，ある動きかたに価

---

75) Landgrebe, L.: Die Phänomenologie der Leiblichkeit und das Problem der Materie, 1965 In: Phänomenologie und Geschichte 1967 S.147 Gütersloher Verlagshaus, Gerd Mohn
76) Hua. IV. S.55ff.［邦訳：第18節 a］／ Henry, M.: Philosophie et phnomnologie du corps, p.15〜, Presses universitaires de France 1965
77) Henry, Michel : Philosophie et phnomnologie du corps, p.71〜　Presses universitaires de France 1965
78) Hua. III. S.36f.［邦訳：第19節・段落②〜③，104〜105頁］

値を知覚する感覚質を統握し，そのヒュレーの形態化を身に付けるという身体経験に，純粋に向き合うことが求められるのだ。人間の記憶に関する理論研究は，古代ギリシャのプラトンやアリストテレスの研究にはじまり，その歴史を遠く遡ることができ，そこから多くの哲学者や心理学者によって多様な研究が精力的に積み重ねられて現代に至っている。近年における脳科学の急速な発達に伴う感覚記憶の精密な分析研究が目白押しであることは周知の通りである[79]。とは言っても，我々の関心事が単に記号化された情報の精密科学的記憶メカニズムの解明に置かれているのではない。さらに，実体のない〈記憶痕跡〉を大脳皮質にその所在を突き止めようとするのでもない。発生現象学を基柢に据える動感運動学が主題化しようとしているのは，世界内の身体存在として，意味と価値に関わるパトス的身体の実存運動[80]が私の身体経験に価値意識をもつ感覚質を発生させ，その〈共通感覚質〉を伝承次元に持ち込み，動感情況に即して再生化を可能にする身体能力としての問題圏である。いわば，ボイテンデイクが競技世界に示される驚異的な身体能力を〈感覚運動知能〉[81]としか表現しようがないと慨嘆した奇妙な動きの感覚質の発生現象野こそが，我々の関心事として前景に立てられるのである。現象学的人間学の視座から人間の身体運動を一般理論として体系化した運動現象学者のボイテンデイクは，その中核的な問題圏を〈身体知〉[82]ないし〈感覚知〉と名付けているのは周知の通りである。いわば，身体知という表現は，我々が日常的に使い慣れているコツやカンという動感志向性の身体能力が意味されている。その動感身体の能力可能性は，生理学的な〈体力〉や心理学的な〈メンタル能力〉とは，截然と区別されることを確認しておかなければならない。この問題圏は，ボイテンデイクが人間学的生理学者として，生成消滅に揺れる身体発生論[83]をすでに半世紀前に主題化していることはよく知られている。

　ここにおいて，生ける身体がある〈動きかた〉を覚えるという出来事を問うとき，その身体は，物質身体と区別された〈動感身体〉が意味され，その価値

---

79) 山口一郎：『感覚の記憶』知泉書館　2011
80) Merleau-Ponty, M.: Phénoménologie de la perception, op.cit. p.160~161
81) Buytendijk, F.J.J.: Allgemeine Theorie der menschlichen Haltung und Bewegung, S.268, 1956 Springer Verlag
82) Buytendijk, F.J.J.: Das Menschliche der menschlichen Bewegung, In: Das Menschliche, S.186, 1958, Koehler Verlag
83) Buytendijk, F.J.J.: Prolegomena einer anthropologischen Physiologie, S.76ff. 1967, Müller Verlag

知覚の働く感覚質がどのように発生し，保存され，伝承されるかが，我々のスポーツ運動学の関心事である。だから，我々の問題意識は，運動記憶に関する脳科学的メカニズムの分析から截然と区別される。それは，そこで運動記憶の脳科学的因果分析が主題化されても，動感運動の価値知覚的な意味内実の地平構造がその射程から外されているからに他ならない。我々はそこに発生する身体経験の生成と消滅に関わる価値意識の動感質発生現象が主題的な関心事であり，それなしには運動文化の伝承発生が阻まれてしまうからである。したがって，その動感分析方法論は，身体能力の源泉に遡行する発生現象学的な超越論分析に依拠せざるをえないことになる。生ける動感運動の価値知覚的な感覚質発生は，衝動的な本能動感と原感情の統一的な〈受動発生領野〉と習練によって身体化される〈能動発生領野〉に大別されるが，それらの動感発生の超越論分析は，さらに時間流の原発生領野に遡源せざるをえないのであり，それらは我々にさらなるアポリアを突き付けてくることになる。

III─感覚質の価値知覚に向き合う

§ 29. 感覚質は確率論を拒否する

ここにおいて，我々は〈動感システム〉の価値知覚による感覚質発生という主題に向き合うことになる。この動感経験の発生論は，動感能力による〈形態生成〉と〈形態消滅〉に関わる身体性現象を主題化して分析することになる。動感能力による形態形成化領野では，競技領域，身体教育領域を問わず，その大方の関心は〈形態生成〉だけに向けられている。ところが，その〈形態形成化〉の動感分析がうまくいかないと，例外なく生理学的ないし心理学的な対象身体の能力不足にその原因が求められる。そこでは，生理学的身体条件としての体力不足，あるいは心理学的な不安定さや意欲欠損が科学的分析の対象に取り上げられる。その強化のために，科学的な体力トレーニングないしメンタルトレーニングが処方されるのはいうまでもない。身体技能ないし競技力を向上するには，このような分解−組み立てという科学方法論による構築主義が

取り上げられるのが一般である。マイネル教授がその実践可能性を追求した形態学的運動学のなかで，その科学主義を厳しく批判したのは，この意味においてである。

　たしかに，その機械論的な反復訓練のうちに，いつの間にか自ずと統一的な形態生成が起こることはある。その形態生成の確率が有意性をもつようになれば，そこに必然的な因果法則の成立を宣言できると考える。しかし，そこで意味されている運動形態は，物理座標系における位置移動の実現であり，生ける動感形態の〈本質的漠然性〉を排除していることに気づかない。身体性をもつ生ける運動を物体運動に置き換えているからこそ，数学的確率論が成立するのだ。競技世界においても，その成功率は「確率 90 ％ 以上だから試合に自信をもてる」という選手やコーチは珍しくない。そこでは，その動きが〈できた－できない〉という端的な二項対立のなかで，実現された物体運動の出現率として確率が求められているに過ぎない。そこでは〈どのように価値知覚が機能したか〉という価値意識の働いた感覚質の〈差異化〉も〈程度差〉もすべて埒外に弾き出されて，数学的に形式化されるから，確率が求められるのだ。そこではすでに，フッサールの言う価値知覚による動感意識の成否が，つまり感覚質の意味発生が全く無視されていることを見逃してはならない。〈物理的自然領域〉の時空世界と〈生命的自然領域〉[84]の時空世界が，発生現象学では明確に区別されざるをえない。運動現象学で問題にする動感質の発生現象は，物理的な位置移動の実現と本質必然的に別問題であることを，まずもって確認しておかなければならない。その本質的な区別をせずに，〈偶発性〉と〈漠然性〉を本質可能性とする身体運動に数学的確率論が取り上げられるところに問題が浮上するのだ。

　しかも，そのマグレ発生の出来事それ自体は，遂行する自我に〈今はこうだ〉と感じとれずに，自己忘却性[85]として背景に沈んだままである。練習では一回も失敗したことのない動きや行動が，試合ではその意識流が突然消えてしまい，余分な操作が入り込んで〈想定外〉の結果になることも珍しくない。そうすると，今度はメンタルトレーニングの甘さが指摘され，精神的な脆弱さが批判される。古来の芸道では，心の工夫と技の工夫が別立てで処方されることは

---

84) Hua. IV. S.27ff.［邦訳：第 12 節，段落②～］
85) Landgrebe, L.: op.cit. 1980, S.83f.

許されない。しかし自然科学では，過去のデータからしか未来の発生を予測できないから〈後の祭り〉という想定外という必然可能性が成立するのだ。過去に一度も失敗した事実がなくても，つまり100％の確率でも失敗が起これば，それは想定外の出来事となり，再び過去のデータ批判とその改善に回帰することになる。その場合，生ける人間の身体運動を物体や物質の位置移動と置き換える運動認識に何の疑いも生じないのだ。そこでは，科学的分析がパトス的な人間の未来の動きかたを果たして予測できるというのか。この問題圏は，後段の第Ⅳ章「動感発生の深層世界」で再び立ち入ることになろう。生ける身体の未来の動感意識流をどのようにしてわが身の動きに身体化できるかは，動感発生論にとってもっとも根源的な問題である。早くからフッサールは，その受動綜合分析論のなかで時間流の原発生に取り組んでいる。そこでフッサールは，生ける身体における「経験の可能性は，可能な確証をもてる路線として自我に自由に使えるのだ」といって「その自我は自らのキネステーゼによってその過程を遂行していくのだ」[86]と正鵠を射た指摘をする。こうして，フッサールが未来を予持できる身体運動に言及し，動感志向の身体能力を通して，未来の動きかたを予描する〈能力可能性〉の存在を捉えていくのだ。そこでは，動感意識流に驚くべき〈内的組織化〉が働いていることが注目されることになる。

しかしながら，スポーツ領域のこれまでの運動認識論では，自発的に動く主観身体の受動志向性には全く無関心である。流れる時間のなかに，〈今ここ〉の身体意識，いわばフッサールの言う〈今統握〉が何一つ問題意識に捉えられてはいない。まして，〈流れつつ立ちとどまる原現在〉の〈空虚地平〉の解明に向かって，その動感源泉へと遡っていく超越論的地平分析が取り上げられるはずもない。だから，動感発生における〈内的組織化〉という意識流の出来事に対しても，その数学的な確率論を求めてしまうという奇妙な結末になるのだ。パトス的カテゴリーに存在する遂行自我の〈動感質〉の発生地平は，常に偶発性に支配されているからこそ原発生地平分析を欠かすことができないのである。そこでは，何らの価値知覚も働かずに，その感覚質発生も統握できないまま，すべての運動意識が過去に流れ去ってしまうのだから，そこに事実データの出現を前提とする確率論が成立するはずもない。たとい，マグレが何回起こっても，そのマグレに空虚形態も存在していないのだから，感覚質の〈意味発生〉を数

---

[86] Hua. XI. S.215 ［邦訳：第47節・③］

えることは不可能である。しかも，その遂行自我の動感意識が突然消滅したときに，その動感再生化を保証する故郷世界も存在していないのだ。だから，その消滅した動感意識を再生化することはできるはずもない。すでにフッサールが述べているように，そこには「新たに開かれる空虚地平が常に待ち構えている」という現象学的立場こそが不可欠なのである。こうしてフッサールは，「如何なる地平も，如何なる空虚志向性も存在しないところに，どんな充実も存在しはしない」[87]と断言するに至る。したがって，形態消滅という動感発生地平には，その感覚質の生成を〈対化〉し，〈連合化〉できる実践可能性をフッサールが指摘するのは，この意味においてである。こうして，未来の動きを予描する動感志向性に関しては，フッサールの動感質発生論のなかに〈規定可能な未規定性〉を捉える受動綜合分析論の本質直観の可能性，つまりその必然可能性の存在論を確認しておくのを忘れるわけにはいかない。

§30. 動機づけが感覚質を捉える

　こうして，動感システムの受動綜合化現象における原現在の〈今はこうだ〉は，常に秘密のままなのだから，その本人にもよく分からない受動発生現象に直接に向き合うことになる。そこにこそ，動感消滅という発生様相に直接に向き合う起点を捉えることができる。そのなかで，やっと超越論的発生分析の道が見えはじめてくる。指導実践の教師やコーチが奇妙なマグレの連続に確率論を取り上げるとすれば，微妙な感覚質を捉える専門能力のないズブの素人にでも，感覚質発生分析は可能だということになる。生徒に課した〈動きかた〉を後からビデオで判断するだけなら，その成功と失敗の判断基準の情報さえあれば，誰にでも判定可能である。ところが現実の指導実践では，動感時空世界に潜む動感意識流を感知できる専門能力が必然的に求められる。その動感分析能力がなければ，教師はコツが掴めなくて苦しむ生徒の動感世界に共感できずに，ただ拱手傍観するしかない。競技コーチでも，突然に襲ってくる動感消滅現象に苦しむ選手たちに共感して処方できるはずもない。それでも，専門の体育教師あるいはプロのコーチの存在理由はあると言えるのか。ここにおいて，やろうとしても，できなくて苦悩する生徒や選手たちのために，実践可能性を保証す

---

[87] Hua. XI. S.67　［邦訳：第16節・④］

る方法論の道を拓いていくところに，動感運動学の独自な存在理由を見出すことができる。それはスポーツ運動学を提唱したマイネル教授の切なる願いであった。その実践可能性への方法論こそ，彼の遺著の全編を貫いている感覚論的運動学〈エステジオロギー〉への起点になっているのである。

　ここにおいて，この奇妙な動感スキップ現象に潜む〈偶発性〉が〈今はこうだ〉という感じを阻むのかに問いかけておきたい。そのためには，ヴァイツゼッカーの形態円環論〈ゲシュタルトクライス〉を慎重に繙く必要がある。動感発生に潜む生成・消滅の〈交換作用同時性〉88)という現象は，物質自然を支配する因果法則が決して通用しないとヴァイツゼッカーは断言する。それはスポーツの有意味な身体運動を主題化する動感運動学が，科学的自然法則の因果決定論に本質必然的に訣別せざるをえないことを意味している。こうして我々のスポーツ運動学は，動感運動の感覚質発生論として，その身体運動の発生現象学の道を辿ることになる。

　ところが，そのヴァイツゼッカーが身体運動の形態発生の同時性を宣言する遙か以前に，フッサールはすでに身体性領域における〈動機づけ法則性〉89)に着目している。フッサールは，超越論的現象学として，歴史を背負った身体経験に対して，新しい発生論〈ゲネアロギー〉の道を切り拓こうとしているのだ。しかも〈主観身体〉は，感知可能な身体性の動感世界に内在する〈間主観身体〉の〈存在同時性〉によって成立すると捉えられるからである。別言すれば，主観身体は間主観的に統握され，共感できる動感システムに依拠しているからこそ，「感覚と身体性との相互関係は同時性として」90)統握される必然可能性をもつとフッサールは断言するのだ。こうして，〈感覚する〉と〈身体で捉える〉との同時性が際立ってくるフッサールの身体性の動感発生論には，本質必然的に価値知覚の働く〈感覚質発生〉が主題化されることになる。そこには，物質自然の因果決定論が成立しないのは自明の理である。それ故にこそ，フッサールの意味の動機づけ法則性が前景に立てられ，いわば，フッサールの超越論的な発生現象学こそが，我々のスポーツ運動学に厳密な学問的基礎づけを保証してくれることになる。

　現代における科学的運動学，端的に言えば，〈科学主義的運動学〉においては，

---

88) Weizsäcker, V.v.: Gestaltkreis, Gesammelte Schriften, Bd.4, S.254f., 1940~1997, Suhrkamp Verlag［邦訳：221頁］
89) Hua. IV. S.220ff.［邦訳：第56節・a．］
90) Hua. IV. S. 295f.［邦訳：第63節・段落⑲］

生理学的な対象身体の諸要素を強化し，それを合成すれば，目標像とする身体能力ないし競技力は〈構築的〉に合成可能であり，さらに修正化も可能だと考えられている。そこで分析対象になっているのは，物質ないし物体身体であるから，生理学的運動学や物理学的運動学の科学方法論に基づいて分析されるのは当然である。しかし，そのときの物体身体を知覚する場合に「感覚するときの性質をもたない〈物体〉は全く考えられない」とフッサールは鋭く注意を喚起し，さらに，色合いや形の良さなど，価値知覚の働く感覚質の絡み合いに注目していく。その場合の「物質性の成素は他に依存していないから，その成素だけを一方的に切り離すことができる」[91]として，数学的形式化による理念性の成立を，そこで指摘していることも見逃してはならない。後段（§42）でも立ち入るが，その科学的運動分析では，動感発生の意味核をなす感覚質は，いつもすでに排除されていることを確認しておかなければならない。これに対して運動現象学においては，生身の身体運動がその動感意識の微妙な感覚質をもっていないなどとは考えられないのだ。ましてスポーツにおける動感能力の場合には，コツの微妙な感覚質を捉え，とっさのカンの閃きに共感する現象が，常に〈動きの価値意識〉として，その感覚質に同時に取り上げられているのは，改めて言を重ねる必要はないであろう。

とりわけ，新しい動きかたを身に付けるときには，多くの〈なじみ〉〈探り〉〈共鳴〉などの層位を経て，次第に調和的に統覚化し，〈マグレ発生〉のあとでも，さらに高次元の目標像に向けて，修正化を重ねながら〈形態形成化〉を充実させていくのだ。そこに辿りつくまでには，その動感システムを反復習練する営みを欠くわけにはいかない。そのためには，動きかたを繰り返す一回ごとのなかに，そのたびごとの微妙な感覚質の〈程度差〉を感じ分け，周囲世界の微かな〈気配〉にも共感できる動感流を本原的に確認できる動感能力をもたなければならない。動きを反復するたびに，その感覚質素材を感知できずに，過去に流してしまっては，その反復化作用のなかに新しい感覚質が〈受動綜合化〉されるはずもない。生理学的な体力要素を絶縁的にトレーニングしても，それをまとめ上げ綜合化する〈形態化作用〉が機能しなければ，新しい感覚質の意味は発生しないのだ。その感覚質素材の流れのなかに〈今統握〉(ヒュレー)を掴まえるには，時間流の原発生地平を感知し，共感できる動感能力に頼るしかない。さらにそ

---

[91] Hua. IV. S.37［邦訳：第15節，b‐段落①，44頁］

の動感能力に潜む感覚質の精緻な程度差を感知し共感できる身体能力は，自らの身体に潜む〈努力志向性〉に支えられている。そこでは，開かれた目的論の視座の下に，流れ去る原現在のなかに一回ごとの今統握のヒュレーに微妙な感覚質を捉える〈反省分析〉が限りなく続けられていく。その動感メロディーの微妙な感覚質程度差まで感知し，共感できる身体能力，いわば動感能力というのは〈いつもすでに〉自らの身体性に内在する〈原努力〉に全面的に依存しているのだ。だからこそ，一回性の反復化作用が可能になり，反省分析が生化されるのである。

　このような源泉層位に潜む動感時間流の〈原発生〉[92]に全く無関心のままでは，主観身体に潜むコツやカンという動感発生の様相化分析を主題化することは難しい。さらに，私秘的な動感意識の匿名的世界と，独りでに働く受動綜合化の深層世界とが，我々にノエシス・ノエマの志向分析に対して二の足を踏ませているのかも知れない。しかも曖昧なドクサ経験の動感時空世界は，余りにも現代の〈科学的思考〉から遠く隔たっていて，むしろ時代錯誤的な後ろめたさを感じさせるのであろうか。しかし，動きたくても動けない生徒や，生理学的体力の必要条件を満たしているのに，動けなくて戸惑っている選手たちも，決して珍しくない昨今である。あるいは，そう動くのが恐ろしくて身体が竦んでしまう生徒に対して，教師はメンタルトレーニングの処方箋さえ示せば，後は本人の意欲的な努力に丸投げしてよいのか。それでも駄目なら，学習意欲をもたせるマネジメントのマニュアルを次々に呈示していけば，それでよいのか。しかし今日では，学習意欲向上の方法論や成果主義によるマニュアル開発が優先的に取り上げることしきりである。そのような情報呈示の後は，生徒や選手に丸投げするにしても，丸投げされた生徒や選手がどのようにしてコツやカンを捉えるのかは，すべて生徒自身，選手自らの自己責任となる。その動感発生の身体経験は〈自得の美意識〉を前提にしているから，その丸投げされた動感世界の経験分析は，ほとんど問題圏に入ってこない。動感深層に潜んでいる受動綜合の様相化分析がフッサールによって道が拓かれていても，その道は，何故に通行不能のアポリアになってしまうのか。客観性に欠けるコツやカンに対して，厳密な超越論的分析をする道は，あまりにも現代離れした時代錯誤の方法なのか。しかも，その動感発生の源泉に遡る超越論的反省分析は，その分析

---

92) Hua. IV.［邦訳：第59節］, Hua. XI.［邦訳：第18節］

者の動感反省能力に全面的に依存せざるをえない。動感分析能力をもつ人にしかできないのでは，万人に確認できる科学的分析に比べると，如何にも非科学的で客観性に欠けている。だから，その動感運動分析が誰にもできる保証がないというのでは，頼りない限りであり，まさに隔靴掻痒の感を免れない。健康の維持増進と体力向上を志向する体育領域やチャンピオンを目指して競技力の向上を急ぐ競技世界からは，この運動現象学的分析は何となく煙たがられるのは何故であろうか。それはコツやカンの現象学的分析論がそれほどに不慣れな思考方法なのであろうか。ところが，実践可能性を直接に追求する指導現場では，このようなコツやカンの生成消滅の発生現象に直面して，揺るがない確信をもって指導している教師やコーチは決して少なくないのだ。このことは，改めて注目されるのでなければならない。

§31. 内在経験の身体性を分析する

しかし，昨今の成果主義は，より合理的な方法論を優先し，ひたすら結果を出すことのみに執心する。ややこしい現象学的な意識分析で動感発生の謎に迫るよりも，有無を言わせず，飴と鞭の賞罰方式によって旺盛な意欲を引き出し，反復を活性化して偶発を待つ道をとるのが一般的である。しかし，そのような成果主義一辺倒では，それでも〈可能態〉が〈現実態〉に至るとしても，奇妙な〈受動綜合化〉の謎は解けずに，依然として不明のまま放置されることになる。だから，その方法の手順だけは決まってくるが，そのコツやカンの感覚質の意味内実は秘伝化されたままである。結局，次に反復する人は，再び〈偶発性〉という自己忘却的な一回性の出来事に回帰するだけとなる。これでは，貴重な価値意識に関わる感覚質に伝承が成立するはずもない。そこでは，いつも「わざは見て盗め」という〈自得の美意識〉だけが際立って，その伝承形式は〈秘儀化〉されていくだけである。わざを体得した人の動きかたを外部から精密に分析しても，その私秘的な内在経験は一向に明るみに出てこない。

こうして，私秘的なコツとカンの意味核に迫るには，超越論分析に必然的に頼らざるをえないことになる。しかし，その分析対象になる〈流れる原現在〉のなかに〈今ここ〉を把握するという奇妙な論理には馴染みがなく，その理解が一向に進まない。たしかに，微妙な動感質に関わる経験直観の解明も決して

容易ではない。それどころか，技能者の単なる〈思いこみ〉と侮蔑されているドクサ領域の身体経験を分析するのは，科学万能の現代にあっては，時代錯誤と断じる人が少なくないから厄介である。いわば，そのドクサ経験は主観的な独りよがりの信念でしかないから，そこから普遍妥当性の本質を発見できるわけはないと速断してしまう。体育界や競技界には，このような合理的な〈科学的思考〉にどっぷり浸かって，合理的に成果を挙げようと考える人は意外にも多い。ところが，厳しい競技世界で勝利に向けて必死に取り組み，その動く感じに潜む微妙な感覚質に苦しんでいる選手たちは，この動感経験の本質を直観する道がどれほど決定的な重みをもっているか身に滲みて感じている。その微妙な感覚質の差異が明るみに出され，その程度差が分明になったら，コツを掴むにも，カンで勝負するにも，確信をもって勝負できるに違いないと恨めしく思っているのだ。そのような切迫性のある実践に身を置いている選手たちは，少なくとも感覚質の〈発生分析〉と科学的な〈定量分析〉との本質的な違いに，いつもすでに気づいているに違いない。生き詰まる緊迫感に包まれる試合のなかで競技に生きるアスリートたちは，コツやカンを掴む営みがそれほど牧歌的ではないことは身をもって感じているからである。

　そのような競技者たちは，自らの身体で感知し，共感できる動感時空間世界における〈身体性分析〉に直接に向き合う必然可能性をもっているのだ。とは言っても，その動感能力を支えている感覚質世界は，曖昧なドクサ経験の世界であり，単なる個人的な思いこみや錯覚に満ちた世界と貶められている。だから，新しい動きを覚えるには，信頼できる客観的分析を先行させるべきだという科学主義的な指導者に従うしかない仕儀となる。とりわけ，〈錯視〉はヴント・フィック図形やミュラー・リエル図形がその典型的な例証として援用され，単なるコツやカンという運動感覚を分析しても無意味であるという。その身体能力は単なる主観的技能であり，そこには万人に通用する普遍妥当性が本質的に欠落していると畳み掛けられる。誰にも通用する客観的法則を確保するには，どうしても外部視点から対象化された身体の位置移動が分析対象に取り上げられるべきだと納得させられてしまう。すでに述べているように，それをフッサールがロック以来の〈悪しき遺産〉と真っ向から批判し，その呪縛から解放されるべきだと指摘[93]しているのだ。ところが〈科学的思考〉は，〈運動感覚〉

---

[93] Hua. VI. S.27 f. [邦訳：第9節，b‐段落④‐註1]

というときの〈感覚〉をロックの〈感覚与件〉としてしか承認しない。その感覚を価値知覚の働く〈感覚質〉としては認めようとしないのだ。それほどに，〈ロックの呪縛〉は決定的な威力をもっていて，競技スポーツでもその呪縛から解放されていない。こうして，再び我々は数学的，物理学的，生理学的な運動経過の分析論に回帰してしまうことになる。

　しかしそこでは，科学的客観性を確保するために，パトス身体に潜む内在経験が分析対象から排除されていることを見逃してはならない。物理学的な物体身体や生理学的な物質身体には，生き生きした内在経験の〈生動性〉も同時に弾き出されるから，感覚質を捉える身体性分析は不可能になってしまう。そこでは，動きたくても動けない生徒や選手たちが直接向き合っている内在的な身体経験がすでに分析対象から排除されている。誰にでも通用するメカニズムを知的に理解させても，感覚質を生み出してコツやカンを捉える身体能力が〈受動綜合化〉されてくるはずもない。その生徒がうまく動けない場合には，体力不足や努力不足が指摘され，その体力要素や心理要素を構築的に組み立て直す学習に再び回帰してしまう。そこで教師は，いつも外部視点から，生徒の〈物体身体〉の位置移動を観察して，生徒本人に内在している価値意識の感覚質を観察していないとマイネルは嘆くのである。ところが，生徒のもつ私秘的な〈感覚質〉に共感して，教師自らの〈身体で見る〉べきだと言えば，そんな非科学的な指導はでいけないと顰蹙を買ってしまう昨今である。

　ところが，目に見えない〈生徒のコツ〉を見抜ける老練な教師やコーチは，現に決して少なくないのだ。絡み合った情況のカンを一瞬で見抜いて，とっさに指令を出せるコーチも，指導現場では珍しいことではない。その微妙な感覚質に即興的に共感して，その生徒や選手たちの内在経験に潜む身体性を分析できる専門的な観察能力の存在をここに確認しておかなければならない。その謎に満ちた素晴らしい観察能力を非科学的だと貶めるだけでは，動感能力の原発生地平分析に入る〈動機づけ〉は，決して生まれてはこない。教師が与えた必修課題や難しい〈動きかた〉ができないのは，すべて生徒たち自身の責任に転嫁するだけでは，何の解決にもつながらない。果ては，学習活動の合理的なマネジメント欠落を指摘し，習練の手順がより合理化されれば，やがて〈動ける〉ようになると人は言う。それでも，できなければ，生徒の意欲が活性化していないと，体罰を含めた〈気合い〉を入れるしかない。そこでは，常に身体主観

に内在している感覚質の発生地平は，一切不問に付されたままなのである。感覚質発生における多様な様相変動は，すべて学習者の内在経験として〈受動綜合化〉の現象野のなかに隠れてしまうのだ。その動感志向的な身体経験の感覚質素材こそ，運動学の発生分析に取り上げられるべきである。それらの内在経験の発生分析を一切不問に付してしまうのでは，体罰に代表される動物の調教レヴェルから一歩も出ていないことになる。そのために，感覚質の発生地平における本質直観の分析論を基柢に据えて，フッサールの言う否定，疑念，可能性などの様相化分析論が新たに前景に立てられることになる。そのための具体的な問題は，第Ⅴ章「動感発生の分析論」において，立ち入って取り上げられることになる。

§ 32. 感覚質の程度差を感じとる

このような感覚質の〈意味発生〉が問題になる場合でも，指導方法論に客観性を保証するには，生徒の学習活動を外部視点から監督し，監視するマネジメント科学が基柢に据えられるのはいうまでもない。それは，客観的合理性を重視するマネジメント科学の正当性に何の異論もないからである。しかしそこで，効率的な目標達成だけに意味をもたせると，その習練過程の評価には，目標達成の合理性だけがその基準に際立ってくることになる。すべて成果主義に収斂されていく指導方法論は，その成果が学習効果や競技成績に直結されれば，それで目的は達成され，そこに何の不都合も生じるはずもない。しかし，そのような外部視点だけの指導実践においては，生徒自身の内在経験に潜む生成・消滅する可変的な感覚質の様相変動は，どうしても背景に沈められてしまう。だから，生徒たちの私秘的な身体経験に内在している〈受動綜合化〉の〈様相化分析〉は，すべて学習する本人に丸投げしたままになることを見過ごしてはならない。学習する生徒たちは，〈自らできる〉ようになるために，漠然とした動きのコツやカンをノエシス契機として，その感覚質ヒュレーを取捨選択しながら反復し，そのうちに有意味な感覚質を捉えようと，現に自らの動感世界で工夫しているのだ。その生徒の内在経験における感覚質発生を指導者が何も見抜けないのでは，動きのコツやカンの指導に入ることはできない。その感覚質の成否をいつ指導するかは，処方方法論の問題であり，その感覚質の良否判断

が不必要なのではない。しかし，その学習の合理的展開だけを志向する教師は，生徒たちの内在経験分析にまで立ち入る必要はないとして，その感覚質分析の本質必然性も認めない人も少なくない。ところがフッサール[94]は，エピステーメー領域に昇華された自然法則ではなくて，その源泉をなす主観的なドクサ経験に帰還すべきだと断じるのだ。しかし教師たちは，生徒たち個人の実的な身体経験にまで立ち入る指導は，担当する生徒数が多すぎるからと言い訳をして，感覚質の発生分析を忌避してしまう。つまり，〈今は呈示しない〉という動機づけ（レエール）の問題を一気に不必要と断じてしまうのはまさに早計である。生徒の感覚質の微妙な程度差を感じとる専門能力を全く空虚なままに放置していては，〈運動発生学習〉という体育の意味核に迫ることもできない。体育における学習目標に不可欠なのは，その学習教材の〈ノエマ的意味〉の存在論的分析である。その動感運動のノエマ的意味の構造存在論が欠損していては，授業展開の起点が成立しないからである。そのノエマ的分析は，第Ⅴ章の「動感発生の分析論」（§72〜§75）のなかで，それと〈対化〉するノエシス的分析と共にまとめて立ち入ることになろう。

　ところが，教員養成大学で実技実習が必修化されていても，その内在経験の身体性分析の方法論とその実習が一般運動学として取り上げられているわけではない。生徒たちの動きの感覚質を直接に把握できる感知能力は，そこに内在する変様態の様相化分析によって解明されるが，教員養成大学のカリキュラムに取り上げられるのは極めて希である。わずかに個別運動学領域の実習のなかで，優れた〈他者観察分析〉が事例ごとに行われている程度である。それだけに，マイネル教授が運動学演習や実習単位を重視しようという提案は，この意味において決定的な意味をもってくる。その内在的な感覚質経験は，本質可能的に私秘的だから，そのノエシス分析における感覚質の分析能力を向上させるのが喫緊の課題となる。改めてその身体性分析を基柢に据えた分析能力の体系化が急がれなければならない。それなしには，体育大学の実技実習は，依然として技能達成ないしその手順の学習に止まらざるをえないであろう。感覚質分析能力の実習は，依然としてスポーツの個別領域に止まり，一般理論としての運動学実習や演習のカリキュラム改革に至るには，まだ道は遠いようである。

　これまでの教員養成課程では，体育教師が生徒本人の感覚質の内在経験に関

---

94) EU. S.22 ［邦訳：第6節・段落③］

わる必要はなかったから，そこに学ぶ学生たちは，体育の授業展開の方法論と本人の一通りの技能実習だけで十分と考えられている。生徒たちがその感覚質をどのように感知し，どのように共感していくかは，現場の授業内容に関わる問題圏に入ってこない。そこでは，生徒の動きの発生学習における他者観察は，外部視点からの学習展開の行動科学的観察に置き換えられてしまう。生徒たちの感覚質の様相化分析に立ち入る道はまだ拓かれていない。だから，価値意識を伴う感覚質発生は，もっぱら学習者個人の問題圏の属していて，指導者にとっては，まさに異郷世界の出来事以外の何ものでもない。こうして，その学習指導における励ましの言葉も，結局はヴァイツゼッカーが揶揄する〈野次馬〉の空々しい「頑張れ！」のかけ声だけでよいことになる。もし，教師が生徒たちの原発生の身体経験地平を全く捉えられないとしたら，そこに〈動きつつある身体〉は，物体としての身体が移動する物理現象でしかない。そこにおける教師の関心事は，物質身体の生理学的現象としての対象身体だけである。そこでは，その身体を〈意識の奴隷〉[95]として位置移動させれば，そこに新しい運動が出現すると考え，身体運動は上位の価値目的を実現する道具と見る運動認識が一般的となる。こうして，それらの身体の位置移動に現れる時空間における変化を精密に分析さえすれば，生ける身体がコツやカンに頼らずに動けるようになると考える。教師たちも本当にそう確信しているのであろうか。そこに成立した身体運動は，コツやカンで動く生ける人間の身体運動でなく，ロボットの運動発生になってしまうことに気づかないほど，科学主義一辺倒でよいのであろうか。

　ここにおいて，フッサールがこの動感経験の領域を物質自然と精神世界とに複雑に絡み合う独自な身体性領域を取り上げていることに注目せざるをえなくなる。それがスポーツ運動学にとって決定的な意味をもっているのは喋々する必要もない。スポーツ領域における〈運動学習〉，つまり〈動きかた〉[96]の〈発生学習〉において，その動こうとする主観身体の経験地平に無関心なままで，学校体育や競技スポーツの指導は成り立つはずもないからである。そこでは，動きつつある生徒が自らの身体のなかで何を経験しつつあるのか，どんな〈運動メロディー〉を奏でようとしているのか，いわば，学習者の感覚質の

---

95) Merleau-Ponty, M.: Phénoménologie de la perception, 1945 p.161 Gallimard ［邦訳：1, 233頁］
96) Straus, E.: Vom Sinn der sinne 2.Aufl. 1956, S.263 Springer Verlag

多彩的な変様態に対して，その教師が無関心でいられるわけはない。生徒たちがドクサ経験という私秘的な思い込みのなかで，その経験地平をわが身でどのように捉え，その時空間世界でどのように動いているのかは，身体教育としても重大な意味をもってくる。その動感世界に共感でき，その感覚質の〈意味発生〉を理解できることは，体育教師にとっての独自な専門能力に他ならない。教師が生徒たちの動感世界に身を移しおき，その動感意識流の感覚質の〈差異化〉と〈程度差〉にまで共感できるのは，まさに指導者の必修的な専門能力である。その身体性を捉える動感能力こそ，客観的な科学的分析の射程に含まれない独自な領域をなしていることをフッサールは，その〈身体学〉(ゾマトロギー)のなかに展開しているのである。

　こうして，発生現象学におけるフッサール身体学の領域存在論は，その動感経験の変動態を捉える〈様相化分析〉として，我々に具体的な方法論を呈示してくれる。生き生きした感覚質素材に統覚化をなし遂げる主観身体の変様態に全く関知しないままでは，現場の体育教師は，ひたすら拱手傍観するしかない。それだけでは，生徒たちの動感世界に何一つ関われない。その場合，〈動けるようになりたい〉と努力する生徒たちの生成や消滅に関わる〈意味発生〉に共感できなくてもよいというのか。さらに，その感覚質の微妙な程度差に関われる教師自身の貴重な経験分析の方法論は，何故に教員養成大学で主題化されないのか。それとも，その曖昧なドクサ経験世界における発生方法論は学問的基礎づけとして成立しないというのか。エピステーメー的な述定明証性がドクサ的な先述定明証性に基づけられ，主観的，相対的な生活世界に立ち戻ることをフッサール[97]が厳しく迫るのは，価値知覚が息づいている感覚質の〈意味発生分析〉，つまり身体性の〈本質直観分析論〉に欠かすことができないからである。こうして我々は，やっと動感発生論の分析方法論に入るスタート地点に辿り着いたことになる。しかし，分析論に入る前に，なお動感発生論に潜む苦悩に満ちた諸問題を展望しておくことを忘れるわけにはいかない。それは，動感発生論に立ち入る道を塞ぐアポリアが如何に多いか，その重大なアポリアを如何に見逃しているかを改めて確認しておかなければならないからである。

---

[97] EU. S.21ff. ［邦訳：第6節～第7節］

第Ⅲ章

● 動感発生に潜むアポリア

I ―反復化の矛盾に向き合う

§33. 感覚質が反復化を求める

　スポーツ領域において，どんなに微妙な差異をもつ〈動感質〉でも，それを繰り返すということは，本質必然的に一回性原理に支配されるから，単なる同一動作の反復と捉えてすむ問題ではなくなる。特に学校体育では，健康維持と体力向上が主題化され，その身体運動には道具性が際立ってくるから，いっそう複雑な問題になってくる。ここにおいて，フッサールの言う〈絶対ゼロ点〉という固有領域[1]に住むモナドとしての主観身体は，〈今ここ〉に方位づけられる本質必然性が改めて注目されなくてはならない。だから，他の〈目的〉のための機械的な反復動作と，動きそれ自体に内在する感覚質発生のための反復化とは，厳密に区別しておかなければならない。ここで言う〈目的〉という表現は，〈他の価値目標〉を目指す行為が意味されている。その場合の合目的な反復動作は，他の何かの目的達成に手段的に利用されるだけである。例えば，体力向上や美容に効果的な合目的性は，その反復動作それ自体の〈結果〉の価値判断が基準となる。これに対して，感覚質発生を志向する反復運動は，本質可能的に他の目的からいつもすでに解放されている。例えば，楽しくスキップができるための反復習練では，その動きそれ自体が快い感覚質を生み出し，その価値知覚の働きが際立ってくるのだ。いわば，グルーペの言うスポーツ運動の〈脱目的性〉[2]が感覚質発生の反復化を支えていることになる。

　ところが，他の目的のための動作反復の合目的性と，マイネルが運動原理として指摘した動きの合目的性とは，本質必然的に区別されなければならない。つまり，健康・体力の向上という上位の価値を目指した〈媒介動作〉[3]のために，本来的に自由なスポーツ運動が教材に取り上げられても，脱目的的なスポーツの動きかたを勝手に変形することは，決してあってはならない。戦前の学校体育のように，スウェーデン方式の器械体操が生理学的に合目的的だからといって，〈反動け上がり〉を邪道視する考え方は，もはや現代では通用する

---
1) Hua. I. S.124f. ［邦訳：第 44 節 - ①〜②］
2) Grupe, O.: Grundlagen der Sprtpädagogik, S.86ff. 1969 Verlag Karl Hofmann
3) Rijsdorp, K.: Gymnologie, S.102 f. 1975 Verlag Karl Hofmann

はずもない。しかし，体力づくりが主題化された体育授業で，ダンスの表現運動に生理学的効果を求める授業が正当化されたことも，そう遠い昔の出来事ではない。そこには，19世紀後半に起こった歴史的な〈平行棒論争〉(1860~1863)以来，身体運動の習練形式に潜む〈合目的性〉と〈脱目的性〉の概念規定上の両義性は，生理学的反復習練と現象学的反復習練の間に，その目標像に混乱が起こり，それはなお現代にまで及んでいることを見逃してはならない。

わが国の学校体育の陶冶目標は，健康と体力の向上を主題化しているから，必然可能的に生理学的な合目的性が前景に立てられる。それに対してスポーツ運動学では，反復化現象に脱目的性の目標を掲げているのは何故なのか。そこでは，何のために運動反復が取り上げられるのかが明確にされなければならない。そのための立ち入った考察は，第IV章「動感発生の深層世界」で詳しく考察される。ここでは，その運動認識の一般理念だけに絞って述べておきたい。まずスポーツ運動として，ある〈動きかた〉を反復するのは，他の実用目的に資するためではない。それは，私の身体の動きそれ自体のなかに，一回ごとに価値意識をもつ感覚質を追求する本質可能性をもっているからである。我々がある〈動きかた〉ができないと，それを思わず反復しようとするのは，その動きの〈必然的可能性〉が独りでに働き出すからである。しかしその人は，どうしてその動きを繰り返そうとするのか。そこには，反復すれば，今度こそはコツやカンという一回こっきりの感覚質に出会えるかも知れないという漠然とした予感が〈原衝動〉として働くからである。その原発生の地平構造は，第IV章「動感発生の深層世界」で詳しく立ち入るが，ここではその一部を先取り的に展望しておく。

それは，発生現象学の視座に立てば，反復する前に，それに先立ってコツの〈空虚形態〉，つまり感覚質素材の空虚な枠組みだけがすでに先構成されているからだとフッサールは言う。そのコツやカンという空虚な枠組みは，原発生地平で原本能的な〈原動感〉と〈原感情〉との〈連合的覚起〉によって，その空虚形態の〈欠損態〉として際立ってくる。その欠損態をめぐる〈親和性〉と〈コントラスト〉の増大と共に，その感覚質発生に向けて受動綜合的な反復化が自発するのだとフッサール[4]は指摘するのだ。それは，発生現象学における受動綜合の〈原連合〉[5]としてよく知られている。その場合，その〈原触発現象〉

---
[4] Hua. XV. Beilage XIX.: S.329 [Beilage 19]

におけるコツ空虚形態の〈ヒュレー欠損態〉は，主観身体の〈身体的なるもの〉に状態づけられているから，「その自己運動は魅力的なもの，反感を呼ぶものなど」[6]の原感情に触発されて，自我身体に了解されるのだ，とラントグレーベは解説してくれる。そのコツやカンという動感能力の原発生地平では，原感情や原動感が微妙に絡み合う〈キネステーゼ感覚質〉こそが，決定的に重大な役割を果たしていることを見過ごしてはならない。さらに，フッサールはそこにこそ，努力志向性による「キネステーゼが目標志向的な意志道程として構成される」可能性を指摘して，「それらは何かを目指した能動的な努力と共に〈習練への道〉を辿ることになる」[7]と重大な示唆に至る。動感発生の源泉には，反復化への根源的な努力志向性が潜んでいることをフッサールは際立たせているのだ。このようにして，動感システムの反復化は，価値知覚による感覚質発生に連合化していく道に通じるのである。それ故にこそ，学校における〈スポーツ教育〉として，運動反復化の存在理由が認められることになる。

§34. デジタルとアナログの反復を問う

　これまで，生理学的意味をもつ媒介動作の反復作用と，運動学的な感覚質の反復作用は一応区別されてきている。しかし，体育でも競技でも，思うように動けるようになるには，当然ながら同じ動きの反復訓練が求められる。その限りでは，生理学的効果を狙う動作反復と動感質の反復作用は，動きの反復という点では，外部視点からでは同一の動きかたである。ところが，そこで反復される動きのノエマ的意味には，本質的な差異が潜んでいる。つまり，筋力トレーニングで反復される媒介動作は，同一動作の端的な〈数的反復〉(デジタル)でしかない。しかし，感覚質ヒュレーの反復動作は，一回ごとに価値知覚の様相変動を伴う〈類的反復〉(アナログ)が際立っているのだ。因みにマイネル運動学［邦訳：408〜409頁］においては，筋肥大の手段に利用されるデジタル反復は，生理学的処方に基づく機械的反復という特徴をもつという。いわば，それはロボット化された動作が機械的に反復されるだけだから，真の感覚質発生につながるアナログ反復とは，その意味内実が全く異質となる。すなわち，感覚質の意味発生のために反

---

5) Hua. XI. S.151ff.［邦訳：第33節・段落⑱〜⑲］
6) Landgrebe, L.: Der Weg der phänomenologie, S.122　Gütersloher Verlagshaus 1963
7) Hua. XV. Beilage XIX. : S.330［Beilage 19］

復する動きは，一回性という本質必然性をもち，その一回ごとに微妙な感覚質を〈感じ分ける努力志向性〉が求められるのだ。マイネルは自らの運動学における〈アナログ反復〉に，その語源的意味を含意させてRepetitionと表記し，筋肥大効果だけを端的に狙う〈デジタル反復〉をIterationと表記して区別しているのを見過ごしてならない。

　ところが機械的な反復現象は，明治以来の学校体育の体力訓練や保健体操が一義的に前景に立てられ，しかもその反復化の肉体的負担に徳育的意義を含意させることも珍しくない。たしかに，筋トレーニングでは，その生理学的処方として機械的反復がデジタル処方化され，その筋肥大という結果に因果法則が認められる。他方ではまた，その機械的反復がさらに体育の躾訓練にまで拡大され，〈体罰〉に転用される可能性も否定できない。近年，社会問題になっている競技の体罰事件や体育教師の体罰是認論に多くの問題性が指摘されている。とは言っても，同じ動きかたの数的反復それ自体がその習熟を高め，その動きの習慣化は，負担軽減に通じることも事実なのである。さらにそれは〈冴え〉という高次元の感覚質，いわば感覚質の洗練化へと通底している必然可能性さえ否定できない。しかし，その絶縁的な動作反復には，実存の競技力に合成できるという構築主義もその背景に潜んでいることも見逃してはならない。だからこそ，マイネルは，それを19世紀以来の古典的な運動認識として，単なるデジタル反復の排除を指摘するのだ。

　明治以来の学校教育における知育，徳育ないし情操教育に並んで，体育がその一端を担うとすれば，たしかに物質身体の発育・発達は特化されることになる。マイネルは，身体能力の合理的な構築主義に，西欧の身体習練の歴史のなかで育まれた古典的な運動認識が潜んでいるのを見逃してはいない。このような古い運動認識のもとでは，パーツとしての部分動作をプラモデルのように組み立てる〈モザイク主義〉が是認されるからだ。生理学的な体力は，筋力や持久力などの諸要素に分けて訓練し，それを寄せ集めれば，端的に体力が高まるという〈構築主義〉が絶縁的トレーニング方法論を支えているからである。さらに身体運動を〈鋳型化主義〉によって形態発生が可能だという運動認識も，そこでは，余分な動きは削除し，不足している動きをつけ加えるという粘土細工の作業が基本的に是認されている。それらがすべて合理的な科学的運動学の運動認識を支えているのだ。なかでも，規範となる〈動きかた〉の鋳型に合わ

せるために，粘土細工のように余分なパーツは取り除き，不足の動きは付け加えるという鋳型化主義は，もっとも古い歴史をもち，教師はパーツの交換を命じる役割しかもたないことになる。さらに，モザイク化された各パーツを強化し，それをプラモデルのように嵌め込む指導法は，現代でも決して珍しいものではない。とりわけ，生理学的な処方に基づいて，強化されるべき体力を筋力や持久力などの要素ごとに強化し，それを全体に構築化する方法論的認識は，今やすでに常識化している。それらの諸部分をまとめる〈共通感覚質〉アイステータ・コイナへの発生努力は，それぞれの絶縁的要素を強化した選手たちの〈受動綜合化〉に丸投げしていることを見逃してはならない。しかも，その体力要素の合成可能性は，すべて競技結果からのみその成否判断がなされる。だから，いつも感覚質発生の〈受動綜合化能力〉は背景に沈められ，分析対象から弾き出されてしまう。競技力への合成に失敗して，今までの動感メロディーが突然消滅してしまった場合も，すべて選手の自己責任となるだけである。我々はすでに，統覚化領野の〈偶発的消滅〉と確定化領野の〈破局的消滅〉は区別してある。しかし，絶縁的要素の合成可能性に潜む突発的な動感消滅現象に対して，どのような因果分析が成立するというのか。モザイク化，構築化，鋳型化のトレーニング方法論に異議を申し立てたマイネルが，古典的運動認識を否定してから，すでに半世紀以上の歳月が流れている。そこには，〈絶対ゼロ点〉という動感源泉に遡及する超越論的分析が取り上げられる兆しもないままである。

§35. 動感発生は交換同時性をもつ

　神経生理学者ヴァイツゼッカーは，生命ある人間の自己運動が物理学的な因果決定論に支配されるようなことは決してない[8]と重大な発言をしたのはよく知られている。日常的に因果決定論に慣れている我々は，ヴァイツゼッカーのこの主張にすぐに首肯することは難しい。ところが，反復訓練している動きに偶然に成功したとき，その因果決定論が成立しないことを確信できるのだ。いわば，そこに新しい感覚質が独りでに自ずと働くのを直に感じているからである。その匿名の感覚素材ヒュレーの存在は，わが身でありありと，いわば本原的に感

---

[8] Weizsäcker, V.v.: Gestaltkreis, Gesammelte Schriften, Bd.4, S.257f., 1940~1997, Suhrkamp Verlag［邦訳：224~225頁］

じとれるのだ。「これは新しいコツだ」と直感したとき，たといそれが端的な〈感じ〉だけだとしても，他人から「それは嘘だ」と言われても困ってしまうのである。その新しいコツの感じを自ら疑うことができるはずもない。その匿名の儚いコツで動けたからなのだ。つまり，それはフッサールの言う不可疑的な絶対事実性[9]に他ならない。だから，動感発生とは，より正確に言えば，それまでの動感素材(ヒュレー)に新しい感覚質が自発したときには，それまで働いていた古い感覚ヒュレーが同時消滅しているのだ。ヴァイツゼッカーは，生ける身体の感覚質発生に当たって，このような同時的交換を記述する学問的方法論がこれまでなかったと述べて，この「〈交換同時性〉は〈作用でない〉とか〈無時間的なもの〉と見なす如何なる理由も存在しない」[10]と断言する。我々が日常的に新しくコツを掴んだときには，同時にそれまでの動きの感覚質が即座に消滅するのは，必当然的な明証性である。今までのコツが消滅しなければ，つまり古い動きかたが習慣的に働いていたのでは，新しいコツの感覚質が働けるわけはない。古典的な因果決定論に慣れている我々には，これは信じられない感覚質発生の奇妙な出来事であり，そんな論理は非科学的だと一蹴したくなる。しかしそれは，まさに本来的に非科学的な〈原現象〉である。その感覚質の意味発生なしには新しいコツも，とっさのカンも働かないのだから，その動感発生の〈相即現象〉(コヘレンツ)を疑うことはできないのだ。

　しかしながら，フッサールは「私の身体が〈ここ〉と〈そこ〉に同時にいることは不可能」だと注意する。「そこにある現出を私が捉えるのは，立場交換によってこそ可能なのであり，つまり可能な未来においてしか〈そこ〉をもつことはできない」[11]と念を押して時間流の存在層位を前景に立てる。そこでは，〈原動感システム〉の能作が前提になっており，その奇妙な身体能力の働きこそ不可欠であるのだ。同様にして，動感意識の立場交換の可能性は，同一のもの同士の交換は背理となるから，〈類的普遍化〉をもつ等しいもの同士の交換とならざるをえない。こうして，主観身体に了解されている動きの感覚質のみならず，ボールやラケットなどの用具の感覚質も，今やその〈共遂行能力〉[12]に支えられて，我々は他者の私秘的な動感世界にわが身を移すこと，つま

---

[9] Hua. XV, S.386 ［Text‐Nr.22‐⑰］
[10] Weizsäcker, V.v.: Gestaltkreis, dito S.254 ［邦訳：221頁］
[11] Hua. IV. S.309　［邦訳：付論1.‐段落⑧］
[12] Hua. I. S.125f. ［邦訳：第44節‐段落③］

り〈身体移入〉が可能となってくるのだ。つまり，主観身体は，自らの動感地平のなかに間主観身体を内在させていて，情況に応じて即興的に，先（プリウス）も後（ポステリウス）もなく同時反転性の道を辿ることになる。このような交換作用の同時性は，動感身体のなかに〈二重化構造〉として先所与的に蔵（かく）されているが，それは〈間動感性〉の空虚地平が拓かれていなければ成立するはずもない。そこでは，動感源泉の深層位に遡源しながら「知覚作用には，自由な動きとしての身体運動の可能性が不可欠である」13) と言うフッサールの指摘が決定的な意味をもってくる。

　こうして「どうすれば動けるのか」という課題に直面して，動ける能力を実践的に身に付けるために，動感能力の源泉に遡ってその感覚質の〈意味発生〉に向き合わなくてはならない。だから，動感システムにおける身体性の超越論的分析を抜きにしては，科学的な筋トレーニングが実践する遂行自我に息づくことはあるはずもない。生理学的な筋肥大のトレーニング効果を実存の動きかたに感覚質として受動総合化させるには，選手自身の生き生きした動感身体における微妙な感覚質の発生分析が不可欠となるのは，この意味においてである。私秘的な動感経験の伝承が成立するかどうかは，〈間主観身体〉14) の同時共感能力が生き生きと働く〈動感時空間世界〉に委ねられているのだ。そこには，教師と生徒，コーチと選手の間に〈共感志向性〉の同時交換作用が発生するという〈間主観身体性〉の問題圏が浮かび上がってくる。ここではその存在の本質必然性を指摘するだけで十分である。その詳細はすでに拙著『スポーツ運動学』の伝承発生論（290頁以降）として詳しく述べられている。

　さらに我々は，フェッツが指摘している動きの〈的確さ〉と〈精確さ〉という運動反復の差異性15) にも注目しておかなければならない。達成原理に支配される〈的確さ〉は，その反復された結果がその価値判断を決定する。しかし，その一回ごとの動感経験は，〈流れる原現在〉のなかに今統握を捉える反省分析でしか捉えられないのだ。だから，そこでは感覚質の源泉に遡行する超越論的分析が必然的に取り上げられる。そのような一回性の感覚質をもつアナログ反復は，その方法論において，すでに科学的な筋トレーニングの数的反復とは，本質必然的に区別されている。他方，動きかたの〈精確さ〉の反復化は，鋳型

---

13) Hua. IV. S.310　［邦訳：付論 1.‒ 段落⑪］
14) Hua. IV. S.295ff.［邦訳：第 63 節 ‒ 段落⑲］
15) Fetz, F.: Bewegungslehre der Leibesübungen, 3. überarbeitete Auflage, S.369ff. 1989, Wien

化現象を誘う動機づけを潜ませているから，その時空間経過の分析は，延長性に傾斜する可能性をもっている。それを理解した上で，動きの経過の精確さは，動感時空世界に住む動感身体の〈再想起能力〉に支えられていることに注目しなければならない。こうして，一回ごとの微妙な感覚質の〈差異化〉を主観身体で感じ分ける働き，いわば感知作用そのものが努力志向性の対象に取り上げられるのである。

§ 36. 反復化はパラドックスを蔵(かく)す

このようにして，運動反復としての的確さも精確さも主観身体の感覚質によって捉えうるという必然可能性を確認することができる。それでも，まだそこには，動感システムの反復化現象に潜む奇妙なパラドックスに陥る危険に曝されていることに変わりない。機械的な数的(デジタル)反復から截然と区別された類的(アナログ)反復とは言っても，類似した動きや行動を何回も反復すれば，その動きかたの習慣化による〈負担軽減〉という〈作動する志向性〉が働き，その動感運動は自我意識の関与しない受動志向性に支配されていく[16]。そこでは，結果的に運動経過の鋳型化が独りでに促進してしまうのだ。だから，動感システムの形態化を目指した類的(アナログ)反復でも，その習熟位相を高めようとすれば，世阿弥の「風姿花伝」における「指を指して人に笑わるるとも，それをばかえりみず」[17]いわゆる〈数稽古〉にのめり込んで夢中になるのは当然のことである。類的反復とは言っても，習練を重ねれば重ねるほどに鋳型化の深淵に引き込まれ，それだけ修正化が難しくなる。だから，動感消滅のときに戻るべき故郷世界は，どんどん遠のいていくという奇妙なパラドックスに陥ってしまう。だからといって，マグレの統覚化発生が励みになって反復習練を重ねる生徒に対して，その努力志向性に水を差すわけにもいかない。受動綜合化という動感統覚化現象は，本質可能的に努力志向性を内在させているのに，それにもかかわらず，鋳型化と修正化という相反する運動反復化のパラドックスを我々に突き付けてくるのだ。反復を重ねれば重ねるほど，その動きかたに慣れていき，そこには受動的に遂行できる負担軽減が保証される。しかし，その動きはますます鋳型化され

---

16) Hua. VI. S.108f. [邦訳：第28節・段落⑥～⑦ 146~147頁]
17) 表章・加藤周一『世阿弥・禅竹』12頁，1974　岩波書店

て，より高次元の動きへの感覚質発生を拒むことになる。かと言って，来るべき修正のために鋳型化するのを躊躇すれば，いつまで経っても，動きかたは確定化位相に入れず，その習熟位相は一向に高まらない。これでは，八方塞がりになってしまう。それは，生徒だけでなく，教師自身もその方法論に微妙な頃合いが求められ，まさに五里霧中に彷徨(さまよ)うばかりとなる。

これに対して，競技の技術力ないし戦術力，あるいはその源泉に潜む先読みなどの〈時間化能力〉や伸長化などの〈空間化能力〉は，一回だけの類的反復化(アナログ)に支えられている。何らの微妙な感覚質も感知しないまま反復しても，決してその〈意味発生〉には至らない。すでに述べたように，その類的反復化は，無機質的なデジタルデータと区別されて，類的普遍化をもつアナログ感覚質の反復化現象が意味されている。したがって，類的反復化が行われるときには，感覚質の生成や消滅を誘う形成化作用は，その一回ごとに努力志向性を求められるのだ。つまり，類的反復化(アナログ)は，本質可能的に〈類的普遍化〉の反復化であるから，一回ごとの感覚質に求められる確認こそ決定的な意味をもつ。その感覚質の一回性がそのつど感じ分けられないとすれば，その感覚ヒュレーはどんどん過去に流れ去って，何一つ原現在に〈立ちとどまる〉はずもない。つまり，そのつどの動感質がスキップしてしまうのでは，反復化する意味も同時に消えてしまうからである。

これに対して，機械的なデジタル反復化は，単なる反復の結果にしか意味が発生しない。だから，筋力強化や美容という実用的目的が達成されれば，それで役割は完了となる。デジタル反復では，一回ごとにその動感質に対して，その原発生地平の源泉に遡ってまで反省分析をする必要は全くない。ところが，何か新しい動きかたや戦術行動を身に付けようとするときには，〈今ここ〉に〈動きつつある原現在〉をいつもすでに捉えていなければ，そのつどの感覚質は，その姿を見せることはないのだ。こうして，動感能力の発生に関わるトレーニングは，アナログ反復化の一回性現象に注目せざるをえなくなる。数的反復の結果量が問題になるのではなく，微妙な動感質を感じ分ける〈価値知覚〉が働かなければ，その感覚質に意味発生は成立しない。動感源泉に遡行しない数的反復は，何千回の反復でも，感覚質の意味発生には至るはずもないのだ。それと全く反対に，たった一回の正鵠を射た感覚質発生によって，一気に至芸への高みにあることも珍しくないのだ。このような類的反復化(アナログ)の一回性の本質必然

性を理解することができれば，緊迫した競技世界のなかに，不可欠な〈遊び幅〉や〈命綱〉という奇妙な動感質に出会う道がやっと開けてくることになる。

　こうして，体力トレーニングに代表される他目的に転用される機械的動作反復と感覚質の有意味な類的反復は，截然と区別されることになる。単なる記憶痕跡（グラム）の機能を確認しても，海馬領の機能局在を突き止めても，動感能力を身に付ける働きに生かされる道に通じていない。今ここに内在する価値知覚の〈時間化能力（エン）〉こそが，そこでは決定的な意味をもつことになる。立ちとどまりつつ流れる原現在のなかには，その〈過去把持志向性〉と〈未来予持志向性〉をそのつど同時反転化させながら，普遍的な今統握を命綱として感じとる〈作動する身体性〉[18]が息づいているのでなければならない。その起点に立ってはじめて，〈再能動化〉を志向した動感能力の充実化への道が拓かれてくるのだ。それ以外に鋳型化現象を解消し，不意に襲ってくる動感消滅の現象に立ち向かう道は存在していないことを確認しておかなければならない。さらにその道は，時間流の原発生の源泉に向けて，厳密な地平分析を求めてくることになろう。

II―動感流の破局的消滅に向き合う

§ 37. 固癖化と鋳型化を区別する

　ここにおいて，実践現場でその解決が待ち望まれている喫緊の問題圏が姿を見せてくる。我々はまず鋳型化された動感経験を消して，新しい感覚質に出会えるのにはどうするのかという問題に直面しているからである。そこに浮上してくるのが知らぬ間に習慣化してくる個人的な固癖化現象である。それは日常の箸の持ち方や鉛筆の持ち方のなかに，極めてその人特有な癖がしばしば見られることからも明らかであろう。そこには一つの動きかたが無意識のうちに反復されて，いつの間にか極めて個性的な動きの型が形成されていくのはよく知られている。例えば，遠くから歩いてくる人の顔は判別できないのに，その歩きかたを一目見たとき，直ちにその人を特定できるのは，決してそう珍しいこ

---

[18] Hua. VI. S.109f.［邦訳：第28節・段落⑦～⑨］

とではない。乳児の頃から，歩きかたの感覚質がいつの間にか個性化していくのは，そう単純な出来事ではないのだ。よく考えてみると，その動きかたの受動綜合化の現象は，多くの謎に包まれたままである。息子の歩き方や日常の仕草まで，いつの間にか父親に似ているのに気づかされるとき，その感覚質の受動発生は，まさに一驚に値するものだ。この動きの固癖化現象は，極めて個性的であり，何らの強制も伴わない〈受動的形態化〉にこそ特徴がある。したがって，教師やコーチによる画一的な強制的鋳型化とは本質的に区別せざるをえない。

　この固癖化の問題性は，動感発生における受動志向性に起点をもつ必然可能性に注目しなければならない。それは，この動きの〈受動的固癖化〉が幼児体育ないし学校体育に本質的な問題を投げかけるからである。保育園や幼稚園における幼児たちの動きの感覚質発生は，箸を使うとか，跳び下りるなどの日常生活の基本形態に関わるだけでなく，将来の基本的な動感形態がこの時期に受動発生することに注目しておかなければならない。それは，この固癖化現象と絡み合って，動きかたの修正指導が多くのアポリアに阻まれているからである。そこでは動感発生論のなかで，もっとも難しい感覚質発生が主題化されていて，それはさらに難解な動感分析論に属しているのだ。にもかかわらず，幼児期における感覚質発生に関わる認識レヴェルは意外にも低いのに驚かされる。幼児期の感覚質の発生分析は，動感素材の反省分析やその純粋記述分析の問題が大きなアポリアに阻まれているからだ。それだけに，その厳密な動感分析論は，高度な〈観察能力〉や〈代行能力〉が必然的に求められるのを確認しておかなければならない。幼児期の体育が生理学的身体の発育と発達だけに局限してしまうと，幼児期における貴重な身体経験は背景に沈められてしまうのを見逃してはならない。さらに，その幼児期における動感質の受動発生は，その子の一生の基本的な動感運動を左右するだけに，幼児期の身体経験の教育が極めて重要な感覚質発生に関わっていることに注目すべきである。おそらく，幼児期における身体経験ないし動感発生の指導実践は，もっとも高度な専門能力が求められ，難解な現象学的問題を抱えていることを改めて認識しておく必要がある。

　さらに，この身体経験の指導方法論ないし価値意識を伴う感覚質の発生分析論は，競技スポーツにも大きなアポリアを突き付けてくる。それは日本代表選手などの高度な競技力のコーチングよりも，正統なコーチに恵まれないまま競

技力を身に付けた選手たちの修正化作業は，指導者を手こずらせるに十分である。さらにまた，突発的な動感消滅やその再生化の問題は，未解決のまま放置されている最難関のアポリアに他ならない。我々はマイネルが指摘した鋳型化現象を改めて動感世界における感覚質発生分析として問い直してみる必要に迫られるのは，この意味においてである。この鋳型化の問題意識については，拙著（『スポーツ運動学』140頁～）にすでに詳しく述べられているので，その割愛が許されよう。

　このような幼児期における固癖化の問題は，家庭における日常生活の動きの感覚質指導への無関心に起因しているのはいうまでもない。さらに，幼児期における〈本能動感〉の原発生地平[19]における感覚質発生分析に何の関心も寄せられないまま放置されているところにも，この問題性が際立ってくる。そこでは，知らぬ間に発生する固癖化現象や強制される鋳型化現象が感覚質発生に大きな障碍となることは，現在でも十分に予想できているはずである。それにもかかわらず，この〈固癖化〉と〈鋳型化〉という二つ問題圏が発生分析の主題から外されてきたのはどうしてであろうか。なかでも，その修正目標に掲げられた動きの感覚質が古い鋳型と近縁性をもつとき，それが教師やコーチを苦しめていることは周知のことであろう。選手たちにその新しい感覚質を発生させるためには，その〈歴史身体〉の発生史を繙くだけでなく，その価値知覚による感覚質発生にどのように向き合うかの道は，まだ十分に拓かれているとは言えない。動感発生のアポリアとなっている固癖化と鋳型化の問題が喫緊の課題になっていることに，もはや言を重ねる必要はないであろう。

　ところが，老練な教師やコーチたちがその動感経験に鋭い価値知覚をもち，微妙な感覚質発生に貴重な身体知をもっていることは決して珍しいことではない。そのような貴重な身体知を蔵しもっている教師やコーチは，何故にその貴重な身体経験の動感分析を記述しようとしないのか。その貴重な経験知が感覚質の現象学的分析に生かされずに放置されているのは，何としても遺憾としか言いようがない。名利に走る若いコーチが，一方的に幼い選手たちの鋳型化を進めて，はや半世紀を経ている。その幼児期にはじまった鋳型化の道が，後年の破滅的な動感消滅に通じている事実は，よく知られているはずである。この問題圏は，体育教師やコーチのみならず，芸道，技芸の師匠の存在理由（レゾンデートル）が本質

---

19) Hua. IV. §59 ［邦訳：第59節・段落④～⑤］／XI. §18 ［邦訳：第18節・段落③～④］

必然的に問われて，スポットライトを浴びることになる。そこには，希有な技能保持者のもつ秘伝性や秘儀性，ないし家元制度や一家相伝などの諸問題がこの動感伝承に絡み合ってくるのだ。それだけに，スポーツ領域における感覚質の意味発生に関する現象学的な超越論的分析が不可欠となる。それどころか，この奇妙な感覚質の意味発生に関わる分析方法論が喫緊の課題として我々に迫ってくるのだ。その立ち入った分析方法論は最後の第Ⅴ章「動感発生の分析論」として体系的に述べられる。

§ 38. 動感修正は源泉に遡源する

　しかし，物質自然と精神世界に絡み合う動感能力の〈身体性分析〉は，主観身体の源泉をなす絶対ゼロ点に遡り，その空虚地平における本質直観の様相変動を分析対象に取り上げざるをえなくなる。しかも，その私秘性をもつ動感質の身体性は，それまでの固有領域における身体発生の歴史を背負う〈歴史身体〉にまで，その分析対象を遡行させなければならなくなる。さらにそれは，流れつつある原現在という動感源泉にまで及ぶから，その膨大な動感変様の現象野が必然的に超越論的発生分析に関わりをもつことになる。加えて，動きの固癖化現象は，極めて個性的な動感質を形成するから，その生成過程が単に受動発生のみならず，受容ないし能動発生にも絡み合ってくるのだ。だから，その変様態の様相化分析が不可欠になるのは多言を要さない。

　ここにおいて，いつの間にか知らずに固癖化し，鋳型化していく受動志向性における感覚質発生に直に向き合わざるをえなくなる。さらに，受容的ないし能動的に鋳型化される変様態については，教師やコーチとの関わりのなかにおいて，その感覚質の意味発生分析が求められてくる。それは単に機械的反復を強要して鋳型化現象に走る調教的コーチングとは一線を画している分析方法論であることは喋々するまでもない。賞罰主義による動物の調教法が無批判のまま転用される競技や体育の形態発生論は，この感覚質の発生分析と対極に位置していることを確認しておかなければならない。競技や体育の習練世界において，体罰が社会問題になるとしたら，そこには価値意識を伴う感覚質の発生分析が欠落したまま，放置されてきたからだと言わざるをえない。いわば，成果主義一辺倒のまま，選手たちを無機質なデジタル反復の訓練に駆り立て，古典

的な鋳型化方法論に依存しているとしたら，それは成果主義そのものが，改めて問い直されるのでなければならない．

　こうして，動感発生の現象野では，その動感ゼロ点の基盤領野に遡源していく感覚質発生分析が主題化されることになる．その発生分析の方法論は，主観身体の〈反省志向性〉を起点にしているから，それは多くの先入見によって妨害されざるをえない．だからこそ〈現象学的還元〉によって科学的な運動認識論を〈括弧入れ〉することになる．つまり，外部視点から動きかたや行動の仕方を客観的に分析する立場に訣別することが必然的に求められるのはこの意味においてである．そこでは，動感システムの発生変様態に内在する価値意識の感覚質について，単に知覚経験のみならず，想像直観や想起直観の〈自由変更〉を通じて，ノエマ的意味構造の存在が主題化されることになる．

　ところが，このようなコツやカンを掴むときの微妙な感覚質を純粋に記述することに慣れていない我々は，それは単なる主観的な思い込み，つまり〈ドクサ経験〉でしかないとして，その貴重な動感素材を排除してしまうことが珍しくない．生徒や選手たちは動感ヒュレーの自由変更によって，微妙な感覚質のノエシス契機を掴み，〈そう動ける〉という実践可能性を実現していくのである．それを客観妥当性の欠落として，埒外に弾き出してしまうとしたら，まさに的外れの学問論に拘泥していることになる．現実にコツを掴み，カンを捉えて，すばらしい身体能力を示しても，その学問的な基礎づけが無関心のまま放置されてきたのは何故なのか．その根源的な動感身体の能力可能性は，すでにフッサールによって〈間主観的普遍性〉として確認されているにもかかわらず，我々が古典的二元論の呪縛から逃れられないのは，どうしてなのか．例えば，目指した動きが〈できない〉とすると，そこに生理学的，物理学的な原因を求め，その欠損を補えば〈できる〉と考える．それでもうまくいかなければ，その原因を直ちに精神不安定や恐怖感に求める．その精神的弱さなどの心的障碍を取り除くメンタルリハーサルを施せば，その動きの感覚質が独りでに発生すると考えてしまうのだ．このように，欠損の要素をトレーニングによって，安定した動きを〈再能動化〉できるとする因果決定論は，競技界のみならず，学校体育の領野でも支配的な考え方である．しかし，その科学的処方箋を再び現実の競技力に生かそうとすれば，どのように自らの動感システムに〈身体化〉していくのかが必然的に問われるのだ．その科学的分析から得た原因を私の身

体に奏でる動感メロディーのなかに〈どのように〉身体化するかは，選手自身の工夫に丸投げされていることを我々は直視しなければならない。こうして，精密な運動分析によって求められた科学的原因は，万人に妥当する客観性をもっているのだから，動感流に〈どのように生かすのか〉は，それをすべて本人の自己責任に押しつけてきたことになる。

　その発生それ自体の〈現実態〉エネルゲイアは，遂行自我の自己責任であると人は言う。しかし，フッサールの指摘によると，生ける身体物体には「連合と呼ぶ受動綜合の原形態」が本来的に息づいていて「そこには〈志向的越境〉が本質的に存在している」[20]のだと正鵠を射た指摘をする。とすれば，我々はその感覚質の発生を価値知覚の働く〈絶対ゼロ点〉の源泉にまで遡って捉えざるをえなくなる。流れる原現在と共にそのつど変容する感覚質を，単にモザイク的に組み立てるわけにいくはずもないのだ。しかも，成果主義にのめり込んで機械的な反復訓練に走り，プラモデルのようにやっと組み立てたと思った運動は，生き生きした動感システムではなく，それは単なる〈鋳型〉でしかない。仮に外的な運動経過に心的過程を組み込んだとしても，そこに精確さが求められれば，再びデジタル反復のトレーニングに入るしか方法はない。それはいわゆるマイネルの意味する〈機械的自動化〉[21]の道を辿らざるをえない羽目になってしまうのだ。それらのモザイク主義ないし構築主義への傾斜は，ますます感覚質の修正に大きな障碍を生み出すことになる。こうして，板挟みの悪循環に陥ってしまうことは，現場ではよく知られている。その機械的自動化が進めば進むほど，運動経過の精確性が高まる一方で，それが習慣化されて動きかたの鋳型化を生み出し，〈冴え〉などの高次元の動感質の〈身体発生〉[22]を必然的に妨げるというディレンマに再び追い込まれてしまうことになる。しかしこの問題は，すでに半世紀以上前にマイネル教授によって指摘され，そこでは動感経験のロボット化が厳しく批判されている[23]のである。しかし，その決定的に重大な指摘に新しい道が拓かれないのは，メルロ＝ポンティも言うように，その〈科学的思考〉[24]の呪縛がそれほどに強いせいな

---

[20] Hua. I. S.142［邦訳：第 51 節‐1　段落①～③］
[21] Meinel, K.: 1960, S.358［邦訳：385 頁］
[22] Auersperg, Alfred P.: Vorläufige und rückläufige Bestimmung in der Physiogenese; Jahrbuch für Psychologie, Psychotherapie und medizinischen Anthroplogie, 8 - 1961, S.238
[23] Meinel, K.: 1960, S.378ff.　［邦訳：408 頁 以 降：Festigung und bewegliche Anpassung als Einheit von Widersprüchlichem］

のだろうか。

§ 39. 動感消滅に突然襲われる

　この機械的反復の呪縛に気づかないまま，さらに，その遂行結果の〈的確性〉や運動経過の〈精確性〉を追求していくうちに，もう一つの奇妙な破滅的な危機に突然襲われることがある。それは，自らの動感能力を思うままに自在に駆使し，そこに何の不安もなく動けていたのに，突発的に襲いかかる動感意識流の〈破局的消滅〉である。すでに指摘しているように，それは統覚化層位に現れる動感消滅の出来事ではない。その破局的消滅は，マグレ発生の過程に出現するなかに頻発する〈偶発的消滅〉とは，截然と区別される別種の動感消滅なのである。マグレの消滅は，動感メロディーが一瞬消えても，そのマグレ発生の儚さを誰しも当然と受け容れ，その不安定な動きを自ら承認しているのだ。マグレの形態発生を誰一人として本物とは思ってないからこそ，思わず知らずに繰り返すのである。その儚さを知っているからこそ，〈原努力志向性〉が未来の動きに向けて作動し，受動綜合化の道を辿ることになる。

　しかし，この突発的に襲いかかる破局的消滅にも，いくつかの〈動機づけ〉が潜んでいる。「もっとうまく動きたい」とか「何となく気が進まないままに動く」などの〈パトス転機〉がその〈動機づけ〉になっていることはよく知られている。ここで意味される〈動機づけ〉とは，自然科学における客観的な〈原因と結果〉の因果論的決定性と異なるのはいうまでもない。その因果法則と区別されたフッサール身体学の基本法則として，〈だから～こうなる〉という〈動機づけ〉が意味されている。この動感メロディーの破局的消滅は，世界的な名選手さえも襲い，その選手生命を奪うような致命的な危機に陥れることでよく話題となるのだ。しかも失行症や失認症などのように，脳の機能障碍によって引き起こされる病理学的な現象などであれば，それなりの分析対象になるであろう。しかし，その生理学的身体に何の異常もなく，しかもその他の動きかたには何の異常も現れないのに，ある特定の動感意識流だけに突発するこの奇妙な消滅現象は，まさに選手ばかりでなく，コーチにとってもアポリアとなる。それに我々はどのように向き合うべきなのであろうか。

---

24) Merleau-Ponty: L'Œil et l'Esprit, p.12 Gallimard 1964　［邦訳：255 頁，みすず書房］

ここにおいて，動感発生の生成・消滅における主観身体の内在経験が，どのような方法論によって分析されるのかを確認しておく必要に迫られる。まずもって我々は，自らの志向対象に現れる多襞的な動感変様態を主観身体の感知・共感能力によって捉えるという〈原事実〉に注目しなければならない。というのは，すでに述べた〈遊び幅〉の程度差という高次な動感質の発生分析をするにしても，感覚質が様相変動するなかに，今統握を感知できる能力可能性の存在を確認しておかなければならないからである。この微妙な感覚質を捉える動感能力なしには，何一つノエシス契機の分析対象を構成化することもできないのだ。周囲世界の多襞的変動に受動的に即応していくには，動感能力の源泉をなす絶対ゼロ点の〈運動基盤〉，つまり動感的〈世界内存在〉の運動基盤という深層領野が厳密な原発生分析の対象として決定的な役割を担っていることを知らなければならない。この源泉となる運動基盤の領野に正面から向き合うことは，動感システムの鋳型化を回避するための不可欠な前提ともなるが，その詳細な考察は，第IV章「動感発生の深層世界」に送られる。

しかし，成果主義に貫かれている昨今の体育界も競技界も，科学的トレーニングによる達成力向上の合理化を急ぐあまり，動感発生に関わる身体性の本質直観分析を背景に沈めてしまうことが少なくない。それどころか，絶対ゼロ点という動感能力の源泉層位を無視して，マイネルがもっとも危惧している〈機械的自動化〉のトレーニングを急ぐ傾向を否定できない昨今である。そこでは，動感発生の本質直観分析は，不用意にもスキップされ，一気に遂行結果の速成へと直行してしまう。そこに結果される固癖化現象は，さらなる努力志向性を疲弊させるだけでなく，修正化への道をも閉ざしてしまうのだ。それどころか，そこに露呈される〈動感スキップ現象〉は，動感時間流に突然の消滅現象を誘い込み，その破局的な消滅危機に対応できる動感故郷世界さえも爆破してしまうからである。さらには，動感システムの確定化におけるいわゆる〈わざ幅〉の発生方法論も，数学的確率論に置き換えられ，この破局的な危機の重大さを見逃してしまうことになる。この深層領野の様相変動に決定的なノエシス契機を生み出す感覚質の欠損にさえ気づかなくなっている昨今である。

これまでの動感能力の発生現象野では，その統覚化，確定化，洗練化の三領野の生成現象にだけ焦点が絞られ，消滅現象そのものが背景に沈められてしまうことが少なくない。動感システムの生成現象は，いわば達成学習という表舞

台の華やかさをもつ。だから生徒や選手だけでなく、動感促発という裏方の役割を担うべき教師やコーチも、真っ先に生成現象に直行してしまうのだ。それは学習者の達成感、充実感を触発するパトス転機が多いから当然かも知れない。ところが、突然〈動けない〉という消滅現象に襲われると、学習者の学習意欲は一気に阻害され、指導者もその動機づけを読み切れないという〈負の意識〉に苛まされる。指導者は動けなくて苦悩する選手や生徒の内在身体への〈経験移入〉[25)]に向き合わずに、いわば消滅を引き起こした〈身体記憶〉の忘却を〈ひたすら待つ〉しかなくなる。コーチ自らが学習者の動感世界に潜入できる専門能力の欠損に気づいていても、「それは自ら解決すべきだ」と、古来の芸道の〈自得の美意識〉を称揚するだけである。「不屈の精神を養う」という美名に隠れて、生徒の精神力陶冶にシフトしてしまうのだ。実のところ、このような偶発的消滅現象そのものさえ知らない指導者も珍しくない昨今である。その動感消滅からの脱出を模索し、その〈転機を見抜く〉クリーシスという、いわば職人的なコーチや老練な教師は、戦後では、すっかり影を潜めてしまった。単にマネジメント上手な監視コーチや管理教師は、その危機的出来事に対して確率論的な情報に頼るしか道はなくなっているのだ。

§ 40. 戻れる動感故郷がない

このような動感消滅の突発的な出来事は、その喪失メロディー以外の動感ヒュレーが何の障碍もなく機能していることを見逃してはならない。その消滅した動感システムとよく似た動感メロディーでも、それ自体には何の変調もなく、いつものようにスムーズに遂行可能なのだ。それなのに、その危機に襲われた一つの〈動感メロディー〉だけが、突如として主観身体から抜け落ちて消えてしまう。しかも、その突然の動感消滅は、何の前触れもなく、一気に金縛りに合ったように動けなくなるのだから、本人も狐に摘まれたような感じを否めない。そのとき、どんなに意を決してやろうとしても、自らの身体は、わが意志に反逆して、どうにも動くことができないのだ。その動きのメロディー以外は何の狂いもなく従来どおりに遂行できるのだから、まさに奇妙としか言いようがない。気を取り直して、その動きを「初心に返ってやり直そう」と決心して

---

25) Weizsäcker, V.v.: Anonyma（1946）; S.61ff. Gesammelte Schriften Bd.7, 1987 [邦訳：127~128 頁]

も，一旦反逆した身体は，それを冷たく拒絶するだけである。そこには戻るべき〈動感故郷〉も同時に消えているのだから，故郷世界から見放された孤児のように，ただウロウロと彷徨い歩くだけである。

　そのような動感メロディーの消滅の苦しみに見舞われた選手たちに対して，直に向き合って，その再生化を促発できるコーチは，戦前に比べて極めて珍しくなった。老練なコーチなら，この破滅的な動感消滅の出来事だけはよく知っている。その突発事態に驚くことなく「そんなことはよくあることだ」という。しかし，奇妙な出来事を知っているコーチでも，その内実は，途方に暮れているだけで為す術を知らないことが多い。苦し紛れに，消滅した動感流を再生化する試みを禁止し，その狂った動きそれ自体を〈封印〉するのが関の山である。しかし消滅した動感流を忘却の彼方に追い払おうとしても，そこには何の効果も現れるはずもない。これまで長年の機械的な反復作業で身に付けた動きだから，その鋳型は極めて強固である。もちろん，科学的に外部視点から精密分析しても，行動科学的な因果分析をしても，一向にその泥沼からはい上がる道は見つかるはずもない。もがけばもがくほど，泥沼に引きずり込まれていくだけである。

　そのときの選手は，身を切り刻まれるような激しい苦悩に襲われる。それをコーチが知らないはずはない。だから，その動感消滅は「選手自身の問題であり，本人が自ら解決するしか道はない。それは貴重な試練なのだ」と激励する道しか残されていない。指導者たちは一様に，その危機から脱却する道を拓くことを断念しているかのようである。コーチは苦悩する選手の内在経験に共感して借問分析を試みようともしない。その〈借問能力〉を支える動感経験がコーチに欠損しているとすれば，そのノエマ的意味の構造分析も不可能だから，すべては八方塞がりになってしまう。仕方なく，ヴァイツゼッカーのいう〈野次馬〉に変身するのが精一杯であり，「今こそ正念場だから頑張れ」と励ますしかない。こうして，動感再生化の方法論は，これまで客観主義の科学的な運動分析論から敬遠されてきた。それは余りにも動感深層に潜む奇妙な意識現象だからであろうか。むしろ，やろうとしてもその深層位の動感故郷に潜む高次の超越論的分析を志向するには，あまりにも〈科学的思考〉の呪縛が強すぎるのかも知れない。とは言っても，その動感深層に潜む原発生地平の〈本質直観分析論〉に無関心だったとは考えられない。感覚質を捉える習練の実践現場では，技術力

や戦術力を高めるのに，その動感能力を〈本原的直観〉[26]によって統覚化し，確定化し，自在化の高み至る道を辿ってきているはずである。それなのに，それをすべて忘却の彼方に流してしまうというのであろうか。

　この動感消滅という奇妙な現象は，そこに潜む独りでに受動発生する感覚質の様相変動の謎に気づかせる働きをもっている。それは，わが意に反した〈反逆身体〉の動感故郷の存在を浮き彫りにし，そこへの還帰を示唆しているのだ。それは，いわば動感発生の深層に気づかない自我身体の反逆宣言とも捉えることができる。それだけに，その反逆身体は，強烈な感覚印象を与えて抵抗を示しているのかも知れない。動きの感覚質を高め，その習熟を高めようと反復習練を課すのは，教師やコーチの当然の役割である。しかし，同時にその感覚質発生は，深層の原発生地平に出現するノエシス契機を見逃さずに，それに正面から向き合うのでなければならない。たしかに，新しい〈動きかた〉を身体化させるためには，機械的でないアナログ反復化を進めて，少しでも早くその感覚図式の達成感を得させようとするのは，教師として当然の役割と言える。しかし，そこに潜んでいる速成主義や成果主義に一方的に傾斜して，動感深層の原発生地平を見逃しては本末転倒となる。「できればよい」「勝てばよい」という成果主義への端的な志向性が如何に危険であるかを警告しているのが動感消滅の突発的現象だと言うこともできる。

　日頃は，何も意識せずに歩けるのに，手の振り方を特に意識したりすると，普通の歩き方が突然にラクダのような同側歩行，いわば〈ナンバ歩き〉に変化してしまうことがある。その突発的な〈受動綜合化〉に慌てて，手足交互の正常歩に戻ろうと焦るほどに，ナンバ歩きの呪縛は解けなくなってしまう。このような卑近な例証では，その原因を取り除けば，その信じられない〈金縛り〉は解消するのかも知れない。しかし，この高次元の動感消滅問題には，単なる科学的因果法則に基づく対応だけで解消できない謎めいた現象が余りにも多すぎる。それは，動感深層の絶対ゼロ点に関わる問題だからかも知れない。しかも，それは遂行自我が背負っている〈歴史身体〉にも絡み合う複雑な様相を示している。こうして，フッサールの意味する〈動機づけ因果性〉という問題圏が浮上してくる。しかもそれは，本人の自覚意識がない〈本能動感〉ないし〈ゼロ動感〉の受動綜合化作用のなかに際立ってくるのだ。いつの間にか形態化さ

---

[26] Hua. III. S.36f.［邦訳：第19節・段落②〜③，104〜105頁］

れる受動的な動感発生の場合，例えば，乳幼児期の〈身体発生〉のような場合には，特にその動感発生の解明分析は困難を極める。いわば，自我意識の能作が関与しない〈受動発生〉でも，強制的な鋳型化の〈能動発生〉でも，そこに偶発する消滅現象が還帰できる再生化の故郷世界がその人からすっぽり抜け落ちているからである。だから，再生化のために原発生の時間流層位に戻ろうとしても，戻るべき時間流の動感故郷がその本人には存在していないのだ。ところが，習練過程で動感スキップ現象にさえ気づかないまま活躍できる選手も珍しくないから，その事態はさらに深刻である。戻れる動感故郷をもっていないこと自体，それはまさに一驚に値する出来事なのに，我々はこの原発生地平の存在それ自体にも気づかないとは，一体どうしたことなのか。この注目すべき決定的な事態は，感覚質の原発生を支える地平構造の解明に向き合うべきことを示唆している。第Ⅳ章「動感発生の深層世界」では，時間流の原発生分析という動感深層に立ち入ることになるが，我々は本質直観の階層的方法論に基づいて，統覚化における動感反省の重大さに気づかされ，同時に取り上げられる動感様相化分析は，その〈当て外れ〉や〈迷い〉などの感覚質変様態を我々に次々と投げかけてくることになろう。しかしその前に，自らの感覚質に潜む微妙な動感経験を本原的に感知し共感できるのかどうか，まずその動感源泉の地平問題に向き合っておかなければならない。

Ⅲ―動感源泉の地平に注目する

§ 41．流れる原現在を感じとる

こうして我々は，超越論的分析の対象になる動感経験領野の源泉に改めて問いかける起点にやっと立つことができる。というのは，よく知られた奇妙な表現〈立ちとどまりつつ流れる原現在〉[27]のなかに捉えられる〈原現在〉という〈今〉に注目せざるをえないとフッサールが巧みに誘い込むからである。その原現在は動感意識の源泉，つまり〈絶対ゼロ点〉のなかに〈絶対今〉と〈絶

---

[27] Hua. XV. S.598 [Beilage 43: Notizen <Über Triebgemeinschaft, Liebe usw. >]

対ここ〉として，わが身にありありと感じとられるという。しかし，〈流れていく今〉と言い表される出来事は，何とも雲を掴むような漠然とした分析対象である。とりわけ，その今を〈感覚する〉というのは我々を混乱させてしまう。それは「感覚は与えられるものだ」という〈感覚与件〉の表現を単なるドクサ経験でしかないと批判して，その今把握の精密化を主張する科学主義的態度をとる人が多い昨今である。ところが，競技の世界に生きる選手たちにとって，流れつつある現在のただなかに，〈絶対今〉〈絶対ここ〉を把握することは，直接にわが身で本原的に感じとれるから，それは当たり前のことなのだ。だからといって「〈感覚する〉という出来事は外部視点から計測する対象にならない」と言うと，「そんな非科学的なことが信じられるはずもない」と批判されてしまう。我々は予め先取り的に「すべて感覚することは〈自己自身を感覚する〉そのものである」[28]と言うラントグレーベの指摘を援用して，すでに〈感覚する〉という意味構造（§20）を考察しておいた。しかしフッサールの言う〈絶対ゼロ点〉にある〈絶対今〉や〈絶対ここ〉は，すべて〈自ら感覚する〉ことを起点とするのだから，その「〈感覚する〉とは何なのか」ということをここで再確認しておかなければならない。

　すでに述べたように，ラントグレーベは「感覚しつつある自己自身をどのようにして意識するのか」という問いかけを起点として，〈感覚する〉という現象を解き明かそうとしている。ラントグレーベによると，一般に〈感覚する〉ことは，刺激を純粋に受容的に感受することと考え，それを〈感覚与件〉と理解するのが一般だという。だから，動感質の微妙な差異を〈感知できる〉ことも，ボイテンデイクの言う〈連動する動き〉という非反射的に綜合化する高度な意識の働きも，単なる〈感覚与件〉を受け取る契機に過ぎないと速断してしまうことになる。

　ところが，感覚対象を構成する〈意味〉に問いかける場合には，特に注意が必要だという。それは，すでに〈自己自身を意識する存在〉という一契機が，本質必然的にその感覚に向けた問いに先行しているからである。つまり〈感覚するすべて〉は〈自己自身を感覚すること〉そのものなのだとラントグレーベは言う。さらに，ハイデッガーに倣って〈自己がある情態にある〉とも言うこ

---

[28] Landgrebe, L.: Prinzipien der Lehre vom Empfingen, 1954 In: Der Weg der phänomenologie, Gütersloher Verlagshaus 1963, S.116

とができると指摘する。その際の〈自己〉は，意識契機として感覚に属している〈自己自身を意識する存在〉をすでに暗示しているからなのだ。むしろラントグレーベは，単刀直入に「感覚することはキネステーゼ意識それ自体なのだ」と言い切っている。いわば，〈感覚すること自体〉のなかには〈私は動く〉という意識を含んでいるのだから，常に〈感覚する〉ことは〈自己自身を感覚する〉と結論するのである。

　〈感覚する〉が常に同時に〈自己を感覚する〉根拠となる〈動感システム〉とは一体何を意味しているのか？　ラントグレーベがそこで注意するのは，動感志向性を客観空間の物体運動として，つまり可視的な事象として知覚できる〈位置移動〉と理解してはならないということだ。むしろ〈動感システム〉とは，〈感覚すること〉とそれを引き起こす〈動きの意識〉が〈一つの統一態〉として，自発的に生み出される〈動く自己意識〉に他ならないと言う。動感運動と諸感覚との連合化は，触覚のなかにもっとも顕著に現れるのはよく知られている。さらに，その連合化は他の感覚野においても同様に働くのは言うまでもない。例えば，知覚に直結する視覚の眼球運動も，耳を傾けて聴く聴覚のときも，それらは不可疑的な連合化の典型的な例証となる。それらは思わず独りでに，自ずと発生する動きなのだ。それらの受動志向性が抑制され，欠損すると，はじめてその感知作用に気づくことになる。例えば，緊張して目を凝らし，耳を欹てる場合，あるいは物をしっかり握りしめる場合などがその例証となる。ボイテンデイクの言う生理反射でない運動原理[29]がそこに支配的に働いているのは言うまでもない。こうして〈自ら感覚する〉ことは，そのつどの感知可能な最適のものを志向した〈動感運動の成果〉だ，と言うことができる。こうして我々は，動感運動をわが身にありありと感じとれるのであり，その共感可能な動感志向性を主題として取り上げることができるのだ。そのような感知志向性や共感志向性が絡み合って作動する動感能力によって，はじめて絶対ゼロ点の源泉に遡ることができるのである。こうして，我々は流れる現在の〈今統握〉や時空的隔たりの〈遠近感〉を，超越論的分析によって解明する必然可能性をそこに見出すことになる。

---

29) Buytendijk, F.J.J.: Allgemeine Theorie der menschlichen Haltung und Bewegung, S.102ff. 1956 Springer Verlag

§ 42. 物体経験も動感意識と共働する

　ここにおいて，動感源泉に遡行するのを支えてくれる本原的な動感システムの意味構造をまず確認しておかなければならない。これまでは，感知作用や共感作用という表現が立ち入った概念規定もないまま使われているが，〈感知〉という表現が自らの感覚質の何かを感じとり，その微妙な差異を感じ分ける可能性をもつことは文脈や原語から容易に理解できるであろう。因みに，感知ないし感知志向性や感知能力に共通に用いられている Apprehension はラテン語 apprehendere を語源とするから，〈諸感覚によって把握する〉という意味は，直ちに理解できよう。さらに，この〈感知〉と対語になる〈共感〉Komprehension の概念も同じくラテン語 comprehendere を語源とするから，〈感覚の多様さを同時に統一的に把握する〉という意味で，他者への感情移入や動感経験の共有をも含意できる。フッサールはこの Komprehension を『イデーンⅡ』で多用している。邦訳では一般に〈共握〉と訳されているが，本論では，この原語が感覚質に深く関わるので，感覚印象を前景に立てて〈共感〉の訳語を取り上げる。もちろん，この〈共感〉の訳語は，マイネル運動学の〈運動共感〉Mitvollzug der Bewegung の意味，つまり〈動きの同時遂行〉の潜勢的意味との親和性が考量されているのは言うまでもない。むしろ〈共感志向性〉ないし〈共感能力〉の表現は，敢えてヴァイツゼッカーの意味における〈移入経験〉の概念[30]を基柢に据えて，動きの感覚質の身体経験を移入する可能性を含意させようともしている。

　このような感知・共感の志向性は，もっぱら自発的自己運動という枠組みで，その意味内実が問われている。もちろん，後段では，他者の動感経験に〈自己移入〉していく枠組みとしても取り上げられる。それ故に，自発的に自ら動くときの身体経験として，一回ごとの微妙な感覚質が感知・共感する〈作動しつつある身体性〉の対象になってくるのだ。すでに指摘しているように，その動感原発生の時間流を感じとるには，「如何なる空虚地平も存在しないところには，どんな充実も存在しない」[31]と言うフッサールの指摘に注意しなければならない。その上で，動感意識流のなかに，空虚ながらも感知・共感志向性の

---

30) Weizsäcker, V.v.: Anonyma (1946); S.61f. Gesammelte Schriften Bd.7, 1987 ［邦訳:『生命と主体』127頁］
31) Hua. XI. S.67　［邦訳：第 16 節・段落④］

枠組みが取り上げられることになる。感知・共感志向性のゼロ点を空虚形態としてでも確認できないところには，どんな〈今統握〉も〈隔たり統握〉も充実されるはずもないからである。

　フッサールは，すでに述べているように，生ける人間が物体を知覚経験する働きについて，正鵠を射た指摘を残している。それをもう一度ここで確認しておきたい。すなわち，「そのような〈物体経験〉は，動感質として作動する身体性と共に，さらにその固有な活動性と習慣性のなかに作動する自我と共に，一つの統一態としてのみ意識される」[32]のだとフッサールは注意している。それらの生き生きした感覚質経験は，単なるその物理現象の過程として物理的時空世界だけに展開されるのではないと言う。フッサールが意味するこの〈生き生きした感覚質経験〉という視座に立てば，我々は自ら動く感じの今統握や隔たりの感知・共感作用を自己に対峙した周囲世界のなかに，分析対象として取り上げる可能性が生まれてくるのだ。こうして，遂行自我がその動きそのものを〈どのように感じ分けているのか〉という〈求心的な感知志向性〉も，踏切位置の先読みや安定した着地・着氷などの〈遠心的な共感志向性〉も，超越論的発生分析の対象に浮かび上がってくることになる。

　それどころか，手にしたラケットや竹刀ないしゴルフクラブなどの用具への〈求心的伸長化現象〉の感知・共感志向性は本原的反省分析の対象になる。あるいは，投げたり，蹴ったりするボールの未来を予描する〈遠心的伸長化現象〉の感知・共感志向性は遂行自我の反省分析に浮上してくるのだ。体操競技の高度な宙返り技の後に，信じられない安定した着地を示す身体能力は，隔たりの共感志向性なしに成立はしない。また，風に流されたフライボールをフェンスに駆け上って捕球する驚異的な動感能力は，ボールへの共感志向性と的確な動きの感知志向性との〈統一態〉にすべて依存している。その感知・共感志向性の統一態が示す発生様態は，遂行自我の身体経験のなかに〈動感統一態〉として絡み合っているのだ。単なる物体の知覚経験と遂行する自我の動感経験は，決して並列的な過程ではない。両者は〈共働〉しながら，その空虚地平は，先（プリウス）も後（ポステリウス）もなく，ゲシュタルトクライス的に同時に充実化を果たし，統覚化を重ねて〈感覚質発生〉に至るのだ。しかし，その〈意味発生〉に関わる感覚質やその絡み合い構造の解明は，すべて超越論的反省分析の方法論の道に連動

---
[32] Hua. VI. S.109f. [邦訳：第28節・段落⑦〜⑨]

していく。その本原的な反省分析の対象領域の体系と反省分析方法論は第Ⅴ章「動感発生の分析論」に送ることになろう。

§ 43. 生ける想像力が気配感を生む

すでに指摘しているように，絡み合い構造を秘めた感知・共感志向性の統一態は，遂行自我が自らのように動き，振る舞うかという〈自己運動〉の本質的な様態を示している。そこでは，思わず知らず動いてしまう受動志向性のときでも，こう動こうと意志する能動的志向性の場合でも，その〈身体経験〉は，自らの感知志向性と共感志向性の融合統一態として，志向分析の対象に取り上げられる。ところが，身体運動の実存世界には，方向不定な漠然性を本質とするような〈全身感覚〉と呼ばれる変様態も存在している。競技の世界では，背後にいる敵の気配を感じとり，ゴールを視ないでシュートを精確に打ったりする。さらに，まだ発生しない失敗をわが身でありありと感知できる全身感覚が働き，瞬時にその失敗を避けるといった〈原ドクサ〉[33]の受動的動感能力が取り沙汰されているのだ。もちろん，ここで意味される〈全身感覚〉はすでに指摘しているように〈体性感覚〉ではない。それは生理学や心理学で自律神経系の対語となる体性神経系によって大脳皮質の体性感覚領に伝達される働きである。全身に及ぶこの全身感覚の〈気配感〉や〈方向不定な全身感覚〉の詳細は，拙著『スポーツ運動学』（200~201頁／227~232頁）に譲らざるをえない。

因みに，その要点だけをまとめると，それはサルトルの言う〈全身感覚〉[34]が意味されている。それは，自らの身体性全体から生じる〈気分〉であり，〈疲れてだるい感じ〉や〈生気漲る感じ〉，あるいは〈不快な吐き気〉などの例証が挙げられる。それらは単なる筋疲労や嘔吐という生理学的現象の比喩的表現ではない。同様にして，ドイツのシュミッツによる〈身体状態感〉[35]も同じ問題圏にある。つまり，〈狭さ〉と〈広さ〉の基本的カテゴリーのなかで一対をなして〈生化〉し，それは「広さと狭さとの間を行ったり来たりする

---

[33] EU. S.67［邦訳：第14節・段落②］

[34] Sartre, J.P.: l'être et le néant, essai d'ontologie phénolménologique, p.377-387, 1943, Gallimard［邦訳：『存在と無』，松浪信三郎訳，654~670頁，1999，人文書院］

[35] Schmitz, H.: Phénoménologie der Leiblichkeit, In: Petzold, H.（Hrsg.），Leiblichkeit, S.82ff., 1986, Junfermann Verlag
　［邦訳：『身体と感情の現象学』小川侃編，53頁以降，1986 産業図書］

振り子の動きをする」と言う。とりわけ，シュミッツが〈全身感覚〉[36]と名づけるこの身体感覚は「自我身体に感じとれる〈雰囲気〉の重大な要因になる」ので「自らの爽快感や疲労感を感じる場所は空間的方位づけの体系のなかでは，ただ漠然としか表現のしようがない。……この全身感覚は身体を一挙に占領するから，その場所は，知覚される身体図式の局在化から逃れてしまう」と巧みな解説をする。それは〈方向不定〉という漠然性の本質を見事に言い当てている。

　ところが，計量化できない〈雰囲気〉とか〈気分〉といった〈心情領域〉の出来事は，科学的な分析対象から排除されるのは自明の理である。しかし競技の世界では，何となくそんな気配を感じとる動感能力こそ勝敗を決する重大事とする選手やコーチは決して少なくない。この方向不定な全身感覚や身体状態感のなかでこそ，場の雰囲気と主体の気分との間にかもし出される〈気配感〉がその本質可能性を露わにしてくるのだ。この気配感は，競技の〈動感情況〉の雰囲気に〈気分づけられた身体状態感〉とも別言できるであろう。カオスな動感情況から迫ってくる方向不定な雰囲気を，〈カン〉として，わが身にありありと感じとれる選手は決して珍しくはない。むしろそのような選手は，いわば憬れの身体能力の持ち主に他ならないのだ。ボイテンデイクは「何となくそんな気がした」という未規定的な〈生命的想像力〉[37]に注目して，それが生き生きした想像力に支えられていることを巧みに捉えている。「この生命的な想像力は，必然的に働くのであり，動きをありありと想像するなかに存在する」と言い，その本原的なカン能力は，未来の動きに不可欠な前提を与えるから「決して単なる心理的な働きなどではない」と断じるのだ。何となく〈そんな気配がする〉というときに「迫りくるものは直接の感覚印象に他ならず，それどころか習得可能な感覚印象でさえある」と言うボイテンデイクの指摘は，微妙な感覚質の重大な意味内実を示唆して余りある。動感志向性に関わる〈気分〉や〈雰囲気〉ないし〈気配〉などの出来事は，恣意的，心理的な単なる空想的過程では決してないのだ。それは現実の動感発生を保証する本質可能性をもっていて，どんなに数学的確率論によって精密に分析しても，その核心に迫ることはできない。その本質法則の解明は，発生現象学の志向分析に求めるしか道はない。

　このように，競技世界の実践現場で叫ばれる切迫性にもかかわらず，この全

---
[36] Schmitz, H.: ibid. S.79f.［邦訳：48~50頁］
[37] Buytendijk, F.J.J.: Allgemeine Theorie, op.cit. S.154ff. 1956

身感覚の源泉に遡行する超越論的分析は，身体経験の動感分析からいつも敬遠されてしまう。その気配感の本質可能性が顕在化する〈情況感〉や〈シンボル化〉の現象分析に立ち入る前に，この全身感覚の存在論をまず確認しておかなければならない。そこでは，実存する〈動感情況〉のなかに，自らの身体性を埋没させる〈方向不定性〉という志向体験が主題的に注目されるのでなければならない。動感志向性の方向が不定だということは，その志向性そのものが欠落しているのではない。フッサールは「〈何か〉動く気配がする」「〈何か〉ものの音がする」などのように，一切の発言や言語表現に先立つ表象は，その方向が〈不定〉なのだと，そこに慎重な志向分析を求めているのだ。その方向不定的な志向性という身体経験に潜む〈不定性〉とは「不定な〈何か〉の表象こそがまさにその〈確定性〉なのであり，その志向本質に属している」[38]のだと言うフッサールの謎めいた表現は，動感発生論にとって重大な意味をもっているのを見逃してはならない。

§44. 気分身体は動感源泉に住む

　ラントグレーベはその『感覚論』[39]において，〈感覚する〉ことは，最下層のところで〈自らの身体をどのように感じとっているか〉という様態を構成すると指摘している。しかしそこでは，単なる状態意識だけが意味されているのではない。それは，その意識のなかで〈自ら動く〉という感覚触発を含意した一つの〈遊動空間意識〉と一体化しているのだ。その自我意識は，自ら動く自発的な遊動空間の意識と統一態をなしているから，そのつど私の遊動空間という意識は，アプリオリに自我意識に属しているのだ。その自我意識は，私の動きによって充実可能性をもつ遊動空間なのだから，いろいろな事物を現出させることができることになる。

　ここで意味されている〈遊動空間〉とは，我々の身体経験の世界，いわば主観身体が直接に関わる〈周囲世界〉のことである。だから〈考える主体が自発的に行う表象〉という自我意識に絡み合ってくるのが〈私が動く〉という自発

---

38) Husserl, E.: Logische Untersuchungen, Bd.II, I.Teil, Hua. IX, S.396, 1928 ［邦訳:『論理学研究』3, 194 頁，みすず書房，1974］

39) Landgrebe, L.: Prinzipien der Lehre vom Empfinden 1954 In: Der Weg der Phänomenologie S.120ff. 1978 Gütersloher Verlagshaus

性の意識である。さらに，その自我意識が動きの意識を含意していることは，その世界意識と一体となって，それが動きの感覚質の触発可能性の根拠となることが同時に示されているのだ。しかしこの命題は，逆にはならない。つまり，世界意識は，すでに明白な自我意識や〈我－思う〉の概念を，そのうちに含むとは限らないからである。むしろ，それは一つの〈発生所産〉に他ならない。個々の対象意識は，すべて地平としての世界に，最下層では〈私は動ける〉という遊動空間の世界意識に基づいてのみ可能となる。自らの動きを制御している根源性こそが，〈心惹くもの〉や〈反感を呼ぶもの〉などを感じとる価値知覚の感覚質なのである。動感意識世界が原初的にどのように開示されるのかという根源的な遊動空間は，その心情的な感覚質によって規定されるのである。

このようにして，はじめて世界は，原初的に気分や感情という〈情態性〉のなかに開示され，そのつどの情態性は，それを了解しているとハイデッガーが言うとき[40]，一体そこに何が意味されているかを理解することができる。しかしながら〈気分づけられている〉情態性は，いずれにせよ，最下層のところで，そのつど感覚する様態に必然可能的に依存している。色や音などは，そのつど情態性の〈気分価値〉をもち，〈何が感覚を触発するか〉は〈自らの動きかた〉に依存しているのだ。こうして，すでに情態性が求めるこの了解は，自ら動きながら事物を感覚的に構成する可能性のなかで〈自らを了解する〉ことになる。この〈自己了解〉に基礎づけられて可能になる働きは，経験の成立を区別できる能力として，つまり感覚性(アイステーシス)と悟性(ノエーシス)の〈共働〉に向かって伝統的に遡源することであった。別言すれば，受容性と自発性，つまり，感覚ヒュレーを生み出す能力とその素材を考量して把握する能力との区別というものは，さらにその深層に〈そのものとして〉証明できる構造に根ざしていることが意味されることになる。

このようにして，ラントグレーベは「身体性を〈客観的な外界〉の他の事物のなかの一つの事物と誤解させないために，〈身体性〉という概念を提出することになる。むしろ私自身が〈身体的なるもの〉であり，この意味でサルトルは，論争として誇張してはいるが，〈身体，それが私だ〉と言った」[41]のだと指摘する。〈私が自ら動く〉ということは，〈心惹かれるもの〉〈反感を呼ぶもの〉

---

40) Heidegger, M.: Sein und Zeit, S.142ff. Max Niemeiyer Verlag 1984 ［邦訳：『有と時』219 頁以下 創文社 1997］

41) Landgrebe, L.: Prinzipien der Lehre vom Empfinden, op.cit. S.122. 1978 Gütersloher Verlagshaus

という特殊な〈心情的動き〉の感覚質に導かれる。こうして，遂行する「私は身体的に情態づけられていて，私が自ら動きつつ存在するものを私に現出させるのを私の可能性のなかでその自己を了解している」と言うラントグレーベの指摘は，ここに重大な意味をもってくることになる。

　このような気分づけられた原動感志向性の働く〈気配感〉の深層では，選手やコーチの微妙な〈情況感〉の襞を鋭く感じとり，あるいは〈シンボル化〉された動感システムを即座に指示できる驚くべき動感能力が生き生きと露呈されてくるのだ。生き生きした気配感の働く全身感覚の現象野は，まさに秘密に満ちている動感世界の深層と言えよう。それはまさに計量化できない先科学的な超越論的領野であり，わが国古来の芸道に潜んでいる「身体で覚える」とか「わざは見て盗む」などの無師独悟の〈自得世界〉は，ここにその姿が際立って露わになってくる。しかし，その道の先達たちは，余りに無口であり，敢えて語りたがらず，教える師匠もその私秘性を自ら借問しない。その動感志向的な感覚質の源泉は，すべて闇に包まれたままである。その動感源泉の世界に超越論的分析を拓く道は，果たして〈実践可能性〉をもちうるというのであろうか。

IV──連帯感は越境性を保証する

§ 45. 他者の感覚質に越境する

　競技世界において，感知し共感する志向性の統覚化作用がボールや手具を知覚するとき，その奇妙な〈物体経験〉を生み出す感覚質の働きはすでに述べた（§ 42）通りである。もちろん，そこで意味される統覚化作用は，単なる〈端的把握〉ではないし，かと言ってその統覚化が「推論や志向作用でもない」とフッサールは厳しく注意している[42]。例えばサッカーで，飛んでくるボールをトラップするにしても，眼前に現れた動感情況を統一的に即座に感じとりながら，その地平構造までも一目で読み切ることができなければ，とても選手の役割が務まるはずもない。そこでは，微妙な感覚質を統一的に感じとれる高次の

---

42) Hua. I.S.141　［邦訳：第50節・段落⑦］

〈統覚化能力〉が求められている。しかし，ここで取り上げるのは，すでに前段（§42）で考察した手具や道具の物体経験を超えて，競技世界のなかで高次元の動きをする味方や敵方の選手たちの，つまり自らのパトス世界で即興的に動く他者たちの動感志向性を，我々はどのように感知し共感できるのかという問題である。言うまでもなく，ここで意味される〈他者〉とは，主観身体以外の味方選手を含めて〈他の人間〉が意味されている。その他人の動きに潜む感覚質をどのように感知し，味方や敵方の未来の動感意識にどのように共感できるのかという問題領域は，競技世界では決定的な意味をもっている。

　しかし，味方にしろ，敵方にしろ，他の選手たちは，自ら固有の主観身体をもち，固有の動感世界に住んでいる。だから，その動感世界はその人の〈歴史身体〉を背負った固有な私秘性ですっかり掩蔽されて，そこに何人も立ち入ることはできない。長い歴史を背負ったその個人が育んできた動感地平を端的な知覚直観で読み切ることなどできるはずもないと考えるのが一般である。そんな非科学的な妄想に取り付かれる前に，その行動を科学的に分析し，その確率論に従って対応することこそ，現代の合理的なスポーツ科学の役割だと胸を張る人が少なくない。しかし，そこではいつも想定外の出来事が次々に発生し，そのつど新たなソフトウェアを入力せざるをえなくなる。それはいわば〈後の祭り〉の連続である。サイバネティクスの世界では，常に過去のデータによって未来を予測するという本質必然性を否定することができない[43]。

　しかし競技の世界では，常に〈主観身体〉の未来の動きのみならず，〈他者〉の未来の動きを予描できなくては，何一つ動けないのであり，そのアポリアにいつも必ず向き合わざるをえない。選手もコーチも未来の動きを保証してくれるコツやカンの動感能力しか頼るものは何もないのだ。しかも，過去のデータによる確率論的対応では，いつも不安に駆られて満足に動けるはずもない。だからこそフッサールは，他者の行動を外部視点から精密分析する科学的立場をエポケーする〈現象学的還元〉を求めることになる。そこでは，生ける他者の内在経験そのものに直接に出会う〈対化〉と〈連合化〉による〈志向的越境性〉[44]が主題化され，その具体的な方法論に立ち入ることになる。そのような他者の微妙な感覚質にまで越境する共感志向性の統覚化作用は「決して推論や思

---

43) Buytendijk, F.J.J. / Christian, P.: Kybernetik und Gestaltkreis als Erklärungsprinzip des Verhaltens, S.100 In : "der Nervenarzt", 1963. H.3.
44) Hua. I.S.142 ［邦訳：第 51 節・段落③］

考作用でもない」とフッサールが言い切るのはこの意味においてである。このような志向的越境は，哲学者の単なる詭弁でしかないと考えたくなるほど，現代人は，科学的思考に呪縛されているのかも知れない。だからこそフッサールは，外界の構成員として主観身体をもつ「他者たちは物体と心情の統一体として統握されている限り，わが身にありありと与えられる」[45]と確信的に宣言するのだ。「外面的に私に向き合っている身体なら，他の事物と同じように〈原現前〉のなかで経験されうる」とその必然可能性を指摘するのはこの意味においてである。しかしそうは言っても，他者のコツやカンを自ら身体感覚と同様に，わが身にありありと共感できるというのであろうか。そのためには，フッサールの超越論的分析の道をさらに注意深く辿ってみなければならない。

　こうして，共感志向性の働きを志向分析に取り込むことによって「以前は個別的に考えられていた自我が〈その自我にとっての〉対象のなかにあるものを〈他者の身体〉として統握し，さらにそれらの身体と一緒に他の自我をも把握できる」[46]ことになる。しかしこれだけでは，〈他我〉は，実在の主観として，まだ構成されているわけではない。最初に構成されるのは〈対象となる〉物理的事物であり，いわば間主観として同定される事物に他ならない。それに次いで，間主観的に同定される統一体としての身体が承認されるのだ。その主観身体相互の間におけるそれらの事物の与えられ方が〈方位づけ変動〉によって異なると統覚されると，それぞれの主観身体は，その位置交換ができることになる。こうしてフッサールは「根源的に個別主観と相対する対象の同定可能性は，共感作用による交換可能性に基礎づけられている」という重大な指摘[47]に至るのだ。我々は同じ対象を見ていても，各自の位置からその位置に属する現出の仕方によって見ている。もし我々が〈ここ〉でなく別な位置に居るとすれば，現出の仕方は我々に共通のものとなる。ただし，どの主観身体も各自に固有の身体をもっているから，各自に固有な方向づけとそれに付随する顕在的な現出様態をもつことになる。それ故に，それらの現出は，他者がもつそれらの現出と原理的に異なっているのは自明の理である。

　このようにして，現出している各空間点には「私がそちらに移動して，〈そこ〉を〈ここ〉にして，方向づけの中心にする」[48]という〈自由な移動〉に

---

[45] Hua. IV. S. 163f.［邦訳：第45節・段落①］
[46] Hua. IV. S.307［邦訳：付論1・段落⑤］
[47] Hua. IV. S.308［邦訳：付論1・段落⑦］

よって，規則的な動機づけの仕方のなかで，顕在的な現出を潜在的な現出に変える〈理念的可能性〉が生まれることになる。〈今ここ〉の私にとって，少なくとも類型一般から判断して，同様に〈ここ〉から見れば，〈私の身体〉と同じように見え，必然的にそのように見える物体がそこに与えられる。となると，その物体は，身体と見られるのだ。その物体には，私がそこへ移動した場合にもつ〈潜在的現出〉が〈顕在的現出〉として追加されるからである。すなわち，自我体験や自我作用などを含めて，一個の自我がその主観身体に了解されるからである。それは一つの〈他の自我〉となるのだ。しかし，「私の身体は〈ここ〉と〈そこ〉に同時に存在することはできるはずもない」[49]。〈そこ〉に属する現出を私がもつのは，位置を変えることによってのみ，つまり〈可能な未来〉においてのみ可能になるのである。

§ 46. 主観身体と間身体は統一態をなす

すでに先取り的に前段（§ 41）で指摘しているように，遂行自我が〈動ける〉能力を実践の場で生み出すためには，感知し共感できる動感身体の発生分析に回帰せざるをえない。だから，〈動感システム〉に潜んでいる〈身体性〉の志向分析を抜きにしては，生徒や選手たちに生き生きした動感能力をしっかり身に付けさせることは難しい。しかも，私秘的な動感経験の発生様相は，生ける身体の〈絶対主観性〉に基づく〈主観身体〉[50]とフッサールの意味の〈間主観身体〉[51]は，〈二重化統一態〉として実存しているのだ。それどころか，その統一態のなかには，即興的同時性という奇妙な〈反転化交換可能性〉が潜んでいるから，その動きの感覚質の身体性は，単純な機械論的心身二元論では，とても理解できるものではない。そこには，〈絶対ゼロ点〉に時空的に方位づけられた〈超越論的固有領域〉[52]が形づくられている。スポーツ領域における身体運動の発生論がたびたび混乱させられるのは，謎に満ちた〈絶対ゼロ点〉に現出する〈内在超越的〉な固有領域の存在と関わっているからである。

---

48) Hua. IV. S.308 ［邦訳：付論1・段落⑦］
49) Hua. IV. S.309 ［邦訳：付論1・段落⑧］
50) Hua. IV. S.55 ［邦訳：第18節a・段落①～⑥］
51) Hua. IV. S.295ff. ［邦訳：第63節・段落⑲］
52) Hua. I. S.124 ff. ［邦訳：第44節・段落①～］

ところが，この〈二重化統一的身体性〉は，フッサールの意味の〈二重感覚〉に本原的に現れる不可疑的な明証性に基づけられている。フッサールが主張するこのような奇妙な超越論的身体学は，一般的にはなかなか理解されにくい憾みがある。ところが，競技スポーツにおける実践的な身体経験では，コツとカンがいつも〈二重化統一態〉をなして実践可能性を支えてくれているから，それは生徒や選手にとっては，極めて日常的な一回性の出来事[53]に他ならないのだ。しかもその二重感覚が動きの感覚質を伴うと，この触られつつ触る主観身体の感知能力は，さらに他者の自我身体を共感できる〈能作〉に同時反転する交換可能性を生み出すことになる。このような主観身体と間主観身体を架橋する奇妙な〈身体性〉は，〈感覚質の越境性〉として，我々のスポーツ実践可能性を支えていることを見逃してはならない。

こうして，動感発生領域に〈動感連帯化〉の現象が姿を現すことになる。この問題圏は，すでに拙著『スポーツ運動学』（第Ⅲ章151頁以降）に詳しい。因みにこの問題圏では，フッサールに倣って〈我汝連関〉という「自我と他者との間の特別な合致原形態」[54]に注目せざるをえない。私と微妙な感覚質も通じ合える意味での「他者は私の汝」であり，延長的空間にいる「私に向き合った他人ではない」のだ。フッサールの言う我汝連関には，〈私の語りかけ〉と〈それを受け容れる汝〉との〈出会い〉が同時に成立するのである。自我と他我がそこで「語りつつ，聴きつつ，借問しながら特別な様態のまとまりをもち，仲間化して〈一つの我々〉を形づくる」原形態が存在しているからである。そこでは，伝え手と承け手の間に，相互的な共動感化原理が我汝連帯感のなかに同時に働き，動感交信できる仲間としての間柄に独特な〈動感連帯感〉が生み出されることになる。

このような〈出会い〉における〈我汝仲間化〉としての動感交信は，競技スポーツのなかでは日常的な出来事である。遊び仲間のなかで，竹馬の乗り方のコツを奇妙な表現で話しかけ，それを即座に納得してコツを受け容れる〈仲間化〉は，何も珍しい出来事などではない。そのコツを受け容れる仲間は，それをすぐに〈身体化〉して，竹馬乗りにうまく生かすことができる。まして競技スポーツでは，コツが仲間に伝わり，ゲームの情況を一瞬にして読みとるカン

---

53) Weizsäcker, V.v.: Anonyma, S.49　［邦訳：3・反論理・段落①］
54) Hua. XV. S.476［Text Nr. 29: Ich-Du-Deckung ①～②］

が選手の間に即座に伝わることなどは，決して希有な現象ではない。その現象は選手同士ないし選手とコーチの動感連帯感のなかで，いつもすでに不可疑的に受け容れられているのだ。その〈動感連帯感〉は，今ここで歩いている感覚質を，原事実として，わが身に感じとるのと同様に，我汝連帯の動感仲間では，コツもカンも 後（ポステリウス） も 先（プリウス） もなく同時発生するのである。つまり，動感出会いの原事実ないし絶対事実性は，相互に同時に発生するから身体知の伝承が成立することになる。因果決定論と対極にあるこのような〈反論理性〉に基づく多くの本質法則を非科学的なドクサ経験として排除することなどできるはずもない。そこでは，科学的な自然法則の問題圏と現象学的な本質法則の問題圏の区別が明確に理解されるのでなければならない。

§47. 動感連帯化が伝承を支える

　このような〈動感連帯化〉の出来事は，動感形態発生領野のみならず，動感伝承発生の領野にも特徴的に顕在化して，そのつど，〈現象学的身体性〉の超越論的分析を可能にしてくれる。とりわけ，感知能力と共感能力という二重化の同時反転性をもつ動感能力は，運動文化の伝承発生領野における伝え手となる体育教師や競技コーチにとって，また承け手としての生徒や選手たちにとっても，不可欠な〈身体能力〉として，その動感発生分析論の基柢に据えられていることに注目しなければならない。しかし，どんな主観身体でも，同一空間内に各自の位置を自由に占めることができる。それは自由に〈動ける身体〉をもつ主観だから，この共通の空間内を移動して，主観身体の仲間と〈位置交換〉ができるのだ。そうすれば，主観身体の方位づけとその現出系列も，他者と交換できることになる。その交換は〈同一のものと同一のものとの交換〉ではない。そこでは〈同様なものと同様なもの〉という類的意味が相互に交換されるのだ。こうして，以前にはもっぱら唯一の主観身体とだけ関係づけられていた感覚事物［物体身体の他者］と，主観－客観をもつ事物統一体［身体物体の自己］が，今や間主観的に同定されうる統一体となり，その現出の動感経験は一つの意味内実を統握できることになる。さらに単刀直入に言えば「個々の主観の相関者としての事物が一つの意味を得て，その意味が意志疎通できる主観身体の同志集団にとって共通の意味になる」[55]というフッサールの一文は，感覚質の

〈意味発生〉を示して余りあろう．つまり，動きの感覚質で交流できる競技者同士のクラブは，そこに間主観身体を共有した，高次元のプレー集団ないしスポーツクラブの存在理由を示すことになる．とりわけ，その〈動感仲間化〉の世界は，学校体育における生理学主義を超えて，ボイテンデイクの言う現象学との〈高次元の協力〉[56]が期待される可能性をもつであろう．

　こうして，なお避けられない〈間主観的経験〉の齟齬を相互に補完しながら，そこに了解された〈間主観的対象性〉は，より広範な動感構成化を可能にし，同時にその対象性の拡大をも可能にすることができる．それは，個々の主観身体にも妥当する対象性に高められていく必然可能性が見出されるからである．その際には，事物構成や他者の身体構成にも不可欠な〈動感質の働き〉が自由な意志領野として所有されていることは多言を要さない．さらに「知覚作用が事物構成として必然的に働きうるとすれば，その知覚作用には，自由な動きかたを保証する身体運動の可能性が必要である」と結論するフッサールの決定的な指摘[57]を見逃してはならない．〈身体運動〉というのは，他の実用目的に利用される生理学的，教育学的価値をもつだけではない．実存の動感運動それ自体がその人の身体経験の基柢に据えられ，人間社会の成立に貴重な本質可能性を含意し，生ける身体経験の源泉をなすというフッサールの指摘は，運動現象学の発生分析論の道をさらに力強く拓く可能性を示唆している．我々の競技スポーツ領域や学校教育の領域における膨大な身体運動の現象野は，さらに技芸，舞踊，演劇などの芸道における身体運動の動感経験を巻き込みながら，人間社会の〈身体的なるもの〉の運動文化の発展とその伝承発生がさらに高次元の価値に高められていくことになろう．そのために，生ける身体運動の経験世界は，メルロ＝ポンティが指摘する「その世界の相互感覚的な統一態」[58]を含意する〈実存運動〉として，多くの実践可能性に関わる貴重な例証に満ち溢れていることが注目されるであろう．それ故に，高次元の身体運動の意識作用は，漠然とした〈ドクサ経験〉のままに放置されているわけでは決してない．競技スポーツや身体教育の実践現場で，さらに深層位の動感源泉に遡行する高次の〈意味発生論〉の道が強く期待されるのはこの意味においてである．

---

55) Hua. IV. S.309［邦訳：付論1‐段落⑩，211頁］
56) Buytendijk, F.J.J: 1956, S.30
57) Hua. IV. S.310［邦訳：付論1‐段落⑪，212頁］
58) Merleau-Ponty, M.: Phnoménologie de la perception 1945 p.160［邦訳：1，232頁］

§ 48. 連帯感は間身体を生化する

　しかしながら，指導実践における動感意識の〈出会い〉現象は，〈本原的明証性〉をもつとはいえ，謎に満ちている出来事ではある。この出会い現象をよく理解するためには，改めて主観身体が間主観身体として，それぞれ相互に働く間身体性の存在論に言及しておく必要があろう。メルロ＝ポンティの〈間身体〉という表現は，フッサールの表現に戻せば〈間主観身体〉[59]となるのは言をまたない。そこに内在している共感能力とその構成の働きによって，「その以前には，個別的に捉えられていた自我が〈彼にとっての〉対象のなかにあるものを〈他者の身体〉として捉え，その身体と一緒に〈他の自我〉も捉えることになる。しかしこのことによっても，他我は，まだ実在の主観として構成されてはいない」[60]。そこにまず構成されるのは，間主観的な物理的事物であり，それに続いてはじめて，間主観的に同定される統一態としての身体，つまり〈間主観身体〉となるのである。

　すでに前段（§35）でも述べているように，個々の主観に相対する対象を同定する可能性は，共感作用に基づく交換可能性によって発生するとフッサールは指摘する。別言すれば，プリウスもポステリウスもない同時交換作用に言及したヴァイツゼッカーの形態円環論(ゲシュタルトクライス)は，その源流をフッサールに求められることになる。ヴァイツゼッカーが「この同時的相互作用を叙述する表現法を目下のところ持ち合わせていないことは確かである」[61]と言う。しかし，この指摘が当たらないのは，フッサールがこの間主観身体への言及は『イデーンⅡ』に遡っているからである。その『イデーンⅡ』は『イデーンⅠ』（1913）に引き続いて執筆されており，「感覚と身体性は同時性として考えられなければならない」[62]と間主観身体の同時交換性をすでに論じているのだ。とはいえ，フッサールはその原稿をなかなか手許から離さずに推敲を重ねたらしく，その公刊は1952年だったから，ヴァイツゼッカーの眼に触れなかったのかも知れない。

　たしかに我々が，例えば同一の対象を見ているときに，その対象が位置して

---

59) Hua. IV. S.295ff.［邦訳：第63節・段落⑲］
60) Hua. IV. S.307f.［邦訳：付論1・段落④　208頁］
61) Weizsäcker,V.v.: Gestaltkreis, Gesammelte Schriften, Bd.4, S.254, 1997［邦訳：221頁］
62) Hua. IV. S.295［邦訳：第63節・段落⑲］

いる〈そこ〉を〈ここ〉とするならば,その現出の仕方は,我々に共通になる。つまり,〈そこ〉を私の〈絶対ここ〉とすれば,いわば,私が自由に動いて,私の絶対ゼロ点を〈そこ〉に移せば,その人の動感世界に自らの身体経験を移し入れることになる。つまり,それを約言した表現〈身体移入〉の必然可能性が,いわば私の動感身体の経験移入という必然可能性が生まれるのである。しかし,この動感移入の働きが保証されるのには,その同じ共同体に生きる〈動感仲間化〉を条件とするのでなければならない。その動感連帯感の内在している間主観身体が同時に作動することが前提とならなければ,フッサールの言う感覚性と身体性の同時交換が成立しないことはいうまでもない。

　ここにおいて,主観身体に蔵(かく)されている感知し共感できる動感能力の存在は,とりわけ動感伝承領野のなかに顕在化されて,多様な広がりを見せることになる。しかしそこでは,教師と生徒,コーチと選手の間に働く動感連帯感に依存していることは,すでに確認した通りである。それは,教師の間主観身体と生徒の間主観身体が相互に同時交換できる動感連帯感の働きが前提になっていなければならない。その教師と生徒に内在する間主観身体の生き生きした働きこそが,伝承発生領野の〈動感促発現象〉を支えることになる。その間主観身体に潜むこの〈同時交換可能性〉の働きは,実践現場では自明の出来事としてよく知悉されている。それはコツとカンの同時交換性と同類であり,「コツが同時に息づいていないカンは絵に描いた餅」として侮蔑され「同時にカンの働かないコツは間抜けな動きかた」と言われる〈本原的直観〉[63]の例証として,親しく人口に膾炙している。教師の主観身体に働く感知・共感志向性が生徒の主観身体の感知・共感志向性に同時交換可能性をもつ〈即興的交換作用〉が機能しなければ,促発指導に励む教師の遂行自我の〈生動性〉は保証されるはずもない。この相互主観身体に流れている動感出会い現象,いわば間主観身体に働く〈動感生動性〉という奇妙な出来事については,すでに拙著の伝承発生論(『スポーツ運動学』290~313頁)に詳述されている。こうして我々は,動感源泉に遡及する超越論的反省分析の方法論に新しい道を拓くことができる。我々はそこに実践可能性を支える具体的な〈道しるべ〉を設定す仕事を忘れるわけにはいかない。しかし,動感発生論の具体的な分析方法論に入る前に,動感価値に向けられた感覚質の発生深層の意味内実をさらに確認しておかなければなら

---

63) Hua. III. S.36f. [邦訳:第19節・段落②~③,104~105頁]

ない。〈絶対ゼロ点〉に潜む深層位におけるその発生様相は，極めて複雑な重層構造を示しているからである。

第Ⅳ章
●動感発生の深層世界

I—動感世界は重層構造を示す

§ 49. 感覚論的形態学に注目する

　ここにおいて，現象学における〈身体能力〉が生理学としての〈体力〉と明確に区別されるのはもはや言を重ねる必要はない。しかし，そこに多彩的な感覚質発生の現象領野をさらに遡源して，その源泉における様相変動を確認するのを諦めるわけにはいかない。学習者にとっても，指導者にとっても，体育ないし競技に求められる〈価値知覚〉の働く発生現象は，それほどに謎に満ちている。受動発生にせよ，受容発生にせよ，その感覚質がどのように生成消滅するのかという身体経験は，一体どこまで解明が可能なのであろうか。その動感発生の深層世界は，その無限の多様さと深さにおいて，我々の学的好奇心を燃やさずにはおかない魅力をもっている。とは言っても，主観的な思いこみの経験，とりわけコツやカンの私秘性を潜ませている〈身体経験〉の発生現象に立ち向かうには，因果決定論の自然的立場に慣れている我々は，思わず知らずに外部視点から客観的な科学的分析に誘い込まれてしまうのである。

　このような今日的な事情のなかでは，感覚質の促発能力に自信をもつ指導者でも，つい外部視点からの行動主義に流れやすく，科学的メカニズムにその支えを求めたくなる。客観主義に徹する科学的な〈メカニズム分析〉が現象学的な〈キネステーゼ分析〉と何一つ接点をもたないと分かっていても，ついそのノー・ハウ情報ないしマニュアル情報に触手を伸ばし，それから〈意味発生〉への転機を捉えうるのではないか，とつい考えてしまう。同時的に共感能力の働く〈間主観身体〉を学習者と共有し，観察・交信の領野にヴァイツゼッカーのいう身体性の〈経験移入〉[1]，つまり〈身体移入〉の可能性が示唆されても，何か雲を掴むような頼りなさを否めないのはどうしてなのか。指導者の指示通りに，熱心に努力する生徒や選手たちが自らの感覚質を感知し共感することもできないとき，指導者は一体どうすればよいのか。新しいコツやカンが突然消滅して，選手がその再生に苦悩しているとき，コーチはどんな本原的な〈動感

---

1) Weizsäcker, V.v.: Anonyma (1946) S.62 Gesammelte Schriften Bd.7, 1987 ［邦訳：『生命と主体』アノニューマ：15, 127-128 頁］

〈呈示〉を出せるというのか。自ら工夫し，誰にも頼らずに「自得するしか道はないのだ」と念仏のように唱えるだけなら，ずぶの素人にもコーチは務まる。どんな精密な動きのメカニズムの分析も，どんな体力やメンタルトレーニングのプログラムも，それらの外部視点からの端的な各種情報は，苦悩する学習者に内在する〈パトス危機〉そのものに直接に向き合っていないのではないのか。

　このような学習者自身に内在する感覚質発生現象のために，マイネル教授がスポーツ運動学（1960年5月2日発行）としてモルフォロギー分析論を提唱したことは，まさに特筆されるべきであろう。しかも，その精密分析を本義とした当時のスポーツ科学の時流のなかで，価値知覚を際立たせた感覚論的（エステジオロギー）なモルフォロギー分析論を前面に打ち出したのだ。曖昧で客観性に欠ける〈ドクサ経験〉を前景に立て，現象学の形態学思想を密かに運動分析論の基柢に据えたのは，まさに一驚に値する仕事であった。マイネルは，人間の身体運動を物質自然の〈物体身体〉として対象化することを拒んだのである。動感意識の働く身体経験そのものを生き生きと捉えようとした運動形態学（モルフォロギー）的な新しい分析方法論は，当時のスポーツ学会に大きなインパクトを与えずにはおかなかった。当時のイデオロギー東西冷戦時代において，ライプツィッヒで行われたスポーツ運動学の〈国際シンポジウム〉（1961）が白熱した学問論で賑わったのも，この〈モルフォロギー分析〉の新しい提案に興奮したスポーツ学者たちの関心の高さを物語っていると言えよう。

　しかし当時の思想的，政治的状況のなかでは，本格的な〈現象学的形態学〉の本質必然性に立ち入ることは，マイネル教授にとって極めて困難であったことは想像に難くない。自己観察や他者観察という現象学的な認識論を取り上げながら，科学的運動分析の前座的位置づけを甘受せざるをえなかったのは，どんなに無念だったろうか。主観身体における〈自己知覚分析〉と他者身体の〈共感的印象分析〉をモルフォロギー分析論の基柢に据えた不退転のマイネルの決意は，まさに特筆に値する重大な意味をもつものである。マイネルの運動学構想のなかには，すでに身体経験の新しい動感（キネステーゼ）分析論の道が確信されていたに違いない。ところが，当時の科学的運動学の研究者にとって，その〈印象分析〉は単なる主観的観察記述としか理解できない事情の下にあったのだ。だから，マイネル運動学が厳密な発生現象学として評価されるには，ほど遠い状況だったと言わざるをえない。生ける身体運動の形態学的な本質直観分析論が実践的

な動感発生論に不可欠であることは，現場の指導者たちには〈本原的開示性〉として知悉されているのだ。だから，その学問論的基礎づけを阻まれたマイネルは，その執筆に隔靴掻痒の思いを禁じえなかったであろう。だから，価値意識の感覚質分析論を求めていた実践現場のコーチや体育教師たちから，マイネル運動学が熱狂的な支持を受けたのは，むしろ当然のことと言えよう。ところが，スポーツ領域の運動研究者たちが，とりわけマイネル運動学講座の後継者たちが現象学的モルフォロギーの深さを読み切れずに，その非科学性に早々と見切りを付けて，当時，国際的に脚光を浴びていた〈サイバネティクス分析論〉へと舵を切ってしまったのは，何とも残念としか言いようがない。

§ 50. 感覚質はゼロ点に遡源する

しかし，マイネルの形態学的運動学の提唱（1960）から半世紀以上の歳月が流れても，運動学の意味核をなす動感発生論は，その方法論が十分に拓かれないまま，現象学的な運動分析論がそう進んでいるとは思えない。それは洋の東西を問わないようである。感覚論（エステジオロギー）を基軸に据えた新しい運動学の発祥の地であるドイツにおいてさえも，動感発生分析論の気運は見えず，バイオメカニクスないしサイバネティクスの運動学に執着したままであるのはどうしてであろうか。生命をもつ〈身体運動〉も自然科学的に精密に分析すれば，主観身体の感覚質発生も説明可能という〈ロックの呪縛〉は，それほどに強固なのかも知れない。ここにおいて，改めて感覚質発生を主題化し，その生成消滅を志向する発生地平のなかに，その動感意識の源泉にまで遡行し，原感情に絡む〈原動感システム〉の反省分析に改めて還帰することが求められることになる。そのためには，まずもって動感志向的な身体経験，とりわけ感覚質発生の源泉に遡る〈身体的なるもの〉の〈絶対ゼロ点〉の存在論に注目するのでなければならない。

我々の実存的な身体運動は，その源泉を一体どこに求めうるというのか。その〈実存運動〉においては，原感情と絡み合う原本能の動感変様態としての〈定位感〉〈遠近感〉〈気配感〉は，我々にどのように感じとられるというのか。スポーツ領域における身体運動は，その動感源泉をフッサールの唱える〈絶対ゼロ点〉に求めるのに多言を要さない。動感身体の上下・前後・左右の空間方位づけの〈絶対ここ〉は，流れる原現在の〈絶対今〉と同時に作動する時空関

係系の〈絶対ゼロ点〉に収斂されるからである。さらに〈動感情況〉の意味系，価値系をも基柢に据えた感覚質の発生源泉として，その動感ゼロ点は，自然科学の座標原点からは，本質必然的に区別されるのも喋々する要はない。因みに，ここでいう動感ゼロ点の働きは，クリスティアンの論考[2]に見られるように，釣り鐘を視覚遮断のまま鳴らすコツの〈例証分析〉に見事に呈示されている。それは〈凧揚げ〉や〈ヨーヨー〉の身体知からも，その例証は容易に首肯できるであろう。

〈今ここ〉にいる私の上下，前後，左右を決める基準は，〈絶対今〉〈絶対ここ〉という時空間意識であり，それは先経験的な時空世界における絶対ゼロ点に源泉を発している。その動感志向的な身体経験の存在は，どの主観身体にとっても，間主観身体（フッサール）ないし間身体（メルロ＝ポンティ）にとっても，不可疑的な明証性をもつことは，もはや多言を要さないであろう。因みに，ここで言う〈先経験〉[3]という表現は，原現在の身体経験に先立つ〈原意識〉の先構成が意味されている。それは，先述定的な現在経験の反省に先立つ〈原印象〉と同義である。〈先述定経験〉とは，どんな人にも先所与されている動感経験の世界信念という普遍基盤[4]が意味されているのは言をまたない。現象学的な時空間認識論を基柢に据えるこの動感志向性の〈絶対ゼロ点〉については，それを直接フッサール自身に語ってもらうことにする。

フッサールは，動感意識に関わる感覚質発生の源泉について「どんな知覚のなかにも，一つの時間現在が存在し，そのなかには，一つの絶対今が構成されている」[5]と語りはじめる。「すべての過去も未来も，想起対象の時間現在さえも，このような〈流れつつある今〉に方位づけられている。この時間方位づけのゼロ点という絶対今に対応しているのが，すべての空間方位づけのゼロ点に他ならない。どんな外的知覚でも，その現勢的な空間現在とそのなかに〈ここ〉という絶対ゼロ点を伴っている。この絶対ゼロ点は，知覚しつつある者の自らの身体のなかに現出として存在している」のだと述べて，〈絶対今〉と〈絶対ここ〉が〈同時反転可能性〉をもっていることにも巧みに言及している。

さらにフッサールは，絶対ゼロ点の現れかたにも言及していく。「しかし，

---

2) Christian, P.: Vom Wertbewußtsein im Tun. 1948 In: Über die menschliche Bewegung als Einheit von Natur und Geist S.19ff. 1963
3) Hua. X. S.73 ［邦訳：第34節・段落②］
4) EU. S.24 f. ［邦訳：第7節・段落②］
5) Hua. XI. S.297f.［B. Abhandlungen : 2. Zeitliche und räumliche Perspektivität - ②］

現出とは言っても，それは非実在的な仕方のなかにおいてである。そのゼロそのものは，決して目に見えるものではない。それは一つの極限に他ならない。したがって，自らの身体という知覚対象は，これはまさに驚くべきことなのだが，他の何らか対象のどんな知覚のときでも，いつも一緒に居合わせていて，いつも一緒に構成されているのだ。だから，まさに「これは凄い！」としか言いようがない。この［知覚］対象［自我身体］は，いつも〈絶対ここ〉を〈自らのなかに蔵して〉いて，その〈絶対ここ〉に関わる他のどんな対象でも，〈そこ〉になることによって［自我身体という］知覚対象は，全く〈ただ一つのもの〉に変貌する」のだと言う。この〈目に見ない極限〉という表現には，さらに注記を加えて，「左右のゼロ点領域，上下のゼロ点領域，前後のゼロ点領域。頭は上にあり，足は下に，一方の手は右に，他方の手は左にある。胸はより少し上にあるなど。ゼロ点とは，左右などの理念的関係点に他ならない」のだと的確な解説を加えているので，それ以上の例証的な解説は不要であろう。

§51. 時空地平は世界意識を構成する

こうして，発生現象学としての動感時空間世界は，この絶対ゼロ点の認識論に基づいて，生理学的な脳科学や体力学の時空系とは截然と区別される。その時空世界は，動感運動学の〈身体能力〉ないし〈身体知〉や〈わざ〉を生み出すコツやカンの〈原点〉として，いわば動きの感覚質発生の源泉を浮き彫りにしてくれる。この視座に立ってはじめて，動感志向的な〈身体経験〉の発生現象野を体系的に展望することができる。まずもって動感能力の源泉に遡行するには，その奇妙な発生現象が露呈される動感身体の時空世界に注目しなければならない。その動感時空世界には，他の生きものに類を見ない〈私の身体〉という〈固有領域〉[6]が存在している。その自我身体には，絶対ゼロ点という目に見えない奇妙な時空間の極限が潜んでいて，感覚質の〈意味発生〉に深く関わってくる。とすると，動感発生の深層位に潜む〈主観身体〉という固有領域の存在論というものを，まずもってここで確認しておかなければならない。

動感志向的な経験世界の時空系は，動感時間意識と動感空間意識から構成されている。動感意識で構成される〈時間性〉は，等質的な数学的，物理学的時

---

[6] Hua. I. S. 124ff.［邦訳：第44節・段落①～③］

間［時計時間］から截然と区別されるのは論をまたない。同様に動感化された〈空間性〉は，等質的で測定可能な数学的，物理学的空間から区別され，遠近感をわが身で感じとる現象学的空間[7]が意味されている。しかし，〈時間流〉や〈隔たり〉という超越論的現象まで精密に計測できるとする〈科学的思考〉[8]から解放されるのは，決してたやすいことではない。とりわけ科学的運動学や測定競技に関わる人たちは，混乱を余儀なくされる。しかし，記録を伸ばそうと工夫する陸上競技の選手たちにとっては，その私の身体における経験直下の純粋な出来事は，わが身にありありと感知・共感できるのである。ここで意味される〈固有領域〉とは，私固有の〈動感身体〉の経験領域が意味される。そこでは，私の身体の〈今ここ〉から〈たった今〉や〈そこへ〉の変化が本原的に感じとられて，そこにはじめて私だけの動感経験が成立し，〈絶対主観性〉の動感時空世界が構成されることになる。

　その動感時空世界は，端的に〈動感世界〉とも約言できるが，そこにおける内的時間意識には，過去把持，原印象，未来予持という〈幅〉をもつ〈流れる現在〉が内在している。その〈今統握〉は，未来から流れ来る現在を待ち受け，同時に過去に流れ去ってしまう流れのなかに捉えられる。同様にしてその今統握は，動感システムの反復可能性を支える〈同時相互外在性〉を内在させている。だから，その流れる時間意識は，空間意識をいつも同時に構成していることになる。この〈同時相互外在〉とは一体何を意味するというのか。クレスゲス[9]は，まず動感意識の〈二重感覚概念〉に注目する。その二重感覚意識を〈アスペクト与件〉と〈場所与件〉に区別して，相互外在的に〈同時性〉のなかに捉えようとする。その見える局面所与としての〈アスペクト与件〉とは，普通に与えられる〈所与感覚〉であり，何かを見ようとすると，視野の一定場所に視覚対象が与えられることが意味される。そのとき，視感覚は眼球運動の働きでアスペクト与件として働き，そのアスペクト与件と同時に視覚対象が一定の〈場所与件〉も与えられて，視野が成立すると言う。

　その動感意識に向き合っている時間性も空間性も，共にそれぞれに〈地平意識〉をもつから，その動感時空の地平性は，さらに〈世界意識〉をもつことになる。こうして動感時空系には，動感地平意識が構成され，さらにそれを〈動

---

7) Hua. IV. S.29ff.［邦訳：第 13 節〜第 14 節］
8) L'Œil et l'Esprit, op.cit. p.12 p.12 Gallimard 1964［邦訳：255 頁，みすず書房］
9) Claesges, U.: Edmund Husserls Theorie der Raumkonstitution, 1964 S.119ff.

感世界〉と約言することもできる。その動感世界に生きる存在者は，その〈世界内存在〉としての主観身体ないし間主観身体に他ならない。その動感身体に潜んでいる感知能力と共感能力なしには，生き生きした動感経験をもつことは不可能である。このような動感時空世界は，現象学的時空系[10]とも呼ばれ，さらに表現は違っても，ボルノーの意味の〈体験時空系〉，ボイテンデイクの〈運動時空系〉も同じ問題意識を共有している。とりわけ，人間の身体運動が現象学的関連系をもつことに注目したボイテンデイクが〈機能運動学〉(1948~1956)を唱道する起点は，そこに問題意識が置かれている。そのボイテンデイクの機能運動学が我々のスポーツ運動学に厳密な学問的基礎づけを与えてくれるのは言をまたない。そこでは，人間の身体運動の独自性は，その〈決断・承認の同時性〉[11]に支えられるとして，〈ヴェクトル構造〉の合力に依存する動物の運動と画然と区別することになる。その場合，人間の動きに内在する意味系と価値系の反省分析は，言うまでもなくフッサール現象学の本質必然性[12]に基づけられる。ヴェクトル構造を拒否した〈価値意識〉をもつ身体運動は，〈物体身体〉の物理学的時空間で位置移動する身体運動と画然と区別されるのは，この意味においてである。しかしながら，動きの価値意識による感覚質の意味発生は，精密な計測を求める科学的分析をすべて拒否してしまうから，現象学的な本質直観分析論の道を必然的にとることになる。その分析論おける価値意識の感覚質発生の謎は，超越論的志向分析なしには解くことができない。こうして，時間流の原発生地平に遡源する〈超越論的分析〉が我々の前に姿を現してくることになる。

§ 52. 動感世界は層位構造を示す

ここでいう動感世界は，すでに前節（§ 51）で述べたように，動感身体で捉える時空間地平性をもつ〈世界意識〉が意味されている。そこでは，動感発生現象が主題化されることになる。この動感発生世界は，すでに述べているように，生理学的な身体感覚，いわば体性感覚［生理学的身体感覚］と呼ばれる

---

[10] Hua. III. S.161ff.［邦訳：第81節］
[11] Buytendijk, F.J.J.: Das Menschliche der menschlichen Bewegung, In:Das Menschliche, S.178f. 1958, Koehler Verlag
[12] Hua. III. S.302［第145節・④〜⑤］

領域とは画然と区別されることも確認しておかなければならない。ここで主題化される現象学的な〈身体感覚〉は，生成消滅という発生現象を示し，主観身体で感知し共感できる内在的時空間意識によってしか捉えられないのである。この現象学的身体感覚は，〈動感システム〉として，すなわちキネステーゼ感覚質と他の感覚質ヒュレーの〈統合システム〉として機能するのだ。その動感発生に関わる身体経験の世界には，受動発生・能動発生の層位構造を認めることができる。その層位は画然と区別できるものではなく，その境界領域には，〈受容発生〉という微妙な絡み合い構造を示す中間層位が存在している。それは，とりわけ伝承発生領野においては，伝え手と承け手の両者が〈能動志向性〉と〈受動志向性〉の間で揺れ動くので，その層位を截然と区別できないことを確認しておかなければならない。

[A] 受動志向性の動感発生層位

自然科学的な時空間認識をエポケー［判断中止］してはじめて，内在する動感時空意識が主題化されるのであり，そこに独りでに働く受動志向的な動感時空世界が姿を現してくる。そこには，わが身に先構成されている動機づけの先所与性が際立っている。その謎に満ちた受動発生の動感世界は，自我意識の関与しない〈受動志向性〉という奇妙な逆説的表現[13]をもつ内在経験の世界である。その世界意識をもつ動感経験は，いわば〈受動綜合化〉によって，つまり独りでにまとまって動けるようになる〈受動発生〉として現れてくる。それはさらに後段（§ 53〜§ 56）でも詳しく立ち入ることになるが，その受動志向的な動感世界は，〈欠損態〉によってはじめてその存在に気づくという，謎に満ちた層位として際立ってくる。受動発生現象は，独りでに生成消滅するからといって，素朴な動感世界と理解してはならない。その受動発生の解明には，特殊な超越論的分析能力が要求されるのだ。それは決して端的な発生現象などではなく，〈絶対ゼロ点〉に遡源する高次元の超越論的分析が求められるのである。その受動的な動感世界では，例えば，乳児の〈本能動感〉から〈ゼロ動感〉が触発される純粋な〈受動発生〉にはじまり，微妙な感覚質に関わる〈受容発生〉の層位が主題化されてくる。その受容発生の層位は，自ら意志して動こうとする能動発生に先行している。つまり，動く感じを意識する前の，いわばコギト以前の受動動感層位にあっても，その心情的な感覚質が自我に押し迫

---

[13] Hua. XI. S.76［邦訳：第 18 節・段落⑧］

ってくるのに思わず誘い込まれ，それを受け容れる傾向をもつのが〈受容発生〉の層位[14]に他ならない。この受容的な動感発生領野は，受動発生と能動発生の絡み合い構造をもち，厳しい様相化分析によって，〈動感発生学習〉の基盤領域となる層位が形成されることになる。

　この受容発生の層位を無視すると，乳児の本能動感からゼロ動感の絡み合い地平が欠落してしまう。母親との交流なしの受動動感発生には，カマラとアマラの狼っ子[15]の運動発生に関する〈空虚形態〉の存在を無視できないからである。人間社会の温床を前提にした受容的な動感発生という現象は，歴史的・社会的な淘汰化領野における人間の運動の〈空虚形態存在論〉が前提になっていることを見逃すわけにはいかない。その空虚形態の存在を前提にしてはじめて，〈空虚表象〉の意味発生に向けて，自我意識の働かない受動的な動感ヒュレーが〈相互覚起〉することになる。それは，独りでにまとまる受動綜合化の反復化現象が触発される〈動機づけ〉になることは，もはや喋々するまでもない。

　このようにして，乳幼児の受容的な動感発生の現象野が前景に立てられてくる。そこには，事物の感覚質も息づいていて，いつの間にか受動発生の動感能力が独りでに目覚めて作動することになる。この受動的な動感発生をめぐる幼児の指導実践は，アポリアのもっとも多い現象野として注目されるのはこの意味においてである。しかも，その実践可能性は，乳児や幼児の動感世界に何らかの先所与性として潜んでいることにも注目しておく必要がある。その動機づけ連関の発生分析論は，感覚質の生成消滅に関わる〈交信作用〉が働かないために，動感志向分析は困難を極め，その解明の道は未だに遠い。しかし，その乳幼児の動感運動発生を日頃から指導実践している現場には，多くの貴重な感覚質ヒュレーに気づいている保育士も少なくないであろう。乳幼児の運動学研究者や指導現場の保育士たちの喫緊の課題として，その現象学的発生分析の体系化に大きな期待が寄せられているのはこの意味においてである。

[B] 能動志向性の動感発生層位

　動感発生の身体経験は，端的な確信の様相のもとに，〈今ここ〉に先所与性として前もって与えられているのであり，その動感世界は「普遍基盤として存在している」とフッサールは指摘する。その〈普遍基盤〉は，「あらゆる認識

---

[14] EU. S.81f.［邦訳：第17節，段落③，66～67頁］
[15] シング J.A.L.：『狼に育てられた子』，中野善達，清水知子訳，1977 福村出版

行為の前提となる普遍的な受動的存在信念の基盤」[16]が意味されている。このような動感発生の世界意識においては「確信という様態の意識」を前提として，能動発生への道が可能になる。その人の世界内存在における動感発生の普遍的な〈運動基盤〉は，感覚質ヒュレーを受容的に反復する動感経験を通して，その動感システムが受容的ないし能動的に形成されていくのである。それは動感システムの発生現象野として，受動，受容発生の〈統覚化領野〉，能動発生の〈確定化領野〉，さらに上位の〈洗練化領野〉の重層的構造をもっていることは，すでに拙著『スポーツ運動学』に詳述されている。その能動発生の究極の層位は，非人称自在化という〈それが〉勝手に働く受動発生に至り，いわば〈ゼロ動感〉の発生源泉に原理的に還元されることになる。

　学校体育でも競技スポーツでも，受容経験野ないし能動経験野における動感発生は，まさに運動文化伝承の中核的な現象領野である。その価値知覚の働く感覚質発生の現象野では，動感時間流のなかに〈流れる原現在〉と内在的な時空意識に関わる〈隔たりの原現象〉が触発され，形態化されていく。この先述定的ないし述定的な動感経験の発生現象野では，その感覚質における生成ないし消滅のノエシス契機は，いつもすでに〈自己忘却性〉を潜めているから厄介である。詳しくは後段に送るが，その動感発生分析は，一方では動感意識流の沈殿化によって〈鋳型化現象〉を引き起こし，その改善の〈修正化作用〉は困難を極める。他方では，習慣化した動感流が突然に消えて，いわゆる選手生命を奪うような〈破局的消滅〉の出来事も発生するのだ。これらのアポリアに立ち向かうには，動感時間流の原発生地平に遡源せざるをえなくなる。それは，自発的な受動発生現象のアポリアと同様に，この能動的な動感発生野のアポリアも，〈原発生分析〉に還帰せざるをえないことになる。いわば，動感志向的な感覚質の受動発生にせよ，その受容ないし能動発生にせよ，動感発生分析は，原発生地平分析に回帰して，立ちとどまりつつ流れる〈絶対時間化〉の現象という謎に満ちた重層構造のなかに絡み合い構造が示されている。それは動感発生分析論にとって決定的な意味をもつことになる。

[C] 時間流の原発生地平をもつ最深層位

　すでに述べているように，受動的な動感発生層位も能動的な発生層位も，さらにその中間に絡み合い構造をもつ受容的な動感発生層位も，すべてそれらの

---

16) EU. S.24f.［邦訳：第7節・段落②］

動感発生分析は、それぞれに独自な重層構造を示してはいても、究極的には、この原発生深層の地平分析に回帰していくことになる。詳しくは後段（§62～§65）で立ち入るが、動感意識の〈原発生〉の最深層位とは、〈流れる原現在〉のなかに〈立ちとどまる今〉を感じとる謎に満ちた私秘的な層位である。さらに、動感システムに絡み合う〈感覚態〉[17]の今統握のなかに、未来に新たに働く〈流れ来る時間流〉を本原的に予感し、予描する動感能力の意味核が同時に存在するのである。そこには、動感身体の原発生地平をなす源泉が見出されるのだ。この原発生の地平構造には、絶対ゼロ点を構成する〈二つの上〉、つまり地球空間の〈天頂の上〉と、物体身体の〈頭頂の上〉という二つの〈原方位づけ〉と、〈二つの今〉つまり〈流れる今〉と〈立ちとどまる今〉が同時反転化して作動するなかに、未来の生ける動感予描を感知し共感できる動感意識を絶えず噴出し続ける〈原発生〉の源泉を見出すことができる。

　この動感意識流の原発生地平は、原感情や衝動志向性を受動綜合化する〈原触発〉と〈原動感〉が絡み合う〈原連合化〉の現象が際立ってくる。それは後段（§65）で詳しく立ち入ることになるが、このような〈絶対時間化〉の働く原発生の深層位のなかに、何らかの障碍が引き起こされると、突発的な動感流の消滅という競技者を破局に陥れる深淵が待ち構えている。そこに引きずり込まれる選手たちは、その奇妙な出来事に苦悩し、八方塞がりのアポリアに選手生命の将来を消されてしまうのだ。いずれにしても原発生分析は、価値意識を伴う動感質、つまりキネステーゼ感覚質の発生分析の源泉をなしていることをしっかりと確認しておくことが肝要である。

II ── 受動発生の身体経験に向き合う

§53. 受動発生のゼロ動感に向き合う

　すでに前節でその要点を概観しているが、受動志向性の動感発生層位とは、自我意識が働かないまま、独りでに動感システムが勝手に作動したり、消滅し

[17) Hua. IV. S.144f. ［邦訳：第36節，段落①‐④，171頁以降］

たりする，いわゆる受動志向性が支配的な発生層位のことである。ただし，その動きの生成消滅という動感発生の認識論は，因果決定論による科学的な運動認識論とは截然と区別されることをまず確認しておかなければならない。デアヴォルトの「恒常的図形時間の規則」[18]（1938）という見事な例証分析に示されているように，人間の〈動きのかたち〉の生成消滅という現象には，因果決定論が成立しないからである。ヴァイツゼッカーも，その動きの生成と消滅の「交換作用の同時性は〈作用でない〉とか〈無時間的なもの〉と見なす如何なる理由も存在しない」[19]と言い切って，因果決定論による科学的運動分析と一線を画している。人間における〈動きかた〉の発生を形態円環(ゲシュタルトクライス)と呼ぶヴァイツゼッカーの〈同時的交換作用〉は，生成と消滅の〈作用共存〉のなかに，先と後の順序性が存在しないのだ。それは，動感形態の生成と消滅が全く同時だからである。それどころか，〈原因が結果を先取りする〉[20]というヴァイツゼッカーの多くの例証分析が呈示されると，生理学的体力要素や心理学的メンタル要素の二元論は，動感形態の発生には通用しないことが明白になってくる。

　自我意識が働いていないのに，すでにその動感システムに〈受動志向性〉が働くというフッサールの〈逆説的表現〉は，そこにすでにいつの間にか〈先所与〉されている何かが存在していることを意味している。だから，自我意識のある能動発生と絡み合う受容発生の層位だけでなく，この受動発生の層位も当然ながら受動的先所与性[21]の働きに支配されているのである。そこでは，私の身体がいつの間にか勝手に動いてしまうのだから，私に内在する時間意識も空間意識も自覚されないのは自明の理である。このような受動発生する動きの感覚質がいつの間にか機能してしまうとなると，どうしてそのように動けるのかが謎になってしまう。しかしそこには，先所与されているマグレの空虚形態のなかに，その空虚表象の充実化を〈予期する働き〉が潜んでいるのだ。だから，偶発的なマグレ発生では，〈今こうなっている〉という様相は，常に秘密のままとなる。その時間流のなかの今統握は，すっかり自己忘却性に被われ，そこでは本能動感が原衝動として働いているのだ。そのような複雑な様相変動のな

---

18) Derwort, A.: Untersuchungen über den Zeitablauf figurierter Bewegungen beim Menschen in: Pflügers Archiv, Bd.240 (1938): S.661ff.
19) Weizsäcker, V.v.: Gestaltkreis, dito S.254［邦訳：221頁］
20) Weizsäcker, V.v.: Gestaltkreis, dito S.257［邦訳：225頁以降］
21) EU: S.74ff.［邦訳：第16節，段落①～⑤］

かで，未来の動きを先取りする必然可能性を捉えようとすると，受動発生する動きの感覚質の内在経験の源泉に立ち入って，その発生様相に注目せざるをえないことになる。

このような純粋な受動発生の現象がもっとも顕在化するなかに，フッサールは根源的な動感志向性として，〈本能動感〉ないし〈野性動感〉[22]の働きに注目している。例えば，乳児がいつの間にか腹這いになり，独りでに〈頭を起こす〉という動きの発生は，まさに純粋な受動発生の出来事と言えよう。そこでは，〈地球地盤〉[23]の〈上〉という動感空間性が本能動感の動機づけによって受動的に現れるのである。その受動的な本能動感が独りでに作動して，頭を起こす因果性を生理学的に説明することはできる。しかし，その頭を起こす動きそのものの意味発生は，その問題の埒外におかれてしまう。新しい〈動きかた〉の発生する事態のなかに，空間方位づけの空虚表象が〈ゼロ動感〉[24]として目覚めるところに，動感空間性の〈意味発生〉が主題化されるのだ。このような受動的な意味発生に注目するところにこそ，乳幼児の動感経験の受動発生に直に向き合う必然可能性が覚起され，新しい感覚質の発生分析に気づかざるをえなくなる。同様にしてフッサールは，乳児の授乳時の有意味な動きかたの発生例証を取り上げているだけでなく，乳児の喃語を口まねして，そこに先所与されている〈眠れる喃語〉を触発する母親に注目している。そこには，まさに動感発生を誘う様相の貴重な例証分析が呈示されているのだ。動感発生の起点をなす〈ゼロ動感〉に対して，母親が動感受動発生の触発化現象に直接に関わっていることは，動感能力の促発分析者の役割を本来的にもっていると言えよう。そこに，女性の自我身体のもつ固有領域に働く動感促発の意味核を見逃してはならない。この事実は，女性の体育教師や競技コーチのもつ役割，いわば動感促発の〈原触発〉としての衝動志向性に女性指導者が特筆すべき固有性に恵まれていることを示唆しているからである。

しかし，このように自我意識が関与しないままに，本能動感の綜合化が成立する受動発生は，その対となる能動発生の表層位にあって作動する受容発生と画然と区別されるわけではない。乳児や幼児の〈ゼロ動感〉の〈空虚表象〉が〈原感情〉の〈感覚質ヒュレー〉と連合化し，触発されて，はじめて反復化

---

[22] Hua. XV: S.660 f. [Beilage - 54]
[23] Husserl, E.: Umsturz der kopernikanischen Lehre 1934
[24] Hua. XV. S. 606 [Beilage 45 - ⑩]

現象が起こるからだ。その受動的反復において，いつの間にかその動きが充実して，独りでに自由に動けるようになる過程を本人が受け容れているのだから，すでに〈受容発生〉の層位に越境していることを見逃してはならない。そこでは，知らずに自然と動けるのだから，その身体は〈自己忘却性〉[25]のただなかにあり，未だ主観も客観も定立されていない経験直下の出来事のなかにある。いわば，西田幾多郎が言う「純粋経験」の世界にあって，まさに自我身体は経験直下に在り，それは「直接経験と同一である」[26]ことになる。卑近な例証を挙げれば，賑やかな人通りの多いところを急いで通り抜けようとするとき，独りでに即座に身をかわし，速度もそのつど変えて歩くことができる。その歩きかたは，独りでにまとまって〈受動綜合化〉する価値知覚の感覚質に支えられている。このように私の身体が自ずと情況変化に対して即興的変様が可能になるのは，すでに習慣化された駆使身体の主客未分の身体経験がその基柢に蔵されているからである。だから，この意味の受動綜合化の動感発生は，能動綜合化の表層位にある受容発生に絡み合っていることになる。しかし，その主客未分の〈駆使身体〉も突然に〈反逆身体〉に変様し，動感消滅に至ることもあるのだ。もちろん，マグレ発生はその感覚質が独りでにまとまったのだから，泡沫のようなマグレ成立は当然消滅するが，そのコツやカンの突然の消滅は，私の身体に〈いつでもすでに〉受け容れられているのである。その意味では，まさに受容的な消滅現象に他ならない。そこにおいて，受動綜合化における感覚質の欠損によって，受容された動感消滅という出来事にはじめて気づかされるのだ。

このような謎に包まれた受動志向性の身体能力それ自体は，外部視点からその物体としての身体の位置変化を客観分析しても，その物理的行動過程しか捉えられない。例えば，歩きかたの受動発生的な動機づけがそこに姿を見せるはずもない。そこに取り上げられた〈物体身体〉という分析対象は，つまりその「事物そのものは，エネルギー形式をもつ運動状態のなかで，連続的ないし非連続的に充たされた［等質］空間のなかに成り立っている」だけだと，フッサールは即座に指摘してみせる。「その空間を充たしている運動そのものは，一群の微分方程式に支配され，物理学の基本法則に対応している」だけであり，「そこに感覚質は存在していない」と言い切るのだ。「何故なら生き生きした空間

---

25) Landgrebe, L.: 1980, S.83f.
26) 西田幾多郎「善の研究」岩波文庫

を充たしている動きの性質は，感覚質そのものに他ならないからである」[27]と断言する。我々の主観身体が生き生きと運動する空間は，生命的空間なのであり，その空間を充たしている運動の「感覚質は感覚器の種類と状態によって変様し，……さらにその身体と経験主観のあらゆる情況に左右される」のだと鋭く指摘する。生き生きと実存する身体運動は，その感覚質の精緻さと程度差によって，そのつど新しい意味発生が生起するのであり，フッサールはそこに，受動的感覚質の微妙な様相変動が潜んでいることを浮き彫りにしている。

　我々が〈独りでに動ける〉という受動発生という動感様態に注目するとき，その時空間においては，周囲世界の動感情況に応じて同時反転可能性の働きが露わになってくるのを見過ごしてはならない。フッサールは時間性に優位性を与えて「空間はすでに時間を前提としている」[28]と言う。しかしそれは，動感能力に潜む時間と空間の反転化現象が，いわば〈今〉と〈ここ〉は統一態としていつも絡み合って同時反転性として作動しているのを見過ごしてもよいという意味ではない。動感分析に際しては，どちらかが背景に身を隠して息づいている様態として捉えた上で，その前景にある有意味な感覚質の発生分析が進められるのであり，時間と空間はいつもすでに同時交換性を蔵（かく）しているのだ。そのときも，主観身体に感じとられる内在的な時間意識が〈客観的時間〉と呼ばれることもあるが，それは動感身体に住めない〈超越〉としての等質時間ではない。その内在的な動感意識時間を，数学的，物理学的な客観的時間と混同してはならない。だから，この数学的な等質時間と誤解されないために，内在的に構成化された意識時間性として，内在時間と慎重に呼ぶこともできるのだ。

§54. ロックの呪縛を爆破する

　この〈内在時間〉と呼ばれる時間性は，すでに述べているように，精密に計測できる時計時間と区別されるのが前提となる。意識流のなかに生き生きと住んでいる内在時間[29]は，現象学的に還元する以前の等質的な〈数学的時間〉[30]という理念化された時間と境を接している。だから，その概念規定に混乱

---

27) Hua. IV. S.84 f.［邦訳：第 18 節，g - 段落①～②］
28) Hua. XI. S.303［B. Behandlungen: Wahrnehmung und ihre Selbstgebung: 1923 und 1920/21］
29) Hua. X. S.5［邦訳：第 1 節・段落②］
30) Hua. VI. S.50［邦訳：第 9 節，h - 段落③］

が起こる可能性も否定できない。身体運動に内在し，わが身にありありと感じとられる内的時間意識こそが運動現象学で取り上げられる計測できない客観的時間である。しかし誤解を避けるために，この客観的時間と訳される *objektive Zeit* は，ここでは動感意識の対象となる〈対象的時間〉の訳語を取り上げる。とりわけスポーツ領域には，時計時間が競技成立の前提となり，なかでも測定競技では，数学的時空間の測定値が競技の勝敗決定を左右するからである。そこでは，知らぬ間にその〈超越的対象時間〉と〈超越論的対象時間〉との区別に混乱が生じやすいのだ。言うまでもなく，超越的時間は等質な理念化時間であり，後者の超越論的時間は〈内在的超越〉31) として〈間主観身体〉に了解されるヘテロな内在時間に他ならない。したがって，この区別をしっかり確認しておかないと，動感意識の時間流に住む感覚質の微妙な程度差を有体的に，いわば〈身体で捉える〉ことは不可能になる。

　すでに，第Ⅰ章「コツとカンの存在論」で先取り的に述べているが，発生現象学における〈身体運動〉は，価値意識をもつ感覚質の微妙な〈差異化〉と〈程度差〉を抜きには考えられない。まして，競技スポーツの身体運動では，そのコツの微妙な感覚質発生を捉え，動感情況のカンの閃きにとっさに対応するのだから，その感覚質発生がいつも関心事になってくるのは当然のことである。それにもかかわらず，このような競技コーチの世界でも，コツやカンに依存する動感発生論が何となく敬遠されるのは何故であろうか。コーチ自身が感覚質に基づいて良否の価値判断するのは，客観的でないから何となく後ろめたいというのか。より科学的なメカニズムの因果論的分析をもとに説明し，統計学的確率論を先行させるほうが選手たちを納得させうると考えるのか。未来の動きや行動を決断する選手たちは，コツとカンの動感能力しか頼るものはないのだ。メカニズムや確率データを呈示されても，結局は選手自身が自らどう動くかを決断せざるをえないからである。選手たち自身は，コツやカンしか〈命綱〉にならないことは身をもって知悉しているし，動感身体で感じとる以外に頼るものは何もない。それにもかかわらず，コーチのほうが選手の感覚質に儚さを感じ，より科学的な確率に頼ろうとするのか。その場合，選手のコツやカンという価値知覚による感覚質に全幅の信頼を寄せるコーチは，極めて珍しくなった昨今である。ここにおいて，自らの動感質がすでに消滅したコーチと，生ける

---

31) Hua. I. S.136［邦訳：第 48 節・段落②］

動感質しか命綱にできないアスリートとの決定的な乖離が際立ってくるのだ。

　フッサールの発生現象学は，自然科学的なエピステーメーから曖昧なドクサ経験に帰還することを一貫して主張している[32]のは，これまでも繰り返し強調している。にもかかわらず，どうしてもコツやカンというドクサ経験に不信感をもつのは何故なのか。ここにおいて，フッサールが17世紀の〈ロックの呪縛〉が執拗に我々を混乱させていると断じる指摘に注目せざるをえなくなる。我々は，改めて身体運動の原発生の地平世界に立ち返り，微妙な感覚質発生に注目することを求められるのは，この意味においてである。日常的に直観される周界のなかで，現実に知覚される物体の感覚質が因果的な〈感覚与件〉とたえず取り違えられてきたことをフッサールは『イデーンⅠ』[33]で真っ先に問題に取り上げている。その因果決定論的な〈感覚与件〉がロック以来の「心理学的伝統の悪しき遺産に他ならない」[34]と言い，この感覚与件が安易に〈感覚的性質〉とも呼ばれて，肝心の価値知覚を伴う〈感覚質〉との区別がつかなくなってしまったのだという指摘を見逃してはならない。

　フッサールは，ロックの言う〈感覚与件〉が「数学的‐物理学的なものと取り違えられている」と厳しく注意しながら，その〈数学的‐物理学的なもの〉の意味源泉を改めて現象学的に分析し，解明することこそ不可欠なのだと強調して止まないのだ。フッサールはその『危機書』においても，現実に知覚される「物体の属性を形態(ゲシュタルト)そのものの充実と呼ぶとき，それらの形態を物体そのものの〈性質〉，いわば物体の〈感覚質〉と捉える」のだと正鵠を射て指摘する。さらに駄目押し的に，「ここで言う形態とは，〈一緒に知覚されるもの aisthēta koina〉なのだから，〈それだけで知覚されるもの aisthēta idia〉のように個別の感覚器だけに関係するのではない」と付け加えて，多くの感覚器に共通に知覚される形態や運動という動感システムの感覚質の独自性を浮き彫りにしているのだ。そこでは，すでにロックの言う〈形態〉や〈運動・静止〉の一次性質と色や匂いの二次性質との区別は，すべて否定され，爆破されていることを見逃してはならない。フッサールは，ロックの〈感覚与件〉と現象学的〈感覚質〉を対峙させることによって，いわば動感的価値意識に関わる感覚質のもつ本質必然性を明快に際立たせているのだ。こうして，物体の時空間的な〈ゲシュタ

---

32) EU：S.22［邦訳：第6節‐段落③］
33) Hua. Ⅲ‐S.71ff.［第40節，段落①〜③ 173頁以降］
34) Hua. Ⅵ. S.27 f.［邦訳：第9節，b‐段落④‐註1］

ルト〉という契機をもつ特殊な感覚質は，「時空形式とその特殊形式を取り扱う純粋数学のなかでは捨象されてしまう」と正鵠を射た注意を追加している。本質必然的に数学的形式化を基柢に据える自然科学的運動分析のなかでは，この微妙な動感システムに潜む感覚質は，問題意識の埒外に放逐されて，取り上げられないのだ。そのキネステーゼ感覚質，約言して〈動感質〉という現象野は，現象学的運動分析の固有な対象領域であることを，ここでしっかりと確認しておかなければならない。

　このようにして，微妙な程度差をもつ〈動感質〉の発生現象野では，まず〈絶対今〉という時間性がわが身にありありと感じとられ，その原現在は，流れ去って過去に沈んでいくのを有体的に感知できることが主題化される。つまり，〈流れる現在〉という自己意識は，受動的に〈いつもすでに〉捉えられているのだ。〈絶対の今〉を感じとった自己は，ヘラクレイトスの言う「私は同じ川に二度と入れない」という意識時間流をわが身で本原的に経験することになる。つまり，〈流れる現在〉を感じる自己意識は，フッサールの言う〈今統握〉を主観身体で受動的に，いわば独りでに感じとられているのだ。その主観身体の意識流のなかで，今を起点とした〈流れる現在〉は，過去という忘却の彼方に次々と沈んでいく。同時に一方では，流れ来る未来の時間意識をわが身でありありと待ち受けているのだ。こうして，主観身体に内在する意識時間流は〈過去－現在－未来〉という一直線に流れる時間秩序の存在[35])をもつことになる。

　このような内在的な時間意識のなかでも，先も後もない〈同時性〉[36])（プリウス　ポステリウス）という奇妙な発生現象を見過ごすわけにはいかない。しかしそれでもなお，遂行自我は暗黙の自己忘却性のままに，高度な技能を身に付ける能力可能性をもっているからである。そこには，自ら動ける身体能力と自らの動感意識流の感知能力が一致しない，いわば〈動感スキップ現象〉という落とし穴が存在するのだ。いわば，動感意識流が独りでに勝手に流れ去ってしまうのに，いつの間にか〈自ずと動けてしまう〉という受動発生現象は，我々にとってもっとも交信しにくい現象野である。それだけに教師やコーチは，発生現象学の高次元の専門能力をそこに求められる仕儀となる。とりわけそれは，幼児体育の教師や子どもの競技コースを担当するコーチは，高次の専門能力が必然可能的に求められてい

---

35) EU：S.207 ff.［邦訳：第42節，b-段落①～⑥］
36) Weizsäcker, V.v.: Gestaltkreis, Gesammelte Schriften, Bd.4, S.254., 1997［邦訳：221頁］

170　第IV章　動感発生の深層世界

ることを見過ごしてならない．そこには，ナショナルコーチ以上の高次元の感覚質発生分析に向き合わざるえないからである．というのは，言語能力が十分でない幼児たちは，微妙な感覚質を何も語ってくれないから〈借問分析〉も成り立たないのだ．さらに，「潜勢自己運動」[37)]による高次元の〈代行化能力〉が求められる代行分析には，動感意識が萎えてしまった教師やコーチにとっては，まさに厳しい指導実践が待っているからである．

§ 55．隔たりは計測できない

　すでに述べた前段（§ 54）の趣旨を要約すれば，ロックの〈感覚与件〉は「数学的‐物理学的なものと取り違えられる」と注意を喚起して，その「数学的‐物理学的なもの」の〈意味源泉領野〉こそが発生現象学の分析対象なのだ，とフッサールは結論する．現実に知覚される物体の属性を〈形態の充実〉(ゲシュタルト)と捉えるとき，これらのゲシュタルトを物体そのものの感覚的性質，つまりその形態の〈感覚質〉と呼ぶとフッサールは明快に言い切っている．しかし，スポーツの運動形態がロックの呪縛に捕らわれたまま，それを〈感覚与件〉と理解するから，科学的分析で精密に計測できると考えることになる．それはロックの言う一次性質の運動や形態も，延長(レス・エクステンサ)として理解されるからである．そこでは，コツやカンという価値知覚の働く感覚質の発生を解明できるはずもない．そのような〈科学的思考〉は，17世紀末葉のロック以来，現代に至るまで，とりわけ競技スポーツ界に深く浸透しているから，問題は極めて深刻である．

　考えてみれば，自然というものを〈一次性質〉と〈二次性質〉に截然と分けたのは，イギリス経験論の哲学者ロック（1632~1704）であることは言うまでもない[38)]．ロックが物体の性質における物体固性，延長，形，数，位置，運動あるいは静止を〈一次性質〉と呼ぶ．そこでは〈運動〉も〈形態〉も一次性質の〈感覚与件〉となっている．だから，フッサールが「その物体形態の意味充実を感覚質だ」と言っても，本当は客観的に定量化できると勝手に考えてしまい，〈ロックの呪縛〉からなかなか解放されない．これらの形態や運動以外の，音，匂い，味などは，すべてその一次性質に基づく〈可感的性質〉として二次

---

37)　金子明友：運動観察のモルフォロギー，122~123頁，筑波大学体育科学系紀要，第10巻，1987
38)　ロック：人間知性論，『世界の名著 ロック・ヒューム』32巻，89-94頁，1980，中央公論社

性質と呼ばれている。近代自然科学は，いわば定量化できるものだけを自然から抜き出し，それだけを分析対象にするのだから〈科学が客観的である〉のは，その限りにおいて自明の理である。二次性質のものでも，何らかの測定に堪えうる要素だけを抽出すれば，次第に定量化の道を辿り，そこにいわゆる因果決定論的思考が成立することになる。こうして，人工的な味や匂いを含めてヴァーチャルリアリティが前景に立てられている昨今である。ニュートンが色彩の感覚も光の屈折率という数値によって捉えうるとし，二次性質も一次性質に還元できると主張したのは周知の通りである。ところが，事物の形態(ゲシュタルト)は，〈漠然性〉こそがその本質であり，決して〈汚点〉ではないとフッサール[39]は断じているのだ。だから，〈形態〉とは本質的に不精密であり，とりわけ〈動きのかたち〉が数学的に微分されたものに感覚的直観の基礎になるものは，何一つ存在しないとフッサールは言い切るのである。その時間流を100万分の1秒にまで微分しても，その絶縁された部分と部分の間に生き生きと流れる〈動きのかたち〉は本質必然的に捉えられるはずもない。結局のところ，フッサールの言うように，形態の本質直観の分析論は，精密科学の任ではないのである。

　このような〈ロックの呪縛〉を爆破することに成功しさえすれば，内在的に生じる空間意識が，とりわけ動感経験で感じとられる内在空間性が我々の分析対象にやっと姿を現してくる。この主観身体に住んでいる〈遠近感〉という空間意識は，わが身からの〈遠近の隔(かく)たり〉を直接に感知する能力可能性をそこに蔵しているのだ。内在する遠近感の空間世界は，それは身体意識の住めない〈超越的な等質空間〉などではない。つまりその遠近感の空間性は，数学的，物理学的に計測可能な空間と区別されるのは，内在時間性の場合と同じである。この遠近感に支えられた対象化空間は〈客観的空間〉とも訳されることもあるから，数学的等質空間と誤解されやすい。だから，ここでも内在的に構成化される主観身体の空間性を〈内在空間〉と呼んで区別することにする。内在空間には，主観身体からの上下・前後・左右という〈方位づけ〉と〈隔たり〉の空間意識が働いている。だからフッサールが並木道の例証[40]によって解明化分析を施し，内在する動感意識によって並木道に地平構造が現出されることを見事に捉えている。しかし，そこではまだ，今統握という〈内在時間化〉の反転

---

39) Hua. Ⅲ. S.138 ［邦訳：第74節・段落①～③］
40) Hua. ⅩⅥ. S.219ff ［第62節・段落①～⑤］

可能性が背景に沈んだままで,風景の遠近感だけが顕在化していることを見過ごしてはならない。方位づけと隔たりの空間意識は,スケールで距離や角度を計測する物理学的分析とは,本質必然的に明確に区別されるのはこの意味においてである。

こうして,シュトラウス[41]が敢えて指摘する〈隔たり〉という奇妙な出来事は,動感志向的な主観身体にしか捉えられない。〈隔たり〉とは,長さでも間隔でもない。〈長さ〉は測定できるが,隔たりには客観的尺度が本質必然的に存在していない。〈間隔〉は,空間のなかで移すことができるが,隔たりは移動させることができない。〈距離〉は,進むことができるが,我々がどこかに行き着きたいと思うと,いつも新しい隔たりが現れてくる。隔たりという現象世界は,客観化された世界から導き出すことはできない一つの〈原現象〉であると,シュトラウスが言い切るのはこの意味においてである。隔たりは感じとるのではなく,隔たりのなかにおいて,感覚する働きがそれ自体を発生させるのだという。隔たりは,意味や価値を感じながら動く主体の感覚質が機能しなければ,決して存在するものではない。だから反対に,隔たりを感じとれない動感意識の感覚質も決して存在はしないのだ。この遠近感の隔たり現象は,さらに後段(§62～§65)で再び詳しく立ち入ることになろう。

§56. 受動発生の欠損態に気づく

動感システムがいつの間にか独りでに〈統覚化〉する受動発生の層位は,その超越論的発生分析に対して,さらに難題を投げかけてくる。すなわち,受動的な感覚質発生の動感世界は,余りにも奇妙な現象が満ち溢れており,そこには多くのアポリアが行く手を阻み,その受動発生への通路がなかなか見えてこない。自分でも気づかないうちに,独りでに動けるようになる子どもたちは,その内在的な動感意識を何一つ話してくれるはずもない。そこでは,単に〈本能動感〉が作動して,衝動的に動けたのだと考えるだけであり,その生理学的反射理論で因果性を納得するのが一般的である。しかしそこでは,その子どもの動感発生の奇妙さに,いわば〈独りでにまとまって動ける〉という奇妙さに疑義も感じることはないというのか。教師たちは,外部視点から科学的に〈行

---

[41] Straus, E.: op.cit. 1956 S.408 [M. Die Raum- und Zeitform des Empfindens, a. die Ferne - ⑯]

動分析〉をすれば，その因果性が種明かしできて〈動けるようになる〉と考える。さらに，その動きかたを手っ取り早く覚えさせるには，〈模倣学習〉の手順を合理化し，その学習マネジメントの合理化を図れば，それでよいと考える。しかし外部視点からの客観分析では，子どもが自らの価値知覚によって捉える感覚質の様相変動は，何一つ捉えることができない。しかも，学習マニュアルで動けるようになったとしても，その感覚質の〈意味発生〉の内実は，何も明らかになってはいない。それは，〈虎の巻〉を見て二次方程式を解く手順には慣れても，数学的思考の中身が身に付かないのと同様である。受動発生に潜む感覚質の微妙な様相変動が教師の関心を呼び起こさないのは，感覚質そのものの本質直観の不可欠性が理解されていないからである。そこには，すでに前節（§55）で指摘したように，それはフッサールの〈感覚質〉とロックの〈感覚与件〉の区別がついていないところに問題の発端が潜んでいる。

　さらに，教師の指導理念として「動ければそれでよいのだ」と一方的な成果価値だけが独り歩きする〈成果主義〉一辺倒にも注目しておかなければならない。そこでは，〈動感スキップ現象〉が見逃されてしまうだけでなく，感覚質の有意味な感覚素材が志向分析の対象に取り上げられないまま，埒外に放り出されているからである。こうして，どんな動感システムを習得させるべきなのか，その学習課題がどのような感覚質発生に関わりをもつのかも，教師の関心事になってこない。いわば，その教師は，学習させる教材の〈ノエマ的意味〉に何らの関心も見出していないことになる。だから，低鉄棒の〈逆上がり〉と〈後ろ回り〉とノエマ的意味が欠損していることに気づかないままなのだ。その教師は，感覚質の意味発生に道しるべを立てる〈ノエマ的意味分析〉という教材研究を放棄していることになる。運動発生学習における教材研究の前提が無視されていることの重大さにも，気づかないままである。

　しかし仮に，その教材の〈ノエマ的分析〉の存在意味が確認されたとしても，さらにその運動発生学習の実（レエール）的な〈ノエシス的分析〉を，教師は無視するわけにはいかない。子どもたちは，価値知覚によって感覚質を自らの私秘的な内在経験のなかで捉えるのだから，それはその子ども自身にしか直観できないのだ。生徒の内在経験世界の様相変動を外部視点から客観的に分析できないのは喋々するまでもない。しかもそれらの多様な様相変動は，独りでに気づかないうちに受動発生しているのだから，その生徒が反省分析しない限り，その〈意味

発生〉を支える感覚質ヒュレーは，そのまま過去に流れ去ってしまう。しかも，子どもには，動感意識を反省して言表できる十分な言語能力が備わっているはずもない。これでは，その子の価値意識を秘めた感覚質の意味発生分析は，八方塞がりになってしまう。

　それにもかかわらず，教師たちは，幼児たちの身体運動を意欲的に活性化させようと真剣に取り組んでいる。それは子どもたちの〈健康や体力の向上〉のためという高次の目的に収斂されていくからなのか。しかしそれでは，体育としての身体運動は，その上位目的のための手段であり，その意味では，目的達成の〈道具性〉という認識から一歩も出ることはできない。エクササイズという活動に興味をもたせるために，〈運動遊び〉を取り上げても，それが動感発生現象のどのような感覚質生成に資するのかは，問題意識から一切排除されているのだ。運動発生学習の展開に当たっては，ひたすら外野から自主的な学習活動を激励し，その活動の仕方を監視して，合理的なマネジメントに導くのが教師本来の役割と考える。しかし，幼児たちの感覚質発生を触発すること自体が，その身体経験に貴重な本質可能性を付与しているのは言うまでもない。ここにおいて，子どもが動けないときに，体力不足や興味づけだけに向き合うのではなく，その動きかたの原発生地平の〈欠損態〉が分析対象に取り上げられるのでなければならない。その詳細は後段（§62~）で立ち入ることになるが，ここでは，動感受動発生という一回性の出来事が教師による観察分析の対象になっていないことだけに注目しておけばよい。まして，〈動けない〉子どもたちには，相互主観的な〈借問分析〉が取り上げられる道は，まだ十分に拓かれていない。そこでは，幼児たちに習得させる動感システムの微妙な感覚質発生の意味構造が不明のまま放置されているのだ。そのままでは，子どもたちの動感システムの発生現象に対して，教師は直接に何一つ関わることはできない。教師は与えた運動課題が出来たかどうかの〈結果〉以外は，何も判断する必要もないのでは，それは専門外の他教科の教師でも可能である。そのマニュアルさえあれば，その成否判定は可能だから，体育教師の固有の専門能力とは何かが改めて問われることになる。

　このようにして，動感経験の受動発生現象は，結果的に単に〈動ければよい〉という〈成果主義〉一辺倒となり，その教材研究は，その動感システムの習練の手順や支援のマニュアルづくりに一方的に傾斜していくだけとなる。現場の

指導者は，教材における動感能力の発生分析ないし感覚質の志向分析を一体どのように考えるべきなのか，改めて問いかける必要に迫られる。教師が〈かつては動けた〉という動感経験をもっていても，動感スキップ現象のまま放置しておけば，その身体経験の発生様態は，白紙のままでしかない。その教師は，実際に示範して見せることはできても，その感覚質そのものがスキップしているから，教材における動きの感覚質を「こんな感じだ」と指導することもできない。身体運動による端的な示範とは，一体どんな意味内容をもっているのか。それは市販のビデオによる呈示とどこが違うのか。まして，水泳の授業で，金槌教師は泳ぎの何を教えるというのか。一回も跳び越した経験もない教師による跳び箱の授業では，生徒たちのその感覚質発生に共に居合わせることができずに，運動発生学習の授業は本来的に成立するのだろうか。それらの問題性においては，体育授業の本質必然性が直接に問い直されることになろう。

　このままでは，幼児体育も，子どもの競技コーチも一方通行の指導以外に，動きの〈感覚質への道〉は閉ざされたままである。果ては，成果主義のもとに体罰方式も是認せざるをえなくなろう。ところが，現場の老練な教師や卓越したコーチたちは，これらの習練課題の志向構造や感覚質発生の〈変様態〉に多くの貴重な経験知をもっている。しかしその動感経験豊かな指導者たちは，つい職人のように，コツやカンを直に伝えようとして，かえって顰蹙を買う羽目となる。そこでは，非科学的なドクサ経験に依存する教師と批判され，侮蔑の的になりかねない勢いである。いうなれば，現場の教師やコーチは，多くの貴重な感覚質の〈動感ヒュレー〉をもっていても，それを生かす超越論分析の道しるべがそこに建てられていないまま，その貴重な経験知は背景に沈められているのではないか。動感価値意識によって発生する感覚質は，独りでにいつの間にか受動発生してしまうというアポリアに阻まれて，これまで十分に研究対象に取り上げられてこなかった。フッサールが，独りでに動いてしまうという〈受動綜合化〉の現象学的分析を取り上げているのに，学校体育や競技スポーツの世界が何故その方法論を拒んできたのか。さらに，専門大学の教師養成論の問題性も，とりわけ，受動発生現象が顕在化する乳幼児の指導者養成論も含めて，今後の動感運動学の現象学的分析論の進展に期待せざるをえないのは，まさにこの意味においてである。

III—能動発生の身体経験に向き合う

§ 57. 能動発生の地平を確認する

　我々はすでに前段（§ 53）の〈受動発生〉の地平を考察したときに，その感覚質の受動発生は，それと対になる〈能動発生〉との間に，両層位に絡み合う〈受容発生〉の特性を考察しておいた。受容経験ないし先述定経験という出来事は，主観身体が何らかの動きの感覚質に向き合い，その発生に関わる動感経験の領野のなかに現れてくる。動感身体が能動的にその価値意識を働かせ，感覚質を統覚していく能動発生ないし受容発生の層位には，前もって注目されている知覚対象の存在がいつもすでに〈先所与〉されていることになる。それをフッサールは〈受動的先所与性〉[42]と呼び，何かを見たり，触ったりする対象が予め前提とされているからこそ，その知覚の働きが成立するのだと言う。いわば，何かを〈見る〉ときには，その〈見られる対象〉がそこに前提とされていなければ，見る行為は発生しない。だから，やろうとする〈動き〉が〈できなかった〉とき，思わずその動きを反復しようとする。そこに〈欠損している何か〉を，思わず確かめに入ってしまうのは，そこに〈先所与されている何か〉が存在しているからである。その受動的な先所与性が存在しなければ，このような反復化現象は発生するはずもない。同時にまた，その〈動けない〉という欠損態は，以前の動感経験から，その先所与性を暗に予感し，〈期待させる働き〉をもっていると言う。そこには，類縁性や対照性をもつ多襞的な地平構造が構成されていて，相互に〈連合的な意味発生〉の統覚化を誘うのだ。その〈連合化発生〉を誘う源泉は，衝動的な原感情と絡み合った〈本能動感〉の受動的先所与性に遡ることもあるので，それは原発生地平として，後段（§ 62）でさらに立ち入ることになろう。このような絡み合った動感発生現象に対して，フッサールが〈先所与性〉と名付ける概念を立てていることに注目しておく必要がある。その知覚対象の先所与性は，自我意識の働きがないまま，その対象にすでに向き合っている〈受動志向性〉が息づいているから，〈受動的先所与性〉と呼ばれるのだ。

---

42) EU : S.73ff.［邦訳：第 15 節・段落①〜②，60〜61 頁］

明証的経験の述定判断に先立っている〈先述定経験〉の現象野には，動感経験の多様な発生現象を露呈する地平構造が存在している。その先述定的に受容される動感経験の発生は，幼児体育や学校体育の領域，あるいは競技世界の早期選手養成領域で主題的に取り上げられることになる。この先述定経験の現象野では，その前提になっている〈先所与性〉が受動的に受け容れられているという意味で〈受容経験〉とも呼ばれる。ここでは，先述定経験の表現を避けて，端的に受容経験とするのはそれなりの狙いをもっている。つまり，教師から「こんな動きをやってみよう」と課題が呈示されたとき，それを思わず〈受け容れる〉という身体経験には，いわば受動的に先所与されている受容経験の意味がすでに内含されている。もちろん，その場合には，教師の周到なノエシス・ノエマの志向分析による〈教材研究〉が前提となるのは言うまでもない。いわば，〈先述定〉という論理学用語より，〈受け容れる〉という表現の方が，この身体経験もつ意味を理解しやすいからだ。それだけでなく，一般に先述定経験を約言して〈先経験〉と呼ぶこともできるところから，それを字義通りに経験を超えた秘技的な超常現象と誤解されるのを避けるためでもある。

　言うまでもなく，動感発生に関わる受容経験という世界は，主観的なドクサ経験の動感世界をさらに原動感深層の源泉にまで遡っていく必然可能性を含意している。どんな人にも先所与されている受容経験が依拠する〈なじみ地平〉をもつ動感世界は，〈確信様態〉をもつ世界意識がいつもすでに蔵されているのだ。その〈動ける〉という〈受動的確信〉がなければ，我々は日常生活で一歩たりとも歩けはしない。その動感意識世界には「一切の認識活動に先んじて，そのつどの世界の普遍基盤が存在する」のだとフッサールは注意する。「その基盤とはすべての認識行為の前提となる普遍的受動的な〈存在信念の基盤〉[43]に他ならない」とその根源性を巧みに指摘する。このようにして受容経験の現象野は，能動志向性の表層位に位置し，アノニューム［匿名］な〈受動的先所与性〉に支えられているのだ。こうして，〈受容経験〉は自我の働かない受動発生の世界と絡み合うのであり，乳幼児の受動綜合的な受容発生と，母親ないし保育士の〈促発的能動発生〉とに絡み合う〈能動経験〉の世界を構成することになる。

　この現象野は同時に，積極的に取捨選択する感覚質の意味発生を目指す能動

---

43) EU : S.24f.［邦訳：第 7 節・段落①，22 頁］

志向性が前景に立てられる動感世界であることは多言を要さない。この能動的な動感発生の現象野は，自発的に，意欲的に，価値意識をもって反復化に入る動感システムの〈形態形成化領野〉を構成する。それは感知・共感能力の統一態を形成する統覚化層位にはじまって，息詰まるような競技に密接に絡み合う確定化層位やさらに高次元の洗練化層位に至る深層の現象領野へと発展していくことになる。このような〈形態形成化領野〉は，拙著（『スポーツ運動学』181 頁）に示されているように，さらに歴史的な運動認識に左右される〈通時淘汰化〉の領野と運動主体の〈歴史身体〉と絡み合う〈共時淘汰化〉の領野を含む〈形態淘汰化領野〉と共に，動感身体の広大な〈形態発生領野〉に統合されていく。さらに加えて，教師ないしコーチが動感発生を促す営みである〈伝承発生領野〉と表裏一体の連関をもって，動感発生の二大現象野を形成しているのは，もはやここで喋々するまでもない。

§ 58. 原現在は中庭をもつ

前段（§ 53）で取り上げられた感覚質の受動発生ないし受容発生層位における〈内在時間〉は，その主観身体の動感意識流が〈過去－現在－未来〉という一直線に流れる〈時間秩序〉をもっている。この受容ないし能動発生層位における動感化時間性は，その直線的に流れる時間秩序を前提にしながらも，さらにその〈現在〉という内在時間性は深められて，謎に満ちた〈一つの幅〉をもっていることが明らかにされる。そこには，〈過去把持〉－〈原印象〉－〈未来予持〉という〈今統握〉のなかに，〈中庭〉と呼ばれる，いわば〈現在の幅〉が姿を露わにしてくる。このような〈過去把持－原印象－未来予持〉という〈流れる原現在〉の三位相をもつ〈今統握〉は，そこで主観身体によって〈一つの幅〉として感じとられることに注目する必要がある。そのときの〈絶対今〉と同時反転化する〈絶対ここ〉は，〈そこ〉と区別されて，わが身にありありと本原的に同時に経験される。つまり，〈流れ去る過去把持的そこ〉と〈先読みされる未来予持的そこ〉をわが動感身体のなかに，いわば〈絶対ここ〉の〈身体中心化〉[44]として本原的に経験される必然可能性をもつ。この身体中心化，つまり動感身体の〈自己中心化〉は「まずもって，過去把持は持続的な変様なの

---

[44] Hua. XV. S.642f. [Beilage L (50)]

であり，その変様するなかにおいて，身体と身体中心化が絶えざる変化のなかで合致している」ことが意味されている。

　この動感身体の〈自己中心化〉は，〈独りでにまとまってくる〉という受動綜合化のなかにその働きが成立する。その受動綜合化現象は，自我意識による統覚作用を前提にしないまま，独りでに自然に作動しているのだ。さらに，自らの〈絶対ゼロ点〉を起点として，今統握が過去へ沈み込んでいく沈殿化現象を〈過去把持の把持〉として捉える能力可能性が働いて，直に感知し共感することができる。さらに未来への予期現象を〈未来予持の予持〉として有体的に統握していく能力可能性も同時にそこに蔵されている。因みに，この〈流れる現在〉の意識時間性をフッサールは〈先経験的時間〉[45]と呼び，〈現象学的時間〉[46]とも表現したりするが，それは受動綜合化される〈内在時間〉であることは，さらに言を重ねる必要はないであろう。

　ここで主題化されている〈絶対今〉や〈絶対ここ〉という動感意識の有体的経験は，超越論的発生分析のもっとも中核をなす根源的な出来事であり，いわば〈原現象〉と呼ばれる。その〈絶対今〉や〈絶対ここ〉という時間化作用は，数学的に形式化された抽象的な瞬間的時間点ではない。それは，わが身にありありと感じとれる生き生きした原現在であり，流れ去る過去把持も，流れ来る未来予持も，競技に生きる選手たちにとっては，流れる現在のなかに感じとれる感覚質の能力可能性に他ならない。だから，過去に沈殿していた過去把持志向性でも，それが再び想起されるときには，〈生き生きした原現在〉の様態として，身体に本原的に感じとれるのだ。そこでは，本原的に感じとれる〈ここ〉も，同時交換的に有体的に生化されているのである。それは，決して過去に沈殿してしまった単なる形骸化した運動記憶や手続き記憶などではない。仮に干涸らびた形式的な手続き図式しか想起できないとしたら，それは過去に沈んでいった動感化時間そのものが〈本原的生動性〉をもっていなかったことになる。それは，感覚質の意味発生が動感スキップした，端的な欠損態でしかないのだ。

　同様にして，流れていく現在を今統握に引き寄せる〈過去把持志向性〉が生き生きと息づいているからこそ，未来から流れ来る予期を〈未来予持志向性〉として，わが動感システムに有体的に統握できることになる。それはさらに，

---

[45] Hua X. S.73［邦訳：第34節］
[46] Hua X. S.124［邦訳：付論 XI］

本原的な〈時間化能力〉をもつ〈未来予持の予持〉として，つまり未来の動感意識流を生き生きと〈先読みできる能力可能性〉として，いつでも必ず，その動感身体に息づいているのだ。その先読み能力は，過去に成功的に発現した事実を数学的に形式化して，その出現確率から予測されているのではない。本質必然的に一回性原理に支配されている動感能力性は〈統計的標準化〉[47]を拒否すると，ボイテンデイクが宣言しているのはこの意味においてである。過ぎ去った単なる偶発的事実の統計的確率論が未来の価値意識をもつ感覚質発生に何の支えにもならないのは，もはや喋々するまでもない。未来の生き生きした予期現象を支えているのは，〈確信に満ちた動感能力〉以外の何ものでもない。その確信的動感能力以外に，緊迫した試合に耐えうる真の競技力の〈命綱〉は存在するはずもないからである。

§ 59. 時間化能力に向き合う

　動感メロディーに直接に関わる〈今なお掴んだまま〉という過去把持の現在化領野，再想起志向性の働く想起領野，さらに未来予持が決定的役割を果たす予期領野の何れにおいても，内在時間性を構成化できる〈時間化能力〉による動感経験は，超越論的分析にとって決定的に重大な役割を果たしている。〈立ちとどまる今〉で反省作用に目覚め，〈流れ去る今〉を常に〈今ここ〉に引き寄せる〈時間化能力〉こそ，確定化領野のなかで生き生きした努力志向性を目覚めさせてくれる。動きつつある自らの動感経験を捉える基柢には，〈今ここ〉の根源的な絶対ゼロ点で感知できる〈現前化能力〉とそのゼロ点に過去と未来の動感作用を引き寄せる〈時間化能力〉が存在し，それらは受動発生の地平構造のなかに〈原連合〉[48]として息づいているのだ。その原連合においては，「覚起が新たなヒュレーに向けて連合的に移っていくときには，どんな根源的な覚起でも同質性によって結び付く」のだと言うフッサールの指摘を見逃してはならない。それぞれの感覚野は，固有のまとまった触発傾向をもつ領域を形成し，その連合化によって組織的に統一する能力を生かすことができるからである。

　しかし，過ぎ去った動感意識とこれからの未来の動感意識を〈今ここ〉の身

---

[47] Buytendijk: 1956 S.345ff.
[48] Hua. XI. S.151 ［邦訳：第 33 節・段落①］

体意識に引き寄せるとき，生き生きした原現在に現れる動感ヒュレーは，強い触発化傾向をもっていることに注目する必要がある。フッサールは「触発というのは，伝播の方向に関して未来に向かう統一傾向をもっていて，その志向性はもっぱら未来に方向づけられている」[49]と指摘するのもこの意味においてである。ところが，フッサールはそこでさらに，過ぎ去った感覚質素材は，しだいに不明瞭になって触発化も弱まっていくのではないと言う。そこでは，動感親和性をもった感覚質ヒュレーが呼び戻されるのだから，それぞれに「触発化される過去地平」を蔵しもっていると，フッサールは正鵠を射た指摘をしている。同様に，迫ってくる〈コツの足音〉や〈カンの誘い〉に未来を予感するときにも，その経験直下の直感ヒュレーの動感親和性が生き生きと作動しているのだ。そうでないと，その未来における動きや行動の先読みには，鋭い価値意識を働かせて捉えた感覚質の〈今なお掴んだまま〉という過去把持志向性が何も関わらずに忘却の彼方へ流れ去ってしまうことになる。その後には，単なる空虚な確率論的予測しか道はなくなる。そこには，科学的因果分析に付きものの「それは想定外だった」という〈後の祭り〉の悔いが残るだけとなる。単なる確率論的予測から脱却して，未来を感じとる感覚質発生を自ら確信できるためには，〈開かれた目的論〉のもとで，未来の予期能力を限りなく充実させていく原発生深層の地平分析こそ，その決定的役割を担うことになる。その詳細は，後段（§62～§65）の原発生地平分析に送ることになる。

　そのような時間化能力における先読み（プロレープシス）に関しては，ヴァイツゼッカーが意味する奇妙な「結果の先取り」[50]という出来事を理解しておく必要がある。それはデアヴォルトの「恒常的図形時間規則」[51]（1938）という見事な例証分析的研究を起点としている。それに基づいて，ヴァイツゼッカーは「運動の遂行は企図に一致するような仕組みにはなっていない」と断じる。「それどころか，もしそれが企図されたときには，遂行できない仕組みになっている」と結論するのだ。こうして「有機体運動の法則性は形態にある」といみじくも断言することになる。そして，力の作用法則性しか取り上げない物理学の立場との本質差異性をそこで明確に際立たせるのを見過ごしてはならないと言う。言うまで

---

49) Hua. XI. S.156［邦訳：第33節・段落⑫］
50) Weizsäcker, Bd.4, S.258, 1940〜1997［邦訳：226頁］
51) Derwort, A.: Untersuchungen über den Zeitablauf figurierter Bewegungen beim Menschen in: Pfl?gers Archiv, Bd.240(1938): S.661ff.

もなく，ヴァイツゼッカーがそこで言う〈形態〉という表現は，ロックの意味する一次性質の〈形態〉ではない。それは，すでに考察ずみだが（§21），その形態とは，フッサールの意味の価値知覚を伴う〈感覚質〉，いわば発生現象学のキネステーゼ感覚質の〈ゲシュタルト充実〉[52]が意味されている。そうでないと，ヴァイツゼッカーの難解な形態環(ゲシュタルトクライス)理論を理解することが到底できなくなってしまう。

　こうして，未来の〈実践可能性〉を現実のなかで生き生きと遂行できるのは〈流れ去る今〉を感知できる人だけである。その人にしか〈流れ来る今〉を感知する実践可能性は与えられないからだ。だから，ヴァイツゼッカーの言う〈プロレープシス能力〉，あるいはフッサールの今統握に保証される〈未来予持能力〉にしても，流れる今を引き止める過去把持能力や過去に沈殿した再想起を今に呼び戻す〈再認化能力〉にしても，それらは動感原点に潜む〈時間化能力〉にすべて依拠しているのだ。加えて，〈リズム化能力〉や〈伝動化能力〉のような流動現象にしても，絶対ゼロ点に潜む時間化能力がその身体経験の運動基盤を構成している場合にしか現れないことになる。言うまでもなく，リズム化能力というときの〈リズム〉は，聴覚リズムだけではなく，触覚や視覚などの諸感覚と動感意識をもつ感覚質の統合態，つまり動感システムという〈身体能力のリズム〉が意味されている。〈スローランニング〉の走リズムは，歩行の感覚質を破壊し，〈小走り〉といわれる歩行形態のなかに走リズムの感覚質を感じとれるという例証分析は，この根源的な動感形態の様相変動を示して余りあるであろう。伝動化現象が未来の動きを先取りする現象は，奇妙な時間化能力の例証分析を可能にする。跳び下りるときの構えは，まだ着地しない未来の動きかたが〈いつもすでに〉現に先読みされているのだ。体操競技の内村選手による信じられないような見事な着地は，先読みの時間化能力の典型的な例証を呈示している。それはその前の技の自在化位相に関わっていることは喋々するまでもない。外部視点からの因果論的な科学的運動分析では，「結果の先取り」という反論理性を解明できないと言い切るヴァイツゼッカーの指摘は，生命ある人間の運動発生に関して，決定的な重要さをもつことになる。

---

52) Hua. VI. S.27 f.［邦訳：第9節，b - 段落④ - 註1］

§ 60. 隔たり原現象に向き合う

　すでに前段（§55）で考察しているように、〈隔たり〉という動感世界は、客観化された自然科学主義の立場からは導き出すことはできない。それは一つの〈原現象〉[53]であると、シュトラウスが断じるのはこの意味においてである。隔たりという出来事は、物体のように諸感覚器を通し〈感覚与件〉として我々に与えられるのではない。つまり、隔たりは、感覚が付与されるという現象ではなく、その隔たりのなかで自ら感じとって発生させるのだとシュトラウスは言う。だから、原現象としての隔たりは、自ら感じながら動ける〈主観身体〉が〈生化〉していなければ、決して存在しない。外部視点から映像化して捉えようとしても、隔たりを伴うどんな感情の〈感覚性〉も、どんな価値意識の〈感覚質〉も決して姿を見せない。「隔たりは感じられるのではなく、感覚作用が隔たりなかに自らを発生させていく」のだというシュトラウスの奇妙な言い回しは、動感経験の例証分析によって多くの論証を身近に見出すことができる。例えば、隔たり現象は、感覚を働かせて世界に向き合っている人にしか存在しないのだから、隔たりの遠さも近さも、どこかに形を変えて移すことはできないのだ。それどころか、この隔たり現象は、その遠近感を反省してよく考えようとすると、私から突然消えてしまうと言う。「私が自らの世界を志向し、その世界のなかで統一と分裂の最中に、感じながら動き、動きながら感じとる限りにおいてしか、隔たりは私に開示されない。〈遠近感〉という隔たりは、私にしか構成されない」[54]のだとシュトラウスは結論することになる。

　さらに、その隔たりの近さや遠さも、私が未だもっていない〈異他なるもの〉であり、私はそこに未だ〈存在していない〉のだ。あるいは、その隔たりを私はもうもっていない〈異他なるもの〉だから、私はもはやそこに〈存在してはいない〉ことになる。つまり、この遠近感の隔たりに求められるのは〈未だない〉〈最早ない〉という〈時間契機〉に他ならない。いわば、隔たりというのは、〈私の憧れ〉から消え去っていくもの、〈私の要求〉から遠ざかるものである。このように隔たり現象は、感覚する時空間形式をもっているのだ。このような〈感覚質として感じとる〉なかでは、時間と空間とは、二つの固定した直観形態と

---
[53] Straus, E.: 1956 S.408f. [⑯]
[54] Straus, 1956 S.408f. [M. Die Raum- und Zeitform des Empfindens, a. die Ferne- ⑰]

して，いわば未分のままである。だから隔たりは，単に感覚する時空間形式だけでなく，同時に生き生きと運動する時空間形式でもある。つまり，遠近感という隔たり現象は，動きの感覚質の〈意味発生〉に絡み合っているというシュトラウスの指摘は，スポーツ運動学にとっても決定的な重みをもってくる。このような〈原現象〉としての遠近感の隔たりは，私が未だないことを求めて努力し，他者に要求しつつ私が自らを変えて，その世界を私が自ら志向していく場合にしか存在しないことを見逃してはならない。「第三次元としての空間的奥行きは，決して純粋な視覚現象ではなく，観る人は動ける人である」[55]というシュトラウスの正鵠を射た指摘は，教師やコーチにとって決定的な意味をもつことになる。

　こうして，隔たりという現象は，〈生成する人〉〈切望する人〉に関わってくるとシュトラウスは論を進めていく。その〈存在者〉の射程は，遠さや近さという隔たりの構成を規定しているからである。だから隔たり現象は，動感創発に苦しむ生徒や選手たちにも，動感促発に生きるコーチや教師にも，共に関わってくるのだ。つまり，私は思うままに間隔を広げたり，狭めたりできるし，それを取り去ってしまうことも，追加することもできる。まさに〈遠さ〉と〈近さ〉は，質的に区々なのである。それ故に，数学的に加算することも，引き算も，掛け算もできはしない。三つの〈近さ〉を加算しても，決して隔たりが消滅するわけではない。より長い線分がそのなかに短い線分を含むのと違って，隔たりはどんな異他なる隔たりも含んではいないのである。

　さらにシュトラウスは「20世紀の西欧人にとっては，16世紀の船乗りにとってよりも，アメリカ大陸は近い」と言いながら，「泳ぎの下手な人にとっては，足を地に着けて一息つける浅瀬は，熟練者にとってよりも遙かに遠くなる」[56]と述べて，遠近感と動感能力との関わりを巧みに指摘する。そこでは，客観的に〈測定された距離〉が問題になっているのではなく，「できる能力に対する間隔の関わり」こそが決定的意味をもつのだ。　私の前にある対象物の距離は，私からそれぞれに違うけれども，それらを自分の手で掴めるときには，それらは一様に近いのである。さらに，病気や過労のときには，かつての〈近さ〉が隔たりのなかにどんどん遠のいていく。私が着替えをしているときに近

---

55) Straus, 1956 S.408f. [M. Die Raum- und Zeitform des Empfindens, a. die Ferne- ⑲]
56) Straus, 1956 S.409f. [M. Die Raum- und Zeitform des Empfindens, a. die Ferne-(21)]

かった寝室のドアや窓は，私が横たわり，身体を伸ばすや否や，私から遠くに離れていくのだ。シュトラウスは，日常的な隔たりの原現象を具体的な例証によって巧みに論証を展開するが，我々の競技世界や技芸世界では，このような原現象の例証分析の素材には全く事欠かない。ここでは詳細な例証分析を割愛するが，競技選手のもつラケットやボールにさえも動感能力が伸長して，そこに触覚や視覚が乗り移っているような〈伸長化能力〉は，その例証分析のデータに事欠かない。すでに述べているように，飛んでくるボールに共感できる〈伸長化能力〉の例証に対して，もはや蛇足を加える必要もないであろう。さらに，身体中心化能力を基柢に据えている〈局面化能力〉，左右どちらかの〈優勢化能力〉，〈跳び下り〉や〈はずみ反動〉の〈弾力化能力〉に現れる〈隔たりの例証分析〉の対象は，学校体育や競技スポーツでは，どこにでも満ち溢れている。そこで問題になるのは，〈どこから跳び下りられるのか〉という高さへの挑戦ではない。それは，跳び下りる感覚質の生成消滅に関わる様相変動こそ分析対象になるのだ。着地するときの先読み能力や弾力化能力をめぐる動きの感覚質は，志向分析の例証に多くの感覚素材を提供してくれる。それらの現象学的分析によって，遠近感の隔たりという原現象の身体経験が我々に開示され，さらに動感発生分析への関心が高められることになる。

§61. 自我身体の分裂を経験する

これまで受容発生ないし能動発生の経験領野において，時間化現象も，隔たり現象も，ともに主観身体に感知され共感される動感能力と深く絡み合って様相変動することが確認されている。しかし，主観身体の動感システムは，つまり自我身体が今ここで経験している動感システムは，微妙な感覚質を自ら反省することによってしか捉えられない。このような超越論的な時間化現象や隔たり現象は，外部視点から客観的に定量的に測定し，実験によって証明する科学的分析方法論をとることはできない。そこでは，その端的なドクサ経験を自ら対象化し，その動感経験の存在様態を純粋に記述することがまず求められることになる。それを保証できるのは，まさに超越論的な反省分析しかない。そのためには，自らの動感運動に関わる身体経験を自己観察する立場を確認しておかなければならない。身体運動を外部視点から客観的に観察し，計測する科学

的運動分析に慣れている我々は，半世紀前にマイネル教授が主張した〈自己観察〉と〈他者観察〉という〈形態学的分析〉に改めて回帰することが求められているのだ。フッサールは「この素朴な関心をもっている自我の上に，現象学的自我が〈無関心な傍観者〉として立てられ，そこに一種の〈自我分裂〉が行われる」[57]と指摘するに至るのは，まさにこの意味においてである。そこでは，もう一人の超越論的自我が〈傍観者〉という立場に立つことを求められる。もっとも，無関心な傍観者とは言っても，ヴァイツゼッカーの言ういわゆる自然科学者という岡目八目の〈野次馬〉のことが意味されているのではない。そこでは，まだ何にも汚染されない純粋記述を可能にする絶対的な脱先入見が保証されていなければならない。そのために〈現象学的還元〉を行い，超越論的な本質直観の分析を厳密に遂行できる現象学的態度が求められることになる。

しかしながら，主観身体が〈見る自我〉と〈見られる自我〉に分裂するという謎に満ちたフッサールの指摘は，そう単純な意識現象のことではない。鏡像における自我身体の左ひねりは，本原的には右ひねりであり，対面する師匠の右手の動きを真似るには，自らの動感化空間に置き換えて，自らの右手が独りでに綜合化されるのでなければならない。ダンスのインストラクターの〈背面示範〉は，現代の学習者に喜ばれるとしても，対面する敵方の動きに即応する自らの動感能力トレーニングには，深刻な問題が生じてくることを見逃してはならない。わが国古来の芸道では，鏡を見て稽古するのを禁止する伝統を継承しているのも，動感経験の決定的重大さに，幾世紀も前にすでに気づいていたのであろうか。動きかたの模倣現象は，我々に貴重な動感素材を提供してくれることが改めて注目される。我々の動感運動学においては，とりわけ，動きかたの模倣による促発化現象や媒体呈示による模倣促発化現象が動感伝承世界に決定的な意味をもつ。それもここで，同時に確認しておかなければならない。

因みに，世阿弥の『花鏡』[1424（応永31）年の奥書]における〈離見の見〉は，現代の運動学的分析方法論にも貴重な示唆を与えてくれる。すなわち「見所[観客席]より見る所の風姿は我が離見[他我の見方]なり。しかれば，我が眼の見る所は我見[自我の見方]なり。離見の見[観客と同じ見方]にあらず。離見の見にて見る所は，すなわち，見所同心の見[観客と同じ見方]なり。そのときは，我が姿を見得[見極める]するなり。我が姿を見得すれば左右前後を見るなり。

---

[57] Hua. I. S. 73 [邦訳：第15節・段落②]

しかれども，目前左右までをば見れども，後ろ姿をばいまだ知らぬか。後ろ姿を覚えねば，姿の俗[雅の反対概念]なる所[をわきまえず]。さるほどに，離見の見にて見所同見[観客と同じ見方]となりて，不及目の身所まで見智[肉眼の届かぬ後ろ姿まで見抜いて]して，五体相応の幽姿[身体全体が調和した優美な舞姿]をなすべし。これすなわち「心を後ろに置く」にてあらずや。返す返す，離見の見をよくよく見得して，眼まなこを見ぬ所を覚えて[眼は眼そのものを見ることができないことを弁えて]，左右前後を分明に安見[しっかり見極める]せよ」58)。ここにおいて，現象学的還元におけるフッサールの言う〈自我分裂〉，つまり自我と他我の分裂現象について，驚くべき厳密な分析をしている世阿弥による能楽理論は，すでに15世紀のわが国の芸道で主題化されていたことになる。いわば，超越論的傍観者としての他我が「ここの自我から抜け出して客席に身を移し，そこから自我の動きかたを観察する」という世阿弥の〈離見の見〉の教えは，現象学的な自己観察分析として，フッサールに先立ってすでに実践されていたのは，まさに一驚に値することである。価値知覚による感覚質の機微を捉えている古来の芸道や武芸，技芸の修行の仕方に対して，それは非科学的な単なる主観的な信念でしかないと批判するとすれば，フッサールの『危機書』に先立つこと500年以上も前に〈能の奥義〉を識しているのをどのように考えるというのか。ここに，動感運動学の学的基礎づけについて，改めて運動現象学の視座から検討し直す必然可能性を見出すことができる。

Ⅳ──原発生の身体経験に向き合う

§62. 原発生の源泉に遡る

これまでに我々は，その人の動感志向性の〈身体化〉59)に関して，一方では独りでに自然と動ける受動発生層位と，努力して自由に動けるようになる能動発生層位との中間に，その両者の絡み合った地平をもつ受容発生の層位を区

---

58) 世阿弥：「禅竹」，『芸の思想・道の思想』，88頁，岩波思想大系
59) Merleau-Ponty, M.: Phénoménologie de la perception 1945 p.161 ［邦訳：1-233頁］

別している。その中間層位を占める受容志向性は，とりわけ動感システムの伝承発生領野のなかでは，承け手は受動発生の様相を呈していても，その伝え手の〈誘引動機づけ〉を自ら知らずに受け容れている。それとは反対に，伝え手は積極的に身体化を触発しようとしても，承け手との動感交信が断絶していて，何らの借問も成立しないことが多いのだ。いわば受容発生層位は，受動綜合化と能動綜合化の両面の志向性が絡み合った複雑な地平構造をもっている。ここにおいて，我々はそれらの何れの層位においても，その動感身体化の〈一回性現象〉を明るみに出そうとすれば，それらの身体経験を支えている根源的層位の源泉に遡らざるをえなくなる。もちろん，この三層位の現象野は，それぞれに絶縁的に区別されているのではなく，その境界は複雑に絡み合っている。ここに主題化される動感志向的な身体化の深層位は，あらゆる動感志向性の源泉であり，それは時空間地平の〈世界意識〉[60]をもつ絶対ゼロ点の根源的領域が意味されている。フッサールはその源泉層位における感覚質の〈意味発生〉をまずもって時間流の〈原発生〉と呼び，そこに二つの発生的な〈原法則性〉を見出している[61]。その第一の原発生法則は過去に向けられた〈把持地平〉であり，第二の原発生法則は未来に向けられた〈予持地平〉である。

　この時間流の原発生領野に遡源する超越論的分析は，当然ながら，動感時間性の発生分析が前景に立ってくる。時間意識における原印象は，時間流の原発生として，そこに〈空虚地平〉が先所与的に成立している。その〈空虚表象〉は知覚表象に先行して「現在が未来に向かって腕を広げて迎え入れている」[62]とフッサールは正鵠を射た巧みな表現をする。つまり「予期充実として立ち現れる〈現在的なるもの〉は，いつも新しい今に向かっているだけでなく，その今を介して刻々と〈やって来る何か〉に向かっている」のだと述べているのだ。そこに受動的な知覚そのものに内在する〈予め方向づけられる存在〉がはっきりと際立っているのに注目しなければならない。これに対して，自我視線のない過去把持地平は〈方向づけ〉が欠損しているとはいえ，発生に関しては空虚表象が本質的に先行するという指摘を見過ごしてはならない。

　こうして〈絶対今〉の原印象には，過去把持と未来予持の空虚志向性が必然的に結び付いているから，それに相応する本質直観は，〈相互覚起の動機づけ〉

---

60) Claesges, U.: Edmund Husserls Theorie der Raumkonstitution S.121, 1964 Martinus Nijhoff
61) Hua. XI. S.73 ［邦訳：第18節‐段落④］
62) Hua. XI. S.74 ［邦訳：第18節‐段落④］

によって発生することに注意が払われなければならない。そこでは，主観身体が〈流れる現在〉を感知するなかで〈立ちとどまる今〉を感じながら，生き生きした〈感覚態〉のなかで，同時に未来から流れ来る新たな時間流を受動的に予感し，予描しているのだ。すなわち，確信に充ちた本原的な予期の原発生は，受動志向性として先所与されているのである。この〈未来予持の予持〉という予描の〈動感確信〉なくしては，人は何一つ動けないし，歩くときでも一歩も踏み出せないことを確認しておかなければならない。この〈受動的動感確信〉は，その〈欠損態〉によって遂行が拒否されたとき，例えば，歩いていて突然に躓いたり，不意に穴に落ちたとき，はじめてこの受動的確信の存在に気づくことになる。このような出来事はスポーツだけでなく，日常運動の世界でも枚挙に暇がない。この例証に示される〈動感確信〉とその〈欠損態〉の相互関係は，遂行時に受動志向性として作動する一回性の偶発的出来事のなかに，いわばコツの〈マグレ発生〉やカンの〈マグレ当たり〉のなかに〈今統握〉として現れてくるのだ。つまり，その今把握の一回的出来事は，過去に流れ去る前の〈たった今掴んだまま〉という過去把持的な今統握なのだから，それをすでに生起した〈過去事実〉として数えることはできない。それはまだ事実になっていない原現在の〈立ちとどまりつつある今〉が問題になっていることを見逃してはならない。しかも，それは当人の捉えた動感情況と私秘的な気分や身体感に左右されるから，とても生起した過去事実として統計学的な確率論が成立するはずもない。生命ある身体運動学に統計的標準化 [63] を求める確率概念を拒否するボイテンデイクの正当性をここに見出すことができる。

　人間が地球上で生き生きと動けるのは，〈絶対今〉と〈絶対ここ〉という受動志向性をもつ自らの動感世界をその〈世界内存在〉の運動基盤 [64] とすることが不可欠である，とラントグレーベは結論するのだ。これまで考察してきた受動的経験野や受容的経験野の動感意識を支えているのは，絶対ゼロ点に潜む〈原動感〉と呼ばれる価値意識を伴う感覚図式，いわば根源的な〈動感質〉以外の何ものでもない。この運動基盤の基柢に潜む原動感の受動志向性は，身体の動感システムの働きを支えている根源的な〈原構造〉をもっているとフッサールは指摘 [65] する。〈原動感〉と世界性に先立つ本質形態をもつ〈原構造〉

---

63) Buytendijk, FJJ: Allgemeine Theorie 1956, S.349
64) Landgrebe, L.: Die Phänomenologie der Leiblichkeit und das Problem der Materie, 1965　In: Phänomenologie und Geschichte 1967 S.147 Gütersloher Verlagshaus, Gerd Mohn

の関係をここでフッサール自身に語ってもらうことにする。

「ここで，私が慎重に思索を深めなければならないのは，［深層位の源泉へ］遡行する問いかけのなかで，原動感，原感情，原本能を伴う〈原ヒュレー〉の変転のなかに原構造が最終的に姿を現してくることについてである。この原構造を通して，事実性のなかに原質料がまさにその統一形態のなかに展開されているのだ。その本質形態は世界性に先だって存在しているのである。このことから，全世界の構成は〈本能的〉にすでに予描されているように私には思えるのだ。そこでは，可能な機能それ自体が，その〈本質-ABC〉，つまり本質文法を前もってもっているのである。したがって，事実のなかには，前もって目的論の存在が含意されているのだ。完全な存在論は目的論に他ならないのであるが，しかしその完全な目的論は事実性を前提にするのである。私は必当然的に存在し，世界信念のなかに必当然的に存在している。事実のなかに目的論が姿を見せる世界性というものは，私にとって超越論的に存在しているのだ」とフッサールは運動基盤の〈原構造〉に言及している。

このような動感深層には，反論理的な絡み合い構造が本質必然的に蔵されて（かく）いる。つまり，今統握される〈流れる原現在〉[66]のなかに奇妙な〈原構造〉が隠されていることに注目しなければならない。すなわち，〈絶対の今〉は〈二つの今〉を潜ませているからである。さらに，生ける身体の定位感を支える〈原方位〉にも〈二つの上〉という奇妙な原構造が本先所与的に前提されているのだ。その前提の上にはじめて，主観身体の上下・前後・左右という方位づけが感知されるのであり，さらに遠近感の隔たりという時空間地平の原現象もその〈原構造〉から生み出されることになる。こうして，我々は〈動感世界内存在〉の普遍的な〈運動基盤〉の深層位に潜んでいる〈原構造〉の奇妙な反論理性の解明に立ち向かわざるをえなくなる。

§ 63. 二つの今を感じとる

ここでいう〈原現在〉とは「立ちとどまりつつ生き生きとした流れ」のなかに，もっとも根源的な現在が問われるとき，フッサールは時間に先行するとい

---

65) Hua. XV. S.385 [Text Nr. 22]
66) Hua. XV. S.345 [Text Nr. 20]

う，いわば先時間的な現在を〈原現在〉と呼ぶ[67]。そこでは〈流れつつある今〉と〈立ちとどまりつつある今〉という二つの今が，〈原現在〉と呼ばれる〈生き生きした現在〉のなかに構成されているのだ。いわば，主観身体が自ら時間化するときに，深層位の先時間のなかには，没自我的な受動性を，つまり原受動性を〈いつもすでに〉潜ませていることになる。原現在という深層位における〈立ちとどまる〉と〈流れる〉が同時性をもつという反論理的表現は，技芸の世界，競技の動感世界に生きる〈わざ〉に打ち込む人たちにとっては，わが身にありありと感じとれる身体経験である。それは，不可疑的な出来事として受け容れられ，本原的に了解されるのである。むしろ，メルロ＝ポンティの言う科学的思考に慣れ切っている人々にとっては，かえって不可解な謎になるのだ。しかし緊迫した競技世界では，コツやカンの発生時に露呈される反転化同時性は，むしろ当たり前の一回性の出来事である。むしろ，立ちとどまりつつ流れ，流れつつ立ちとどまれる反論理性こそ〈わざの極致〉に示される反転化自在層位の境地と言うこともできる。その境地は，競技する人にとって，無限の目的論をもつ隔たりの原現象とも言えるであろう。

とは言っても，そのような反転化自在能力は，日常生活のハビトス的な動きにも現れているのを見過ごしてはならない。例えば，携帯電話やスマホの日常的な操作のなかに，あるいはパソコンのブラインドタッチなどの巧みさのなかに，その例証を挙げるのは決して難しいことではない。このことは，すでに拙著『スポーツ運動学』に「内在的な動感差異性」（183 頁）として詳しく述べられている。因みにここでは，そのことを〈先時間的原受動性〉の概念に関連づけて要約しておこう。この〈立ちとどまる今〉と〈流れる今〉という〈二つの今〉の奇妙な志向体験は，自我身体の深層位で，つまりフッサールの言う〈絶対ゼロ点〉から動感意識が働くときに，〈没自我的受動性〉として立ち現れる。動感メロディーとして〈立ちとどまりつつ流れる〉という原現在の二重化の働きは，さらに〈同時発生〉という本質必然性をもっている。ヴァイツゼッカーは，この相互隠蔽性をもつ奇妙な現象を，生きものの〈根拠関係〉[68]と呼んでいる。「この根拠関係とは，実は対象化不可能な根拠への関わり合いであって，因果論に見られる原因と結果のような認識可能な事物の〈あいだ〉の関係では

---

[67] Hua. XV. S.598 [付論 43 / Beilage XLIII]
[68] Weizsäcker, V.v.: Gestaltkreis, Gesammelte Schriften, Bd.4, S.318.,1997 ,Suhrkamp Verlag ［邦訳：298 頁］

ない」とヴァイツゼッカーは截然と区別する。さらに「その根拠関係は実は〈主体性〉のことであって，具体的な直観的な仕方のなかに経験される」と付け加えるのだ。フッサールの指摘する絶対ゼロ点の深層位で，主観身体に没自我的に感じとられる同時反転化の相互隠蔽現象を，ヴァイツゼッカーは〈回転ドアの原理〉69)として明快に説明していることはよく知られている。

　今，今，今と〈流れつつある今〉と，直感した〈たった今〉というときの〈立ちとどまる今〉とは，ともに〈原現在〉の〈中庭〉に位置している。それは動感発生の深層位で〈生き生きした現在〉として，わが身に受動的に感知されるのである。そのことをラントグレーベは「過去と未来が同時現在として結び付けられている」70)と巧みに言い表している。さらに，その運動主体の自己意識は，自己忘却性のなかに隠れたままであり，〈事後的反省〉のなかでは捉えられはしないと付け加える。しかし，動感身体に経験される生き生きした時間流は「その消えていくなかに〈流れ去るもの〉として自我身体に受動志向的に経験される。それと同時に，〈流れ来るもの〉として常に新たな原動力となる時間が経験されるのだ。この繰り返しのなかに，自ら動きつつある者は，その動きの地平のなかに，ある〈能力可能性〉を発見することができる。そのとき〈私が動く〉は〈私ができる〉に先行している。〈未来から流れくる〉と〈過去へ流れ去る〉というこの〈統一態〉こそ，フッサールが意味する〈生き生きした現在〉に他ならない」と解説しながら，ラントグレーベは時間流の原発生地平に決定的な意味づけをしている。

　こうして，〈立ちとどまる今〉を直に感じとるなかに，つまり生ける身体の〈感覚態〉のなかに，同時に未来に働く流れ来る時間流を主観身体で予感することができることになる。しかし，その〈未来予持の予持〉が働く動感予期にも，〈受動的自己忘却性〉が蔵(かく)されているのを見逃してはならない。その受動志向性という没自我性に耐え切れずに苛立ってしまうことがあるからだ。いわば，その没自我的受動性は，いつも隔たりを未来に向けているのに，自らの〈動きそのもの〉に直に向き合ってしまうことがある。つまり未来の動きを志向する〈遠さの隔たり〉が近さの〈立ちとどまる今〉に戻ってしまうと，動感流の生動性は消滅する可能性があることに注目しておかなければならない。例

---

69) Weizsäcker, V.v.: Gestaltkreis, dito, S.125 ［邦訳：59頁］
70) Landgrebe, L.: 1980, op.cit. S.83f. [(29)]

えば、踏み切るときに、その〈踏切それ自体〉にその力動的な動感意識が膠着してしまうと、その〈踏切る力動性〉は破綻を来たしてしまう。沢庵禅師がその『東海夜話』[71]の冒頭に〈決断〉と題して「溝をばずんと跳べ。危うしと思えば、はまるぞ」と教えるのは、この意味において重みをもってくる。例えば、踏切局面や離手局面ないしボールを蹴る局面における原現在の〈立ちとどまる今〉に捕らわれると、生き生きと流れる動感メロディーの〈突発的消滅〉が発生することがある。それは実践現場の多くの例証が示している通りである。この原受動性に潜む自己忘却性の本質を失念して、能動志向へと直行する〈苛立ち〉という現象は、それを示して余りあるのだ。この苛立ちが作用しやすい分離局面や接触局面に、いわば主観身体と事物や周界との接触面に動感意識流が滞るとき、この奇妙な〈動感消滅〉の発生現象に誘い込まれる。それは多くの経験知が教えてくれる。この一回性の出来事は、多義的な動機づけをもつので、単にメンタルトレーニングだけで氷解できる問題ではない。すでに前段（§39）でも述べているように、この消滅現象は、動感世界の深層位における原構造が原動感、原感情、原本能の〈原ヒュレー〉の変転のなかに絡み合いながら、ある統一態を示す〈感覚質の意味発生〉に関わってくるのである。だから、単に心身二元論で合成可能な問題圏に属するものではなく、さらに原発生地平の厳密な超越論的分析が求められることになる。

§ 64. 二つの上に気づく

地球空間という重力の働く地盤における空間性においては、〈絶対ここ〉をゼロ点にして上下・前後・左右の方位づけがわが身にありありと捉えられる。そのような動感空間性における身体運動は、とりわけ、競技スポーツにおいては、三種の〈回転軸〉、つまり左右軸、前後軸、長体軸の回りに複雑な動きかたが行われるから、端的な上下・前後・左右の方位づけだけでは、空間的方位づけの統覚に混乱が生じることになる。例えば、日常生活で仰向けに横たわった体位では、上はその人にとって異なる感覚質として捉えられる。つまり、頭の方を上と統握すれば、前は地球空間の〈天頂の上〉になるし、上を〈天頂の上〉とすれば、前は足の方になってしまう。とすると、背泳の選手は頭の方

---

[71] 宮裡祖泰：東海夜話『沢庵禅師法語集』、1頁、昭和17年、木村書店

に進むのだから，後方に移動していることになる。まして，体操競技のように，宙返りの間に〈長体軸のひねり回転〉も融合するので，空間知覚は混乱する。しかも着地するときに，地球空間の〈天頂の上〉の統覚を間違えば，即死は免れないことになるのだ。

　こうしてスポーツの動感運動学としては，重力が作用する地球空間の天頂の〈上〉と，物体身体の頭頂の〈上〉という二つの〈原方位づけ〉を区別しておかなければならない。すなわち，人間の住む地球空間の身体運動は，上下の方位づけに〈天頂の上〉と〈頭頂の上〉を基準として，それに前後左右の移動ないし回転の方位づけが絡み合うことになる。日常的な直立位においては，地球地盤の〈天頂の上〉と〈頭頂の上〉は合致して〈統一態〉として現れるが，非日常的な倒立位では，端的な統一態の方位づけを統覚すると，前に歩こうとすると後方に後ずさりしてしまう。それを〈変だ〉と感知した途端に，倒立位の〈上〉は，足の方だと気づき，〈天頂の上〉の覚知が働くことになる。このような方位づけの絡み合い構造は，学校体育では見過ごされやすい。しかし，動感空間性という〈身体経験〉はスポーツ教育の基柢に据えられるべきであり，そこでは感覚質の意味発生という〈原構造〉が見過ごされてはならない。むしろその場合には，動感空間性の運動認識論とその指導実践の方法論は，まさに喫緊の問題として浮上してくることになろう。

　しかし，地球上に住む我々の身体運動としては，人間の目方を〈前〉とし，天空の〈上〉をいつも必ず〈天頂の上〉と捉えた方位づけの基準によって前後・左右が決められる。このような方位づけの作動する地球上の身体運動にとって，受動志向的な〈原方位づけ〉は，不可疑的な絶対ゼロ点の動感空間性を起点としている。この二つの〈上〉は，原現在の二つの〈今〉とともに〈原動感志向性〉の本質必然性を構成している。その〈原動感志向性〉は，原感情や原本能と絡み合って動感源泉を構成する原構造の意味核をなしていることは，もうすでに前段（§62）で考察ずみである。〈原ヒュレー〉の変転のなかに最終的に姿を現す原構造の意味核をなす〈原動感志向性〉こそが，多様な身体運動の遂行を可能にしていく〈原努力〉を生き生きと作動させ，意味発生の強力な原動力になっていくことに注目する必要がある。

　もし，我々人間の身体運動のなかで，その意味発生の源泉をなす〈原動感能力〉が働かないとしたら，地球上の身体運動は，たちまち混乱に陥れられてし

まう。倒立した足の方を〈上〉とし，前を目方として歩こうとすると，主観身体それ自体は，拒絶反応を示して動けなくなってしまう[72]。ここに例証分析として，その混乱の様相変動を見てみよう。例えば，左右開脚の直立位で，上体を右手の方に長体軸の回転，つまり〈右ひねり〉を行うことにする。そのひねり動作を反復しながら上体を前屈していき，頭を下にした逆位をとる。つまり，その体位は，上体を前屈した左右開脚立ちである。その前屈左右開脚立ちの姿勢になるまで，直立位の右ひねりを繰り返していると，いつの間にか今までの右ひねりは，突然〈左ひねり〉に変化しているのに気づくことになる。それは等質的物理空間のなかで，ひねり方向が反対ひねりに変化するという出来事ではない。その人が〈天頂の上〉を〈頭頂の上〉に方位づけの意識をいつ転換したのか，という問題が起こっているのだ。そのひねりの方向は，最初から同じ方向に動いていて，前屈する動きも何の変化もなく経過している。つまり，動きつつある人が〈天頂の上と前〉を不変にして前屈しているのに，逆位になったときには，原方位づけの意識を〈頭頂の上と前〉に独りでに勝手に変化してしまったことになる。いわば，自我意識の関与しない方位づけの受動志向性がいつの間にか勝手に作動したことになる。それは端的な〈方位づけ変化〉の問題ではない。それは感覚質に〈意味発生〉が起こっていることを見逃してはならない。運動と感覚の絡み合いは，そのような根源的な受動志向性に支配されているのだ。つまり時間化と同様に，この空間性でも没自我的な動感受動志向性が潜んでいることに気づかされるのである。

同じようなことは，手軽な例証でも確かめることができる。それは，親指を上に向けた握り拳を胸の前に保ち，水平面上で右回しをはじめ，その右回りの円運動面をそのまま上に移動させ頭上にまでもっていくと，その右回りはいつの間にか左回りに変化してしまう。これは直立位と倒立位の〈上〉と〈前〉の基準軸を無意識に180度回転させているからである。このような原方位づけの奇妙な意識現象は，いつの間にか原方位づけの動感受動性が作動していても，一般には気づいていないから，問題もなく動くことができる。しかし，学校体育や競技スポーツにおける身体運動の習練において，動きの感覚質の意味発生が問題になると，地球上における空間知覚は，常に地球地盤の天頂の〈上〉の原方位づけを不変に保つことの重大さを知らせてくれることになる。逆位を含

---

[72] 金子明友：体操術語における運動方向の研究，東京教育大学体育学部紀要，1964

む身体運動における学校体育の決定的意味は，単に〈眩暈〉の遊戯性の体験だけではない。それは人間の本質的な〈運動基盤の身体性〉に関わってくることに注目するのでなければならない。反動をつけた〈逆上がり〉や〈け上がり〉が邪道視された背景には，19世紀後半に起こった歴史的な〈平行棒論争〉の呪縛が潜んでいる。その論争から解放されない生理学主義がまだ現代にも生き続けていることを見逃してはならない。人間の身体運動は，この原動感志向性を源泉にした〈わざの伝承〉が行われているという〈原事実〉に注目することが肝要である。重力の働かない宇宙空間の身体運動が，自我身体の頭頂を〈上〉にする動感能力をもたないと，いわゆる〈宇宙酔い〉に悩まされるという事実は，人間の生ける身体が〈天頂の上〉の欠損態によって，はじめて原動感の受動志向性に支えられていることに気づかされるのだ。

§ 65. 絡み合う原動感深層に遡る

　すでに前段（§62）で考察しておいたように，動感世界の深層における〈原構造〉は，原動感，原感情，原本能がその〈原ヒュレー〉の変転のなかに絡み合いながら統一態を示しているというフッサールの指摘に再び注目することになる。その絡み合いを見せる静態的存在論についても，ここで見過ごしてしまうわけにはいかないからである。いわば，原方位づけの地球地盤における〈天頂の上〉と動感身体の〈頭頂の上〉の絡み合い構造は，まず地球地盤上の原動感志向性が原本能と絡んだ本能動感として，その〈先存在〉に注目せざるをえないことになる。その上に，感覚質発生の起点となるゼロ動感の〈原触発化〉を活性化させることができるからである。さらに，動感世界の〈頭頂の上〉という原動感志向性も，原本能と絡み合って，動感能力の受動ないし受容経験世界への道を拓く実践可能性をもっている。乳児がいつの間にか寝返りを打って腹這いになり，原方位の〈天頂の上〉がゼロ動感として受動発生し，〈空虚表象〉が充実して動感時空世界が開けてくる様相変動に注目することになる。その〈動感世界〉が拓かれていく過程においては，原感情が原動感志向性の基柢に据えられていることに注目する必要がある。フッサールの意味する原感情は，ベルクソンの意味する快不快や苦痛，嫌悪，羞恥などの感情の広がりをもつ〈感情感覚〉[73]の根源性からも統握することができる。因みに，ベルクソンは『意

識に直接与えられものの試論』(1889)において，すでにこのような〈感情感覚〉の心理状態の強さに貴重な洞察を加えていることは，特に注目に値するであろう。

　一方の〈流れる今〉と〈立ちとどまる今〉という原現在の〈原動感志向性〉も，その原感情との絡み合いを見過ごすわけにはいかない。ベルクソンが〈感情感覚〉というときの〈感覚〉の意味は，ロック以来の〈感覚与件〉を意味していないから，フッサールの〈共通知覚〉[74)]の感覚質と理解できることになる。いわばこの〈感情 - 感覚〉を〈感情 - 感覚質〉と捉えれば，その感情感覚質の働きと動きの感覚質の受動綜合分析も活性化することになろう。こうして，その原感情と絡み合った価値意識を伴う感覚質の感覚素材は，原構造の深層位にあろうが，受動発生ないし受容発生の層位にあろうが，〈原動感 - 感覚質〉と〈原感情 - 感覚質〉とのヒュレー変転のなかに絡み合う様相変動を無視することはできなくなる。〈流れつつある今〉のなかに，リズミカルな快い流動感が〈立ちとどまる今〉に感じとれず，共感もできないとしたら，見事な即興舞踊や即興演奏も決して成立するはずもない。それだけでなく，幼児に豊かな身体経験を保証する〈運動遊び〉においては，それが生理学的体力向上の陶冶目標を超えて，生き生きした身体経験の新しい発生学習の体系論が主題化されなければならない。それをさらに発展させて，価値知覚的な新しい陶冶目標への〈実践可能性〉も生まれてくることになる。

　競技スポーツにおいても，敵方プレーヤーの未来の動感メロディーに即興的に共感できなければ，例えば，球技における複雑なフェイントに成功することは無理になってしまう。そこには，非人称的な反転自在化の層位においても，〈原動感 - 感覚質〉が〈原感情 - 感覚質〉に快く息づいているのでなければ，主観身体が独りでに自在に動くことはできるはずもない。さらに，対人競技や集団競技においても，まだやってこない未来の気配を直に感じとる〈感覚態〉や〈情況感〉ないし〈シンボル化〉などの〈全身感覚〉で感知し共感できる現象野については，これまでにすでに立ち入って考察（§43）ずみである。競技スポーツの動感世界では，背後の敵の気配を感じとったり，ゴールを視ないで精確なシュートを打ったりする謎に満ちた動感能力は，当たり前のように企投

---

73) Bergson: Matiére et mémoire 1896-1990, p.60-61 ［邦訳：ベルクソン全集：69 頁］
74) Hua. VI. S. 28 ［邦訳：第 9 節 - b - 段落④・原注 83 頁］

され，当然そうなるという確信のもとに行われているのだ。それは原現在の動感発生現象だから，〈過去事実〉による数学的な確率論の問題でなことは，これまで折りに触れて指摘してある。それどころか，まだ発生していない失敗をわが身でありありと感知できる漠然とした〈全身感覚〉が受動発生的に働き，それは同時に，その失敗を乗り切る驚くべき妙技が示されることも珍しくないのだ。その動きが受動発生する奇妙な同時反転性をもつ動感能力は，現象学的な本質直観の分析論によってしか解明できない。それは決して荒唐無稽な非科学的な絵空事などではない。コツやカンという〈先科学的な身体能力〉は，感覚与件というロックの呪縛からとっくに解放されているのだ。そこに主題化される価値知覚の感覚質は，〈原ドクサ〉として，いわば多くの競技者たちのなかに生き生きと内在している原事実として直視されるのでなければならない。

　それは，外部視点から客観化して精密に分析する科学的運動学とは，全く異質な動感発生論であり，それを主題化するのが現象学的な動感運動学であることは喋々するまでもないであろう。そこでは，これらの原動感志向性のもつ絡み合い現象が，運動現象学の〈超越論的発生分析〉によって，さらにその厳密な解明が急がれるのでなければならない。しかしそこでは，その貴重な動感能力をもつ選手たちや，動感促発に多くの経験知をもつコーチたちによる厳密な自己観察分析が呈示されるのでなければならない。これまでの動感伝承領野は，多くの私秘性や秘儀性に阻まれて，謎めいた経験知や奇妙な言表は，侮蔑感とともに排除されてきた経緯がある。外部視点からの客観分析では，その本原的な感覚質は捉えられず，すべて放置されたままになっていることを直視するのでなければならない。驚くべきアスリートの動感能力は，たしかに謎に満ちてはいるが，価値知覚の働く感覚質の超越論的な本質直観分析によって〈本原的開示性〉への道が拓かれつつあるのだ。秘技的な掩蔽体質をもつ動感伝承の世界のなかに，新しい感覚質発生の分析方法論を拓くことによって，奇妙な動感発生現象も次々と明るみに出されていくことになろう。そのためには，私秘的かつ秘儀的な動感発生現象について，より具体的な実践可能性を拓く分析方法論が新たに追求されなければならない。その分析方法論は，その対象となるキネステーゼ感覚質を潜ませた動感世界に内在する〈運動基盤〉に改めてに注目することによって，その新しい動感分析論はその一歩を踏み出すことになろう。

第Ⅴ章
● 動感発生の分析論

200　第V章　動感発生の分析論

I ― 動感分析論の対象を問う

§ 66. 発生分析の対象を確認する

　ここにスポーツ運動学の動感発生論として，その分析方法論を主題化するに先立って，まず動感運動の発生分析そのものの役割を確認しておく必要がある。とりわけ，その発生源泉に遡る超越論分析は，運動現象学に依拠するから，外部視点からの科学的運動分析論と区別される。さらに，その分析対象になる意味発生の〈意味〉は，健康・体力や美容という他の価値目的を達成する意義ないし存在理由(レゾン・デートル)が問われているのではない。ここで，その分析対象になる〈意味発生〉には，端的に言えば，感覚質(ヒュレー)，とりわけ動感素材の価値意識に気づき，動感情況における有意味な気配の感覚質を感じとる一回性の出来事が対象化されている。そこでは，動く人の心情領域に働く認識的な知覚努力や期待や楽しみを志向する価値努力という，いわば〈認識知覚〉と〈価値知覚〉の絡み合った〈価値感知〉が決定的な役割を果たすと，フッサールは巧みな指摘[1]をしてくれる。とりわけ「その価値対象はすべて，わが身にありありと構成される意識として，心情領野の成素をなしている」と付け加える。さらに「そのもっとも根源的な価値構成は，その価値を感知する自我主観が先理論的なるものとして，楽しみへ没頭していく」と言うのだ。フッサールは，そこで受けとる価値意識の感知作用を特に〈価値知覚〉と呼んで早くから重視していることをここで確認しておきたい。

　たしかに，スポーツにおける動きの訓練では，その〈動きかた〉のコツを感じとり，その〈動感情況〉にカンを働かせるという価値意識を伴う感覚質の発生現象は，決定的な関心を呼ぶ出来事である。このような微妙な感覚質の動感意識が独りでに綜合化される場合，その出来事を〈意味発生〉[2]と呼ぶ。その意味発生を認めるのは，例えば，幅跳びで4メートル跳べたという成果達成ではなく，その動きに内在する動感意識にまとまりのある感覚質の〈形態発生〉に至ったときである。つまり，〈そう動けた〉という達成結果ではなくて，いわ

---

1) Hua. IV. S.9f. ［邦訳：第4節・段落⑦］
2) Hua. XI. S.159ff. ［邦訳：第34節，段落①~④，段落⑪］

ば〈コツの中身〉や〈カンの働きかた〉の価値意識的な感覚質が〈身体化〉されたときである。だから，難しい動きに成功しても意味発生に至らず不満を感じる選手もいれば，失敗しても，その意味発生に小躍りする選手もいるのだ。この意味において，鉄棒の宙返り下りで，マグレの着地成功に狂喜するコーチは，選手の動感質分析を放棄していたことになる。そのコーチは，選手の〈心情領域〉に共に居合わせていないのだから，ヴァイツゼッカーから〈野次馬コーチ〉と貶められても仕方ない。

　競技における動感システムの習練過程では，選手たちはそのような微妙な感覚質の意味発生のなかで，生成と消滅の間をたえず揺れ動いて工夫を重ね，自問自答して自得の道をたどるのを常道としている。指導者がその一回ごとの感覚質の微妙な様相変動に全く気づかないのでは，動感修正の処方を具体的に指示することもできない。このような微妙な感覚質発生のために取り上げられるのが〈様相化分析〉である。独りでに自然にまとまっていく受動綜合化の現象野では，この様相化分析によって解明される〈内在的超越〉という微妙な〈変様態〉にこそ，そのなかに「未来に向けての多様な修正可能性をもつ全地平」[3]が露呈されてくるのであり，フッサールがそれに注目することを厳しく要求するのはこの意味においてである。

　その修正化作用に入る〈動機づけ〉を探るのには，さらに，感覚質の発生源泉にまで遡っていかなければならない。つまり，その動きをより合理的に修正するには，その感覚質の意味発生に関わる時間流の原発生地平にまで遡って志向分析に入ることが求められる。科学的運動分析のように，外部視点からの映像分析（キネマトグラフィー）ないし力量分析（デュナモメトリー）をして，そこにメカニズムの欠落を指摘するだけでは，その〈動きかた〉が本人に直ちに綜合化される道として呈示されているわけではない。その科学的メカニズムを身体化する志向体験は，生徒や選手たちにすべて丸投げされているだけである。科学的メカニズムに捕らえられた欠点の原因とは，合理的な自然法則に反する原因であり，その生徒や選手の〈動感能力〉の欠損態ではない。原因が分かれば，結果を導き出せるという科学的な因果決定論的分析論と，感覚質を生み出す意味発生の〈動機づけ〉を探る超越論的分析論とは，問題の次元が異なっていることを確認しておかなければならない。これまでは，科学的メカニズムだけが解明され，その原因が分かれば運

---
[3] Hua. XV. S.614 [Text Nr.35・①]

動発生するというロボット工学の分析論が転用されていただけである。しかし，価値意識をもつ感覚質を発生させるのは，古来の芸道に倣って，すべて自得するのを本道としてきたから，動感伝承の発生論は，いつも背景に沈められたまゝだったのだ。

　動けるようになるコツやカンをどのように感じとるのかという問題こそが，悩んでいる生徒や選手が求めている当のものである。価値意識を伴う感覚質発生を支える価値知覚の〈動機づけ〉こそ分析対象として前景に立てられるのでなければならない。というのは，その感覚質の意味発生の源泉に遡って問いかける〈動機づけ〉というものは，身体運動それ自体のなかにいつも必ず認識的知覚や価値的知覚として〈先触発〉されているのだ。そうでなければ，感覚質発生を追求する前提がすでに欠損していることになる。我々がこの錯綜した感覚質の様相変動を厳密に分析していく必要に迫られるのは，この意味においてである。ここでは，フッサールの重大な指摘だけに止めておきたい。つまり，動感発生の源泉に向かって「遡行的に問いかけるのは，明らかに〈妥当基づけ〉への絶えざる問いかけであり，同時にそれは［感覚質］発生への遡行的問いかけに他ならない」[4]と述べて，フッサールはその原発生分析の決定的な役割を的確に指摘しているのだ。ところが，わが国伝来の技芸(わざ)の世界においては，「初心に返る」［世阿弥：風姿花伝］ことが常に求められ，動感意識発生の原点への還帰が発生分析の本質として重視されているのは，まさに注目に値しよう。その至芸への教えは，単に慢心を戒めて精進するという精神論だけではない。その意味で，動感意識の時間流における〈原発生地平〉への還帰を示唆するフッサールの指摘は，まさに正鵠を射ている。しかし，初心に戻りたくても，その帰れる動感故郷が存在していない選手も珍しくない昨今である。動感身体の経験世界においては，開かれた目的論が本質必然性をもつのは，洋の東西を問わないようである。

§67. 本原的な本質直観の道をとる

　ここにおいて，まずもってスポーツ領域における動感運動学の諸概念を改めて整理しておく必要がある。それは，端的に運動学というと，その表現が科学

---
[4] Hua. XV. S.614 [Text Nr.35-②]

的運動学をも連想させるからである。我々が取り上げている運動学が科学的運動学から区別されるのは繰り返し述べられている。その動感運動学の学的基礎づけは，現象学の形相学的形態学[5]に求められている。つまりそれは，感覚質発生の本質必然性と本質可能性を追求する〈本質学〉として，動感運動の感覚質発生における〈ゲシュタルト充実〉[6]の身体経験を純粋に記述しながら，その本質直観を目指すことになる。そこでは，動感質の超越論的志向分析を基柢に据える身体運動分析論が主題化されるのは言うまでもない。その分析対象には，〈動きかた〉に潜むコツやカンという奇妙な感覚質発生の様相変動が取り上げられる。だから，そこでの発生概念は，当然ながら生物科学的な発生論ではなく，その歴史を背負った主観身体のコツやカンという動感能力の感覚質発生様相が分析対象に取り上げられることになる。

　我々の生活世界における感覚質の作動する動きや振る舞いは，謎に満ちたコツやカンという動感能力によって生み出されている。ところが，その感覚質の統一的な意味発生の出来事は，単なる物体身体の物理学的な位置移動でもないし，物質身体の生理学的な〈刺激－反応メカニズム〉の端的な発現でもない。メルロ＝ポンティの表現を借りれば，その〈身体的なるもの〉の感覚質が働く「現象野とは，一つの内的世界ではないし，その現象は単なる意識状態や心的事実などでもない」[7]として，単なる連合心理学的な意識現象とはっきりと区別されている。その動感運動の感覚質発生は，我々が日常生活で自ら動くときに「やっとコツを掴んだ」とか「とっさにカンが働いた」というときのように，その動感経験が生成消滅する領野のなかで，わが身に直接に感じとられる本原的出来事の発生が意味されている。そのような奇妙な身体経験は，いわば主客未分の純粋な直接経験のなかで「一種の〈会得〉によってしか捉えられない」と言うメルロ＝ポンティの指摘は，感覚質発生の出来事を巧みに言い当てている。だから，主もなく客もなく，その人の純粋経験に直接与えられるコツやカンという動感志向的な身体能力は「孤独で盲目な，しかも物言わぬ生命のことだ」と謎めいた言い方をするメルロ＝ポンティをこの意味において理解することができる。それ故にこそ，メルロ＝ポンティは外部視点からの客観的分析を厳しく遮断し，それをエポケー［判断中止］せざるをえないとし

---

5) Hua. III. S.302 ［邦訳：第 145 節‐段落④］
6) Hua. VI. S. 28 ［邦訳：第 9 節‐b‐段落④‐原注 83 頁］
7) Merleau-Ponty, M.: Phénoménologie de la perception, p.70 ［邦訳 1：111 頁］

て現象学的還元の方法論をとることになる。

　このような内在する直接経験に関わる〈身体性〉という存在領域は，科学的分析の対象になる物質身体や物体身体から区別されるのは喋々するまでもない。だから，フッサールはその内在経験に生きる身体をわざわざ〈身体物体〉と呼ぶ。そこでは，生き生きと実存する身体が意味され，フッサール独自の超越論的な身体学領域[8]のなかで〈身体的なるもの〉ないし〈身体性〉という基本概念を構成することになる。したがって，その超越論的身体には，その個人の歴史を背負った動感志向的な身体運動，いわば歴史身体による動感運動がその感覚質発生論の対象領域を構成する。フッサールの発生現象学における身体概念は，ボイテンデイクやアウァスペルクの研究にも取り上げられ，そこでは端的に身体発生論と呼ばれるが，それは分子生物学的な発生遺伝学などと取り違えられるはずもない。因みに，そのときの〈身体〉という表現は「生き生きと体験しつつある身体が意味され，〈心〉(プシュケー)を排除するのではなく，それを露呈している」[9]身体と捉えられる。そのアウァスペルクの意味における，いわば生身にありありと感知できる有体的現象としての身体性は，言うまでもなくフッサールの言う〈動感身体性〉であり，ボイテンデイクの言う身体知ないし感覚知が意味されている。もちろん，その〈感覚知〉と言うときの〈感覚〉は，ロックの〈感覚与件〉における一次性質と二次性質という周知の区別とは何の関わりもない。しかし「感覚性質は単に主観的でない，幾何学的物理学的性質のみが客観的である」[10]と言うロックの〈感覚与件〉をフッサールは真っ向から批判する。フッサールが「ロック時代以来の心理学的伝統の悪しき遺産」[11]と酷評するこの感覚与件は，奇妙なことに，それから100年後における現代のスポーツ科学にまだ生き残っている。動感発生に苦悩する生徒や選手たちが〈命綱〉として頼るコツやカンという身体能力は，非科学的という烙印を押されて，侮蔑の対象にされている。繰り返し述べられているように，その呪縛は極めて強固であり，それから容易に解放される気配もない。我々のスポーツ運動学が動感発生論の立場から，フッサールが強調する「本原的に与える働きをもつ直観」[12]

---

8) Hua. V. S.5f.［邦訳：第2節，b‐段落⑤］
9) Auersperg, Alfred P.: Vorläufige und rückläufige Bestimmung in der Physiogenese; Jahrbuch für Psychologie, Psychotherapie und medizinische Anthroplogie, 8, 1961, S.226
10) Hua. III. S.71f.［邦訳：第40節‐段落①］
11) Hua. VI. S. 27 ［邦訳：第9節‐b‐段落④‐原注83頁］
12) Hua. III. S.35f.［邦訳：第19節‐段落②］

という「あらゆる理性的主張の究極の正当性の源泉」[13]に遡る本質直観の超越論的分析論を前景に立てようとしても，〈ロックの呪縛〉はその行く手を執拗に阻み続けるのだ。

　ここにおいて，生徒や選手たちの実践可能性に具体的な〈道しるべ〉を建て，新しい動きを身に付けていくには，どうしても自らの内在的身体経験のなかに本原的に〈意味付与〉を可能にする〈本質直観〉への道をとらざるをえない。外部視点から科学的に身体運動を対象化して，そこに客観的な自然法則のメカニズムを解明しても，動感質発生の〈道しるべ〉は示されない。それを生身の動感形態に生化していくには，不可疑的な〈本原的直観〉のなかに，〈コツ一般〉〈カン一般〉という〈本質普遍性〉を見出すのでなければならない。そのためには，自らの動感時間流の原発生地平に，とりわけ過去把持地平の〈今統握〉を捉え，未来予持地平の動感形態を本原的に予描するしか道はない。いずれにしても，動感意識流の〈立ちとどまる今〉をノエシス契機として，未来予持地平に立ち入るのでなければならない。そのためには，立ちとどまる今把握の予持地平に，意味付与できる微妙な感覚質発生を本原的に動感化できなければならない。その具体的な本質直観の方法論は後段（§77~）に立ち入ることになろう。

　これまでのように，他者の身体運動を外的知覚として捉えても，あるいは反復化できる高速ビデオの映像分析（キネマトグラフィー）によっても，それは〈射映原理〉に支配されているから，常に未規定性の地平に取り囲まれている。たとい，三次元映像分析で解析しても，常に射映原理を排除することは原理的に不可能である。これに対してフッサールは，内在的身体経験には射映原理が本質必然的に成立しないとして，「内在所与性の本質には，一つの絶対性が属していて，その絶対的な動感観察の能力可能性は，その側面のなかに自己呈示したり，射映したりできるものは全くない」[14]のだと言い切っている。こうして，動感運動学の分析論は，自然科学的運動学の分析論と袂を分かって，自己運動の実践可能性を保証する本原的な〈内在経験分析〉の道を取り，フッサールの言う「究極的正当性の源泉」を保証する本質直観の方法論に従って超越論分析を取り上げることになる。そこでは，内在的知覚経験のなかに価値意識の感覚質が作動する〈身

---

13) Hua. III. S.36［邦訳：第19節・段落③］
14) Hua. III. S.93［邦訳：第44節・段落④］

体発生〉[15]）の様相変動は，本質直観の三階層ごとに分析対象として主題的に取り上げられることになろう。

　しかし，フッサール現象学のこのような本質直観の厳密な分析論は，なかなか正当な理解が得られそうにない。ところが，競技スポーツの指導実践の領野では，その本質直観の分析論は当然のように取り上げられて，現実的な競技力の向上に大きく貢献しているのだ。コツやカンが個別的な知覚直観によって捉えられるのは理解されても，それは本原的にありありと内在経験に捉えられていても，科学的な因果決定論で説明できなければ，それは単なる主観的な〈経験知〉ないし〈実践知〉として背景に沈められてしまう。それは，学校体育や競技スポーツの領域では，生理学的な体力向上が一義的に求められ，物理的な客観データが勝敗決定の基柢に据えられている領域では当然である。そこでは，身体運動を物質身体ないし物理身体の延長（レス・エクステンサ）としての位置移動と理解するのに何の違和感も生じないからである。フッサールが指摘しているように，ロックの一次性質，つまり延長，形，数，位置，運動ないし静止は，すべて幾何学的，物理学的な運動認識以外に客観的な正当性を認めないという全く別種な認識論に基づいている。そこでは，微妙な〈動く感じ〉や切迫した〈情況感〉など，コツやカンで捉えられるものは，客観的な一次性質の示す「単なる記号」と貶められるだけである。客観性を保証できる科学的運動分析論以外には，本質普遍性も本質必然性も決して承認されることはない。このような事情の下では，動感発生論を主題化する分析論としては，無用な混乱を避けるために，ここで改めて身体運動の概念を整理し，確認しておかなければならない。科学主義一辺倒の運動分析論では，コツやカンの身体能力も自然科学的に分析可能と考え，そのメカニズムが動感志向的な感覚質発生に直結すると速断する。それはロボットの自動運動を可能にすることはできても，生ける歴史身体を含意潜在態とする〈自己運動それ自体〉の感覚質発生分析に立ち入ることはできない。だから，仮にコツやカンの現象学的分析を非科学的だと侮蔑する人がいるとすれば，それは全く見当外れの批判と言わざるをえない。このようにして，我々が分析対象にする身体運動の概念を改めて整理し，明確化しておかなければならなくなる。

---

15) Buytendijk, F.J.J.: Prolegomena einer anthropologischen Physiologie, S.76ff. 1967 Otto Müller Verlag

§ 68. 発生論と静態論の関係を問う

　これまで繰り返し指摘しているように，ここで意味される〈身体能力〉とは，生理学的な〈体力〉や因果連関をもつ〈体性感覚〉の機能ではない。それは動感システムとして働く身体能力である。つまりフッサールの意味する絶対ゼロ点から作動する動感身体の能力可能性が意味されている。それは，ゴールを視ないでシュートを打ち，遠近の隔たりを即座に感知できる，いわばコツやカンという身体能力と言い換えることもできる。その動感志向性の概念をクレスゲスは，〈動感情況〉に関わる時空間的な〈地平意識〉と規定し，それはさらに〈世界意識〉に必然可能的に開かれていると指摘 [16] する。ここにおいて，動感時空系に生きる動感システムをもつ身体能力が前景に立てられ，わが身にありありと感知・共感できる身体運動が分析対象に取り上げられることになる。もちろん，この動感志向的な身体運動は，運動生理学で言うエクササイズとしての身体運動と本質必然的に区別されるのも言うまでもない。それらは繰り返し述べられているので，もはやこれ以上の蛇足は無用であろう。

　こうして，我々が運動現象学の分析対象に取り上げるのは，フッサールが「一切の原理の原理」[17] と呼ぶ本原的所与性を含意潜在態とする〈実的な身体運動〉である。それは物質身体や物理身体の位置移動が意味される 延 長（レス・エクステンサ）の身体運動から本質的に区別される。その身体運動は，本人に内在する動感経験の〈有体的反省能力〉に支えられなければ，その動きの感覚質を本原的に了解することは難しい。だからといって，外部視点からその物理時空系の位置移動をどんなに精密に測定しても，身体運動の外的な形態変化から，そのコツやカンに潜む価値知覚を取り出すことは不可能である。しかしその反面，同時に私の身体にしか感知されない本原的な身体運動は，その個人の〈歴史身体〉に内在する固有な私秘性からも本質必然的に逃れられなくなる。

　現代の先端的な精密科学を駆使して，感覚質の私秘性を暴き出そうとしても，その本質可能性への道は，すでにアポリアに阻まれたままである。言うなれば，現代の脳科学によって運動時の脳波を捉えても，その感覚質のゲシュタルト発生の意味内実を示してくれるはずもない。さらに超高速のビデオによって 100

---

16) Claesges, Ul.: Edmund Husserls Theorie der Raumkonstitution, S.120ff. 1964 Martinus Nijhoff
17) Hua. III. S.43f.［邦訳：第 78 節・段落⑫］

万分の1秒まで時間流を分割しても,「運動は分割できない」と言うベルクソンの命題を否定することは不可能なのである。そこには, 動きの意識流, いわば〈動感メロディー〉がいつも欠損したままであり, 動感化する〈身体的なるもの〉は, 決してその姿を見せはしない。しかし, 動感発生の現象野にある生徒や選手たちは, 動きに潜む感覚質に関心をもち, その奇妙な生成・消滅の一回性の出来事に一喜一憂しているのだ。こうして動感伝承の実践現場では, その感覚質の動感メロディーをその源泉にまで遡行して探らざるをえなくなる。そこには, 感覚質発生の源泉に遡る超越論分析が必然的に求められることになる。

しかし, このような感覚質の発生分析は, 静態分析との相関関係のなかで理解されるのでなければならない。というのは, その源泉に遡る超越論分析は, 発生分析と静態分析という二つの契機をもつからである。発生分析というのは, 出来事としては静態分析に先行しているが, その手引きをなすのは静態分析である。その手引きによって感覚質の存在や仮象の揺らぎが際立つのであり, それはさらに発生源泉へと回帰的に問いかけざるをえなくなるのだ。すなわち, 静態論的な分析は〈妥当基づけ〉の存在論的分析であり, 動感地平性の構造分析に他ならない。しかし発生論的分析と静態論的分析という両者は, ヴァイツゼッカーの表現を借りれば,〈相補的統一態〉[18]を形づくっている。すなわち, 発生分析と静態分析の両者は, 相互補完性の関係のなかに統一態を形づくっているのだ。その静態論の地平は「完了ずみの統覚をもち, その統覚作用はすでに現出ずみで, いわばすでに〈出来上がったもの〉として気づかれている」[19]とフッサールは指摘する。とすると, そこに生まれる鋳型化現象がマニュアル化を誘い, 地平に潜む志向含蓄態が疲弊してしまう傾向を否定できないことになる。

したがって, 静態論としての構造分析は, たえず感覚ヒュレーのノエシス契機による意味発生の超越論分析に補完されて, いつもすでに動感発生の〈生動性〉に支えられていなければならない。そのためにも, 実践現場の選手たちやコーチの動感発生への活発な営みが常に生き生きとした工夫に満ち溢れていることが不可欠となる。その感覚質の微妙な〈意味発生〉に関わる〈純粋記述〉は, 静態分析の手引きに向けて, 再び構造化されることになる。マイネルが実

---

18) Weizsäcker, V.v.: Gestaltkreis, Gesammelte Schriften, Bd.4, S.319 1997［邦訳：299頁］
19) Hua. XI. S.345 [B. Abhandlungen: statische und genetische phänomenologische Methode - ⑰]

践現場の指導者に発生分析への関心を触発するために，自らの動感経験の〈自己観察〉を重視し，他者の動感メロディーに共感できる〈他者観察〉を取り上げたのは，この意味において重大な役割をもってくる。マイネルのモルフォロギー分析は，決して主観的なドクサ経験に埋没していると酷評される筋合いのものではない。形態学的分析への侮蔑的批判は，科学的運動分析と現象学的運動分析の本質必然的な差異に気づかない低次元の批判と言わざるをえない。

　発生分析と静態分析が相互に補完し合う現象学的分析において，その分析対象に取り上げられるのは，生ける〈実存運動〉[20]そのものである。しかし，身体運動の意味内容は，多くの誤解や皮相的解釈のまま放置されているから，その真の意味が厳密に検討されるのでなければならない。すでにフッサールは身体運動に多くの厳密な考察を示しているが，独我論的な身体に対して，心身をもつ主観身体とその外界との因果関係を条件関係に置き換える〈転換点〉[21]という意味づけを与えている。そこに超越論的身体学という固有な学領域を呈示したのはよく知られている。因みに，現象学における身体運動の意味内実を一瞥しておこう。

　ドイツの神経学者ヴァイツゼッカーは，すでに1933年発表の論文にはじまって『ゲシュタルトクライス』(1940)に集大成した人間学的運動分析論では，新しく主体概念を導入して運動発生論に独自な道を拓いたことはよく知られている。その名著の冒頭に，生きものの運動に対して明快な概念規定を与えている。すなわち，人間の運動発生を主題化する本書で考察するのは「生命あるものの運動であって，時空間体系中の任意の物体，あるいは単に考えられた物体の運動ではない」[22]と断じる。ヴァイツゼッカーは，いわば身体運動の概念混乱を予見して，生命ある運動と物質事物の運動との本質必然的な差異をまず前景に立てている。ヴァイツゼッカーは「自己自身の力で自己自身との関係において運動する存在」を一つの主観身体の運動として〈自己運動〉と呼ぶ。だから，ヴァイツゼッカーは「自ら動いているから生きているのだ」と端的に表現して，〈自発性〉を本質とする生き生きした身体運動を分析対象にすることを真っ先に宣言することになる。いわば，フッサールの運動現象学に還元すれば，身体運動は主観身体それ自体の自発的な自己運動ということになろう。そ

---

20) Merleau-Ponty, M.: Phénoménologie de la perception, p.160 ［邦訳：『知覚の現象学』1, 232頁］
21) Hua. IV. S.161 ［邦訳：第42節・段落③］
22) Weizsäcker, V.v.: Gestaltkreis, Gesammelte Schriften, Bd.4, S.101, 1997

こでは，センサー付きロボットの自己運動と明確に区別されるのは喋々するまでもない。

しかし，この物質事物の自動運動とパトス的な自己運動との区別は，すでに19世紀末からベルクソンやフッサールらの哲学者によって取り上げられ，当時の科学万能の自然科学主義の偏狭さが批判されたのは周知の通りである。つまり，ベルクソンは早くから「動きそのものは分割不可能」[23]（1889）と主張して，物質と表象の中間に〈イマージュ〉[24]と呼ぶ〈私の身体〉を定立（1896）し，身体運動が快不快の感情や意欲，心情に深く絡み合っていることを指摘している。さらにフッサールも自ら動くときの時間意識[25]や空間意識[26]がその身体運動の変様態を左右する本質必然性に注目し，物質自然と生命自然[27]の中間に〈身体学〉[28]の領域存在論を体系化している。

ところが，同じ頃にスポーツ競技の世界では，ストップウォッチの開発でパテント（1862年5月）をとったスイスのニコレ（*Armnad Nicolet*）は，秒刻みの客観的な精密計測を可能にしている。さらに，物理的な時間・空間の定量化方法論が飛躍的に改善され，それに伴って20世紀に入ると，競技の勝敗決定は次第に人間の感覚判断から乖離する傾向を見せはじめている。それどころか，現代の競技スポーツにおける勝敗判定は，人間の価値知覚判断を排除して電子工学的測定器に支配されつつあるといっても過言ではない。だから，競技や体育における身体運動の分析は，もっぱら精密科学の分析法に一方的に傾斜し，人間の身体教育の在り方，競技の勝敗判定の仕方が改めて問い直される事態に立ち至っている。こうして，躍動する選手の動きや行動を超高速のビデオで映像化し，それを精密に定量分析するのが身体運動の分析と考えるのに何の違和感も生じなくなっている。なぜなら，それは生き生きと動いている選手たちの三次元映像を分析したのだから，その分析対象は単なる物体運動ではなく，躍動する選手の〈身体運動そのもの〉であると断じて憚らない。こうして，歩行中に突然に躓くという出来事の映像分析から，その物理的な非合理性を暴き出

---

23) Bergson, H.: Essai sur le données immédiales de la sonscience, 1927(1993), p.82~86, Quadrige［ベルクソン全集1，22頁，1993，白水社］
24) Bergson, H.: Matière er mémoire, p.14 / Quadrige / PUF 1939-1990［ベルクソン全集2『物質と記憶』1993，22頁］
25) Hua. X. Vorlesung in 1905
26) Hua. XVI. Vorlesung in 1907
27) Hua. IV. S.27ff.［邦訳：第12節・段落②］
28) Hua. V. S.5ff.［邦訳：第2節，b・段落⑤］

し，その処方箋に前脛骨筋のトレーニングを勧めるという処方に何の疑義も生じない。同様に，丸木橋を渡れないときには，怖くて動けない心理状態が分析され，その改善処方のエクササイズを合理的にマネジメントする。これらの自然科学的な運動分析は，すべて外部視点からその物質身体の客観分析に依拠している。こうして，競技を実践する運動主体がその障碍を克服できれば，それは必然的に科学分析の成果であり，さらに精密な分析にのめり込んでいくことになる。

§ 69. 実践可能性の意味発生を問う

ここにおいて，コツやカンに支えられる自己運動は，本質必然的に〈私はできる〉という〈実践可能性〉[29]の〈運動基盤〉[30]として注目されることになる。フッサールは，その本原的自己運動を〈私は動ける〉という「わが身を支配する能力」[31]の実践可能性として捉えているからである。その場合の「〈実践的なるもの〉という理解は，物理学的，生理学的理解とは全く別種なものだ」[32]と断言する理由を見逃してはならない。ところが，スポーツ領域の運動学は，身体運動のもつこの〈実践可能性〉という本質必然性を長いあいだ無視している。だから，動きに内在する感覚質の本原的経験による〈生命的自然〉の身体運動と，科学的に分析可能な〈物質的自然〉の身体運動の区別[33]を取り上げてこなかったことになる。つまり，価値知覚を伴う感覚質をもつ身体運動は，〈動ける〉という論理可能性と，実践可能性をもつ感覚質発生の様態とを自我遂行の必然可能性のなかに含意しているのである。だから，動感質をもつ身体運動，いわば動感運動には，〈私ができる〉〈遂行できる〉〈できると自ら知っている〉〈意識的に対応する〉という実践可能性が〈いつもすでに〉内在しているのだ。そこには，実践を志向した動感地平のなかで〈私は動ける〉という価値意識をもつ感覚質の〈確信〉が，いつもすでに成立していることに注目しなくてはならない。その〈動ける〉という確信それ自体は，〈そうなるだろう〉という〈確

---

29) Hua. IV. S.258 ［邦訳：第60節，a‐段落①］
30) Landgrebe, L.: op.cit., S.147 1965 ［邦訳：段落⑲］
31) Hua. IV. S.254 ［邦訳：第59節‐段落①］
32) Hua. IV. S.260 ［邦訳：第60節，a‐段落⑥］
33) Hua. IV. S.27f. ［邦訳：第12節‐段落②］

率論的予測〉や〈そうなるはずだ〉という単なる〈メカニズム呈示〉とは截然と区別されているのだ。その動感確信は全く別種な〈原ドクサ〉34)の領域に属している。それは，身体性の世界にしか内在していないのである。その動感確信がわが身に内在してないとなると，我々は自ら動くことも振る舞うことも何一つできない，いわば反逆身体の〈金縛り〉に陥ってしまうことになる。

　しかし，身体運動の学習・指導の実践現場では，これらの動感確信を保証している〈実践可能性〉という基本概念は，あまり注目されないままに見過ごされている。その実践可能性は一体どのように理解され，どんな様相変動を呈しているのか，という問いかけこそが感覚質発生に迫る問題性の起点に他ならない。動感運動とは，「その本原的存在の実的(レェール)に経験される運動として，主観身体の絶対的内在の領域に属している」35)と言うアンリは，身体運動の生活世界が自らの身体のなかに，ありありと感知される様相をまさに的確に指摘している。我々の祖先は，まだ科学の存在しなかった時代から，あるいは言葉も話せない乳児期から，腕を動かし，手を使うことができる。たといそれが衝動的な動きであっても，〈私が動ける〉のをわが身で直に了解できる〈先所与性〉を前提としているのだ。それは明証的な不可疑的〈原事実〉36)に他ならないとフッサールが断言するのはこの意味においてである。私が歩いているときに，その〈私自身の動きそのもの〉を〈私が疑う〉ことは不可能なのである。

　この意味において，「自ら動くことは，動かされるなかにあっても，常に自己自身と一つの関係をもつ」37)と言うラントグレーベの指摘は重みをもってくる。この遂行自我は，一つの自己関係そのものに他ならない。自ら動きつつある者は，自らの動きを自己運動として，しかも反省という方法でなく，直に〈知っている〉のだ。このことは，遂行のなかで，その遂行を直接に〈確信している〉からである。だから，反省として〈後から気づく〉のではない。こうして〈先反省〉という表現は，この自己関係にとって極めて重要な意味をもってくる。デカルトの〈われ惟う，故にわれ在り〉よりも，フッサールが〈私ができる〉と確信する動感身体に〈基体性(ヒュポケイメノン)〉を認めたのは，まさにこの意味にお

---

34) EU: S.67［邦訳：第14節・段落②］
35) Henry, M.: Philosophie et phénoménologie du corps, p.100 1965 puf.
36) Hua. XV, S.386 [Text Nr.22 – (23)]
37) Landgrebe, L.: Phänomenologische Analyse und Dialektik, S.78　In: Dialektik und Genesis in der Phänomenologie 1980, Verlag Karl Alber

いてである。そのような身体性の働く〈生命的領域〉に，はじめて〈絶対ゼロ点〉を源泉とする新しい〈身体学〉の道が切り拓かれることになる。

　ところが，フッサールは「物理学的，生理学的な理解は，生ける実践的な理解とは全く異質なものだ」と畳み掛けて断じるのは何故であろうか。その場合に「重要になるのは，出来事の物理的因果関係に向けられた過程の理解ではない。まさに実践に即した理解，実践に即した出来事の理解なのであり，そこで問われているのは，その様態（心情発生）の〈実践基盤〉とその〈動機づけ〉なのだ」[38]とフッサールは重ねて駄目押しをする。たしかに〈私が動く〉という動感経験には，空間内の物理的な運動知覚も含まれてはいる。しかし〈私が動く〉という自発的態度の下では，ある動機づけをもつ主観身体とその周囲世界との関わりのなかに，受動的ないし能動的な主観身体の動感運動が必然可能的に主題化されてくるのだ。こうしてフッサールは，「〈できる〉ことの〈論理可能性〉つまり直観的な表象可能性と，〈できる〉という〈実践可能性〉との間の明確な〈コントラスト〉を例証によって明確にすることこそが重要性をもってくる」と結論するに至る。フッサールによるこの重大な指摘は，現代の驚異的な科学の発達を知らない前世紀の哲学者の取るに足らない妄言と捉えられてはならないであろう。

　このようなフッサールによる動感経験に関する〈身体運動〉の概念は，明治末期から生理学主義に傾斜してきたわが国では，正当な認識になりにくいのだ。ところが，フッサールの言う〈動ける〉という実践可能性の地平志向性は，むしろ競技や体育の実践指導場面に関わりをもつコーチや教師の運動認識には，極めて好意的に受け容れられる。豊かな動感経験をもつそれらの指導者たちは，かつてその感覚質発生や形態化の現象野に立っていたとき，〈立ちとどまりつつ流れる原現在〉の内在的意識時間を有体的に感じとっているからである。こうして「事物世界における主観身体の運動は，恣意的な動きが遂行されるから，物理的性質を超える層位をもつことになり，その動きへの〈介入〉は，単に直観される物理的事象のようには理解されない」[39]と結論することになる。このフッサールの言表は，とりわけ動感発生論に重大な意味をもってくる。むしろ，その言表は実践可能性の世界に住む選手や生徒たちには，わが身にありあ

---

38) Hua. IV. S.260f.［邦訳：第 60 節，a - 段落⑥，104 頁］
39) Hua. IV. S.381.［邦訳：付論 14 - 段落⑲ - 註：267 頁］

214　第Ⅴ章　動感発生の分析論

りと共感できる運動認識として容易に受け容れられる。こうして，超越論的分析の対象となる〈身体運動〉は，科学的分析の対象となる〈身体運動〉と区別されて，生き生きした動感志向性の内在的経験地平をもつ〈自ら動ける身体運動〉が主題化され，その感覚質発生が分析対象に取り上げられるのである。

§70. 抵抗経験が反復可能性を誘う

　このような感覚質発生に関わる動感運動は，深層の絶対ゼロ点にその源泉もっているから，動感時空世界のなかで本原的に捉えることができる。ところが，学校体育でも競技スポーツでも，一様に成果主義だけが前景に立てられる昨今である。だから，〈できる－できない〉〈動ける－動けない〉という二項対立が動感発生現象のなかに紛れ込んでくる。そこでは，運動教材における技能の合理的な達成，勝利に向けての省力的な達成こそが最大の関心事として際立ってくる。そこに潜んでいる生成と消滅に関する感覚質発生の様相変動は，様相化分析の対象に取り上げられてこない。しかも，その感覚質発生は，生成と消滅の両極をもっているのに，その一方の〈生成現象〉しか因果論的分析の対象にならない。それらは物理学的，生理学的ないし心理学的な因果分析，あるいは学習過程のマネジメント分析の対象に取り上げやすいのだ。もう一方の〈動感消滅〉という奇妙な発生現象は，背景に沈められたまま，学習活動の陶冶対象にもならない。その消滅現象が一体どのような様相変動を示しているのかは，発生分析の対象から弾き出されてしまう。ところが指導実践の現場においては，ここで主題化される様相化分析が必然的可能性として重視されることを見過ごしてはならない。そこでは，超越論的分析の厳密な方法論を駆使できないとしても，科学的運動分析から単なる経験分析として侮蔑されていた〈様相化分析〉が，実は密かに息づいていた事実を見逃すわけにはいかない。

　生徒や選手たちの感覚質発生の身体経験は，〈動ける－動けない〉というパトス的な〈心情領域〉[40]のなかで，動感運動に〈価値知覚〉[41]が働いているのを現場の教師やコーチは，当然ながら，よく知悉している。しかも，その価値知覚の様相変動は，突然の消滅にも決定的な意味をもっているのだ。何故

---

40) Hua. IV. S.9　［邦訳：第12節・段落②］
41) Hua. IV. ibid.

に，その動感消滅の道だけが敬遠されるのか。その消滅現象の内在経験に切り込む実的なノエシス分析は，単なる意識状態として見過ごされるのは何故なのか。そんなドクサ的な動感意識の働きは，非客観的で信頼できないと貶められてよいのか。フッサールは，そのノエシス契機の〈実的分析〉（レエール）の過程には，多様な〈抵抗程度差〉をもつ貴重な身体経験[42]が現れ，そこには様々な感覚質発生の様相変動が現に示されていると指摘する。それにもかかわらず，様相化分析という現象学の発生分析論が取り上げられないとしたら，指導者は単なる確率論的な予測に頼るしかなくなってしまう。そこでは，伝承発生の〈本質直観〉への道は，全く閉ざされてしまうことを見過ごしてはならない。動感質発生という身体経験は「私の身体の働きによって，私の身体能力によって媒介される」のだと言うフッサールの重大な指摘がついぞ見逃されてしまうからである。そこには，機械論的な運動とは全く異なる動感運動の意味核が存在しているのである。その様相変動の分析を通じて解明される道は，半世紀以上も前に，〈受動綜合分析〉として体系化されている。つまり〈私が動く〉という主観運動は，自らの感覚質を通してしか捉えられないからこそ，フッサールは「主観性をもつことだけがアプリオリに統握される」[43]と断じるのだ。ここにおいて，すでに考察した実践可能性という運動認識は，物理学的，生理学的運動認識と全く別種であることを明確に結論づけるフッサールの指摘を再確認しなければならなくなる。

　こうして，様々な程度差を伴う〈抵抗経験〉が注目されてくる。まずもって我々は，わが身に流れる動感メロディーを感じとるときに，努力志向性を秘めている抵抗経験が本原的にどのように感知できるかをまず問わねばならない。それは，過去把持の今統握が〈たった今〉として本原的に感知されるのだ。その動感時間流の身体経験を可能にするのは，わが身を触発する本原的所与性だからその本原性に直接に向き合うことがまず求められなければならない。ラントグレーベによれば，「そのような志向性は〈私が動ける〉という最深層位の自発性のなかで〈何かを目指して行く〉という意味をもっているからだ」[44]という。そのためには，我々は〈たった今〉というなかに，過去把持として流

---

[42] Hua. IV. S.258f.［邦訳：第60節，a‐段落③］
[43] Hua.IV. S.259［邦訳：第60節，a‐段落④］
[44] Landgrebe, L.: Die Phänomenologie der Leiblickeit und das Problem der Materie S.146, 1965, In: Phänomenologie und Geschichte 1967

れ去っていく意識時間流に抵抗し，あるいは流れ去るのをわが身に感じとって克服する努力が求められると，ラントグレーベは正鵠を射た指摘をする。そのような〈抵抗経験〉の働きが今把握のなかに本原的に感じとられ，この過去把持の抵抗経験こそが，我々に動きの反復化現象を誘い出すことになるのだ。つまり，同じ動きの反復化現象が触発されるのは，動感メロディーの時間化能力に依存してはいるが，その時間流を捉えようとする抵抗経験こそが発生現象の起点になっていることを見逃してはならない。このような価値意識をもつ感覚質の基柢に潜む〈内在時間流の抵抗経験〉こそが，同じ動きの反復可能性を支えている基盤であることを改めて確認しておかなければならない。言うまでもなく，生理学的な体力向上の機械的な反復化は，ここで取り上げられている類化的な動感反復化現象とは本質的に区別される。生ける人間の動感運動というのは，〈一回性〉という本質必然性を本来的に含意潜在態にしている。だから，その反復可能性も当然ながら一回ごとの新しい動感システムを生み出し，その発生現象には，生成消滅の多様な変様態が蔵されていることに注目するのでなければならない。

　さらに，〈未来予持志向性〉という予期的動感能力も新たな抵抗経験を生み出すもう一つの〈動機づけ〉をもつ。したがって，動感運動の反復化現象には，絶対ゼロ点に源泉をもつ動感能力に固有な意味系と価値系に関わる感覚質の潜在態が見出されることになる。体育としての教育は，端的に健康と体力に陶冶目標を捉えるだけでなく，人間形成を志向する根源的な〈身体性教育〉の運動基盤として，この動感志向的な身体経験が決定的な意味をもつのは，この意味においてである。だからこそ，人間が地球上で生き生きと動けるのは，絶対ゼロ点における自己運動の動感世界を〈世界内存在〉とする〈運動基盤〉[45]こそ不可欠だとラントグレーベが断言して憚らないのだ。同時に，競技スポーツにおける究極の〈自在境地〉を求める動感志向的なトレーニング領野にも，抵抗経験を生化させる無限の反復化現象が際立っている。未来予持志向性の動感能力に向けた目的論的立場に貫かれてこそ，技芸の極致を目指した弛みない修練が続けられるのであり，その意味において競技スポーツが身体教育に資することができることになる。こうして身体運動は，端的に体力の向上や技能の獲得だけでなく，人間の〈運動文化〉を伝承可能にする高次元の動感経験世界が

---

45) Landgrebe, L.: ibid., S.147 1965[⑲]

§71. 時間流の反省分析に向き合う

　ここにおいて，感覚質発生の分析対象として，はじめて身体経験を内在させる動感運動が浮き彫りになってくる。言うまでもなく，主観身体は動感能力に支えられて，その〈駆使性〉が保証される。つまり，その〈身体駆使性〉が，痺れた足のように〈反逆身体〉に変貌してしまわない限り，自らの身体運動は，不可疑的原事実として本原的に感知できる実践可能性を蔵（かく）しているのだ。そのような動感運動に内在する身体経験こそが，感覚質発生の分析対象となってくる。とは言っても，能力可能性に左右される動感運動のなかに，私秘的に内在している身体経験を分析対象にするのは，果たして可能なのか。見たり，聞いたり，動いたりするときの端的な身体経験，いわば自分勝手に信じ込んだドクサ経験が，厳密な発生現象学の分析対象に値すると言うのか。そのような個人的な思いこみのドクサ経験の反省分析から〈本質普遍性〉をもつ述定判断の明証性が見出されると言うのか。このような様々な反問は，フッサール自身の苦悩に満ちた反問そのものでもあった。その場合に，述定判断の必当然的明証性の確定こそが現象学分析のねらいであるのに，客観的知識としての「エピステーメー領域から〈不信に満ちた仮象〉の曖昧なドクサ領域へ下降するとは一体どういうことか」[46]とフッサールは厳しく自ら反問しているのはよく知られている。

　だからこそフッサールは，述定経験判断の明証性を保証するには，〈先述定経験〉に，つまり述定判断に先立って受容されている先経験的な時空世界に本質必然的に遡行せざるをえないと主張することになる。そこに受容される動感経験の世界は，豊かな経験地平をもち，そこには時間意識，空間意識，その連合化作用がそれぞれに働き，それらが綜合的に統一されて，無限に開かれた生ける経験地平が構成されていくのだ。その経験地平は〈内地平〉と〈外地平〉の〈統一構造〉をもち，そこに先構成されている〈空虚地平〉は，その未規定性が充実されて無限の広がりをもつことになる。その動感地平は，主観身体に本原的に感じとられる生ける時空間の意識世界に必然的に遡っていく。その動

---

46) EU. S.22［邦訳：第6節・段落③］

感時空世界は，あらゆる感覚質の源泉となる〈絶対ゼロ点〉を基柢に据えることになる。ここで言う動感時空間世界というのは，個性的な本原的な身体経験の世界だから，そこに帰納推論が成立するはずもない。こうして，統計学的確率論も通用しないし，〈想定外の論理〉も成立しない動感経験の〈生活世界〉が浮上してくる。その動感世界は，生き生きした動感身体が構成する〈動ける〉実践可能性という深層位のなかに，はじめて開示されてくるのだ。

　ここにおいて，独りでにいつの間にか発生した鋳型化現象も，明確な目標像を志向した能動綜合化の形態化現象も，その動感深層に潜む豊かな身体経験に改めて注目する必要に迫られる。そこには，主観身体の原感情や原動感が絡み合う時間流の〈原発生地平〉[47]が浮き彫りになってくるからである。その原発生地平分析では，その動感経験が個別化された〈身体的なるもの〉の原現在の内在経験に関わる実的(レエール)分析に立ち向かわざるをえない。そこにおける動感経験の多襞的な様相化分析を見過ごしたら，つまり成果主義に埋没したまま，〈出来ればよい〉と割り切ってしまうことになる。それでは，動感スキップも同時に見逃されてしまうのだ。そこには，動感消滅現象に直面したときに還帰できる故郷世界がすでに閉鎖されてしまうことになる。その還帰可能な故郷世界の構成に向かって，具体的な道しるべをどのように設定するかは，発生論的な運動現象学が決定的な役割を担っている。いわばコーチは，ガラス細工のような動感能力の脆さ，泡沫(うたかた)のような感覚質の儚さを経験的に知悉しているはずである。それなのに，なぜ成果主義のみに身を委ねてしまうのか。感覚質素材(ヒュレー)に貴重な意味発生のノエシス契機が潜んでいるのに，動感スキップの様相変動を見過ごしてしまうのでは，指導者の役割が果たせないことになってしまう。

　我々はさらに，その遂行が〈デジタル反復化〉の様相を潜ませている身体運動には，さらに形態学的漠然性という本質可能性の存在にとりわけ注目しておかなければならない。そこでは，いわゆる〈遊び幅〉〈ゆとり〉や〈余地〉という本質的漠然性が潜在態として決定的な意味をもっているからである。いわゆる〈遊び〉という運動認識が排除されてしまうと，そこには単なる鋳型化された感覚図式しか残らない。言うまでもなく鋳型化図式は，機械的に組み立て可能という〈構築化思考〉に連動していく可能性をもっている。そこでは，プログラムされた通りの正確な運動遂行が確実に保証されると速断しやすい。マ

---

[47] Hua. XI. S.73 f.［邦訳：第18節・段落④］

イネルが「それはロボットの運動でしかない」と指摘するのはその意味においてである。主観身体の多襞的な動感変様態は，その遂行自我の動感経験を豊かにするだけではない。その本人がよりよい〈動きかた〉を目指して修正しようとするとき，そこに蓄えられた多襞的な感覚質が貴重な動感ヒュレーを提供してくれるからである。不幸にして，突然に動感メロディーが消失したときでも，〈立ちとどまりつつ流れる原現在〉を呼び戻そうとするのには，自らの〈動感故郷世界〉に回帰すればよい。それは，その動感能力の〈再生化〉が保証されるという実践可能性が息づいているからである。

こうして，我々は内在経験の時間流に潜む〈抵抗経験〉をどのようにして捉えるのかが問題になる。フッサールは「現象学的方法は徹頭徹尾，反省という作用のなかで行われるのだ」と断じながらも「反省できる能力や現象学一般の可能性には，なお懐疑的な疑念がまとい付いている」から，その問題を何よりもまず根本的に排除しておきたいと意欲的に取り組んでいることは[48]よく知られている。フッサールの反省分析論が江湖に送り出されてから，すでに一世紀の歳月が流れているが，学問論としての内在経験の反省分析論は，まだ十全に解明されているとは言えないようである。それはドイツのマイネル教授がスポーツ運動学に〈自己観察〉の分析論（1960）を導入したとき，洋の東西を問わずに，スポーツ科学者たちが侮蔑的な批判を浴びせたことはこの辺の事情をよく物語っている。後段（§87～）でさらに詳しく立ち入るが，現象学における「反省とは，意識一般を認識するための方法」を表し，ここでは，時間流によって生じた〈自我分裂〉を原現在に架橋する可能性を生み出す反省の働きが意味されている。それなしには，原発生地平への超越論的志向分析が成立するはずもない。そこに反省による同一性の確認が可能になるのも，その反省に先立って，反省を可能にする〈先反省的事態〉が生起しているのである。そこには〈立ちとどまりつつ流れる原現在〉の深層に立ち入る原発生地平分析を可能にしてくれる動感世界の運動基盤が基柢に据えられている。こうして，反省分析を可能にする微妙な感覚質の発生分析は，〈本質直観〉の分析方法論を基柢に据えることになる。

この時間流の〈反省分析〉は，動感システムの創発現象野だけでなく，さらに動感伝承の促発現象野にも妥当することは言うまでもない。一方的に速成方

---

48) Hua. III. S.144ff.［邦訳：第77節・段落①，第78～79節］

法論に傾斜していくと，価値意識をもつ感覚質を発生しようとする学習者にも，その感覚質発生を促す指導者にも，身体能力に貴重な動感経験をスキップさせてしまう可能性が存在するからだ。動感創発を支える内在的な感知能力も，相対する他者動感への共感能力も，学習者と指導者を問わずに，共に不可欠な〈動感反省能力〉であることをここで確認しておかなくてはならない。一つの動きに新しい身体経験を生み出そうとしても，その感知・共感の動感反省能力が働かないのでは，その感覚質素材に統覚化作用をうまく機能させることはできない。習慣化した動きかたに修正を加えようとしても，すでに鋳型化された古い身体図式が邪魔をして，新しい感知能力や共感能力を弾き出してしまうからだ。いわば，新しい統覚化能作が働かずに，動感経験が平板化する可能性に向き合うには，多襞的な動感経験を支えている感覚質発生への〈反省分析能力〉が改めて前景に立たせられるのでなければならない。

II―本原的直観の志向分析に向き合う

§72. 動感運動の本原性に立ち戻る

　我々はすでに外部視点から捉えた物体ないし物質身体の科学的運動分析と比較しながら，現象学的分析の対象となる感覚質発生にまつわる〈固有性〉を前景に立ててきた。言うまでもなく，そこで〈動感運動〉と約言される表現は，動感身体に潜む含意潜在態の〈二重感覚〉を起点とする〈同時反転性〉を蔵している遂行自我の身体運動が意味されている。となると，科学的分析の対象になる身体運動の場合のように，精密に定量化するために外部視点から映像分析や力量分析を施しても，遂行自我に内在する感覚質の発生現象を捉えることはできない。そこには，コツやカンという私秘的な身体知の感覚質発生の出来事が独りでに浮上してくるはずもない。となれば，現象学的分析の〈対象性〉は，一体どこに見出せると言うのか。物理的自然領域における〈対象〉と言う表現では，事物，特性，関係などの多様で共属的な形態化が意味されるが，結局のところ，それは上位の〈原対象性〉[49]に収斂されるとフッサールは指摘する。

しかし，それぞれの対象が，その原対象性の単なる変様態に過ぎないと言うフッサールの結論は，一体どのように理解されるべきなのか。そこで優位をもつとされる原対象性は，物質的自然では〈事物そのもの〉が意味され，諸々の事物特性や関係の上位に位置するとフッサールは言う。スポーツ領域の動感運動学では，生徒や選手の示す動きの価値意識をもつ感覚質そのものが分析対象に主題化される。しかし，この身体運動を〈物質的自然領域〉の原対象性を〈事物そのもの〉に引き寄せる科学的運動学の立場に立てば，フッサール身体学の鍵概念である〈実践可能性〉は必然的に背景に沈められてしまう。そこでは，生き生きした動感運動のもつ〈動ける〉という〈実践可能性〉の基本概念が排除され，生理学や物理学の分析対象となる物質ないし物理的な身体運動の原対象性にすり替わってしまうことになる。

ところがフッサールは，この原対象性の概念規定に対して，さらに超越論的還元を施し，〈生命的自然領域〉を構成し，その中間に身体論的分析対象を新たに定立している。そこでは，〈事物そのもの〉という端的対象は，〈意味として知覚されたもの〉から区別される[50]ことになる。いわば，意味として知覚されるときの〈意味〉は，〈ノエシス意味統握〉と並行関係にある〈ノエマ的意味存在〉となる。そこでは，生き生きした実存身体に直接経験される〈有体性〉と〈自己性〉が前景に浮上してくる。わが身にありありと感知し共感できる〈本原性〉を蔵(かく)した，いわば，身体性を含意潜在態とした〈新しい身体運動の概念〉が措定されることになる。その身体運動は，改めて形態学的本質分析の対象として浮上してくるのだ。新しい〈領域存在論〉として，〈生命的自然領域〉[51]に身体学[52]を提唱したフッサールの身体学的〈原対象性〉の固有性をここに改めて確認しておかなければならない。フッサールはその『イデーンⅡ』において，デカルトの〈われ惟う，故にわれ在り〉（cōgitō, ergō sum）という古典的存在論からシフトして，〈私はできる〉〈私は動ける〉という〈実践可能性〉をその鍵概念に取り上げていることを見逃してはならない。その「現象学の独自性をもつすべての[実践]可能な対象は，いわばそれらが現象学的構成に遡れる原対象である」と述べて「それこそが〈感覚対象そのもの〉なのだ」[53]

---

49) Hua. III. S.21 ［邦訳：第 10 節 - 段落①］
50) Hua. III. S.184 ［邦訳：第 89 節 - 段落①］
51) Hua. IV. S.91 ［邦訳：第 19 節］
52) Hua. V. S.8 ［邦訳：第 2 節，b - 段落⑤］
53) Hua. IV. S.17 ［邦訳：第 8 節 - 段落①］

という重大な指摘に至る。こうして，遂行自我の感覚質発生の原対象は，〈感覚図式それ自体〉に求められることになる。

ここにおいて，「感覚対象こそ原対象だ」と言うフッサールの指摘は，決定的な意味をもってくる。ひたすら〈私はできる〉と言う実践可能性を前景に立てるフッサールの身体学では〈私は動ける〉と言う，いわばコツやカンという〈動感能力システム〉54) が際立ってくるからだ。しかも，極めて微妙な動感質発生の様相変動を示す感覚質分析論こそがその問題性の意味核を形成することになる。こうして，その価値知覚が働く感覚質の原発生地平のなかには，微妙な動感質発生の様相変動が主題的に浮き彫りになってくる。さらに，その微妙な動感価値意識をもつ感覚質の発生分析は，まずもって原発生地平における〈ノエシス契機〉の意味統握に向けられていく。そこでは，動感経験の成素としての実的な〈ノエシス的分析〉が主題的に取り上げられるが，その具体的な発生分析論は後段（§75〜）でさらに立ち入ることになる。動感身体を貫く価値知覚による感覚質の発生変様態そのものは，これまでの運動分析論で主題的に前景に立てられることはなかった。それは発生分析が単に可能態(デュナミス)が現実態(エネルゲイア)として，その形態生成に成功しさえすれば，それがたとい偶発的でも，因果決定論が成立すると速断しているからである。これまでは，いわば時間流の原発生地平に潜む〈動機づけの解明〉に至る超越論的分析が敬遠されてきた。動きの感覚質の発生様態は，コツやカンの意味核をなす感覚質発生の深層にまで遡らずに，たとい偶発的でも，端的な形態発生の実現によって目的論は閉じられていたからである。そこでは，動感価値意識を含意する感覚質の伝承発生論は，必然的に放置されたままに，その希有な技能者の秘伝的な固有財産になるだけである。無限に開かれた目的論をもつ現象学的分析に立ち入らないままに，動感伝承の発生論は放置されていたのだ。こうして，人間のもつ貴重な運動文化は，現象学的分析を放棄してきたことをここに確認しておかなければならない。

§73. 感覚質発生に注目する

前段で述べたフッサールの動感システムは，生理学的な筋感覚や連合心理学的な体性感覚から区別されているのにもう多言を要しない。つまり，意味発生

---
54) Hua. VI. S.164 ［邦訳：第47節・段落②］

の感覚質は，視覚や触覚などの感覚図式と絡み合って動感システムという〈統一形態〉を示しているのだ。しかもその〈システム〉は，要素集合の関係性を示す，いわゆるシステム論の概念が意味されているのではない。詳しくは拙著[55]に譲るが，ドイツのウンゲラー[56]のみならず，マイネルの運動学講座の後継者シュナーベル[57]さえもサイバネティクス運動学に傾斜していることもあるので，本質学としてのモルフォロギー分析とシステム論としてのサイバネティクス分析とは必然的に区別されることをここに確認しておかなければならない。そのモルフォロギー運動学との区別が無視されたサイバネティクス運動学は，同時代の人間学的立場に立つシュミッツ教授やグルーペ教授らに厳しく批判されることになるが，このことは，システム論的運動分析における数学的形式化の〈横断科学〉それ自体が批判されているわけではない。それは数学的形式化の普遍妥当性から，価値知覚する感覚質発生の〈本質普遍性〉という別種の問題圏に越境してしまった論理飛躍が批判されているのだ。我々が主題化している感覚質発生という内在経験の実的(レエール)分析論と因果論的なシステム分析論とは本質必然的に結び付くはずもない。この動感システムの「構造とは，自らを時間化し，自らの力動性に応じた枠組みで展開される時間形態を生み出す」[58]ことが見過ごされてならない。その動感システムは，フッサールの形相学的形態学[59]の〈漠然性〉こそ本質必然性として浮き彫りにされるからである。

さらに誤解を避けるために言を重ねれば，蹴られたボールや投げられた槍の物理学的運動分析は，選手たち自身の感覚質発生に直接に関わってこない。さらに選手の物体身体の空時的な位置変化の映像分析や力量分析は，コツやカンの生成消滅という感覚質の様相変動とは全く別種の問題圏にある。こうして，動感意識に向き合った主観身体が自らの動きをどのように生み出していくのか，その感覚質発生を支える〈ノエシス契機〉をどのように統握していくのかが，分析論として主題化されるのだ。こうして〈動きたい―動けない〉というパトス的な心情をもつ遂行自我が価値知覚を働かせて感覚質発生に入る様相変動が分析対象に浮上してくる。感覚質発生の「充実形態の中身」として，「感

---

55) 金子明友：『身体知の形成』講義12, 186頁以降。
56) Ungerer, D./ Daugs, R.: Bewegungslehre - Unter besonderer Berücksichtigung der Sensomotorik, 1968
57) Schnabel, G.: Zur Bewegungskoordination, In: Wissenschaftliche Zeitschrift der DHfK, Leipzig, 1968
58) Rombach, H.: Strukturontologie, S.221 Verlag Alber 1971［邦訳：『存在論の根本問題』219頁，晃洋書房 1983］
59) Hua. III. S.302［邦訳：第145節・段落④］

覚質の充実形態」[60]の意味発生の源泉に対して，超越論的分析を施していくことになる。それは「純粋に理念的な極限形態」を対象にする等質的な物理学的分析の「時空性の抽象的形態」[61]とは截然と区別されるのは言をまたない。

　ここにおいて，我々はコツやカンという奇妙な身体能力に支えられた動感運動そのものの存在論に問いかけることができる。とは言っても，現代の驚異的精度をもつ科学的運動分析によれば，驚異的な神技の秘密のヴェールを取り除けると言うわけではない。超高速ビデオの映像分析によれば，素朴なコツやカンで生み出す驚異的な技の種明かしも即座に可能だと思ってしまう。その物体としての身体運動分析は，たしかにロボットの精緻な動きを再構築する可能性をもっている。しかし，遂行する本人にも意識されにくい感覚質の意味発生を外から捉えることがどうして可能だというのか。その身体能力のメカニズムが仮に解明されたとしても，サイボーグならぬ生きたパトス的人間の身体運動にコツやカンを発生させる実践可能性が存在していると言うのか。いわば，感覚質の意味発生に関わる身体能力には，形而上的な〈絶対ゼロ点〉が機能しているのだから，あらゆる科学分析は拒絶されてしまうのだ。フッサールは，時間と方位の源泉として，その絶対ゼロ点を目に見えない奇妙な一つの〈形而上的極限〉であると言い，超越論分析にしか姿を見せないと指摘しているのは，すでに前章で考察ずみである。

　ところが，そのような目に見えない絶対ゼロ点に発するコツやカンを一目で見抜いてしまう指導者も現に珍しくないのだから，その事実には一驚させられる。その本質を直観で見抜く眼をもった，いわば〈本質直観〉できるコーチは，動きかたの大ざっぱな連続写真からでも，それどころかそのなかの一コマの映像からでも，コツやカンの神秘のヴェールを剥いでしまうことは珍しくない。いわゆる本質直観能力をもつ指導者は，その動きを一目見ただけで，即座にコツやカンも一気に暴き出してしまう奇妙な能力を身に付けている。実践現場は，それに対して事欠かない多くの例証をもっている。マイネルの言を借りれば，その見事な観察者が「何を見ているのか，何を見抜けるのか」[62]という能力こそ決定的な意味をもつと言うのはこの意味においてである。こうしてマイネルは，常に「動かされている物体身体しか見てなくて，決して〈動きそ

---

60) Hua. VI. S.27［邦訳：第 9 節・b・段落④，原注 83 頁］
61) Hua. VI. S.164［邦訳：第 9 節，b・段落④］
62) Meinel, K.: Bewegungslehre 1960 1. Aufl. S.136　［邦訳：140 頁］

のもの〉を見てはいない」と厳しく指摘するのだ。だから，コツやカンの内在的な感覚質に気づかない素人にとっては，たとい100万分の1秒のキネグラムを見せられても，それは同じ静止映像の連続でしかない。そこに生き生きした動きの息吹は何一つ感じとれない。いわば，現象学的運動分析の対象に取り上げられる微妙な感覚質は，コツやカンという動感能力をもった人にしか姿を見せない。だからこそ，価値知覚の働く感覚質に共感し，そこに同居できるという本質直観能力を身に付けることが，実践可能性の喫緊問題として浮上してくるのだ。つまり，動感能力に無関心なまま，意味核をもつ内在経験に気づかない人には，この貴重な感覚質発生の現象は，そもそも存在していないのであり，その意味発生を本原的に感知し，共感することもできないのは喋々するまでもない。

§ 74. ノエマ的意味を本質直観する

我々にはさらに，もう一つの難題が待ちかまえている。それは〈走る〉と〈跳ぶ〉の組合せ形態である〈走り幅跳び〉とか，鉄棒の〈引き上がり〉と〈後方支持回転〉の〈融合形態〉[63]である〈逆上がり〉という，はじめと終わりの明確な〈非循環運動〉でさえも，その一連のキネグラムのなかにすべてのコツやカンの微妙な感覚質の意味内実を含意させることは難しい。例えば，助走中に，踏切り足の先読み能力がいつ作動するのか，踏切り位置の先取りカンと価値意識の働く踏切りのコツがどのような様相変動を示していくのかを，一連のキネグラムに示すことは不可能である。そのときの感覚ヒュレーと志向的モルフェー[64]との意味統握ないし意味付与の働きは，その絡み合った様相変動のなかに，まさに無限の変様態を示すからである。逆上がりにおいても，支持回転の感覚ヒュレーを上方移動のどの局面に融合させるかは，その人の身体状態感とそのときの動感情況によっても異なる。だから，回転加速のコツをどのようにノエシス契機に統握するかを呈示することは難しいのだ。そこに変様する感覚質発生は，まさに多岐多様だから，そのノエマ的意味内容を鋳型に嵌めて，同一化したキネグラムに呈示しても，そこに動きの感覚質を触発するノエシス契機を

---

[63] 金子明友：『身体知の構造』第9講義，193頁以降，2007明和出版．
[64] Hua. III. S.172 ［邦訳：第85節・段落②］

捉えることはできない。

　さらに〈歩く〉や〈走る〉という〈循環運動〉の動感システムにも，ややこしい問題が付きまとう。左足と右足の象形を上下に配した〈甲骨文字〉は，〈歩き〉の語源的意味として優れていても，その〈ねじれの感覚質〉に向き合うノエシス契機と平行関係をなすノエマ的意味構造は欠損している。そのノエシス成素を左右一対の歩行キネグラムに盛り込むには，その様相変動の多様さは際限がない。まして，自転車や一輪車に〈乗れる〉という動きの感覚質を左右一対のペダル踏み動作の映像分析法(キネマトグラフィー)に呈示できるはずもない。このような豊かな内在経験のノエシス分析は，これまでは見過ごされてきている。それは静態論的なノエマ的意味構造分析も見過ごされてきたからである。さらにそれは，そのノエマ意味の静態分析と平行関係をもつ感覚質発生分析も取り上げられないから，多様な様相変動に潜む〈ノエシス契機の統握〉も主題化されない。ノエシス・ノエマの志向分析が様相化分析のなかに際立ってくるのは，この意味においてである。ここにおいて，まず我々は動感システムのノエマ的意味に問いかけておかなければならない。

　すでに述べているように，一連のキネグラムにコツやカンをすべて取り込むことはできないし，まして高速ビデオの映像分析の精密なデータからコツやカンの実的な感覚質発生(レエール)を捉えようとするのはまさに見当違いとなる。それどころか，動感呈示するキネグラムの採択さえも，教師の内在的な経験分析の能力，つまりノエシス契機の意味統握を捉える動感能力に依存してくる。その教材のノエマ的意味構造をどのように把握しているかによって，〈運動発生学習〉における〈キネグラム採択〉も左右されるからである。こうして，生徒たちのビデオ映像を観察対象として見せるとき，市販の一連のキネグラムを単に呈示しても，そこにすべてのノエシスの実的契機をもつ動感ヒュレーが現れているとは限らない。指導実践において，どんな動感システムを呈示するかは，その学習者のどんな感覚質を触発するかに関わるから，生徒たちの動感能力と交信できる教師の共感能力が決定的な前提条件となるのは，この意味において際立ってくる。

　こうして有意味な動感システムは，コツやカンの微妙な感覚質に支えられてこそ生き生きと姿を現してくる。いわば，教師がその動感システムに潜んでいるコツもカンも共感可能であるとしても，教材のノエマ的意味からノエシス契

機を感じとれる人にしか，その動きの感覚質は姿を現さないことを見逃してはならない。例えば，逆上がりの頭部の保ちかたというノエマ的意味は，頭部背屈と胸部腹屈の〈融合局面〉のノエシス契機［緊張性頸反射の抑制作用］を感知できる教師にしか本質直観は作動しない。つまり，教材のキネグラムにその頭部の傾きがスティックピクチュアとして呈示されていても，実的なノエシス契機を本原的に感じとれるとは限らない。だから，その一連のキネグラムに本質直観されるノエマ的意味が理念化されて，意味構造が認識されているかどうかは，決定的な意味をもつことになる。

　ここにおいて，そのノエシス的統握の働きをもつ〈実的分析〉[65]の結果は，ノエマ的意味に同時に相関して〈並行関係〉[66]をもつことを理解しておかなければならない。したがって，ノエマ的分析というのは，つまりノエマ的な〈意味存在〉を解明する構造分析は，その意味の〈存在様相〉[67]を統一化する役割をもち，含意潜在態を理念的顕在態に持ち込む働きをもっていなければならない。しかも，そのノエマ的な意味それ自体は，現実の実的契機（レエール）をもっていないことを見過ごしてはならない。例えば，逆上がりにおけるノエマ的意味としての〈引き上がり〉も〈後方支持回転〉も，逆上がりの知覚対象になる如何なる実的な内在知覚の契機ももってはいない。したがって，動感システムの実的なノエシス的分析は，微妙な感覚質の様相変動のなかに潜んでいる〈対象性〉そのものを，本質普遍的な顕在態として明るみにもたらす役割を担っていることになる。つまり，個人的なコツやカンが伝承発生に耐えうる本質普遍性をもつ〈モナドコツ〉〈モナドカン〉として確認されるのでなければならない。それによってはじめて「ノエマ的相関者として，対象の同一性が与えられる」[68]とフッサールが注意するのを理解できるのである。それからノエマ的意味の存在論が確認できるからである。因みに日本語の〈逆上がり〉という名称には，頭部先行の〈引き上がり〉に対して，足先行という〈逆さの引き上がり〉しか表現されていない。そこには，反動を利用した後方回転のノエマ的意味が欠落している。だから，いわば〈尻上がり〉できない者は，腕力と腹筋のトレーニングが求められる仕儀となる。その点では，ドイツ体育の創始者ヤーンによる

65）Hua. III. S.201ff. ［邦訳：第97節・段落①］
66）Hua. III. S.207 ［邦訳：第98節・段落⑦］
67）Hua. III. S.182f. ［邦訳：第88節・段落④］
68）Hua. III. S.207 ［邦訳：第98節・段落⑥］

200年前の用語 *Felgaufzug*（回転引き上がり）ないし *Felgaufschwung*（回転反動上がり）の表現は，見事にノエマ的意味の〈対象性〉を表示していることになる。しかし，そのノエマ的意味そのものが実的なノエシス契機を本来的にもっていないとしても，内在的な感覚質の反省能力をもつ人には，その理念的なノエマ的意味に自らの生き生きとした身体経験を本原的に感じとれることに注目しておかなければならない。

§75. ノエシス契機の今を捉える

このようにして，我々は感覚質発生の本質可能性に迫るところまでやっと辿りついた。つまり，〈志向的分析〉は，一義的にノエマ的意味の統一的存在を確定する役割をもっている。これに対して，動感発生のノエシス契機の意味を統握する働きは，〈実的分析〉として，その感覚質発生の内在経験における現実の成素を直に確認するところにある。その場合，感覚質発生に直接関わる「ノエシス的なものは構成する働きをもつ多様性の領野であり」[69]，そのなかで動感経験は，本原的な実践可能性に直接向き合っているのだ。つまり，感覚質発生の多様な様相は「ノエシス的機能に〈よって〉〈超越論的に構成されるもの〉」[70]として，動感ヒュレーの基盤上にやっと姿を現してくることになる。いわば，多様な〈動感ヒュレー〉の契機は，感覚質を捉える「ノエシス契機によって〈生気づけられる〉のだ」[71]と，フッサールは正鵠を射た指摘をしている。こうして，コツやカンの身体能力は，実的（レエール）に，つまり〈内在経験のヒュレー成素〉として統一され，価値意識をもつ感覚質の発生領野にやっと辿りつくことになる。そこでは，感覚質の〈ヒュレー的なもの〉が，ノエシス的分析によって，その多様な内在経験のなかに，生気づけられた成素として浮き彫りになってくるのだ。

因みに〈意味発生〉と言うときの〈意味〉は，単なる〈感覚ヒュレー〉と言うより，さらに〈より根源的なもの〉を含意している。フッサールに言わせれば「それ自体のなかに蔵（かく）しもっている，心情，精神，理性の核心をなすのが〈意味〉に他ならない」[72]と言う。だから，ここで浮き彫りにされてきた多彩な

---
69) Hua. III. ibid. ［邦訳：第98節・段落⑥］
70) Hua. III. S.204 ［邦訳：第97節・段落⑩］
71) Hua. III. S.203 ［邦訳：第97節・段落⑧］

変様を示す〈ヒュレー成素〉は，動きの感覚質の発生基盤を形づくるものとなる。感覚質促発の実践指導においては，そのヒュレー成素を，とりわけ価値意識の働く感覚質を〈どのようにして気づかせるか〉が問題になってくる。そこに主題化される動感経験の感覚質発生は，その動機づけを動感時空意識の源泉にまで遡らざるをえなくなるのはこの意味においてである。その動感源泉における感覚質の発生領野をフッサールは，まずもって時間流の〈原発生地平〉と呼ぶ。フッサールはその根源的な発生としての〈原法則性〉[73]に二つの〈原発生地平〉を指摘している。その第一の原発生地平は，過去に向けられた〈把持地平〉(レテンツィオーン)であり，第二の原発生地平は未来に向けられた〈予持地平〉(プロテンツィオーン)であると言う。

ところが，実存する身体運動は，その〈一回性原理〉によって，動きそのものが次々と過去に流れ去って消えていく。〈たった今掴んだまま〉という過去把持的な今統握でも，忘却の彼方に刻々と流れ去ってしまう。そのような〈ヘラクレイトスの流れ〉のなかでは，単に同じ動きかたを機械的に反復しているだけでは，どんな感覚質も統覚できるはずもない。感覚質発生の〈ノエシス契機〉を生み出す過去把持志向性の〈ヒュレー成素〉が何一つ感じとれないまま，過去に流れ去っていくのでは，せいぜい反復の結果に体力の向上や保健効果を称揚するだけとなる。これでは，遂行自我の身体運動であっても，その〈動きそれ自体〉から，自らの身体経験に何らの感覚質発生も統握できないことになる。その〈動きそれ自体〉が無意味な動作反復でしかないとすれば，それは身体教育やスポーツ競技の本質可能性に重大な問題性を抱え込むことになる。その感覚質の内在経験のなかに，確かな〈実的分析〉の手がかりが何一つ存在せずに，身体的なるものの貴重なノエシス契機がすべて過去に消えてしまうのでは，〈今ここ〉の〈身体運動そのもの〉の存在理由(レゾンデートル)に，何らの確たる証拠を呈示することもできない。こうなると，指導実践の現場では，とても「厳密な時間化分析などできるはずもない」とぼやきたくなってしまう。

しかしながらフッサールは，デカルトの〈われ惟う，故にわれ在り〉という拠点を超えて，〈私はできる〉という実践可能性を動感的な世界内存在の運動基盤[74]として，改めて存在論的な論証を見出している。ここにおいて，動感能力を

---

[72] Hua. III. S.176 ［邦訳：第86節・段落②］
[73] Hua. XI. S.73 ［邦訳：第18節・段落④］
[74] Landgrebe, L.: Die Phänomenologie der Leiblichkeit und das Problem der Materie, 1965 In: Phänomenologie und Geschichte 1967 S.147 Gütersloher Verlagshaus, Gerd Mohn

もつ統一態としての自我は「〈私はできる〉という一つのシステムである」[75] と言うフッサールの決定的な一文に注目せざるをえなくなる。そこでは，物質的自然の〈物体身体〉を介した〈私が動ける〉と，生命的自然の〈身体物体〉を介した〈私が動ける〉とは，明確に区別されているからである。それどころか，身体運動の発生現象では，生成と消滅と繰り返しながら結局のところ「〈私は動けない〉となると，私は他者になってしまう」[76] と断じて，フッサールは決定的に重大な指摘をする。つまり，〈動けない〉私の反逆身体は，〈私の身体〉であるのにかかわらず，他者の〈物体身体〉に変身してしまうと言うのだ。こうして，自我身体の感覚質発生に価値知覚の働く〈身体能力〉は，生成と消滅を繰り返しながら無限の目的論的な道を辿っていくことになる。主観身体の動感能力が意味系や価値系を巻き込んで〈私は動ける〉〈私は動けない〉という生成・消滅を支配する本質可能性を追求していくところに，〈本質学〉としての運動形態学(モルフォロギー)[77] の姿がやっと浮かび上がってくる。そこでは，まずもって感覚質発生に関わる内在経験の〈ノエシス的分析〉が前景に立てられるのだ。スポーツ領域における我々の実践的運動学は，その核心をなす感覚質発生の多様な様相変動に注目し，その内在経験のノエシス契機に潜んでいるコツやカンに対して，本質直観への超越論的分析を施し，感覚質発生のノエシス的ヒュレー成素を明るみに出す役割を担うことになる。そのためには，感覚質発生の様相変動を分析する方法論に向き合わなければならない。その具体的な方法論をフッサールが受動綜合の〈様相化分析〉[78] に求めていることはよく知られている。

§76. 動感質発生を本質直観する

　ここにおいて，受動綜合の様相化分析論に入るに先立ち，我々はその前提となる〈本質直観〉という現象学的方法論を確認しておく必要がある。科学的運動分析論では，客観的な数学的時空系のなかで，身体運動の時空間的位置移動を前提として，分析データを用意する。これに対して，現象学的立場をとる動感運動学の分析論では，その動きの感覚質の実的分析が主題化される。だから，

---

75) Hua. IV. S.253 ［邦訳：第 59 節 - 段落①］
76) Hua. IV. S.254 ［邦訳：第 59 節 - 段落①］
77) Hua. III. S.302 ［邦訳：第 145 節 - 段落④］
78) Hua. XI. S.25ff. ［邦訳：第 5 節］

動感運動の身体経験における時間化ないし空間化意識の反省分析を基柢に据えることになる。その反省分析の対象になるのは，価値知覚の働く動感質発生の様相変動である。意味発生する感覚質の本質普遍性を求める超越論的分析は，必然的に〈本質直観分析〉を前提とするから，まずもって〈本質直観〉という現象学的基本概念を確認しておかなければならない。したがって，スポーツ領域における動感運動の本質直観の道には，どのような層位構造が蔵(かく)され，どのような道しるべが立てられているのかをここに確認することになる。その場合，フッサールが『イデーンⅠ』の冒頭[79]から個別的な〈経験直観〉と〈本質直観〉を対比的に論じはじめていることに注目せざるをえない。フッサールは，現象学的分析論の起点をそこに見出しているからである。こうして，動感運動の〈内的経験分析〉が主題化される〈純粋運動学〉は，まずもって，フッサールの本質直観の道を見定めておかなければならない。

　我々が日常的にとる〈自然的態度〉における〈直観〉の概念は，知覚に直接付与されるという〈受け身的理解〉が一般的である。フッサールはしかし，その直観を〈観取〉とも別言して，分析対象の本質に向かって，本原的に能動的に出会う働き，つまりわが身にありありと捉えて〈直観する働き〉[80]を取り上げている。それ故に，ここに主題化される本質直観の方法論では，分析対象の本質普遍性を直接に見抜く方法が，いわば積極的に直観分析をしていく〈道〉(メタホドス)が前景に立てられている。知覚経験としての個別的直観は，わが身にありありと感じとれる本原的な〈観取作用〉をもっている。それはいわゆる射映原理に支配されるから，一面的にしか対象を統握することができず，いつも未規定的な何かを残していることになる。しかしその経験直観は，純粋な形相を観取できる本質直観へと転化させうると，フッサールが断言していることに注目しなければならない[81]。フッサールは「本質直観が可能になるときには，同時にそれに対応する個別的なものへと眼差しを向けて例証的意識を形成する可能性も開かれている」のだと指摘する。つまり，〈個別的な経験直観〉が可能になっているときには，同時に，〈理念を直観する道〉を歩み続けながら，個別的顕現のなかに呈示されるその本質に眼差しを向ける可能性も開かれていると駄目押しをしている。こうしてフッサールは，個別的な経験直観なし

---

79) Hua. III. S,10ff.〔邦訳：第 3 節，64 頁以降〕
80) Hua. III. S.36f.〔邦訳：第 19 節・段落②～③，104~105 頁〕
81) Hua. III. S,10ff.〔邦訳：第 3 節・段落①〕

には本質直観は不可能だと言い，その逆も成立するとして，〈経験直観〉と〈本質直観〉の〈架橋性〉に決定的な重大性を見出している。

　このようなフッサールの現象学的本質直観の問題圏は，競技スポーツの動感発生領野では，その実践可能性を追求していくときに多くの貴重な示唆を与えてくれる。競技世界における動感質発生への道は，まさに本質直観への道そのものであり，いわば極めて日常的に慣れ親しんだ方法論とも言えるほど親近感をもつことができる。アスリートたちは，自らの競技世界に生き残るために，無意識のうちに動きのコツを掴もうとし，情況を見てとっさにカンを働かせるのだ。その価値知覚の働く感覚質の〈本質可能性〉を直接に観取し，〈身体化〉していくのである。その本質直観の道は，競技スポーツばかりでなく，学校体育で新しい〈動きかた〉を学習するときも，さらには技芸などの芸道の世界においても，むしろ親しみをもって受け容れられる方法論であることは言をまたない。動感意識流に潜む感覚質の原発生地平では，すべて自らの身体と対話して，感覚質発生の〈ノエシス契機〉を自ら把持し，未来に向けてどう動くかを決断するのだ。そのようにして，微妙な感覚質の意味核を自得していく〈本質直観分析〉は，動感時空世界にあっては身近な方法論である。そうしなければ，とても厳しい競技や芸道の世界を生き抜いていくことはできるはずもない。いわば，自らの動きの感覚質の〈個別的な経験直観〉のなかに，同時にその形相的な意味核を，つまり感覚質の本質を直に観取し，さらに他者の感覚質に〈自己移入〉してその本質を有体的に観取できなければ，トップアスリートとして生きていけるはずもないのだ。こうして，現象学的な本質直観の方法論は，それぞれの選手たち個人に先構成されている原形象に関わりをもち，その多様性のなかの〈共通する一者〉つまり〈共通的なるもの〉〈一般的なるもの〉を直観する道のなかに存在することになる。

　ここにおいて，競技世界のアスリートたちの個別に本質直観する方法の多様性に対して，そこに同一ないし類縁的な〈対象性〉を捉えるには，現象学的な静態論的分析から入らざるをえない。つまり，個々人に現れる本質直観の多様さに対して，分析対象の〈ノエマ的意味の存在論〉を確認する必要に迫られるからである。〈ノエマ的意味内容〉は〈ノエシス的意味統握〉と平行関係にあるから，その前提条件をまず確認しなければならない。動感時空世界では，価値意識をもつ感覚質の発生地平が本質直観分析の対象になっている。これに対

して，その達成された結果の事象に自然法則を探る道は，精密科学の対象性としてエポケーしておかなければならない。例えば，その例証を競技スポーツにとると，専門的になって共通理解に達しにくいから，ここでは〈歩く〉〈走る〉〈跳ぶ〉などの基本形態を例証に取り上げることにする。まず，歩形態という身体運動の動感発生地平を明らかにするには，動感発生に関わらない歩行の〈生理学的効果〉や〈物理学的合理性〉の運動分析が埒外に外されるのは喋々するまでもない。健康保持の目的をもって歩くときには，その歩く感覚質の発生様相は〈どうでもいい〉ことである。すべては生理学的，生化学的な合理性が前景に立てられる。かつては，学校体育の〈逆上がり〉や〈け上がり〉が反動をとって楽に成功する方法は，〈邪道である〉と決めつけた時代があった。それはそう遠い昔のことではないし，今でも教師のなかには，その含意潜在態が残っているかも知れない。そこでは，筋力づくりが体育の陶冶目標になっているから，その限りでは正当性をもつ。しかし，動感発生地平における本質直観の道は，〈没目的性〉をもつ〈運動発生学習〉の領野で主題化されていることを確認しておかなければならない。この確認を失念すると，思わぬ落とし穴に嵌ることになる。このことは，すでに前段（§74）で詳しく論じているので，ノエマ的意味の存在論の確認は，この本質直観の分析論に主題化されるノエシス意味統握の前提であると指摘するだけで十分であろう。

　このような分析対象の外延構造として，静態分析的な構造存在を前提として確認しておけば，我々は直ちに本質直観の方法論に依拠することができる。そこでは，フッサール現象学の〈本質直観方法論〉[82]が全面的に取り上げられることになる。すでに，拙著『スポーツ運動学』に体系化されているように，動感運動におけるその形態発生領野は，統覚化，確定化，洗練化の各領野における動感発生の位相ごとには，すべてこの〈本質直観的分析論〉が取り上げられることを確認しておく必要がある。さらに，その動感伝承における動感ヒュレーの発生領野においても，観察分析，交信分析，代行分析などのそれぞれの本質普遍性を捉えるのには，本質直観の方法論が妥当することも多言を要しない。同様にして，動感能力の発生基盤領野の動感時空系に潜む〈時間化能力〉ないし〈空間化能力〉の分析論に基礎づけを付与するのは，この本質直観の分析論であることも確認できるであろう。

---

[82] EU. S.410ff.［邦訳：第87節a~f，328頁以降］

ここにおいて，フッサールが本質直観の起点に位置づけているのは，〈個別的経験直観〉の任意数の〈多様性〉と〈偶然性〉である[83]。つまり，その身体経験の進行につれて，任意の数だけの個別的な経験直観に多様さが現れるが，そこでその身体経験の〈共通性〉や〈統一性〉は，本質的に偶然性によるものでしかない。その偶然的な発生を続ける個別的な経験直観から，アプリオリな必然性，いわば先経験的な本質必然性は，どのようにして生み出され，転化していくとフッサールは主張するのであろうか。こうして，我々はフッサール現象学の本質直観の〈道〉（メタホドス）に直接に踏み込んで，その重層構造を確認しておく必要に迫られることになる。

III―本質直観の分析論を問う

§ 77. 本質直観の三階層を確認する

第一階層：自由変更による多様さ点検の階層

ここにおいて我々はやっと，フッサールの本質直観分析の三つの階層に向き合うところまで辿りついたことになる。まず，本質直観分析の〈第一階層〉は〈自由変更〉という道しるべに向き合うことからはじめられる。つまり，前段で問題に浮上してきた個別的な経験直観の〈偶然性〉という現象を排除するためには，直接の〈経験対象〉ないし〈想像対象〉に捉えられる〈直観像〉を「任意の見本に変更し，それに〈道しるべ〉となる〈目標像〉の働きを付与して，無限に開かれた多様な変更形態を生み出して出発点とする」[84]と言うフッサールの指摘に注目することになる。しかし，この偶然性の排除という問題は，我々が因果決定論に基づく自然科学的態度に慣れているため，わざわざ現象学的還元を施して，何故にそれを〈判断中止〉に持ち込むのかは，そうたやすく首肯できることではない。その経験直観を実在の出来事の出現にすり替えて，〈統計学的確率論〉を取り上げてしまうことが多いからである。動感原

---

83) EU. S.409. [邦訳：第86節・段落①，327頁]
84) EU. S.411 [邦訳：第87節・段落①，328~329頁]

発生の地平における偶然性は，いつもすでに〈今把握〉として，〈原現在〉のなかに生き生きと発生している。それは，自然現象のなかに実在した出来事とは本質的に区別されるのであり，〈流れつつ立ちとどまる原現在〉と言う，その〈身を隠して息づいている原現在〉の本質必然性をまず確認しておかなければならない。

　その道しるべの目標像を起点とした場合に，「自由な変更作用によって新しい類似形態が〈再生像〉ないし〈想像像〉として獲得されるが，具体的にそれらは，全体として〈原形象〉に類縁性をもっている」のだとフッサールは重大な指摘をする。その場合に，この多様な自由変更を貫いて，一つの統一態が存在すると言いながら，「その原形象がたとい自由に変更されても，ある〈変更しないもの〉が〈必然的一般形態〉として保持されている」のだと指摘する。そうでなければ，その道しるべの「目標像は見本となるはずもない」とフッサールは即座に断じるのだ。その変更しないものは「自由変更のなかで変更形態とは関係なく，絶対的な同一内容として，一切の変更形態を重ね合わす〈不変な内容〉として，そこに〈一般的本質〉が浮上してくる」からである。その一般的本質は「〈同一の原形象〉の変更作用である限り，その限界を設定する〈必然的な不変項〉である」と言う。この本質必然的に変更しないという〈一般的本質〉をもつ〈原形象〉とは，この種の対象として，〈直観的想像〉に不可欠なものとして存在するのだ。「まさに変更作用の道に生じてくる理念的直観のなかで，直に直感的に与えられる理念(イデア)に他ならない」とフッサールは駄目押しをする。たしかに，この直観の〈道しるべ〉となる目標像は，経験的に与えられたものであるが，同様にして，想像のなかに，対象的-直観的に浮上するものも出発点になりうることは，もはや多言を要さないであろう。

　この第一階層に付け加えられるもう一つの〈道しるべ〉は，変更形態を限りなく多様に生み出していくとき，その変更作用それ自身が〈任意形態〉をもち，変更形態が〈任意性という意識〉のなかで形成されるということである。そこでは，過去把持のノエシス契機をどのように捉えているかは，まだ〈どうでもよい〉ことなのだ。この多様な変更作用のすべての過程には，「思うままに以下同様」という決定的な意識が含まれているから「開かれた無限の多様性」とも呼ばれる。この無限な多様化を生み出していくのは，その任意性をもって自由変更する能力可能性が前提となっていることにも注目しておく必要が

ある。例えば、歩くという歩形態に変更形態を思うままに任意に生み出すときに、個別的な経験に縛られてしまい、なかなか〈任意性の目標像分析〉がままならないことが一般である。歩形態において、自由変更をする起点が足だけの交互踏み出しという〈歩きかた〉に求められたとしても、その移動方向や傾斜角度に変更作用を加えれば、そこには膨大な変更形態が現れるのは言うまでもない。マイネル[85]のように〈這いずる〉〈這い這い〉〈いざる〉などから〈よじ登り下り〉などまで自由に変更すれば、フッサールの言う〈開かれた無限の多様性〉の出現に対して、歩形態の同一性は、快刀乱麻の同定化に至らないことは明らかである。しかも、歩形態と走形態の間にはその限界をどこに引くのかは、外部視点からの知覚的な経験直観の地平では不可能となってしまうのだ。例えば、高齢者の〈スローランニング〉や和服を召した婦人の〈小走り〉という変更形態は、歩形態の概念に重大な問題を引き起こすことになる。さらには、〈競歩形態〉の成否判定にも、単に空中局面の出現という物理学的判定のみならず、歩形態の現象学的志向分析が深く関わってくることになろう。

第二階層：持続的合致による綜合的統一の発生階層

　これまでの第一階層では、〈自由変更作用〉と〈任意性意識〉が際立っていて、その目標像を起点として構成される多様な再生像が、過去把持の〈ノエシス契機〉（レテンツィオーン）をどのように捉えているかは、まだ〈どうでもよい〉という階層である。そこでは、再生像の実的なノエシス的発生分析は、まだ問われていない。しかし、この〈第二階層〉になると、その開かれた変更作用の基盤の上に、「一般者を形相［本質形態］として本来的に観取する」という高次元の階層に入ってくるとフッサールは指摘[86]する。つまり、〈道しるべ〉として捉えた新しい目標像を手引きとして、改めて〈再生像の発生〉に向き合うからである。そこでは、動感運動の一回性原理に支配されるから、そのつど新しい再生像から次の再生像へと「移りゆくなかに重なり合い」の可能性が生まれることになる。そのうちに、一連の動感メロディーが流れ出し「純粋に受動的な〈綜合的統一〉に至る」のだとフッサールは論究していく。「こうした重なり合いの進むなかで、はじめて〈同じもの〉に一致が生まれることになる。その〈同じもの〉は、今やそれだけを取り出しても、それが純粋に直観されるようになる。その〈同じもの〉

---

85) Meinel, K.: Bewegungslehre, 1960 S.270 ［邦訳：291 頁以降］
86) EU. S.413f. ［邦訳：第 87 節 - (c), 331 頁］

とは，それとして受動的に〈先構成〉されているのだ．形相［本質］の直観とは，その先構成を能動的に観取しながら統握することのなかに生じるのである．その事情は，まさに悟性的対象性や一般的対象性のすべての構成の場合と全く同じなのである」と言うフッサールの結論づけにとりわけ注目しておかなければならない．〈科学的明証性〉にしか本質を認めないという自然科学的態度に慣れている我々は，このような個別的な経験直観のなかに，〈本質を直観できる〉という，フッサールの〈現象学的明証性〉の存在論を確認しておく必要に迫られるからである．

　このような再生像としての形態発生のプロセスは，スポーツ領域における動感能力の〈統覚化領野〉における動感発生現象と全く軌を一にしている．我々の動感運動学における本質直観の方法論は，すでに現象学的本質直観のそれに基礎づけられているのだ．こうして，再生像の重なり合いのなかに，〈本質を直観する〉と言うフッサールの指摘は，同時に〈時間流の原発生〉における地平分析を示唆して余りあることになる．原発生地平における過去把持地平と未来予持地平は「共存を排除し合う個別的なもの相互の具体的な融合統一体」であり，「それを捉える意識は，独自な具体的内容をもつ独自な意識であり，その相関者を矛盾と撞着における統一と呼ぶのだ．本質直観の基柢には，こうした注目すべき〈融合統一体〉が潜んでいる」[87]と言うフッサールは結論を見過ごせないからである．こうして，フッサールが〈同時反転性〉の絡み合い構造を，いわばキネステーゼ感覚質における〈充実形態〉の発生のなかに〈ふたなりの統一体〉として，身を引く〈隠れ〉と世界の〈現れ〉の媒体性を指摘しているのは，動感システムの原発生の地平分析に決定的な意味を与えていることに，特に注目しておかなければならない．

第三階層：差異化合致を能動的に同定する階層

　先行している第二階層の〈道しるべ〉として浮かび上がってきたのは，〈矛盾の統一〉として「共存を排除し合う個物相互の具体的な〈半陰陽的統一体〉」[88]に他ならない．その融合化した統一態としての動感システムは本質必然的に〈偶発性〉を含意している．それは，つまり〈マグレ発生〉という一回性の特徴的な出来事のなかに露呈されてくる．これに対して，〈最終階層〉として

---

87) EU. S.417［邦訳：第87節 - (d)，段落⑧，333頁］
88) EU. Dito.［邦訳：第87節 - (d)，段落⑧，333頁］

の〈道しるべ〉は，そのマグレ発生からの不安定克服に対する本質直観への道であり，その具体的な本質直観分析論が浮上してくる。究極的には，開かれた目的論という無限の道のなかにその分析論が示されていくことになる。フッサールは「多様な変更作用の重なり合いにおける合同は，一方では様々な差異と結び付いている」といみじくも指摘する。言うまでもなく，そこでフッサールが使う〈合同〉という概念は，三角形の合同という幾何学的表現が意味されているのではない。それは〈数学的形式化〉の合同ではなく，〈類的普遍化〉の合同概念であるのは言をまたない。つまり，任意の再生像が次々に生み出されて，微妙な様相変動が現れてくるなかで，その重なり合いのなかには，一致しない様々な〈はみ出し部分〉が〈敵対関係〉として際立ってくることに，我々は特に注目しておかなくてはならない。そこでは，マグレ発生からの脱出を求めて，無我夢中で反復習練にのめり込んでいく我々の〈わざの世界〉の有り様を如実に示しているのである。この場合，その敵対関係に潜む微妙な差異性を自らの価値知覚を通して敏感に感じとって，即座にその〈取捨選択〉が求められる。それは動感確定化層位の意味核をなしているのは言うまでもない。そのことが，機械的反復を無反省に行うのを戒めるマイネル教授の主張に一致することは，これまでもたびたび指摘している。

　フッサールはこうして「差異の理念は，同一の共通性をもつ理念との絡み合いのなかに形相として捉えられる」のだと厳密な分析を進めていく。つまり差異性とは，再生像の多様な重なり合いのなかで，そこに現れる一致統一へと至らないもの，つまり〈形相を見えなくするもの〉に他ならない。この注目すべき〈重なり合い〉のなかで，〈差異性〉と〈類的一致〉は，互いに敵対して相手を排除しようとする。この差異性と類的合同のせめぎ合いの現象は，動感形態の確定化領野におけるスローガン的表現の〈縁取り分析〉として，〈絶対的失敗〉を意図的に確信するための〈解体分析論〉を際立たせていることを見逃してはならない。

　こうして，「ある差異がそれと対立する差異と被さり合うときには，いつでも新たな一般者が，そのつど矛盾の統一に至る重なり合った差異に〈共通する一般者〉として，いわば〈命綱〉としての〈モナド的動感形態〉が浮上してくる。まさに本質直観分析論の意味核は，ここに示されることになる。それは「最高の領域へと馳せ上る理念の階層構造を論じる場合でも，このことは重要な意味

をもってくる」のだとフッサールは正鵠を射て指摘するのである。そこに，無限に開かれている目的論と共に，本質直観分析の方法論が本質必然性をもつ形相学として，フッサールの現象学的分析論の基柢に据えられているのを確認することができる。

§78. 感覚質の様相変動に注目する

　我々はフッサールの領域存在論に基づいて，つまり〈物質的自然領域〉と区別された〈生命的自然領域〉の〈身体学〉に基づいて，価値を知覚する感覚質の動感発生論を考察してきた。その感覚質発生という一回性の出来事は，動感生成のみならず，その消滅と一体化した奇妙な同時反転性をもつ発生現象であることはすでに確認ずみである。このような動きの価値意識をもつ動感質発生の様相は，多種多様な様相変動の最中におかれている。つまり，感覚質発生の分析対象になるのは，現実の知覚対象に取り上げられる本原的な自己運動だけではない。それは飛んでくる物体としてのボールも，価値意識をもつ感覚質発生の分析対象になってくる。すでに述べている（§27）ように，フッサールは，現実に経験される物体の「現実的ないし可能的な感覚形態は，さしあたり経験的，感覚的直観のなかで，感覚的に充実した物質形態として与えられる」[89]と述べて，そこに与えられた感覚形態の「その属性をその形態の内容的充実と呼ぶ場合，その形態を物体自体の〈性質〉，しかもその物体の感覚質と捉えている」[90]という決定的に重大な指摘をしている。〈ロックの呪縛〉によって，〈感覚与件〉が価値意識を伴う〈感覚質〉と取り違えられてきたことを「ロックの時代以来の心理学的伝統の悪しき遺産でしかない」とフッサールが批判していることは繰り返し述べてきた。ところが，サッカーの名選手の奇妙な表現，つまり「センターリングされたボールがヘディングシュートして欲しいと私に近づいてくる」といった風変わりな表現を耳にすると，「そんな主観的な感覚印象は何の意味もない」とスポーツ科学は即座に批判する。運動を外部視点から精密に分析して，はじめて客観的事実を捉えうるという科学主義者にとっては，この選手たちの言表は，まさに埒もない戯言でしかない。しかし，スポーツ運

---

[89] Hua. VI. S.27 ［邦訳：第9節‐b‐段落④］
[90] Hua. VI. S.27f. ［邦訳：第9節‐b‐段落④‐注］

動の現象学的分析では，自我身体の感覚質のみならず，周界の動感情況も，選手のもつ用具や対象物，ないし敵方や味方の選手さえも，価値を知覚する感覚質の発生分析対象に参入してくることを確認しておかなければならない。

さらに，その知覚の変様態である想起や想像という〈準現在化〉[91]の身体運動も，本質直観分析の対象に，例えば〈想起直観〉や〈想像直観〉として取り上げられる。それはすでに前段（§77）で考察した通りである。それ故に，その動感意識に向き合っている自己運動は，位置移動しなくても，その〈未来予持志向性〉として，自らどう動くかという感覚質発生を企投する〈実践可能性〉をもつことができるのだ。スポーツにおける動感運動が，単に物理座標系で位置移動する〈物体的身体運動〉と本質必然的に区別されるのはこの意味においてである。こうして，フッサールは決定的に重大な指摘をする。すなわち，動感運動における「想起とは，まさに知覚の変様であり」[92]，それを「すでに過ぎ去ったという特性が〈かつて現在している〉として，いわば〈現在化〉の変様態として，それ自体のなかに相関的に自らを与えている」のだと言う。「それ故にこそ，この〈現在化〉はまさに〈変様していないもの〉として，知覚の〈本原的なるもの〉〈有体的な現在化〉そのものに他ならない」と駄目押し的に確認している。〈準現在化は生ける現在化の変様態だ〉と言うフッサールのこの重大な指摘は，動感運動学における〈形態発生の本質直観分析〉のみならず，〈動感伝承発生の本質直観分析〉をも支える重大な〈実践可能性〉の理論的基盤をなしていることを確認しておかなければならない。

このような〈準現在化の本原的基礎づけ〉に基づいて，我々はさらに価値意識をもつ感覚質の発生現象における，様相変動の〈本質直観分析〉に入ることが可能となる。言うまでもなく，動感志向的な身体運動は，多様な感覚質発生の様相変動を露わにしている。ここで意味される〈様相〉と言うフッサールの表現は，対象構成における〈存在の有り様〉が意味されている。そこには，現実的に知覚された存在や可能的に想起され，想像された存在の様々な変動態も取り上げられる。さらに，〈確実に存在する〉という〈ノエマ的な意味内容〉と，〈その存在を確信する〉という〈ノエシス的な意味統握〉は，表裏一体の平行関係を保つことに対して，フッサールはとりわけ注意を促している[93]。その

---

[91] Hua. III. S.209［邦訳：第99節・段落④］
[92] Hua. III. S.209［邦訳：第99節・段落⑤］
[93] Hua. III. S.216［邦訳：第104節・段落③］

存在様相は，必然性や偶然性，あるいは否定や疑念の諸様相や蓋然的ないし誘引的な潜在的可能性をめぐって，諸々な様相変動を展開していくからである。そこに様相化される存在は，リアルな知覚存在のみならず，想起や予期の志向的存在，さらには〈中立変様〉[94] の存在さえも多様な様相変動を示すことになる。それらの様相変動は，さらに〈今把握〉の時間様相を巻き込みながら，〈今ここ〉として現に統握される〈現在化様相〉や，かつてあった〈過去様相〉，予描される未来の〈予期様相〉にも関わってくることになる。それどころか，静止映像の一連のキネグラムのみならず，たった一コマの映像や図形の静止画像に生き生きした〈生動性〉を息づかせる可能性もあるのだ。そこでは，その動感メロディーを〈生化〉させる実践可能性をもつ感覚質の〈意味発生機能〉を忘れるわけにはいかない。このようなキネグラムの生動化を保証する「中立化された現存在定立の顕在性」[95] は，中立変様の〈準時間〉[96] の概念にまで広げられ，〈立ちとどまりつつ流れる〉という深層位の〈時間化分析〉にも関わってくるのを見逃すことはできない。

§79. 様相化分析の役割を問う

このような存在様相や時間様相を重畳的(ちょうじょう)に含蓄している動感運動のなかで，とりわけそのノエシス契機に触発される価値知覚を伴う感覚質は，動感システムの発生現象に大きく関わってくる。フッサールはその場合，ノエマ的意味に収斂されていくノエシス的な意味統握に特に注目している。というのは，一般の知覚のなかで何かを認知するとき，そのノエシス志向性は，そこに「実的(レエール)に含まれている知覚信念，さらに言えば〈知覚確信〉をもっている」[97] からと指摘するのだ。いわば，その知覚の存在性に〈確実だと信じる〉働きがあると言う。フッサールはこの〈信念確実性〉こそ「信念の在りかたの原形態」[98] の役割を果たしていると注意を促している。その実的(レエール)な知覚信念を〈変様されない，つまり様相化されない原形態〉と捉えているからこそ，その確信に対する〈当て外れ〉や〈疑わしさ〉，その〈蓋然性や誘引の可能性〉など，そこに

---

94) Hua. III. S.224 ff. ［邦訳：第 111 節］
95) Hua. III. S.230 f. ［邦訳：第 113 節・段落⑧］
96) EU. S.196 f. ［邦訳：第 89 節・段落①］
97) Hua. III. S.214 ［邦訳：第 103 節・段落①］
98) Hua. III. S.215 ［邦訳：第 104 節・段落①］

多様な様相変動が生じてくるのだと注意することになる。そこにこそ，我々がここで主題化する様相化分析の起点を見出すことができる。

　たしかに，日常の端的な身体運動の習練では，〈できる－できない〉をめぐって反復練習が行われている。その場合，そこに志向された対象には，すでに先構成された〈原形態〉がまだ変容しないまま，すでに息づいているのだ。例えば，乳児が母親に誘われてはじめて歩き出すとき，そこに内在する原形態が匿名的な〈歩ける感じ〉に誘われて，独りでに受動的に働きはじめるのである。そこには，そのつどの歩きかたの変様態を生み出す〈原形態〉が，いつも身を隠した〈先存在〉として，すでに先構成されているのだ。そのとき，母親の誘いに応じて働き出すのがフッサールの言う〈ゼロ動感〉[99]であり，そのゼロ動感が独りでにまとまっていく〈受動綜合化〉の現象を引き起こすことになる。そこから，多くの失敗を重ねながらも，やがていつの間にか〈独り歩き〉の形態発生に至る。もちろん，その乳児が自ら意図して〈歩こう〉としているわけではない。いわば，自我意識の関わらない〈ゼロ動感〉に誘われて，受動的な様相変動が独りでに綜合化していくのであり，いつの間にか統一態に向けて〈ノエシス契機〉の意味統握に至ることになる。

　やがて，この受動綜合的なノエシス契機の意味統握は，ノエマ的意味内容として統一的に存在様相の確認を保証することになる。そこでは，ノエシス契機による価値意識的な感覚質発生の様相変動が，それに平行関係をもつノエマ意味の〈先所与性〉を支えているのだ。しかし，変様を重ねるノエシス契機の動感志向性が，感覚質発生の実践可能的な契機として，前景に際立ってくることを見逃してはならない。その動感志向的な〈感覚質ヒュレー〉が，決定的な〈ノエシス契機〉に気づかないままでは，すべて過去に流れ去ってしまい，様相化分析の役割が果たされず終わってしまうからだ。いわば，受動的発生でも，能動的発生でも，そのノエシス契機の動感志向性が，その動感発生に不可欠な感覚質発生を蔵(かく)しているのである。それ故に，内在的な動感システムのなかに，わが身に差異化された〈本原的開示性〉として，その感覚質発生の変様態を解明することが，様相化分析に決定的な存在理由を与えていることになる。様相化分析におけるその否定や疑念の様相，あるいは実践可能性に向けての多くの誘引様相化の解明なしには，感覚質発生に共感できる動感促発指導の〈運動基

---

[99] Hua. XV. S. 606 ［付論45・段落⑩］

盤〉が拓かれるはずもないからである。

　このような多彩な変様態を示す動感質発生においては，〈内在反省〉[100]に支えられた実的(レエール)な様相化分析を放棄してしまうと，そこには残滓的な過去のデータしか残らないことになる。それでは，本原的な〈キネステーゼ感覚質〉は伝承世界に生き残ることができなくなってしまう。そのような指導実践の世界では，〈できた－できない〉という二項対立のデータしか存在しないから，後は単なる数学的な確率論に頼るしか道はなくなる。しかし，無機質な数学的蓋然性を仮に再生化させるとしても，感覚質発生の変様過程における実的(レエール)な内在経験に微妙な動感ヒュレーを受け容れるのは，最終的に〈主観身体〉以外の何ものでもないことを確認しておかなければならない。その数学的確率を，わが身に差異化された〈本原的開示性〉として実現するのは，結局のところ，遂行自我のモナドコツへの〈本原的努力志向性〉に依存するしかないことを知らなければならない。こうして，〈実的(レエール)な内在経験の存在様相〉と，〈今ここの時間様相〉との両面を〈含意潜在態〉として厳密な様相化分析に入るしか，多様な変様態を示す微妙な動感質を確定できる道はない。こうした感覚質発生に関わるノエシス契機の働きをすべて過去に流してしまうと，動感システムの成立過程に潜む層位性は消えて，結局のところ〈できる－できない〉という端的な二項対立の形式に依存するしか方法はなくなるのである。

　そのような事態になれば，ノエシス契機の感覚質に気づかない生徒や選手たちは，〈機械的な反復訓練〉に追い込まれていくしかない。教師やコーチも早く成果を得ようとするから，ひたすら因果分析に依存し，体力トレーニングやマネジメントの合理化だけにのめり込んでいくことになる。そこでは，動感発生の様相変動に関する内在経験の価値意識を捉える感覚質の中身は，何一つ知られていないままに放置されていくことになる。後に残されている道は，〈根性養成の体罰〉などのショッキングな処方しか浮上してこないのは自明の理である。価値意識の感覚質発生にノエシス契機を起点とする様相化分析が，そこに露呈される感覚質の多襞的な層位構造を，同時にそのノエマ的意味の存在様相の充実化に反映していくのは，しごく当然のこととなる。このノエマ的意味内容のさらなる理念的充実化は，同時にノエシス契機の有意味な新たな覚起を促す働きをもっているのは，すでに前段（§68）で考察した通りである。当然

---
100) Hua. III. S.229 f.［邦訳：第113節・段落⑧］

ながらそこに，ヴァイツゼッカーの言う〈同時交換作用〉[101]をもつ〈補完性原理〉が息づいているのは，もはや言を重ねる必要もないであろう．

§ 80. ノエシス的分析が起点となる

すでにこれまで，動感時間流の原発生地平が〈フッサール身体学〉の実践可能性を追求する起点となり，その原発生の地平分析でも微妙な感覚質の生成消滅という発生現象が主題化されることは，前段（§71）で確認している．さらに加えて，感覚質発生の存在論（§72～）が問い直され，動感発生の促発指導においても，その実践可能性をめぐる〈ノエシス的分析〉の方法論が際立って注目され，問い直されるに至っている．我々はここで，改めて動感身体の内在経験に潜んでいる〈ノエシス契機の意味統握〉が運動文化の〈伝承発生〉という現象野に重大な役割を担っていることに注目しなければならない．しかし，この伝承発生領野における問題圏については，すでに拙著『スポーツ運動学』（2009, 第Ⅲ章；第Ⅵ章）に詳しく述べられているので，その解説をそこに譲ることにしたい．

因みにここでは，動感発生における〈伝承〉という日本語の表現が極めて特徴的であることだけを付言しておきたい．伝承という表現を単に西欧語に端的に置き換えても，伝え手から承け手への動感システムの〈一方的伝達〉の意味だけが前景に立てられる．その承け手の〈学習活動の生化〉も同時に表に出して〈伝える〉と〈承ける〉という両面の相互作用を表記するには，説明的な合成語にするしかない．その伝え手と承け手の同時的相互作用を一語で〈伝承〉と端的に表記できるのは，まさに好都合である．それだけに，動感能力の伝承発生という問題圏に取り上げられる現象学的な超越論分析について，わが国古来の〈芸道伝承〉の比較論的視座のもとに注目すべき問題性を見出すことができるのは興味深いことである．

我々はまずもって〈伝承発生〉という現象野の意味内実を確認しておかなければならない．伝承世界における伝え手，つまり教師やコーチは，承け手に伝えるべき動感システムの〈ノエマ的意味〉を確認しておくことが伝承発生の前提となる．しかしすでに述べているように，学校体育の教材研究として，その

---

[101] Weizsäcker, V.v.: Gestaltkreis, Gesammelte Schriften, Bd.4, S.254., 1997, Suhrkamp Verlag［邦訳：221頁］

習練財のノエマ的意味そのものが取り上げられることは珍しい。同様に競技世界でも、そのノエマ的意味構造は、含意潜在態としてコーチの胸三寸に畳み込まれてしまう。いずれにしても、動感価値を知覚する感覚質という〈伝承財〉そのものの厳密な志向分析が取り上げられることは希有である。そこでは、課題達成の成否だけが関心事となり、その動感質発生の多襞的な変様態の存在論が、ノエマ的意味存在として、その分析対象に取り上げられることはほとんどない。それは、〈ノエシス契機の原発生地平〉が分析されてないから、そこに潜む感覚質のノエマ的意味が浮上してくるわけはない。とは言っても、動感発生を指導する実践現場では、どんな教師やコーチでも、そのつど変様する動きの感覚質に必然可能的に向き合っていることには変わりはない。しかしそこでは、指導者が感覚質発生そのものに関心がないまま傍観するだけで、その発生分析に〈居合わせる〉という事態が存在しないのだ。だから選手たちは、自ら〈そう動ける〉という実践可能性の実現に向けて、そのコツやカンをわが身に取り込もうと必死に工夫を重ねるしかない。そこには、動感伝承という貴重な意味発生の場が成立していないから、それは伝承発生とは言えず、学習課題という〈空虚形態〉の一方的な伝達以外の何ものでもない。

　ところが、伝授する側の指導者は、かつて技能者だったのにかかわらず、その価値意識の感覚質はすでに枯渇し、鋳型化して、過去地平に沈殿したままになっていることが多い。そのために、〈動感仲間化〉という伝承関係はすでに形骸化し、その〈動感連帯感〉もとっくに崩壊しているのだ。だから、その微妙な価値意識を含む感覚質の伝承発生は成立するはずもない。昨今の体育教師も、競技コーチも、動感伝承の〈ノエマ的意味の存在論〉にも気づかず、一方的に伝達する理念的教材に依拠しているだけである。それどころか、伝承発生の成立を保証する〈ノエシス契機による感覚質発生〉も放棄しているとしたら、動感伝承という身体教育の内実はどうなってしまうのか。マネジメントしかできない教師やコーチは、その動感世界に身を置いても、その動感質発生には関わらない別種の専門指導者に変身し、いわゆるヴァイツゼッカーの言う〈野次馬〉に変身してしまっている。そうすると、伝承発生の基柢に据えられるべき動感連帯感が成立していないのだから、そこに〈キネステーゼ感覚質の伝承発生〉が生じるはずもない。このようにして、〈動ける〉という実践可能性を実現する課題だけが与えられる生徒や選手たちは、どのようにして課題を達成す

ると言うのであろうか．そこでは，古来の芸道の自得の美意識だけが独り歩きしていることになる．

　ここにおいて，我々は伝承発生の現象野にあって，その動感伝承の対象になる感覚的な〈充実形態〉としての感覚質[102]をどのように理解するのか，どうすれば感覚質発生を実現できるのかを明らかにしなければならない．そのためには，どうしても感覚質発生の〈動機づけ〉を探るしかない．これまでは，伝承発生に関わる伝え手が，かつて自ら住んでいた〈動感発生の時空間世界〉を放棄して，理念的な意味だけに依存していたことになる．そこでは，自らのノエシス契機の意味統握がノエマ的意味内容との平行関係を確認するのを怠っていたことになる．過去地平に沈殿化した感覚質しかもっていない指導者が当時の生き生きした感覚質を生化するのは，まさに容易なことではない．フッサールが「〈準現在化〉は生き生きした現在化の変様態だ」と指摘しても，そのノエシス契機の時間様相をわが身でありありと了解できる差異化された〈本原的開示性〉は，もはやすでに消滅しているのだ．専門の指導者として，それなりの動感意識を再生化する努力が求められるのは自明の理である．こうして我々は，動感伝承の感覚質発生分析の決定的な運動基盤は，ノエシス契機の実的な志向分析を可能にする動感能力であることを，ここに改めて確認するのでなければならない．

§ 81. 原発生の地平分析に向き合う

　すでに述べているように，身体運動が健康・体力向上ないし美容や気晴らしの手段として利用されるところでは，その動きそれ自体の価値意識を志向する〈感覚質発生の現象〉は背景に沈められたままである．それに連動して，〈身体習練〉の目標像も物質身体の改善に収斂されるのは当然の成り行きである．そこでは，動感伝承の意味核をなす感覚質発生の現象も関心の埒外に弾き出されるから，伝承財となる動感形態の〈ノエシス契機による実的分析〉は，すべて学習者自身に丸投げされることになる．そこでは，その陶冶目標を示すノエマ的意味の欠損にも気づかないのは当然である．こうして，感覚質発生の起点となるノエシス契機が運動発生学習の中心にならないところでは，その教材研究

---
[102] Hua. VI. S.27 f. [邦訳：第9節，b - 段落④ - 註1]

も，動感発生のマニュアル発見に直行し，ノエマ的意味の構造分析は全く無視されることになる。とりわけ，わが国の教材研究は，そのノエマ的意味内容の存在論的分析の不可欠さに気づかないまま，もっぱら学習方法論だけが前景に立てられていく。このような〈ノエマ的意味存在論〉の欠落は，競技スポーツの運動分析論でも同様の問題性が際立ち，そのつど微妙に変様する感覚質に無関心なまま，〈原動感発生〉の地平分析は浮上してくるはずもない。

　体育学習ないし競技トレーニングの合理的マネジメント化やマニュアル化への関心事は，〈できる－できない〉〈勝つ－負ける〉の二項対立における成果主義の当然の帰結である。その目標像に立ち向かう様相変動の動感質発生分析は，すべて学習者ないし選手たちの自主的な習得努力に丸投げされている現状こそ直視されなければならない。教師が生徒たちの動感発生の現場に居合わせていても，課題達成の成否事実を確認するだけである。それでは，専門指導者でなくても，いわばズブの素人でも，良否判断の手引きさえあれば，誰にでも可能となる。そこでは，伝承発生に不可欠な〈動感連帯感〉を欠損させたままでも，課題達成の確認には何の不都合も生じないのだ。その教師が伝承発生の基柢となる動感連帯感に共感できなくてもよいとなると，学校における身体教育の本質可能性をどこに求めるのかが改めて問題になってくる。いわば，動きの動感創発に努力志向性を求める〈運動発生学習〉そのものは，教師やコーチがいなくても，生徒や選手たちが勝手に自得できることを意味しているからである。そのとき，単に拱手傍観している指導者は，その結果の成否だけ判定できれば事足りるのか。教師の呈示した動感質の発生学習が達成され，〈そう動けた〉という事態は，生徒のなかに〈ノエシス契機の意味統握〉が成立したことを意味している。ところが，その教師はその生徒の感覚質意味発生に何も関わっていないのだ。教師は生徒の動けた結果だけを確認しても，その動きの感覚質の意味内容は何一つ共感できなかったことになる。こうして，我々は運動発生学習という体育ないし競技力の意味核を改めて問い直さなくてはならなくなる。

　体育でも競技でも，運動発生学習の対象になる動感システムの〈時間様相〉の分析は，一般に指導内容から排除されてきたことに注目しなければならない。とりわけ，そのノエマ的〈意味内容〉と平行関係をもつノエシス契機の〈意味統握〉〈意味づけ〉の重要性が見逃されているからである。そこでは，〈実的なノエシス契機〉をどのように捉えるのかは，生徒や選手たちの〈固有領域〉に

属するから，それは生徒個人の〈身体発生〉の問題として，指導内容から外されているのだ。教材のノエマ的意味として，例えば〈逆上がり〉を学習する教材に掲げているとしたら，そのノエシス的〈意味統握〉は，必然的に指導内容の中核部をなしていなければならない。ここにおいて，我々は改めて〈ノエシス的意味統握〉の分析論を問い直しておかなければならないことになる。

　その動感的〈身体発生〉の〈ノエシス契機〉を保証しているのは，多様な感覚質であり，それこそが動感発生に決定的な役割を果たしていることをまず確認しておかなければならない。だから，その〈ノエシス契機の実的分析〉においては，当然ながら〈時間化〉の働きが前景に立てられるのは言うまでもない。すでに述べているように，フッサールは，ノエシス契機の時間化の働きに関して，過去把持地平と未来予持地平を潜在態とする時間流を〈原発生〉と呼んでいる。しかし，ここで主題化される感覚質の発生分析に入るには，なぜ〈内在時間の動感意識流〉が発生に関わってくるのか，さらにその動感能力の原発生は，なぜ根源的な〈時間化能力〉と関わりをもつのかを確認しておかなければならない。この問題性は，とりわけロックの呪縛から解放されていない現代の我々に立ちはだかるアポリアの一つだからである。

　すでに考察ずみ（§72）であるが，フッサールはデカルトの〈われ惟う，故にわれ在り〉という古典的存在論から〈私はできる〉〈私は動ける〉という〈実践可能性〉をその新しい身体学の鍵概念に取り上げている。そこでは，遂行自我の身体運動における発生分析の〈原対象〉は，〈感覚図式それ自体〉に求められること[103]になる。すなわち，フッサールは発生現象学として，その原初性のなかに実践可能性をもつのが〈原対象〉だと言い，それは〈感覚対象そのもの〉に他ならないと指摘しているのだ。我々が実践可能性を求めて習練を重ねるとき，自らの感覚対象をノエマとして，そのキネステーゼ感覚質の中身に〈ノエシス契機〉を捉えようと，一回ごとに変様する動感意識を反省し，その感覚質の時間様相の変動に直接に向き合っている。例えば「さっきの捌きはしっくりいかなかった」と〈内在反省〉をしながら〈実践的な理論的態度〉をとるのは，まさに自明の理である。さらに「たった今の動きは，前の感じより気持ちよく動けた」と感じながら，感覚質の微妙な変化を評価する態度をとり続けるのだ。すでにその鋭い〈内在反省〉によって微妙な感覚質形態を充実し

---

[103] Hua. IV. S.17 ［第8節・段落①］

ようとするときには，フッサールの言うように，いつもすでに時間流のなかに原発生地平を捉えているのである。

　ここにおいて，フッサールによる〈感覚対象こそ原対象である〉という指摘は，感覚質発生に決定的な意味をもつことになる。ひたすら〈私はできる〉という実践可能性を前景に立てるフッサールの身体学領域においては，〈私は動ける〉という，いわばコツやカンを含意潜在態とする〈動感システム〉[104]が際立って前景に浮上してくるのだ。しかも，その動感システムの感覚図式，とりわけ，極めて微妙な意味発生の様相変動を示す〈キネステーゼ感覚質〉こそが分析対象の意味核を形成していることになる。したがって，その感覚質原発生の地平構造のなかに，重層的な様相化分析によって，微妙な感覚質の発生変様態が露わにされていくのでなければならない。しかも，感覚質発生の志向分析は，当然ながら〈ノエシス契機〉の時間流の原発生地平に向けられるのは言うまでもない。

　当然ながら，老練な教師や動感促発を得意とするコーチは，その感覚質の多様な変様態を十分に知悉している。動感情況へ投射化するカンと自我身体に中心化するコツは，そのつど目まぐるしく同時交換的に変様しながら，微妙な感覚質の生成と消滅に関わっている。そのなかから，指導者は生徒や選手たちのノエシス契機を自らの〈時間化能力〉で捉え，価値知覚を働かせて，その感覚質統一の〈ノエシス的統握様相〉を見抜くことができなければならない。そうでないと，生徒や選手の動感発生に対して，何一つ感覚質発生に有効な指導をできないことになる。老練なコーチたちはしかし，選手たちの身体経験の琴線に触れる貴重な促発呈示をして，感覚質促発に効果を挙げている。ただその決定的な確信に至るまでの様相変動は，漠然としたドグマ的な経験知に留まっていることが少なくない。そこでは，方法論的な基礎づけが〈空虚表象〉のままに放置されているからである。それらの基礎づけは，〈未規定の規定性〉という本質可能性の含意潜在態として隠れたままになっているのだ。そのためにこそ，〈動感質観察〉における様相化分析の必要が叫ばれるのであり，とりわけ実的な〈ノエシス的分析〉が求められるのは，この意味においてである。何一つ動感促発作用に関わらないまま，単に拱手傍観していた教師が，偶発的マグレで成功した生徒に狂喜し，それをわが指導成果と我田引水するのは，まさに

---

[104] Hua. VI. S.164 ［第47節・段落②］

牽強付会の誹りを免れないであろう。その教師は〈今ここ〉の感覚質の様相変動そのものに無関心な単なる傍観者，つまりヴァイツゼッカーの言う野次馬でしかないのだ。そこでは，感覚質がどのようにしてノエシス契機に統握されていくのかという様相化分析が全く取り上げられていない。しかも，そのノエシス的分析の欠損が動感伝承の崩壊につながる危機感すら欠落している事実こそ直視されなければならない。

§82. 分析能力の存在論を問う

　ここにおいて我々は，伝承発生領野における教師やコーチのもつべき不可欠な〈動感分析能力〉の存在論に問いかけておきたい。体育領域でも，競技領域でも，指導者は生徒や選手たちのキネステーゼ感覚質の本質普遍性を見抜き，承け手の動感能力を促発して伝承の実を上げなければならない。そのときに，指導者に求められる専門的な分析能力は，価値意識に関わる感覚質を捉える〈動感分析能力〉に他ならない。それは，教師が生徒の今ここの動きに向き合って，生徒の動きの〈価値知覚〉に共感して，その感覚質を厳密に発生分析できる動感能力である。言うまでもないが，その動きを身に付けようとする生徒や選手たちの感覚質の発生様相を捉えるのには，すでに述べているように，時間流の〈原発生地平分析〉に依拠せざるをえなくなる。

　こうして，生徒や選手たちがその動感発生現象に自ら関わるとき，指導者に必然可能的に求められるのは，価値知覚の働く感覚質の本質直観を可能にする動感分析能力そのものである。伝承発生領野でとりわけ指導者に求められるその動感分析能力は，膨大な動感経験の底層に沈殿した〈内在的超越〉[105]に根ざした本質普遍性を基柢に据えているとフッサールは指摘する。その〈本質普遍性〉は「万人にとって現に」あるような「間主観的な世界として，万人に存在し，その対象に万人に近づくことのできる世界として経験される」[106]のであり，それは〈本質必然性〉と相関をなしていると言う。その世界で本質直観を可能にする動感能力は，指導者自身の〈私の身体〉という〈固有領域〉[107]に還元される〈モナド〉[108]としての〈超越論的自我〉にのみ与えられるのだ。

---

105) Hua. I. S.135f.［邦訳：岩波文庫：第48節，段落②190頁］
106) Hua. I. S.122ff.［邦訳：岩波文庫：第43節，段落② 165頁］
107) Hua. I. S.124ff.［邦訳：岩波文庫：第44節，段落①〜③］

もちろん，この〈モナド〉はフッサールの言う〈モナド論〉が意味され，「モナドは窓をもち，〈自己移入できる〉その窓を通って他者を再想起による自らの過去態のようにありありと経験できる」109)とフッサールは述べる。すなわち，指導者が獲得すべき本質直観できる〈動感分析能力〉は，私の動感身体の底を割る〈内在的超越〉の固有領域のなかに存在するのだ。こうして，普遍性を構成する本質構造の地平に〈志向含意態〉として潜んでいる〈本質直観能力〉そのものが注目されるのでなければならない。

　すでに序章の冒頭（§1）において指摘しているように，教師が捉えようとする価値意識の伴う感覚質を主観的な，当てにならない単なる動感素材と貶めてはならない。そこには，主観身体の内在経験の底を割って成立する〈内在的超越〉というモナド的な本質普遍性がその基柢に据えられているからである。その〈間身体性〉という〈志向含蓄態〉をもつ〈動感能力可能性〉が，伝承発生領域において，動感意識の伝え手となる指導者に決定的な〈運動基盤〉を与えるのは，この意味においてである。このような動感発生論における現象学的な〈分析能力〉は，言うまでもなく位置移動を伴う物体身体の運動メカニズムを科学的に分析できる能力と混同されるはずもない。科学的な運動分析では，例えば高速ビデオによる映像分析（キネマトグラフィー）や精密な力量分析（デュナモグラフィー），あるいは生理学的な筋電図（EMG）や脳電図（EEG）によって，客観的に遂行された運動メカニズムを解明し，その精密分析を遂行できる〈知的能力〉が意味される。しかし，指導実践の現場における動感発生現象に求められているのは，生徒や選手たちの動きに向き合ったとき，価値意識を伴う感覚質発生の様相変動を分析できる〈有体的能力可能性〉である。さらに，その修正化や確定化に向けての実践可能性を発生させる動感素材（ヒュレー）そのものを即座に統握できる〈動感システム能力〉である。だから，自然科学的立場の分析能力ではなく，微妙な価値意識をもつ感覚質発生を本質直観できる現象学的な〈身体発生分析能力〉がここに主題化されることを確認しておかなければならない。

　因みに，フッサールの造語による〈能力可能性〉という概念には，〈できる〉〈能力がある〉という動きの〈実践可能性〉が基柢に据えられている。だから，未来に関わる動きの実践可能性は，存在が仮象に変様する〈妥当変動現象〉110)

---

108) Hua. I. S.102f.［邦訳：岩波文庫：第33節，段落①～②］
109) Hua. XIV.: Text Nr. 13 - §4, S.260, - ④
110) Hua. VI. S.164［邦訳：第47節，228頁‐段落①］

をいつもすでに含意しているとフッサールは指摘するのはこの意味においてである。つまり，〈本能動感〉が〈原衝動性〉によって受動的に働いても，あるいは意図的に自ら動こうとしても，そこには〈当て外れ〉のため動けなかったり，頼りにしていた実践可能性が〈疑わしく〉なったりして，たえず〈動けない〉という様相変動に直に向き合わざるをえないからである。このような〈否定様相〉や〈疑念様相〉にいつも向き合い，新しい実践可能性を探っていく様相化分析の重要な役割を我々はすでに確認（§77）している。ここにおいて，フッサールが付け加えているように[111]，運動実践の現場では〈動けなかった〉出来事の物理学的ないし生理学的な因果関係が分析されるのではない。そこでは，実践できる可能性を動機づける感覚質発生の〈運動基盤〉を探り出すことが求められているのだ。

ところが，精密計測による客観的分析に慣れている我々にとって，生徒たちの感覚質発生の現象学的分析には，思わぬアポリアが立ちはだかってくる。動感運動の発生現象に関しては，これまで指導者は，動感能力というコツやカンにおける〈価値知覚の様相変動〉を教えることに距離を置いてきているからである。つまり，古来の芸道の教えに従って，「わざは盗むもの」であり，「無師独悟」の美意識を大事して，自得する心構えを本道として継承してきている。かつての芸道や武道の師匠と言われる人は，動感質発生の機微を知り尽くしていて，その上で〈自得の美意識〉を大事にしているのだ。ところが，現代の競技スポーツでも，学校体育でも，微妙なキネステーゼ感覚質の変様態に全く無関心な教師やコーチは珍しくない。そこでは，学習手順のマニュアルや合理的な学習マネジメントの仕方を指導すれば十分と考えられている。それどころか，コツやカンを教えるのは，本義に反するという考え方さえ珍しくない。キネステーゼ感覚質の機微を知悉して自得させる芸道の師匠と，感覚質の存在も知らずにコツやカンを非科学的と貶めて，科学的メカニズムを呈示する現代の教師やコーチの間には，架橋不可能なほどの深い断層が存在していることに注目しておかなければならない。

とは言っても，実際に学習者の身体運動に内在する感覚質をどのようにして捉えることができると言うのか。この問題意識を起点として，学習者が伝承発生に成功するまでの動感素材(ヒュレー)の静態論的分析については，すでに拙著『スポー

---

[111] Hua. IV. S.260f.［邦訳：第60節‐a, 103~104頁‐段落⑥~⑦］

ツ運動学』(314~333 頁) に体系的に詳述されている。ここではその要点を粗描するだけにしておきたい。まずもって動きの感覚質発生を分析するには，科学的な精密機器による定量分析が本質必然的に不可能であることを確認しておかなければならない。その〈現象学的還元〉を施した後に，はじめて感覚質ヒュレーの〈超越論的分析〉に入ることができる。そこでは，その教師によって行われる感覚質の現象学的反省分析に全面的に依存している。もちろん，ここで言われる〈反省〉という概念は，過ぎ去った過去の出来事の成否を振り返るという意味の反省ではない。〈現象学的反省分析〉は，時間流の原発生地平における過去把持を〈たった今掴まえたまま〉[112]という原現在で感じとってその地平を分析するのだ。ところが，生徒や選手たちの感覚質を本質直観できる指導者の分析能力は，すっかり萎え衰えてしまった。それは非科学的な職人わざと貶められて，科学的分析の陰に隠れたまま，運動分析論の表舞台で脚光を浴びることはなかった。現代の運動分析論は，科学的精密分析が主流となり，精密な電子機器によって計測すれば，どんな難しい動きでも〈種明かしが可能だ〉と信じられている昨今である。しかし，そのメカニズムの解析と価値意識をもつ感覚質の解明とは全く別種の次元にあることが見過ごされているのだ。ところが，老練な教師や卓逸したコーチたちは，その微妙な価値意識にこだわる〈感覚質分析〉を諦めず，非科学的な職人仕事と貶められながらも，その驚異的な〈動感質分析能力〉によって，多くの名選手を生み出しているし，その例証に事欠くことはない。それは，驚異的な技を成し遂げた選手自らの固有領域に，つまり，フッサールの言う実践可能性を実現する〈遂行自我の不可疑的な原事実〉に，直に向き合う態度を貫いている職人肌の教師やコーチの存在を忘れるわけにはいかない。ここにおいて，〈動感質分析能力〉の意味内容が改めて注目されることになる。

---

112) EU.: S.116ff.［邦訳：第 23 節 - a，段落①~⑥］

IV— 様相変動の分析能力に向き合う

§ 83. 動感移入して感覚質を統握する

　こうして，伝承発生領野における動感ヒュレーの発生分析には，観察分析，交信分析，代行化分析のそれぞれに，感覚質の本質を〈観取できる身体能力〉，内在経験を〈聴きとれる身体能力〉，動感質を〈代行化できる身体能力〉という現象学的な〈動感分析能力〉いわば〈動感質分析能力〉が要求されることになる。科学的分析では，その精密分析の精密機器の仕様を理解し，機器をマニュアル通りに操作できれば，誰にでも精密な運動分析結果が保証される。ところが，現象学的発生分析では，〈動感質反省分析〉が不可欠の前提として求められる。生徒の動きの本質を直観できない教師は，感覚質発生の実的なノエシス分析に何も関わることができないのだ。つまり，どんな高速のビデオ映像を見せられても，〈本質を見抜ける人〉にしかその動感質は捉えられない。幼い子どもに「今の感じはどんなだった？」と聞いても返事が返ってこなければ，〈借問分析〉に入れるはずもない。金槌教師には，子どもが水に浮いた瞬間の〈感じを代行すること〉は全く不可能である。そうすると，子どもの内在経験と交信できない教師は，学習指導の感覚質素材を用意できないという決定的な窮地に追い込まれることになる。

　ここにおいて，教師やコーチには，学習者の動きの感覚質に自らの動感質を移入して形態化する〈代行分析能力〉が専門資格として必然的に求められてくる。このような実践可能性を生み出す感覚質の現象学的分析能力は，客観的な運動メカニズムの分析能力とは全く別種の身体知の分析能力だから，それと截然と区別されなければならない。運動メカニズムを知的に理解することが，価値意識をもつ感覚質ヒュレーのノエシス的意味統握を促進してくれるはずもない。こうして，我々は動感質の超越論的分析を科学的運動分析とは別途に主題化して，その分析を保証できる現象学的分析能力の養成や訓練に改めて向き合うのでなければならない。フッサールが「物理学的，生理学的理解は，〈実践的理解〉と全く別なものだ」[113]と断言するのは，決定的な重大さを意味して

---
113) Hua. IV. S.260［邦訳：第60節，a - 段落⑥］

いることに注意しなくてはならない。

　ここでは，動感発生論における分析能力を保証する〈身体移入原理〉の働く現象野がまずもって確認しておかなければならない。ここで言う〈身体〉という表現は，言うまでもなく〈動感身体〉114)ないし〈現象身体〉115)の意味である。自我身体に潜むコツやカンという動感能力を，ヴァイツゼッカーも〈モナド〉と呼ぶ。ヴァイツゼッカーに言わせれば，その〈モナド〉は〈反論理的主観性〉だから，「［物理］空間内にあるものではなく，［物理］時間内にあるものでもなく，数えられない，測れない，代理できない，分割できない」116)など，否定を含んだ言表をたくさん並べることができると言う。こうして，指導者自身の身体経験を学習者の動感世界に移し入れて観察し，交信し，代行化していく現象野が〈身体移入経験〉として主題化されることになる。しかし，この〈動感身体を移し入れる〉という謎に満ちた奇妙な出来事は，〈自然主義的世界〉に慣れている我々にはかなり理解しにくいことである。〈モナド身体〉を他者に移し入れるという〈移入経験〉はヴァイツゼッカーの医学的人間学の術語117)としてよく知られている。自然科学の法則として客観化するだけでは，その病因の本質を衝くことはできないと，神経医ヴァイツゼッカーは断じるのである。そこでは，新しい分析方法論が求められ「そのためには，生きもののなかへ身を移す必要がある」と結論する。そこでは「私は自らをそのなかへ置き移し，つまり，〈移入する〉のでなければならない。自らをある一つのモナド［他者の動感身体］のなかへ置き移すために，私自身はモナド［自己の動感身体］として移入的に振る舞い，かつ，その身で知ることになる」と言う。しかし，ヴァイツゼッカーの謎に満ちたこの表現は，言うまでもなく，フッサール現象学の間主観的〈モナドロギー〉に源流をもつ。実践可能性を求めて苦悩する教師やコーチたちにとっても，まさにわが身に差異化された〈本原的開示性〉として，その超越論的自我身体のなかで共感的に了解されることになる。

　すでに述べているように，伝承発生の現象野では，〈出会い〉基本原理が基柢に据えられ，〈動感仲間化〉と〈一つの我々〉を前提として，はじめてこの身体移入原理は作動できることになる。つまりそこには，選手とコーチ，生徒

---

114) Claesges, U.: Edmund Husserls Theorie der Raumkonstitution, S.121f. Nijhoff, 1964
115) Merleau-Ponty, M.: la structure du comportement, 1942(1977), p.169 ［邦訳：『行動の構造』233 頁］
116) Weizsäcker, V.v.: Anonyma (1946); S.52. Gesammelte Schriften Bd.7, 1987 ［邦訳：『生命と主体』100 頁］
117) Weizsäcker, V.v.: ibid. S.61f. ［邦訳：『生命と主体』127 頁］

と教師の間に，真の動感出会い現象を生み出す〈運動基盤〉が前提になっているのだ。そのような〈出会い〉の出来事は，物理空間における単なる〈出逢い〉が意味されているのではない。それは人間的な〈動感仲間化〉という強い絆に結ばれているところにしか指導実践の実りが保証されないのである。伝承発生領野の伝え手と承け手は，動感連帯感によってメルロ゠ポンティの言う〈間身体性〉[118]の世界に〈共に居合わせる〉ことができるのだ。「もし私の左手が，触れられるものを触診している最中の私の右手，つまり触れつつある右手に触れ，おのれの触知を右手に投げ返しうるとすれば，どうして私は，他人の手に触れながら，その手のうちに，自分が手のなかで触れていた物と合体するその同じ能力を触知しないわけがあろうか」とメルロ゠ポンティはフッサールの〈二重感覚原理〉に倣って〈借問〉を続ける。次いで「他人の身体も，私の身体と同様，私によって知られている以上，彼らと私はやはり同じ世界に関わっているに違いない」と断じるに至る。

競技スポーツの実践世界では，選手同士，選手とコーチの間で，共に〈動感連帯化〉を深め，相互に感覚質を交信しているうちに，相互に相手のコツやカンが突然了解できることは決して珍しいことでない。そこでは動感仲間化がすでに成立しているのであり，いわゆるフッサールの言う〈対化〉[119]として相互同時に動感了解が成立するのだ。この〈動感対化〉は，連合化を前提とした受動的綜合の〈原形態〉をなしていることは言うまでもない。その動感身体は，歩いている自我に動感意識を志向できるし，その自我は歩いている身体を同時に動感意識で捉えるという〈身体二重化法則〉のなかに生きているのだ。この身体二重化は，本質法則として必然的に〈志向的越境〉を生み出し，自我身体の対化のなかで意味転移が，いわば〈感覚質転移〉が同時反転的に現れる。さらに，身体物体としての二重化法則が働くなかで，その私の身体がそれと似ている他者身体に出会い，そこに動感連帯化が生まれ，〈身体対化〉が成立する。つまり，「それが私の身体と〈対〉になるに違いない場合には，その［他者身体の］物体は〈意味の地滑り〉を起こして，直ちに私の身体から〈身体の意味〉を受けとるに違いない」[120]とフッサールは指摘する。老練なコーチは選手の動きを見て，その選手の〈動感ゼロ点〉に自らの身体を移入していくのだ。そこで，

---

118) Merleau-Ponty, M.: le visible et l'invisible, p.185~186, Gallimard 1964［邦訳：195~196 頁］
119) Hua. I., S.142f.［邦訳：『デカルト的省察』201 頁以降 岩波文庫］
120) Hua. I., S.142f.［邦訳：『デカルト的省察』202~203 頁，岩波文庫］

選手の動感世界に〈共生〉し，選手の動感意識を先読みして指示を出すことはそんなに珍しいことではない。このような身体二重化の〈動感越境〉や他者身体への〈動感地滑り〉といった奇妙な現象は，競技の世界でも，運動学習の現象野でも日常的な出来事である。そのため，その動感深層の原発生の地平構造が厳密に分析されないまま見過ごされてしまうのかも知れない。それどころか，「そんな非科学的な出来事は精密分析によって客観化されない限り信頼できない」という仲間外れの野次馬たちは，科学主義を振りかざして，〈身体移入〉という謎めいた理論を真っ向から批判する。それは解明しようとしている世界の差異性に気づかないままの不毛な議論でしかないことを確認しておかなければならない。

§84. 促発分析能力に注目する

　伝承発生領野における感覚質の発生分析は，観察領野，交信領野，代行化領野に分けられ，それぞれに，観察分析能力，交信分析能力，代行化分析能力という〈固有領域の動感分析能力〉が要求される。それぞれの分析能力の基柢に共通に据えられているのは，すでに確認しているように，自らの動感質を他者に移入する能力である。つまり，観察分析のためには，〈動感対化〉して観察分析できる能力が求められる。同様にして，交信分析のためには，動感仲間化のなかで借問分析できる能力が不可欠であり，代行化分析には動感移入して〈潜勢的〉に代行形態化できる能力が必然可能的に求められる。このような価値意識を含む感覚質を学習者の実践可能性に生かすのが，動感ヒュレーの発生分析論の役割である。ところが，現実の指導実践の現場では，それがドクサ経験の端的な分析論ではあっても，微妙な意味発生分析は日常的にすでに行われているのだ。そこでは，コーチと選手の動感連帯感のなかで育まれてきた内在経験に入り込むノエシス分析なしには，動感志向的な発生地平は現れてくるはずもないからである。

　このような価値意識をもつ感覚質を他者に自己移入していくことは，誰にでも，いつでも，どこでも実現できるというものではない。その出来事は〈動感移入能力〉を身に付けている指導者にしか，その〈実践可能性〉を拓くことができない。その実践的な〈移入能力〉は多層性と多襞性が特徴的であるから，

その指導者がたえずその〈努力志向性〉を〈生化〉していなければ，その微妙な動感経験を他者に移入できる能力を保持することはできない。その動感移入の現象領野のなかに浮き彫りにされなければならないのは，必然可能的な動感移入による促発分析の本質法則である。動感移入能力の習得過程には，目的論的構図がその地平に潜んでいるから，その移入過程を端的に対象化し，科学的に分析しても，その本質法則は姿を見せるはずもない。こうして，動感経験の移入原理が支配している本質法則は，移入可能な動感能力にその基柢が支えられていなければ，〈身体で見る〉観察能力，〈身体で聴きとる〉交信能力，私が学習者に代わって〈潜勢的に構成できる〉代行化能力のなかに，その姿を見せることはない。動感移入経験は，指導者の固有領域，つまり指導者自身の身体における動感時空世界のなかでしか成立しないから，指導者はこの〈動感移入能力〉を自ら〈形態化〉し，〈身体化〉しなければならない。そうでないと，この感覚質の発生領野において，指導者は〈意味発生〉を促す動感素材に出会うこともできないのだ。教師がその眼前の生徒の動きを見ても，その内在経験に〈ノエシス契機〉を何一つ統握できず，生徒の感覚質との動感連帯感が共有できなければ，その感覚質を生徒から何一つ聴き出すこともできない。それどころか，動感代行化する能力が働かないとすれば，生徒に具体的な実践可能性をもつ感覚質を何一つ呈示できなくなる。結局のところ，生徒が動けるようになる具体的な指示も，励ましの言葉も，すべて空虚な形式的な〈言葉かけ〉に終わってしまうことになる。そこでは，動感ヒュレーの〈ノエシス的分析〉は全く何一つ機能していないのだ。この意味において，指導者の動感移入能力の習得こそ，この伝承発生領野の起点に据えられるのでなければならない。これまでは，技能達成だけを必修化してきた教員養成機関の実技実習と一線を画した，全く別種な，指導者に必修的な研修領野，つまり感覚質移入を志向含蓄態とする〈動感促発分析能力〉の実習が明確に必修化されなければならない。

　加えてさらに，この促発分析能力の訓練過程においては，その促発分析能力の本質法則として〈同時反転的地平構造〉に注目する必要が生じてくる。つまり，観察能力，交信能力さらに代行化能力のそれぞれの分析能力は，独自な絡み合い構造を示すだけでない。観察能力と交信能力は同時に反転化する絡み合い構造を示し，それらと代行形態化能力も同時に反転化して，一方が表に出るときには，他の能力は即座に身を隠して妨げにならない。観察能力と交信能力

には互いに補い合う〈補完性〉が働き，相互に〈基づけ関係〉をもっている。〈観察能力〉をスローガン的に表現すれば，〈身体で動きを見る能力〉と別言してもよい。たしかに競技の世界では，直接眼で見なくても，背後の敵の動きにカンを働かせるのは当たり前である。走り幅跳びでは，ファウルを警戒して踏切点に視線を向けるなど考えることもできない。実存運動の観察分析では，高速ビデオ分析では捉えられない奇妙な〈観察能力の存在〉を認めざるをえないのはこの意味においてである。伝承発生領野の観察能力には，情況の価値系や意味系の判断能力のみならず，全身感覚としての〈気配感〉も参入してくるから，単に〈動体視力〉の数値が高い選手が優れた観察能力を示すとは限らない。〈キネグラム〉に動感メロディーが流れない教師は，生徒の感覚質の良否判断もできはしない。シンボル化能力に欠けた冠監督は，ゲーム情況の確率論的データを手にしても，息詰まる動感情況に決定的な采配を振るうことは難しい。その詳細は，拙著（『身体知の構造』講義12）に譲らざるをえない。

同様に，伝え手と承け手の交信現象野は，単なる〈励ましの言葉かけ〉とその応答が活発になればよいという問題ではない。生徒が現に動いた後で，その感覚質の変様態を聴いたとき「分かりません」と言われて，教師が二の句を継げることもできなければ，その交信は〈枠組みだけの空虚形態〉でしかない。いわゆる〈身体で聴く〉という借問能力を身に付けていない指導者に〈移入交信能力〉は一切働かないのだ。つまり，教師はその動感能力を動員して，単なる聴覚を超えて，承け手の〈動感メロディー〉を聴きとらなければならない。しかし，この交信能力は，観察能力に基づけられて相補的に補完されつつ機能するのだ。つまり〈身体で聴く〉現象は〈身体で見る〉現象と絡み合い構造をもっているから，指導者が多襞的な観察分析をしても，なお動感移入できない動きがあれば，それを補完するために学習者の〈原発生地平〉に借問していくしかない。このような観察と交信の〈相補的統一法則〉こそ動感ヒュレーの意味発生分析の運動基盤を形づくることを見逃してはならない。

これに対して〈代行化分析能力〉は，指導者が自らの動感時空世界のなかで，自らの動感経験を動員しながら，〈今ここ〉の学習者に〈自己移入〉して分析する役割を担うのだ。もちろん，教師自身がその本原的感覚質で遂行するのではない。指導者は実的に，つまり〈自らの内在経験〉を動員してその感覚質に迫って，潜勢的に〈代行形態化〉に成功できる能力を身に付けていなければな

らない。指導者に感覚質の内在経験がなければ，学習者に必要な動感ヒュレーを選び出すこともできない。指導者は，その代行形態化がどのような原発生地平に動感メロディーを奏でているのかも皆目見当もつかないことになる。この意味において，指導者の動感代行化能力は，それまでの観察・交信の動感ヒュレーに統一的な〈代行化形態〉を潜勢的に創発する役割と，促発処方化のため〈適合化形態〉の動感ヒュレーを確定する役割とをもつことになり，指導実践の〈処方化領野〉への最終的な〈架橋的役割〉を担うことになる。

　こうして，動感伝承発生領野における指導者としての教師やコーチは，〈動感移入能力〉の獲得に特別な関心を払わざるをえなくなる。その移入能力を身に付けていない指導者は，学習者の〈今ここ〉の原発生の地平構造を読みとることができない。それどころか，指導者の地平と学習者の地平との〈隔たり原現象〉を把握することさえもできない。それでは，〈運動発生学習〉が成立するはずもない。指導者が多襞的な動感化地平における内在経験をもたず，〈のっぺらぼう〉の〈図形的運動像〉しか持ち合わせていないとしたら，学習者の動感促発の起点をどこにおいてよいか見当を付けることもできない。その詳細は一連の〈身体知分析論講義〉に譲らざるをえないが，価値意識をもつ感覚質のヒュレー発生に，どのようにノエシス的意味統握をするのかという方法論は，これまでほとんど無視されてきたことを改めて確認しておかなければならない。その意味で同時に，動感移入能力の働く伝承発生領野においては，多くの動感素材のなかから価値意識に関わる感覚質を選び出し，その感覚質の代行形態化できる現象学的分析能力を養成する方法論とその実習は，未だに主題化されていない実情を見逃してはならない。このことは，すでに指摘しているように，教員養成大学や体育大学の正統なカリキュラムに感覚質移入による〈促発分析能力〉の実習トレーニングを位置づけることが喫緊の課題になるであろう。

§ 85. 承け手の実的分析に向き合う

　このような伝承発生領野における〈促発分析能力〉の訓練可能性と〈ノエマ的意味構造〉が脚光を浴びてくると，動感指導者がもつ分析能力の充実様態にも相関的に問題を生じてくる。動感伝承の承け手である生徒や選手たちの〈ノエシス的統握分析〉は，感覚質発生に不可欠な関心事となる。それは，指導者

にとっても同時に，その動感促発を可能にする〈実的分析〉，つまり承け手のノエシス契機に内在する経験の様相変動が問題になってくる。つまり，生徒のノエシス的分析をどのように充実させて，その形態発生の統覚化作用を促すかは，同時に指導者の問題でもあるからだ。こうして，創発領野にある生徒のノエシス契機を統握する〈実的分析〉が前景に立てられると，その感覚質発生における〈多様性と統一性の変様過程〉は，指導者にとっても決定的な関心事として浮上してくる。教師の行う観察分析も交信分析もその動感移入する対象領野は，生徒たちの統覚化層位における創発的な志向体験である。だから，その形態発生における統覚化の各層位のノエシス契機を外部視点から観察するだけでは，その微妙な感覚質を捉えられるはずもない。とりわけ，すでに前段（§75，§78）で立ち入って述べているように，〈ノエシス契機〉を支える感覚質の多襞的な変様態は，まさに無限の広がりをもつので，指導者としては，それらをカテゴリー的に類化しておく必要に迫られる。〈ノエシス的意味付与〉を支えている感覚質の〈ノエマ的意味構造分析〉は，多くの障碍に阻まれて，その実を挙げることが難しい事情にあるのは否めない。ところが，老練な教師やコーチは，選手たちの多襞的な〈感覚質の多様性と統一性〉を体系的にカテゴリー化していることは，それほど珍しいことではない。しかし，その貴重な感覚質体系論は，その指導者の胸三寸に収められ，秘伝化されていることが多い。動感伝承の実践現場では，その場の動感情況の変様に伴う感覚質の無限の広がりに対して，単に拱手傍観しているわけでは決してないのだ。そこには，多くのドグマ経験が積み重ねられ，〈カテゴリー的類化〉が志向含蓄態として蔵（かく）されていることを見逃してはならない。それなしに，生徒のノエシスの統握作用への動感移入は拠点をもつことができないのだ。しかも，新しい感覚質のノエシス契機を指導者が即興的に捉えることもできなくなってしまう。

　現に，有意味な発生過程に潜む含意潜在態は，突発的に一気に躍り出て，いわゆる〈マグレ発生〉となるのだ。だから，そこには価値知覚の働く感覚質発生の〈動機づけ〉がいつもすでに〈先存在〉しているのである。それだけに感覚質の様相化分析，とりわけ，ノエシス契機による動感ヒュレーの〈実的分析〉は，いつもすでに先所与的に志向されているのだ。それだけに，そのような貴重な感覚質の原発生地平こそが，厳密な実的分析によって純粋記述に持ち込まれなければならない。そのためには，現象学的還元によって科学的因果決定論

をエポケーし，それまで原発生地平の背景に沈められていた感覚質発生の微妙な〈動機づけ〉を超越論的経験分析の道に乗せることこそ喫緊の課題となってくる。フッサールの言う〈原発生〉の〈過去把持地平〉と〈未来予持地平〉に関わる動感時間化の様相変動が，様相化分析する指導者の前景に立てられるのは，まさにこの意味においてである。

　指導実践の現場では，様相化分析におけるノエシス契機の実的分析(レェール)が，たといドクサ的経験知であるにしても，すでに現に取り上げられているのだ。その実践可能性は，すでに現実態(エネルゲイア)のなかに成功裡に実現されていることを見過ごしてはならない。それにもかかわらず，科学的思考の呪縛から解放されずに，その学的方法論の確認が遅れていたのは，まさに遺憾としか言いようがない。そこには，わが国古来の芸道における秘伝化や家元制度のしがらみに阻まれてきた経緯はあるにしても，その動感質のもつ先言語的な本質必然性が，絶対ゼロ点に遡源する超越論的分析を敬遠させてきたのかも知れない。現に，動感時間化の層位における原発生地平に深い身体経験をもつ老練なコーチであれば，多様な感覚質の変様態を即座に本質直観できるのは，決してそう珍しいわけではない。何がこの実践理論の学的方法論の適用を阻害してきたのか。そのためには，実践可能性を主題化する〈フッサール身体学〉への回帰こそが前提にならなければならない。とは言うものの，外部視点から〈位置移動〉を観察しようとする教師やコーチたちは依然として大多数を占めているのが現状である。マイネル教授がスポーツ運動学に動感質を見抜く〈運動観察〉[121]の演習が不可欠だと主張するのは，このことを予見していたのであろう。その生徒や選手たちの動きのなかに千変万化する感覚質に対して，〈動感質発生分析〉のカリキュラムも用意しない教員養成課程の改革こそが急がれなければならない。同時に，老練な教師やコーチたちがその様相化分析の貴重な経験知ないし身体知を現象学的反省分析として体系化し，学的方法論の形成に積極的に寄与することこそが喫緊の課題と言えよう。

　さらに，生徒がマグレで〈できる〉と，教師はそれを自らの指導成果と我田引水する〈自然的態度〉から脱却することも急がれなければならない。それは動感伝承の本質可能性への道を拓き，引いては有意味なマネジメント科学の充実化に連動するからである。マネジメントコーチが成果主義しか信奉しないと

---

121) Meinel, K.: Bewegungslehre, S.136ff. [邦訳：140頁以降]

すれば，そこでは動感質の伝承発生に直接に関わっていないことが確認されなければならない。もちろん，動感発生の実践現場では，習練活動のマネジメント合理性を欠くことができない。問題となるのは，その〈上位の協力〉への道をどのように拓いていくかである。その両者の学的基礎づけは，本質必然的に異質なのであり，端的に横断科学化できないと言うボイテンデイクの人間学的運動学の学問論[122]をわざわざ援用するまでもない。生ける身体運動を分析するのに，〈マネジメント主義〉や〈科学主義〉しか取り上げない偏狭さこそが問題にされるべきである。そこでは，承け手の学習者における感覚質発生という貴重な身体経験は，本質可能的に匿名性を潜ませているから，その内在経験に何らかの〈ノエシス契機の動機づけ〉を〈生化〉する必要性はもはや喋々するまでもない。それだけに，感覚質のノエシス契機の動感ヒュレー分析は，教師やコーチたちにこそ主題化されるのでなければならない。いわゆる〈マグレ発生〉のなかで，その動感システムが端的に成立したという現実態(エネルゲイア)の事実は，動感伝承の意味発生に直結してないことを見逃してはならない。それが感覚質発生の動機づけをもつとは言っても，それはその成果を挙げた選手の遂行自我が全く〈空虚表象に留まっていること〉を直視しなければならない。感覚質発生を保証する教師やコーチたちの実質的なノエシス分析によって，空虚表象の〈未規定の規定性〉から充実化への道を拓く〈実践可能性〉こそ注目されるのでなければならない。そのためには，教師やコーチの〈ノエシス的分析能力〉の強化こそ喫緊の課題であり，その超越論的な分析能力向上の方法論が体系化されることが急がれるのはこの意味においてである。

§ 86. ノエマ的意味を問い直す

そのつどの動感情況のなかに，変様し続ける感覚質をそのノエシス契機によって統握する動感ヒュレーの実的分析に呼応して，それに平行関係をもつノエマ的意味も同時に変様していくことにも注目しておかなければならない。しかし，すでに前段（§74）で動感システムの〈ノエマ的意味存在論〉を考察しておいたように，そのノエマ的意味それ自体は，現実の実的なノエシス契機(レエール)をも

---

[122] Buytendijk, F.J.J.: Allgemeine Theorie der menschlichen Haltung und Bewegung, 1956, S.30 Springer Verlag

っていないことがすでに確認されている．目まぐるしく変様するノエシス契機の感覚質発生は，多様なその〈動感ヒュレー〉のなかから統一的に意味統握されるのだとしても，それと平行関係をもつノエマ的意味は，どのような存在様相を示すのかが注目されるのだ．これに対して，フッサールは「知覚されるものそれ自体」[123]つまり「知覚ノエマ」には，どんな本質契機が蔵されているかが問わなければならないと言う．そこに「本質所与に純粋に向き合う」という本質必然性こそがノエマ的意味に他ならないからである．さらにフッサールは，それを別言して「知覚されるそれ自体をノエマ的観点から記述する」と言い，そのノエマ的意味は〈知覚されたそのもの〉の本質必然性が〈存在論〉として分析されなければならないと注意を促している．だから，ノエマ的意味の存在様相では，ノエシス契機の実的(レエール)な感覚質発生の場合のように，〈失敗した〉とか〈できそうな気がする〉といった感覚質ヒュレーの様相変動が分析されるのではない．そこでは〈知覚されるものそれ自体〉の意味構造の存在論が純粋に問われるのである．さらにフッサールは，この〈知覚の意味〉とは「知覚の本質に必然的に属しているものであり……それはどんな実在的(レアール)な特質ももってはいない」[124]と駄目押しをして，ノエシス志向性との差異を明確にしている．例えば〈逆上がりそのもの〉というノエマ的意味は，〈当てが外れて失敗した〉とか〈気持ちよくできた〉というわが身にありありと感じとられる動感ヒュレーの内在経験が記述されたり，確認されたりするのではないのだ．

　こうして，ノエシス的な感覚質発生の様相化分析と平行しつつも，ノエマとして対象化された〈知覚されるものそれ自体〉の存在論が，一体どのように〈純粋記述〉されるのかを確認しておかなければならない．となると，我々の生き生きした身体運動のノエマ的意味は，その存在様相に目的論的な〈歴史性〉を取り上げざるをえなくなる．そこでは，通時的，共時的な価値知覚の変様態が確認されるからである．この動感システムの本質可能性をもつ〈通時態〉と〈共時態〉の〈淘汰化分析〉は，感覚質発生の営みに入る前提をなし，ノエマ的意味の存在様相の基柢を構成することになる．〈マグレの足音〉に胸をふくらませ，〈予期しないマグレ〉に狂喜し，さらに頼りないコツやカンを確かめようと反復練習する人たちには，ノエマ的意味の本質分析の不可欠さを違和感なく感じ

---

[123] Hua. III. S.183［邦訳：第88節・段落⑧］
[124] Hua. III. S.184f［邦訳：第89節・段落①］

とっているはずである。それは通時的，共時的な価値知覚作用がその習練の基柢に据えられていなければならないからである。そのノエマ的意味の価値知覚の働きなしには，コツもカンも，その感覚質の評価作用が作動するはずもない。この動感発生領野に潜んでいる内在的な〈目的論的無限性〉[125]こそが動感分析論の基盤をなすものであり，それは〈目的論的原形態〉[126]という〈本質必然性〉なのだとフッサールは言う。こうして，現象学的な動感分析論は，その無限な目的論の原形態によって因果決定論的な科学的運動分析から截然と一線が画されることになる。

　動感運動の〈伝承発生〉においては，歴史的，文化社会的な背景が関わりをもっていることに注目せざるをえないのは自明のことである。人から人への動感発生の伝承活動の起点として，何が伝承されるのかという，いわば〈伝承財〉の地平志向性がまずもって前景に立てられるのは自明の理である。というのは，伝え手の捉えるノエマ的意味には，通時的，共時的な価値知覚が働き，承け手のノエシス契機にもその同じ価値意識の感覚質が可能的に受容されていなければ，伝承発生という現象野は成立しないからである。そこで我々は，ともに〈歴史的目的論〉[127]との関係構造を無視できなくなる。これは競技スポーツの世界のみならず，おおよそ技芸に関わる動感能力が作動するところでは，常に〈内在目的論〉の背景に〈歴史的目的論〉が息づいていることを見逃してはならない。そのような歴史的目的論の無限性は，内在目的論の動感志向性における空虚－充実の無限性と基づけの関係にある。動感システムの伝承が成立するには，伝承されるべき動感システムが現に誰かによってすでに実現され，その感覚質の価値意識が社会的に承認されていなければならない。それどころか，その伝承財が伝承の習練対象に取り上げられるためには，その伝え手にも承け手にも，〈共感できる動感連帯感〉に支えられていなければならない。したがって内在目的論としての伝承発生には，その〈歴史的現在〉において伝承に値するノエマ的意味内容が価値知覚として承認される本質必然性が確認されていることが前提となる。その伝承発生において価値知覚の働く地平構造は，単に〈体系論的共存価値〉のみならず，歴史目的論の無限性を踏まえた共時的，通時的な淘汰化分析に耐えうるものでなければならない。その具体的な詳細について

---

125) Hua. XV. S.380 [Text Nr.22-①]
126) Hua. III. S.111f ［邦訳：第58節 - 段落②］
127) Hua. VI. S.347 ［邦訳：論考：Die Krisis des europischen Menschentums und die Philosophie: III. - 段落①］

は，拙著『スポーツ運動学』(272~288 頁) に譲らざるをえない。ここでは，伝承発生におけるノエマ的意味の存在論に通時態と共時態に絡み合った〈歴史時間性〉に関わる〈動感沈澱化〉をめぐる問題圏を指摘するだけにしておきたい。

　最後に，〈伝承財〉として取り上げられる習練対象に対して，ノエマ分析の不可欠さに言及しておかなければならない。というのは，学校体育や競技スポーツあるいは技芸や舞踊など，それぞれの伝承発生の現象野においては，その伝承財となる習練対象に対して，そのノエマ的意味の〈存在論的分析〉が欠落していることが少なくないからである。それらの伝承発生領野においては，伝承財としての習練対象が体系化されているのが一般である。ノエマ的意味の存在様相における体系論的研究は，とりわけ体操競技論の一環として 1960 年代に多くの体系論研究[128]が発表されはじめている。それらの伝承発生領野においては，伝承財の習練対象における構造体系論として，ノエマ的意味が分析対象になっているのが一般である。ところが，その当時では，習練対象を表す主題的意味が示されても，そのノエマ的意味そのものの志向分析は，行われないままか，あるいは，伝え手の胸三寸に収められたままになっていることが少なくない。そこでは，実的なノエシス分析に平行関係をもつノエマ的意味の本質必然性が解明されないままである。それは端的な習練対象の呈示でしかない。例えば，〈歩く〉のノエマ的意味が左右の足の交互踏み出しだけに局限化され，〈走る〉とのノエマ的差異性が空中局面の成立だけに理念化されてしまうと，ノエシス的志向性との平行関係は欠損してしまうことになる。同様にして，サッカーやバレーボールの戦術の数学的形式化には，たといどんなに確率論的検証を重ねても，そこに現実の実的なノエシス契機が欠損しているのでは，それは〈絵に描いた餅〉でしかない。そのままでは，数学的に検証した確率論を生き生きした戦術行動に生化することは不可能である。その戦術形式化を遂行する実践可能性を実現するのは，選手たちの感覚質発生に依存しているからに他ならない。

---

[128] Kaneko, A.: Zur Entwicklungsmöglichkeit der Turunkunst, In : Olympische Turunkunst, Nr. 1, 1966, Nr.1, Limpert Verlag Frankfurt
Kaneko, A.: Zur Morphologie der Turnkunst, In: Olympische Turnkunst, Nr.5, 1967, Limpert Verlag Frankfurut
Rieling, K.: Zur strukturellen Anordnung der Übungen des Ger?tturnens, In: Theorie u.Praxis der Körperkultur, 1967, H.3
金子明友：器械運動における技の体系化の基礎，97~110 頁，東京教育大学体育学部紀要，第 8 巻，1969

まして，学校体育の教材研究が指導の手順や手段のマニュアル開発だけに傾斜してしまうと，そこでは〈そう動けた〉という端的な結果だけに収斂してしまうことになる。それでは，動感伝承の問題圏から外れてしまうのだ。依然として，体育の運動教材のノエシス的分析もノエマ的分析も無視されたままで，〈自らの動きそのもの〉の志向分析の本質可能性は，欠損したままに放置されていることが多い昨今である。低鉄棒の〈逆上がり〉に後方回転のノエシス契機を排除してしまうと，いわば，その指導過程に踏切台を利用すると，逆上がりのノエマ的意味を破壊していることになる。つまり，その逆上がりは，後方回転への変様化だけを促進し，〈逆上がりでない逆上がり〉を習得させるという奇妙なパラドックスに陥ってしまう。それは本来の〈逆上がり〉にノエマ的意味の〈存在論的分析〉が欠落していることを物語っている。学習対象の教材研究は，ノエマ的意味内容の〈本質直観分析〉を起点にして，はじめて学校体育における身体経験の陶冶目標が前景に浮上してくるのだ。そこには，生き生きした実的な感覚質発生に関わる有意味な身体経験が保証されているからである。学校体育が生理学的身体の発育発達だけに陶冶目標を一義的に収斂させると，人間形成におけるフッサールの意味する〈本原的経験の本質直観〉が次第に背景に沈められてしまう。いわば，生ける実存的身体経験の本質必然的な陶冶目標がいつしか端に追いやられ，学校教育における体育の必修的意義も，その存在論も次第に影が薄くなってくることになろう。

§87. 感覚質の時間流を反省する

　我々は前段（§78）において，感覚質発生の分析対象における様相変動の重層構造をすでに先取り的に考察している。フッサールはとりわけ，ノエマ的意味に畳み込まれている〈ノエシス的意味統握〉に特に注目する。そのノエシス的志向性は，一般に知覚で何かを認知するとき，そこに「実的に含まれている知覚信念，さらに言えば知覚確信」[129]が直接的な身体経験として先存在していることに，特に注意を促しているからである。この〈信念確実性〉こそ「信念の在りかたの原形態」[130]の役割を果たしているとフッサールは言い切る。

---

129) Hua. III. S.214 ［邦訳：第103節・段落①］
130) Hua. III. S.215 ［邦訳：第104節・段落①］

このように，まだ様相化されない原形態を起点とするからこそ，その確信に対する〈当て外れ〉や〈疑わしさ〉あるいはその〈蓋然的可能性〉や〈誘い込み可能性〉など，様相変動を伴う実践可能性の〈多襞的な重層構造〉が浮上してくるのである。我々がここで主題化する感覚質発生における様相化分析の起点は，そのような原形態の〈規定可能な未規定性〉のなかに見出されるのだ。

　しかし，ノエシス・ノエマの地平構造を含意潜在態とするこの様相化分析は，外部視点をもつ精密科学的分析論から一線を画しているのは喋々するまでもない。その分析方法論には，発生現象学の超越論的分析として，本質必然的に動感質の〈反省能力〉131) を前提にしているからである。とは言っても，身体運動の科学的分析に慣れている我々は，そんな〈主観的な反省分析〉に学的基礎づけが成立するはずもないと目を剥きたくなる。すでに述べているように，現象学における〈反省〉という表現は，〈時間性〉に関わるものであり，巷間に理解されている反省概念から区別されている。つまり，反省するという営みは，時間の流れによって生じた〈分裂を架橋する働き〉に支えられている。時間の流れを原現在に橋渡しできるのは，同一の時間流がそれに先だって存在していなければならない。つまり，時間の先行段階としての〈先時間現在〉を〈原現在〉とフッサールが呼ぶ 132) のはこの意味においてである。こうして，〈反省する〉とは，その反省作用に先立って，〈先反省的な同一の先時間〉が〈流れ来る〉のを待ち受けているのである。そこでは，〈先時間の存在〉がいつもすでに受動的に独りでに受け容れられているのだ。だから，発生現象学の反省分析において主題化されるのは，当然ながらそれは〈自己関係〉についてである。しかし遂行しつつある自我は，本質可能的に〈自己忘却性〉を含意潜在態としているから，自らの動きの感覚質を的確に捉えることは難しい。ところが奇妙なことに，そこで〈感覚質の漠然とした形態〉に目覚めるのである。遂行自我はその〈空虚形態〉を志向して，その覚起に向き合うことになるのだ。そこでは，独りでに自らの動きを反省して志向的分析に入ることが求められる。つまり，志向するノエマ的意味の同一性に向き合い，それを統握するノエシス契機の同一性を確認していくのには，〈自己観察〉する本人の〈反省能力〉が決定的な役割を担っているのだ。その反省能力が向き合っているのは，動感的な〈意

---

131) Hua. III. S.144 ［邦訳：第77節・段落①］
132) Hua. XV. S.598 ［Beilage XLIII(43)］

識時間流における原発生地平〉に他ならない。こうして，時間流の原発生地平が反省分析の前景に立てられてくることがまず確認されなければならない。この〈内在時間への還元〉に思いが及ばずに，主観的な反省分析の素朴性を揶揄するとしたら，それはまさに等質時間しか認めない科学主義の偏狭さでしかない。

　フッサールがその〈反省分析〉の「素朴さを克服する方法」[133]として，いみじくも指摘するのは，流れのなかに潜む同一化行為の〈能力可能性〉であり，つまり〈原受動的時間の流れ〉のなかに〈流れ去るもの〉として，自己同一化される〈自我行為〉にその眼差しを向けていくことである。そこで志向され，向き合っているのは，〈動感意識の時間流〉に究極的に遡源していくことである。しかし，この感覚質に関わる〈自己知覚〉や〈自己観察〉などの反省分析は，意識時間流の原発生地平に必然的に遡源せざるをえないから，その時間認識に多くのアポリアが行く手を阻むことになる。それはマイネル運動学がわが国に導入されたとき，そこに取り上げられた「自己観察の不可欠さ」「他者観察の印象分析」という〈現象学的形態学分析〉[134]の術語に対して，目を剥く研究者が後を絶たず，その非科学的な分析論を手厳しく批判したのはよく知られている。それは当時のマイネル教授のおかれた社会事情から，フッサール現象学の〈本質学〉として，形相学的形態学の学問的基礎づけが背景に沈められていたからであろう。現象学の鼻祖フッサール自身でさえ，〈内在的身体経験の反省分析〉には，それに対する「懐疑的思想がまとわり付いている」[135]といって，手厳しく批判される反省分析について，とりわけ〈自己観察〉の学問的基礎づけに多くの論考（『イデーンⅠ』第79節）を残しているほどである。

　一般に〈反省する〉ということは，過去に流れてしまった出来事を想起して反省するのだから，その営みは必然的に〈事後性〉をもっている。そこで反省対象になるのは，すでに起こった出来事，つまりその〈事後的な結果の想起〉を前提にすると考えられるのが一般である。ところがそれに対して，今統握として流れつつある〈原現在〉[136]のなかに奇妙な〈原構造〉が隠されていることをフッサールは巧みに指摘するのだ。すなわち，この〈絶対の今〉は〈二つ

---

[133] Hua. XV. S.585 [Text Nr. 33-⑩]
[134] Meinel, K.: Bewegungslehre 1960 S.106ff. [邦訳：モルフォロギー的考察法106頁], S.121ff. [邦訳：運動モルフォロギーの研究方法と手段122頁]
[135] Hua. III. S.144 [邦訳：第77節・段落①]
[136] Hua. XV. S.345 [Text Nr. 20]

の今〉を潜ませていると言う。すでに述べているように，ここで言う原現在とは「立ちとどまりつつ生き生きした流れ」のなかにもっとも〈根源的な現在〉が問われるとき，時間の先行段階という〈先時間〉の現在を〈原現在〉と呼ぶのである。そこでは〈流れる今〉と〈立ちとどまる今〉という二つの今が〈原現在〉と呼ばれる〈生き生きした現在〉のなかに構成されることになる。いわば，主観身体がその内在経験を自ら時間化するとき，深層位の先時間のなかに，没自我的な受動性，つまり〈原受動性〉を，いわばその遂行態は自己忘却性を潜ませているという。こうして，微妙な感覚質の様相変動を分析するには，遂行する主観身体が自らの動感質の時間流の源泉に遡って反省できる能力可能性を，つまり遂行自我が〈動感質反省能力〉を作動させなければならないのである。

§ 88. 反省能力が感覚質を捉える

　ここにおいて，教師が生徒たちの〈動感様相の変様態〉を捉えるのには，発生現象学の〈様相化分析〉に依拠することが浮き彫りになってくる。そのためには，教師は微妙な〈感覚質程度差〉を統握できる〈時間化能力〉をもっていなければならない。教師が生徒の動きの感覚質に志向分析を施そうとしても，教師がその感覚質にどのような程度差や類化形態があるのかに〈ノエシス的意味統握〉をできないとすれば，無意識に動いている生徒たちの原発生地平に入り込んで，その微妙な感覚質発生に〈借問分析〉をできるはずもない。もちろん，その場合の過去把持地平は，受動的な〈今まだ掴まれている〉[137]という〈原現在〉の今統握が意味されている。今，今，今と〈流れる今〉と〈たった今〉掴まえている〈立ちとどまる今〉とは，ともに原現在の中庭に，つまり奇妙な〈遊び空間〉のなかに存在しているのだ。ラントグレーベが「過去と未来が〈同時現在的〉に結び付けられている」[138]と巧みに指摘しているのは，まさにこの意味においてである。反省分析のために想起する感覚質は，〈原現在〉という〈生き生きした今統握〉であり，予描する感覚質は，ありありとわが身に感じられる〈本原的開示性〉をもつ〈未来の今統握〉に他ならない。そのような生き生きした原現在の身体経験をもたない教師が，運動感覚の深層でノエシス・ノエ

---

[137] EU. S.116f.［邦訳：第23節・段落③］
[138] Landgrebe, L.: 1980, S.83f.［第29節］

マの志向分析に入れるはずもない。
　さらに，その遂行する主体の自己意識は，自己忘却性のなかに隠れたままだから，端的な〈事後的反省〉のなかでは捉えられはしないと，ラントグレーベは巧みにその差異化を解明している。そのために，その事後的反省の素朴さをどのように超克するかを，フッサールは時間流の原発生地平分析への遡源に求めていくのだ。しかし，動感身体に直接経験される生き生きした時間流は「その消えていくなかに〈流れ去るもの〉として身体に経験されると同時に，〈流れ来るもの〉として常に時間化されるのだ。その〈二重統一態〉のなかにおいて自ら動きつつある人が，その〈能力可能性〉を発見することになる。そのときの遂行自我は，自己忘却性を潜ませているから〈私が動く〉は〈私ができる〉に先行するのだ。〈未来から流れくる〉と〈過去へ流れ去る〉というこの統一態こそフッサールの意味する〈生ける現在〉に他ならない」とラントグレーベは原現在の決定的な意味を見事に抉り出してみせる。
　このようにして，動きの感覚質が潜んでいる原発生地平のなかで，時間流の様相変動を純粋に記述していく様相化分析は，すでに述べているように，〈感覚質反省能力〉に全面的に依存していることを改めて確認するのでなければならない。つまり，教師やコーチは，遂行自我のノエシス契機を実的分析によって，その原発生地平に迫るのだが，その指導者が承け手に潜む感覚質の時間流を本原的に感知し共感できないのでは，独りでに〈受動綜合化〉する承け手の感覚質発生の反省分析を取り上げることもできない。生徒たちは思わず知らずに失敗したり，技が突然に狂ったりするのだ。そのような無意識に動いている生徒たちに対して，教師は〈何を借問していいのか〉見当もつかないことになる。感覚質発生の実践指導をする教師自身が，発生を促す感覚質のノエマ的な意味存在もノエシス契機の統握作用も，わが身でありありと感じとれないとしたら，折角の原発生地平に迫る動感ヒュレー分析も空振りに終わってしまう。それどころか，自らの感覚質反省能力は，自らの動感身体に潜む原現在の〈時間化能力〉に本質可能的に基づけられている。その〈絶対今〉と〈絶対ここ〉の源泉となる〈絶対ゼロ点〉の驚くべき機能を捉える〈自我分裂の反省能力〉，つまり〈反省する自我〉と〈反省される自我〉に分裂する自我が〈先反省的同一自我〉として，原現在のノエシス契機を統握する〈反省分析能力〉は，指導者にとっての決定的な専門能力であることは多言を要さないであろう。だから

こそ教員養成大学では，運動実技の実習が必修単位に位置づけられているのだ。しかし，その動感反省能力の運動学演習は，マイネル教授の提言から半世紀以上経っているのに，一向に実現しないのは何故であろうか。それどころか，〈実技実習の空洞化〉が進み，その形骸化が現実になっている昨今に対して，我々はどのように対応すべきなのであろうか。

　すでに考察しているように，〈自己中心化〉の働きをもつコツという〈感知能力〉と，多様な〈情況投射化〉に働きかけるカンという〈共感能力〉とは，どんな身体運動を遂行するにしても不可欠な身体能力である。とりわけ，後者の情況投射化の共感能力は，その対象がボールやラケットなどの事物に共感する場合，周界の動感情況に共感する場合，さらに他者，つまり敵や味方のプレーヤーの動きないし振る舞いに鋭く共感する場合には，その様相変動は〈存在様相〉や〈時間様相〉と絡み合って多彩な変様過程を構成している。それどころか，これらの知覚様相を超えて，自由変更を可能にする〈想像変様〉ないし〈中立変様〉の様相化分析は，当然ながら価値意識に関わる感覚質の微妙な程度差を勘案すれば，その感覚質発生の現象野は，無限の広がりを見せることになろう。同時に，その動感発生が伝承されていく世界では，さらに複雑な様相変動が姿を現してくるのは多言を要しないであろう。その伝承世界においても，様相変動の〈多様性と統一性〉が受動綜合化する現象野は，まさに膨大な様相化分析の成果に支えられなければならないことは明らかである。こうして，このような動感質発生の様相化分析は，スポーツ運動学の動感分析論の起点をなすことが確認できることになれば，スポーツ領域の動感運動学はさらに洋々たる発展が約束されることになろう。

終章
● 動感運動学の道

§ 89. 身体運動の始原性に遡る

　ここに『運動感覚の深層』に立ち入る最終講義を閉じるに当たって，最後まで気になって，その意味内容の確認をし続けてきたのが，スポーツ領域における身体運動の概念両義性であった。遂行自我によって生み出される身体運動の概念には，歴史的に多くの類似概念が沈殿して，無用な誤解や無邪気な批判が絶えないからである。だから序章で「運動感覚の両義性」を主題化するにしても，まずもって生理学的な身体運動，つまりエクササイズ概念から解放されていなければならない。それは第Ⅰ章でコツとカンの存在論を問うときも同様である。動感運動学としてのコツやカンという概念は，物理学的に位置移動する身体運動とは全く別種な動感身体（キネステーゼ）の能力可能性だからである。第Ⅱ章でも〈身体で覚える〉という奇妙な〈動感世界意識〉[1]に立ち入るには，真っ先に身体運動が単に〈意識の奴隷〉ではないことを確認しておかないと，非科学的な謗りを免れないのである。

　このような身体運動の概念両義性は，グルーペ[2]も指摘していることだが，身体運動の概念に潜む〈道具性〉の存在を見過ごせないからである。自我と身体の関係がそもそも道具性をもつとすれば，その〈自ら動く身体〉は，意識によって与えられる命令や指示の単なる実行器官でしかない。しかし，生ける自我身体は，いつも奴隷のように無抵抗に指令通りに動くとは限らない。その身体は突如として〈反逆身体〉に姿を変えて，動こうとする自我意識に抵抗する。そこにフッサールの言う〈努力志向性〉が働き，反復学習へ触発されるのはすでに述べた通りである。だから，生ける動感運動をする私の身体は，決して〈意識の奴隷〉ではないし，単なる〈無機質な道具〉などでもない。しかし，この身体運動の〈道具性〉は，つまり単なる脳の指令の実行器という身体思想は，歴史的にかなり古くて，学校体育にも，さらに競技スポーツにも根強く残っている。つまり，学校体育では，身体の発育発達や体力向上を第一義的な陶冶目標に掲げるから，身体運動はその目標達成の手段であり，エクササイズという運動のほうが正統性をもつことになる。スポーツ競技でも，競技力を高める体力トレーニングの身体運動は，〈媒介動作〉[3]として手段化されているの

---

[1] Claesges, U.: Edmund Husserls Theorie der Raumkonstitutuon, S.132, 1964 Martinus Nijhoff / Den Haag
[2] Grupe, O.: Grundlagen der Sportpädagogik, S.80f. 2. unveränderte Aufl. 1975
[3] Rijsdorp, K.: Gymnologie S. 102 f. 1975　Verlag Karl Hofmann

は周知の通りである。競技力を高めるのには，より難しい動きや行動の絶縁的構成要素に機械的反復が求められ，その反逆身体には，今日的に話題を賑わせている体罰問題が表面化してくる。

　このような体育や競技の領域において，身体運動を道具的，手段的に位置づけることは，身体運動のもつ原初的な本質を見逃していることに注目しなければならない。その本質必然的な自己運動とは，いわば，視知覚をよく保証するために動き回り，触覚を確かめるために動かすという，知覚作用の手段に利用される身体運動ではない。フッサール現象学のなかで浮き彫りにされる身体運動の始原は，自ら動くわが身にありありと本原的に統握される動感時間流の原発生地平に潜んでいるのは，すでに考察した通りである。その〈始原性〉には，私自身が現に存在しているという〈絶対事実性〉が先所与されている。「この絶対事実性は，自らの能力によって，その意識事実を反省的に探り当てることができる」のであり，「私を動かす能力可能性に同時に気づいている」のだとラントグレーベ[4]は巧みに解説してくれる。〈自己を‐動かす〉のは，謎に満ちた〈動感能力〉であり，それは自我身体の〈絶対ゼロ点〉に中心化される。このようにして〈現に‐私が‐居る〉という〈現〉は，〈一つの絶対的な規定〉であり，その人は自らのゼロ点から逃げ出すことはできない。それは，その人自身がこのゼロ点そのものだからである。

　さらに，わが身にありありと感じとれる本原的な身体運動の意味を身近な例証で示せば，我々は身振りによって何かを意味することができる。言葉で言う代わりに，指で差し示し，頭を動かしただけでも，指示する意味を表すことができる。そのような〈身振りの動き〉は，たしかに一つの身体運動であり，それは志向対象に向けて動きに意味を発生させるのだ。それは，単に位置移動する物理的運動ではなく，〈私の動き〉として，そのつど私の身体にありありと統握されている。その動きは，私から自発的に目標に方位づけられていて，その動きかたは私の身体に沈殿し，反復化して習得される。その〈動ける身体〉は，代替不可能な〈私の身体〉となり，私の〈始原的固有財産〉($アルケー$)となる。我々は〈自ら動ける〉ことを学びとったからこそ，〈動き〉や〈動かす〉という言葉に意味を結び付けることができる。こうして，そのつど〈私の身体〉として，それ

---

[4] Landgrebe, L.: Phänomenologische Analyse und Dialektik, In Dialektik und Genesis in der Phänomenologie, S.71ff., 1980

らを自由に駆使できるという身体経験こそが，生命ある身体運動一般を理解する〈超越論的根拠〉を形づくることになる。〈自己運動〉とはこの意味において，常に自分自身と一つの関係をもつのだ。それは一つの〈自己関係〉なのであり，自ら動ける人は，自らの動きかたを私の運動として，しかも反省という方法でなく，動感身体で直に了解している。これは，むしろ遂行のなかで，遂行そのものを〈直接に確信している〉ことであり，反省のように〈後から気づく〉のではない。それ故に〈先反省的〉という表現は，このような自己関係にとって本質的意味をもつ極めて重要な意味内実を表すことになる。この〈動感的先反省性〉こそが〈超越論的反省〉を可能にする根拠になることを見過ごしてはならない。

　そのような動感運動の原動力をなすのは，フッサールの意味する〈原努力〉に他ならない。原努力という表現それ自体は，目的論に方向づけられている。その〈原努力〉は，常に〈～へ向かっての努力〉であり，〈～から脱出する努力〉である。それは，まずもって〈動感感覚として自ら動く〉ことである。したがって，感覚与件が主観のなかに入り込んでくると，理解してはならない。主観が感じとるすべては，動感運動の〈共働〉という相関関係のなかにある。感覚与件は，それに対応する〈統覚〉と同じように，いつも〈関心〉によって導き出されるのだ。それは，外部から刺激が端的に感官に与えられるのでは決してない。〈感知する〉ということは，〈～に向かう運動〉，〈～から離れる運動〉，〈魅力あるものや関心あるものに向き合うこと〉，ないし〈嫌悪するものや恐怖を引き起こすものから回避すること〉から誘い出されるのである。身体運動に内在するこのような〈努力志向性〉がそのなかで動きが充実するのは，別言すれば，〈自らそこに居合わせる〉という基本的様相として，〈満足する〉のを探し求め，自分自身と共にある〈安らぎ〉を探し求めることに他ならない。だから，〈自ら動ける動感能力〉とは，絶対ゼロ点に中心化される遂行自我の身体運動の意味核である。こうして，身体運動そのものは，主観身体の動感運動それ自体のなかに常に〈始原性〉として蔵されていて，決して他者のために手段化される存在などではないことを確認しておかなければならない。

§ 90. 身体能力は動感世界に住む

　こうして，遂行自我が駆使する有意味な〈身体運動〉は，主観身体の自己運動として，つまり「自らの力で自己自身との関係のなかで動く存在」[5]が意味されている。この主観身体による運動は，自己意識をもつ動感能力に支えられているから，自我身体から自我を区別することは無意味となる。というのは，そこで直観されるのは〈自我そのもの〉だから，クレスゲスは「動感意識は必然的に自己意識である」[6]と定義する。すでに本論（§20）で考察しているように，〈感覚する〉ことは〈自ら感じる〉ことである。だから，価値を知覚する感覚質の意識も，自己意識であることは論をまたない。主観身体は，動感意識を構成する対象性をもち，その対象そのものは，動感能力をもつ自我意識を前提にしているから「動感意識はそれ故に必然的に〈身体意識〉である」[7]と定義される。〈私が動く〉ということは，自我の判断行為や態度決定とは違って，その〈実践可能性〉を基盤としている。その主観身体の顕在的な自己意識は，ある自発性の意味核として自覚され，その〈自発性〉は，単に考える自発性とは，本質的に異なるのは言うまでもない。「〈自ら動ける〉ことを〈自ら分かっている〉のであり，その〈動ける〉の〈気づき〉には，根源的かつ直観的な〈力の経験〉が蔵されている」[8]と述べて，ラントグレーベはその〈実践可能性〉の決定的な意味に注目している。

　言うまでもなく，生き生きした自己運動は，時間の構成機能のなかに，同時性と持続という〈時間様相〉をもつ。だから，その動感意識は，一つの時間としての出来事であり，過去把持と未来予持という法則性に支配される動感意識は，本質必然的に〈時間意識〉をもつことになる。動感意識に捉えられる時間は，動きながら今，今，今と流れていく〈原現在〉に中庭をもっていることは，すでに（§58）確認ずみである。さらに，自我を〈今ここ〉に捉える動感能力は，順々に実現されていくから，その動感情況のなかでは，〈同時外在する相互性〉として統一的に実現されていく。〈今ここ〉に実現される動感運動は〈同

---

[5] Weizsäcker, V.v.: Gestaltkreis, Gesammelte Schriften, Bd.4, S.101, 1997, Suhrkamp Verlag ［邦訳：31頁］
[6] Claesges, U.: Edmund Husserls Theorie der Raumkostitution, S.123 1964 Martinus Nijhoff, Den Haag
[7] Claesges, U.: Edmund Husserls Theorie der Raumkostitution, S.122 1964 Martinus Nijhoff, Den Haag
[8] Landgrebe, L.: Die Phänomenologie der Leiblichkeit und das Problem der Materie, S.145 1965 In: Phänomenologie und Geschichte 1967 Güterslohher Verlagshaus Gerd Mohn

時‐相互外在性〉という〈空間意識〉を含意潜在態にしているとして，クレスゲスは「動感意識は必然的に〈空間意識〉である」[9]と定義する。だから，〈歩く〉という動感形態を指差して「これが歩行形態だ」と言えないことに〈気づく人〉は，動感空間意識の存在に気づいた人に他ならない。

　このような〈直観幻像（ファントム）〉としての〈動感形態〉のなかにおいては，今ここに現れる顕在的な動感情況に予め含意されている〈地平〉という相関概念が，その動感時空間意識の全システムに必然的に関わってくる。「それ故に，動感意識は〈地平意識〉でなければならない」とクレスゲスは結論する。「地平とは予め描かれた潜在性」と定義するフッサールに倣って，直観される動感地平意識の能作を通して動感形態の〈奥行き〉を捉えれば，その潜在的な動感情況の背景を直観できるのだ。さらに，背後に迫る敵の気配を感じとることも可能になってくる。動感身体性の分析が示しているように，〈図と地〉の関係は，その動感深層の形成化における単なる一つの現象に過ぎない。この〈深層形成化〉という表現は，あらゆる現勢的な主題的意識のなかで，多かれ少なかれ，いつも〈隠れたまま同時に意識されるもの〉を潜ませている。この意味において，どんな契機でも，どんな〈生ける現在〉でも，その〈地平〉を必然可能的にもっている。〈地平〉とは，基本的な動感運動を導いてくれる志向目標の最高概念を意味しているとラントグレーベは的確に指摘することになる。

　こうして，我々のいう動感運動は，動感時空間意識を前提にした〈地平意識〉として了解することができれば，その動感運動の地平は「それ故に〈世界意識〉でなければならない」ことになる。「意識としての地平は，その地平の志向的含蓄，その地平の規定性と未規定性，既知性と未来に開かれる余地，その地平の近さと遠さの他に，単に現在の周界，今存在している周界だけではなくて，これまでの想起と予期も動機づけになって，〈過去と未来に開かれた無限性〉をも取り込むことになる」[10]とクレスゲスは言いながら，フッサールの世界意識は決定的な意味をもつと指摘するのだ。動感意識をもつ身体運動は，〈私はできる〉という自由自在さのなかで，その最深層に姿を露わにするのであり，我々が〈存在すること〉の本質を構成しているのだ。この動感世界こそがその〈世界‐内‐存在〉の〈運動基盤〉となるのである。その運動基盤とは，我々

---

[9] Claesges, U.: Edmund Husserls Theorie der Raumkostitution, S.120 1964 Martinus Nijhoff, Den Haag
[10] Claesges, U.: ibid. S.121

が自らを経験する様態のなかのわが身に与えられ，その自由さをそこから求められる生起と理解される。そのような〈強いるもの〉と〈触発するもの〉は，物質とも，精神とも呼べない〈身体性〉そのものに他ならない。その動感身体性を基柢に据えた〈身体運動〉は，まさに〈世界内存在の運動基盤〉という動感時空世界に住み着いているのである。

§ 91. 動感発生の謎に迫る

　本論の第Ⅲ章「動感発生に潜むアポリア」において，動感能力の〈生成と消滅〉をめぐる多くの謎めいた出来事はすでに浮き彫りにされている。いわば，動感能力の発生現場では，その生成と消滅が〈同時に交替する〉など，まさに謎に満ちた出来事が目白押しに現れ，それらの奇妙さに，我々は一驚させられるばかりである。しかも，マグレで動けた瞬間には，枠組みだけの空虚形態しか発生せず，動感意識は自我忘却性のなかに沈んだままで，本人は何一つ意識していないのだ。フッサールが，この〈受動的綜合化〉の出来事を〈無意識の志向性〉[11]という逆説的な術語で表現せざるをえないと断わっているのは，まさにこの意味においてである。その遂行自我には，すでに先所与されている〈眠れるゼロ動感〉[12]が働いていて，そこには，わが身に密かに感じる不可疑的な明証性が息づいているのだと説明する。同様にして，動感地平意識の背景に潜む〈同時反転性〉という，奇妙な一回性現象も，日常的に際立ってくる。しかしそれは，決して因果法則に反した〈非論理的な表現〉などではなく，本原的な感覚質の発生現象に他ならないと言う。さらにまた，一流の名選手をも襲う〈動感メロディーの消滅現象〉も，フッサールは地平の〈空虚志向〉[13]だと言うが，いわゆる〈狂った技〉に苦悩する選手本人は，その動感消滅に直面し，改めて新しい感覚質を生み出すのに筆舌に尽くし難い苦悩に向き合わざるをえない。とりわけ，〈同一のノエマ的意味〉をもつ動感運動の修正化作用は困難を極め，その促発方法論への道は，よく拓かれているとはまだ言えない。そこでは，動感原発生の地平分析が要求されても，〈空虚志向〉のままに感覚質を無視してきた選手たちにとって，それはどうにも為す術もなく立ち往生して

---

11) Hua. Ⅵ. S.240 ［邦訳：第69節，段落④ 336頁］
12) Hua. ⅩⅤ. S. 606 [Beilage 45-⑩]
13) Hua. ⅩⅠ. S.99 ［邦訳：第22節，段落⑮ 147頁］

しまうしかない。ただ機械的に動きを反復するだけでは何一つ解決しない。絶対ゼロ点の原発生地平の時間意識流のなかに，〈未規定の動感ヒュレー〉にノエシス契機を捉えることは，余りにも雲を掴むような儚さでしかない。その動感メロディーの原発生地平においては，微妙な〈感覚質の程度差〉を敏感に感じとるしかないのだ。その〈動感ヒュレー〉をノエシス契機に把持する感覚質，つまり動感身体性に関わる能力可能性が改めて問われるのはこの意味においてである。

　ここにおいて，我々は動感発生という深層世界に向き合って，まずもって，一回性原理に支配される〈感覚質発生〉に注目せざるをえなくなる。すでに我々は，動感発生の世界において，受動発生，受容発生，原発生の重層構造に直接に向き合ってきている。その何れの層位においても，因果決定論では考えられない〈反論理性〉をもつ謎に充ち溢れているのだ。その受動発生領野では，自覚しないままにいつの間にか自然と〈動ける〉ようになる，いわば〈没意識性〉が際立っている。しかしそれは，そこに動感意識が働いていないという意味ではない。動感意識の〈空虚形態〉という枠組だけは，いつもすでに先所与されているのだ。その自我意識の参与しない受動発生という自然的態度の層位で，独りでに動いてしまう動機づけは，〈本能動感〉という〈原衝動性〉に支えられると言うフッサールには首肯できる。その本能動感[14]は，〈ゼロ動感志向性〉の充実以前の動感世界に息づいているとフッサールは言うのだ。すでに（§23）述べているように，そこでは〈自らそこに居合わる〉という〈安らぎ〉[15]に向けて〈原衝動〉が触発され，実践可能性に向けての〈受動的反復〉が誘われるのだ。それは，実践可能性に潜む価値知覚[16]を含意潜在態とする原感情と原動感という〈原ヒュレー〉が匿名の〈原構造〉[17]に働いていると，フッサールが正鵠を射て指摘するのは，まさにこの意味においてである。こうして，この受動層位では，動きの感覚質と快不快の原感情が，同時に反転化しながら働いているから，その〈動感情況をどのように誘い出すか〉がその指導者の正念場となる。こうして受動発生の謎を探る道を辿りはじめることになる。

---

14) Hua. XV. S.660f. [Beilage 54]
15) Landgrebe, L.: Phänomenologische Analyse und Dialektik, In Dialektik und Genesis in der Phänomenologie, S.79, 1980
16) Hua. IV. S.9 ［邦訳：第4節‐段落⑦］
17) Hua. XV. S.385 [Text‐Nr.22‐⑰]

だから，自然的態度のなかに，日常的に現れているこの受動発生という現象野では，動感ヒュレーの時間流のなかに，その感覚質発生の運動基盤に依拠して，その受動発生の道を見定めながら実践可能性に向き合うことから一歩を踏み出すのでなければならない。原衝動の赴くままに本能動感を働かせて，多様な動きかたを次々に身に付けていく〈受動発生領野〉では，乳児や幼児の謎に満ちた受動発生が典型的に姿を現してくる。それだけに，乳児や幼児の動感発生に関わる指導者たちは，高次元の動感発生論に関する専門能力が求められていることを見過ごしてはならない。

　さらに，述定判断に先立つ，いわば〈先述定経験〉を潜在態とする動感発生の受容経験ないし能動経験の層位においては，動感情況のなかに潜む〈未来予持の感覚質発生〉の様相変動を追うことが主題化される。保育園や幼稚園では，その動感発生の指導が主題化され，いわゆる意図的に〈運動遊び〉が取り上げられるのだ。それに思わず誘われていく受容発生の現象野が前景に浮かび上がってくる。さらに小学校の体育授業は，典型的な受容経験野において展開されるが，そこではコツやカンの動感能力を身に付けさせる本来的な〈運動学習〉が，つまり〈動きの意味発生現象〉が本質必然的に注目されるのでなければならない。ところが昨今では，感覚質発生に関する現象学的な触発化指導の重大さは気づかれないままに，背景に沈められていることが少なくない。そこでは，新しい動きが〈できる−できない〉の二項対立の下に，〈できればよい〉という端的な成果主義だけが前景に立てられているのだ。受容発生の層位は，能動発生のへの前提的な層位であるから，それはより高次の目標像を追う能動発生に必然可能的に連動していくことになる。現代の幼児体育や小学校体育では，このような受容発生層位における身体運動の〈本質直観的な感覚質学習〉が背景に沈められたままになっている。その重大な問題性に我々は特に注目するのでなければならない。

　さらに競技スポーツでも，その成果主義の陰に隠れて，感覚質発生という中核的な層位は，選手たちの〈自得に丸投げされたまま〉となっている。競技の監督ないしコーチは，もっぱら勝敗に直結する〈軍師的な戦略的役割〉が主題化され，原発生地平の動感意識流のなかに，選手たちが工夫を強いられる感覚質発生の〈ヒュレー契機〉[18]と〈ノエシス契機〉との〈モルフェー統覚化〉に

---

18) Hua. III. S.175 ［邦訳：第85節，段落⑨〜⑩，II - 98頁］

関わる様相化分析は，単に副次的な関心しかもたれていない。その動感発生に直結する〈本質直観分析〉は，コーチの努力目標の埒外に移され，もっぱらコツやカンを生み出す感覚質発生の工夫は選手自身の自己責任に丸投げしているだけである。だから，価値を知覚する感覚質発生の謎に迫る道は，科学的メカニズムの解明と合理的な習練マネジメントの領野に属してはいないのだ。その領野では，単に〈できればよい〉という成果主義が際立っていて，手段を選ばず，勝利の結果だけに価値意識を向けることになる。フッサールが「ドクサ経験世界に帰還せよ」[19)] とその〈動感発生の源泉回帰〉を主張するのは，この意味において正鵠を射た主張として首肯することができる。

　このようにして，受容ないし能動発生領野における本質直観の発生現象学的分析論は，埒外に弾き出されているから，動きの感覚質発生の謎はますます深まるばかりである。つまり，今まで何の苦労もなく動けたのに，その動感メロディーが急に消滅する奇妙な現象に見舞われると，その選手のみならず教師やコーチたちもその解決の仕方を知らない。それどころか，その動感消滅現象の存在すら知られていない昨今である。それは動感発生の深層分析を無視してきたから，〈感覚質消滅〉に見舞われた選手の〈戻るべき動感故郷がどこにあるのか〉を探す工夫も疲弊してしまっているのだ。いわば，感覚質の生成と消滅という動感発生分析論は，これまで成果主義に押しつぶされてきたのかも知れない。こうした事態に向き合ってはじめて，我々は動きの価値意識の潜む感覚質の問題性に目覚め，フッサールが主張する原発生分析の不可欠さに気づかされることになる。その詳細はすでに本論の第Ⅳ章で立ち入っているが，教師やコーチたちは，コツやカンといった曖昧な〈ドクサ的身体経験〉を非科学的だと侮蔑し，もっぱら科学的な運動分析だけに依拠して動感発生させることができると信じていたのだろうか。指導者たちが感覚質発生に関わる重大事を自ら放棄してきた動機づけは，一体どこにあったのか。様々な領域の身体運動を指導する体育教師も，かつてはコツやカンだけに頼って難しい動きを身に付けようと，本原的な〈直観分析〉に打ち込んできたはずである。まして競技コーチは，単一の競技種目のなかで，選手として多様な動感経験を積み，感覚質発生の工夫を重ね，それなりに貴重な身体知を身に付けているはずである。だから，そのコツやカンを掴むときの感覚質発生の動機づけに気づかないはずもないし，

---

19) EU. S.30［第6節，③　20頁］

感覚質発生分析の経験がないわけでもない。指導者たちは，何故にコツやカンを掴むときの感覚質発生分析に回帰しようとしないのか。それは指導者養成機関のカリキュラム編成にも問題が潜んでいるとしても，まず教師やコーチの専門資格を裏付ける分析能力そのものに，まずもって問いかけてみなければならない。

§ 92. 動感ヒュレーの分析能力を問う

　こうして，我々は改めて体育教師や競技コーチにとって，不可欠な〈動感素材[ヒュレー]の分析能力〉をまず主題化しておく必要に迫られる。教師もコーチも，そこに展開される身体運動をどのように観察し統握しているのかは，動感伝承発生の指導起点である。この運動観察の問題性に気づいたのは，スポーツ運動学を拓いたマイネル教授に他ならない。マイネルはその遺著で「我々はいつも動いた身体を見ていて，動きそれ自体を見抜いているのではない」[20]といい，我々が「何を見ているのか」「何を見ることができるのか」は決定的な重大さをもつと指摘する。〈運動観察はその分析能力に左右される〉と言うマイネルのこの指摘は，科学的運動分析と現象学的運動分析の本質的な差異を巧みに言い当てている。現代のスポーツ科学は，高速ビデオで精密科学的に分析すれば，どんな神業も〈種明かしできる〉と思っている。しかし，〈目に見えないコツやカン〉を見抜けるのは，見る人の動感能力に左右されるから，〈見える人にしか見えない〉ことになる。だから，ここで言う〈分析能力〉は，動感運動に関わる現象学的分析の〈能力可能性〉が意味されている。それは位置移動の客観性を万人に保証する科学的運動分析とは，本質必然的に区別されている。というのは，無機質な物理運動のメカニズムが精密な分析結果として呈示されても，フッサールの重視する〈実践可能性〉は，何一つも具体化しないからである。動ける可能性を動く人の自己責任に丸投げするだけでは，実践現場における感覚質発生を指導することにはならない。現象学的な〈感覚質発生分析〉は，あくまで〈私が動ける〉という実践可能性の道を拓くための方法論以外の何ものでもないのだ。動感運動の現象学的分析の本質普遍性は，フッサールの〈間主観的共同性〉[21]と言う連帯感を共有した〈動感仲間化の世界意

---
20) Meinel, K.: Bewegungslehre, 1960 S.136 ［邦訳：140 頁］

識〉に必然的に支えられている。いわば，動感身体性を了解できるすべての人に，その共通認識が保証されるのである。だから「立ちとどまりつつ流れる現在」と「ここ－そこ連関」の〈隔たり原現象〉を〈身体で分かる〉すべての人に〈共通感覚質(アイステーシス・コイナ)〉として，その統握が保証されることになるのだ。

　こうして，我々はやっと動感素材(ヒュレー)の問題に立ち入ることができる。すでに述べているように，重層構造の表層位に現れる動感能力の受動発生層位では，自然と〈動ける〉ようになり，まさに〈没意識性〉を特徴としている。その原衝動の赴くままに〈本能動感〉を働かせて，多様な動きかたを次々に身に付けていく乳児や幼児には，謎に満ちた動感発生が次々と典型的に現れてくる。これに対して，保育園や幼稚園の先生の指導の下に行われる〈運動遊び〉のなかでも，思わず動けるようになる感覚質発生の様相変動が浮上してはいるのだ。そこでは，コツやカンという動感能力を身に付けさせる〈動きの発生学習〉が本来的に主題化される動感発生の主要な層位に他ならない。そこでは，思わず誘い込まれて〈動きたい－動けない〉動感世界に，いつの間にかすでに立ち入っていることになる。

　ところが，教師はその奇妙な謎に包まれた感覚質発生現象には，全く気づかず，もっぱら〈学習の成果〉だけに関心を寄せる。価値意識の働く感覚質発生は，ヴァイツゼッカーの言う達成原理[22)]に支配されているのであり，〈感覚与件〉の伝導原理は排除されていることを見逃してはならない。だから，感覚質発生の様相変動には，多様な感覚質が取り上げられるのであり，指導者はその感覚質の多様性のなかに，〈どんな達成原理を見出すか〉が重要な意味をもってくる。ここにおいて，我々は感覚質発生がどのように展開されているのかに注目する必要に迫られる。生徒たちは，先生に誘われて〈そう動きたい〉と思っても〈動けない〉とき，動けない〈動機づけ〉をどこに求めるのか，という問題が浮上してくる。その動きが〈できない〉ときには，不足している〈体力要素や学習意欲〉にその原因を求め，その欠損を原因として取り上げ，〈補填する学習〉に直行する構図は，これまでの一般的な運動学習である。こうして，成果主義が〈できる－できない〉の二項対立の学習方式に傾斜させることになる。しかし，動感発生論から言えば，まずそこで子どもがどのような〈動感ヒュレー〉を探

---

21) Hua. I. S.159ff.［邦訳：岩波文庫，第58節，235頁以降］
22) Weizsäcker, V.v.: Gestaltkreis, Gesammelte Schriften, Bd.4, S.105f., 1997, Suhrkamp Verlag［36頁］

し求めているのか，つまり〈動けるための感覚質〉をどのように探っているかの様相変動に注目するのでなければならない。同じ動きを繰り返して練習しても，その〈たった今〉という把持志向性を過去に流してしまっては，何度反復してもできるようにはならない。そこには，その前の過去把持と〈たった今〉の過去把持（レテンツィオン）とを比べて，感じのいい過去把持（レテンツィオン）を掴まえ，感じの悪い過去把持（レテンツィオン）を過去に流してしまうという〈取捨選択作用〉が働いているのだ。フッサールはそのような感覚質の価値意識を〈価値知覚〉と呼んでいることは，すでに本論（§29〜§32）で詳しく立ち入っている。しかし，そんな〈意識分析〉を幼稚園や小学校の体育学習に課する必要はないと端的に排除してはならない。というのは，その微妙な感覚質に気づかせる〈実践可能性〉は，これまですべて子どもたち本人に丸投げしてきたのだ。教師がそれに気づかせる感覚質の発生分析を自ら放棄していただけなのである。

　フッサールによれば，ここで主題化されている〈感覚ヒュレー〉は，〈志向モルフェー〉の素材を提供する役割を担っていると言う。その〈ヒュレー層位〉と〈ノエシス層位〉[23]は〈基づけ的統一体〉を構成しているのであり，さらに〈志向的モルフェー〉に収斂されていくことになる。したがって，〈価値知覚的な動感ヒュレー〉は，感覚質による〈取捨選択作用〉を経て，志向的なモルフェーに統覚されて，やっと〈動感メロディー〉が浮かび上がってくる。そのときに何となく「できそうな気になってくる」という〈気配感〉が子どもたちに息づきはじめるのだ。それは，いわゆる動感システムの〈マグレ発生の予兆〉であり，子どもたちは同じ動きの反復に夢中になっていくのは，この位相においてである。そのとき教師は，子どもたちが微妙な感覚質を掴みかけている動感情況を何一つ読み取ろうとせず，すべて無視してきただけなのである。このような生徒たちの動感ヒュレーの発生現象を捉える〈図式化領野〉は，同時に教師にとっての伝承発生への分析能力に連動していくのは言うまでもない。指導者が〈観察と交信の動感ヒュレー〉を構成化するにしても，〈代行の動感ヒュレー〉を統握するにしても，動感受容発生の領野で多様な身体経験をする幼児や生徒たちの動感世界に共生し，動感連帯感をもって発生分析に寄り添うには，この〈動感ヒュレーの感覚質分析〉に関わりをもたないわけにはいかないのだ。

　ここにおいて，動感伝承発生に関わる教師やコーチが〈動感ヒュレーの分析

---

[23] Hua. III. S.175 ［邦訳：II‐第85節，98頁］

能力〉を身に付けていないのでは，身体教育における指導実践の〈意味核〉が欠損していることになる。マイネルが指摘しているように，多様な動きのコツを見抜き，とっさに振る舞うカンの働きを読み解く〈観察分析能力〉，さらに生徒や選手たちの動感発生の微妙な様相変動を本人から聞き出す〈借問分析能力〉はどのようにして訓練可能なのか。こうして，その運動技能の端的な達成だけを狙いとした従来の実技実習の在り方は改革されざるをえなくなってくる。見事に動けても，動感スキップして何の感覚質も感じとっていない名選手も存在するのだから，技能の達成検定だけでは，指導者の分析能力は保証できないことになる。まして，学習指導する生徒たちの目指す動きや振る舞いを具体的に代行形態化することができないのでは，どこをどのように指導するのか，その最適な目標像を呈示することもできないことになる。〈動感ヒュレーの代行分析能力〉は，どのようにして訓練するのかの方法論はまだ十分には拓かれているとは言えない。この分析能力なしに，生徒や選手たちに具体的に動感促発の処方箋をプログラムできるはずはないことを確認しておかなければならない。

§93. 動感処方の分析能力を問う

　前節で主題化した〈感覚ヒュレー〉と〈志向モルフェー〉の相補的補完性をもつ〈動感ヒュレーの分析能力〉は，促発指導する個人ないしチームの具体的な処方箋を構想する不可欠な前提となるのは言をまたない。しかしここで主題化される動感促発を処方する営みは，今ここの動感時空世界に現れる実践可能性に対して，一つの〈決断〉と〈承認〉が迫られるから，教師やコーチにとって極めて厳しい現象野となる。そこでは，動きの感覚質素材を収集するだけでなく，動感処方の〈最終的な決断と承認〉が求められるから，すべて自己責任となるのだ。それは，すでに内在成素として用意された志向形態（モルフェー）を生徒や選手たちに実現させうるかどうか，という剣が峰に立たされていることが意味されている。だから，指導者はその〈促発処方分析能力〉を必然的に身に付けていなければならなくなる。〈処方する〉という表現は語源的に「戻す，返す」だから，その代行的志向形態（モルフェー）を直ちに学習者にうまく〈戻してやる〉ことが意味される。その〈代行形態〉そのものは，すでにその個人ないしチームに受け容れられるように〈適合化〉されているから，それを承け手の動感身体に拒絶反

応が起こらないように〈移植する手立て〉が問われることになる。これまで〈処方〉という術語は，生理学的エクササイズ領域で使われているが，運動処方というプログラムのなかには，〈感覚質発生の処方箋〉は何も取り上げられていない。だから動感促発の処方箋には，生徒の動感ヒュレーが感覚質の取捨選択によってモルフェーに統覚され，〈そう動ける〉ための実践可能性が示されなければ，全く動感処方の意味をなさなくなるのだ。マネジメント処方は，指導者が学習活動を外部視点から観察し，計測し，評価する手順だけを呈示する役割をもつ。これに対して，動感促発の処方分析をする教師は，まず外部視点を遮断することからはじめなければならない。その教師の最終的な役割は，生徒の動感世界に自らの動感経験を移入し，生徒がその形態発生を受け容れて〈創発[24]させる〉のを促すのでなればならない。このような〈超越論的処方分析〉が学習行動のマネジメント分析から截然と区別されるのは，この意味においてである。

　動感促発の処方分析の第一領野として挙げられている目標構成は，教師が生徒たちに歩かせる道の道標を建てる役割をもつ。大方の山道には，分かれ道ごとに方向標識があり，それを頼りに道に迷うことなく目的地に辿りつける。それは〈道しるべ〉とも呼ばれる。その〈しるべ〉という古語的表現には，〈知る方〉つまり「そこへ行く方向を知る」という意味と，〈知る辺〉つまり「その辺を知る」という両義をもつ。だから，それは方向標識だけでなく，目当てとなる目標像も呈示しなければならない。渺茫たる草原のなかで，方向を感知する能力が現代人に萎えてしまったのと同様に，動感価値知覚も萎えてしまって，その方向も，目指す像も自ら見分けられなくなっていることを，我々は直視するのでなければならない。

　この動感促発の〈目標構成化領域〉と相補的補完性をもつのが動感処方の〈動機づけ領域〉である。しかし，この動感づけの起点化構成は，正当に認識されているとは言いがたい。その動機ないし関心を理解するときには，フッサールの言葉[25]を借りれば，〈潜在的動機づけ〉も一緒に含めなければならないのであり，一連の構成化する志向体験に注意する必要があると言う。それはその感覚質の発生原点に「すべて動機づけられる」からである。こうして，起点化

---

24) Hua. I., S.111ff. [邦訳：岩波文庫，141頁以降]
25) Hua. IV. S.225 [邦訳：Ⅱ‐Ⅱ，61頁以降]

構成を動機づけているのは，生き生きした現在の〈絶対ゼロ点〉に発する動感能力であり，過去把持(レテンツィオン)を〈今ここ〉に引き寄せる根源的な身体能力である[26]。とすれば，指導者は生徒が行う身体運動のなかに，自らの動感運動を類比的に統覚し，動感対化しながら動機づけの〈起点化契機〉を読み取れる分析能力をもたなければならない。フッサールによれば[27]「現実の経験と可能な経験のなかで，我々は意識生活で時間的に可能な変化，いわば〈自由変更〉を行うのであり，それによって〈動機づけられたもの〉と〈動機づけるもの〉が可視的になる」のだと言う。つまり，学習者の原発生地平におけるその過去把持(レテンツィオン)地平にまで遡源すれば，学習者の起点化構成としての〈動機づけられたもの〉が姿を現し，未来予持(プロテンツィオン)地平に〈動機づけるもの〉をどのように捉えるかが浮上してくることになる。いずれにしても，コーチが自らの動感原点を捉える〈原動感能力〉に遡ることができなければ，選手たちの動感運動の原発生地平のなかに，その本質可能性を直観できるはずもない。

さらに，動感促発の〈即座構成化〉は，指導者の分析能力がもっとも典型的に示される領野であり，その教師の一言で一気に動きが見違えるように変わる可能性もあるのだ。コーチにコツのポイントを示唆してもらった途端に，今までの苦労が一気に吹き飛んでしまうといった例証は，決して珍しいことではない。この即座構成の対極にあるのが〈待機構成化〉に他ならない。世阿弥の『風姿花伝』における「年来稽古条々」では，「余りにいたく諫めれば，童は気を失ひて，能物くさく成りたちぬれば，やがて能は止まる也」として，能稽古の待機構成を考慮に入れる芸道方法論は，まさに白眉である。つまり，学習者の動感能力が本原的な充実化に入りつつあるのかどうかをしっかり見極めるまで，動感促発処方の起点をぎりぎりまで引き延ばすことになる。ドイツの哲学者ヘリゲル教授がわが国で弓道の修行をしたときに，日本弓道の〈待機構成化〉が理解できずに苦しんだ記録が残されている。合理的思考を重んじるドイツの哲学者が何も教えてくれない阿波研造師範に神秘主義的なまやかしを感じ，弓道を放棄する危機に瀕したときの例証分析は，動感発生論にとってもまさに貴重な資料と言えよう。その待機化現象にヘリゲル教授が不信を募らせたとき，その危機を肌身で感じとった阿波師範は，奇妙な表現〈それが射る〉という境地

---

[26] Hua. XI. S.178 [邦訳：253 頁]
[27] Hua. XIV, S.480 [Bl. LXIII (63) Einleitende allgemeine Überlegungen zur Lehre von der Einfühlung. <die originalshäre und die Probleme der psychologischen und transzendentalen Genesis> Anfang Februar 1927]

をその至芸によって披露するに至る。ヘリゲル教授は「この二本の矢でもって，師範は明らかに私をも射止めた」と述懐する記述は，まさに古来の芸道における〈待ち〉の重大さと深さを知らせるに十分である。この意味において，わが国の精神生活の基柢に根づいている〈自得の美意識〉に支えられた芸道方法論は，決して非科学的な指導法として一笑に付されるべきものでは決してない。それは，むしろ古代中国の荘子に見られる至芸思想に端を発し，禅仏教の思想に支えられながら長い歴史のなかに踏み固められた道（ホドス）である。それはわが国の芸道の誇るべき高次元の方法論を示唆して余りある。

　しかし，何といっても動感促発の分析能力が顕在的に問われるのは，動感呈示においてである。その〈対話呈示〉と〈模倣呈示〉の二つの動感促発現象は，ともに〈模倣呈示能力〉の支配の下にある。真似る対象となる動きかたに動感移入する〈代行模倣分析能力〉がなければ，学習者と動感交信も成立しないからである。さらに動感連帯感を持ち合わせていない教師は，その生徒の動きを即座に真似ることができるはずもない。こうして動感呈示の分析能力を高める方法論が浮上してくることになる。しかし，適合化された代行模倣形態が構成されても，その方法論を誤っては，生徒の動感促発処方に踏み込めない。そこに芸道における〈鏡稽古〉の問題圏が注目されてくるのだ。現代の模倣促発では，後ろ姿の動きを真似させるのが一般である。そこでは動感メロディーの促発現象が無視され，単に物理空間における図形をなぞるのが合目的だと考えられている。そこでは，左右方位づけの動感促発が排除されているのだ。その〈対面模倣方式〉は，たしかに師匠の動感空間に入り込めなければ成立しない。だから，高次元の動感模倣能力が要求されることになる。そこには，模倣呈示の能力検定という実践可能性の存在を見逃してはならない。中世における世阿弥の模倣稽古では，私の目で見るのでなく，私の動きを自ら対象化して私が見るという〈離見の見〉として，動感空間の方位づけ問題の深層にすでに立ち入っているのは一驚に値する[28]。

　さらに，模倣促発における示範現象に注目しておかなければならない。動感呈示における〈示範の概念〉を端的に〈模範を示す〉と理解すると，それは市販のビデオで間に合うことになる。そこでは，教師がその技能を現に示範できなくても，教師自身の専門能力が問われることはない。ところが模範の〈模

---

[28] 世阿弥：「花鏡」前掲書88頁『芸の思想・道の思想1』1995

における音符の〈莫〉は，同じ形のものを探り求めるという意味をもっているから，動感呈示と同じものを探り当てる志向体験を把握させるには，生徒の動感目標に近い〈形成位相〉が選ばれるのでなければならない。そのとき，名選手のすばらしい動きが呈示されても，生徒たちの動感質が触発されるはずもない。むしろ，生徒の欠点のある動きかたを対比的に示範できるためには，適正な〈動感模倣分析能力〉の実技実習を重視しなければならない。物理時空系のビデオで，その動きのメカニズムを知的に理解させても，どのように動けばよいのかという〈動感促発〉につながらないことに注目しなければならない。

　ここにおいて，動きかたの〈画像媒体による動感呈示〉の問題圏が浮かび上がってくる。その画像媒体は絵画，挿絵，キネグラムやビデオ映像などが意味されている。それは促発処方方法論の中核を占めることになる。スイスのホドラー（Hodler, Ferdinand 1853~1918）による〈木樵〉の名画は，斧を振り上げた一瞬に溢れるような動感印象を与えるが，いわばそれは，単なる一枚の静止画像でしかない。それを見る人の動感能力が働くときに，その〈凍結の瞬間像〉が融けて生き生きと動き出し，ダイナミックな動感メロディーを奏でることになる。ところが，一枚の映像のなかに，生き生きとした動感意識流を見抜くことができるのに，1秒間に100コマのキネグラムには，動感メロディーが共鳴しないことも対比的に見逃してはならないことである。そこには，〈動感身体移入の本質法則〉が潜んでいて，そのような分析能力をもつ人にしか動感メロディーを聴くことはできないからである。その空虚な分析能力をどのように訓練するかの方法論はまだ十分には体系化されてはいない。誰にでも，例外なく知的理解を保証する科学的運動メカニズムは，それとは全く異質な超越論的な〈動感意識分析能力〉の存在を気づかせることになる。そこには，教員養成大学やコーチ養成機関における動感分析能力の必修化をめぐる問題性を見出すことができる。運動技能の達成だけで単位履修としてきたこれまでの実技実習の在り方に警鐘を鳴らすのは，この意味においてである。

§94. 学校体育の運動学習を問う

　ここに「動感運動学の道」と題した〈終章〉を閉じるに当たって，〈動感運動学〉の立場を闡明（せんめい）にしておきたい。〈動感運動学〉とは，超越論的動感感覚質（キネステーゼ）の

発生論を主題とする現象学的運動学が意味されている。すでに序章（§4）でも取り上げているが，フッサールの意味する〈動感感覚〉とは，当時の物理学者マッハの〈運動感覚〉とは截然と区別されている。さらに，ここで意味される〈運動学〉は，超越論的現象学に基礎づけをもつスポーツ領域の運動学であり，バイオメカニクスやサイバネティクスの運動科学ではないし，生理学的な運動科学でも，心理学の行動主義を核とする横断的な行動科学からも截然と区別される。しかし，スポーツ運動学は，ボイテンデイクが指摘するように，〈自己運動〉〈主観性〉〈身体性〉を基柢に据える限りで上位の協力可能性を排除するものではない。それは，動きの感覚質を駆使する身体性が，〈二重感覚〉をもつ〈身体物体〉をその基柢に据えているからに他ならない。

さらに，ここで主題化される〈運動学習〉は，序章（§2）の〈身体運動の両義性〉のなかで指摘しているように，その運動概念の多義性から混乱は免れないとしても，ここではその説明のさらなる重複を避けることができるであろう。いわば，運動学習とは，シュトラウスの意味の〈動きかた〉[29]の意味発生の学習であって，健康と体力向上の手段に利用される〈運動の学習〉ではない。わが国の学校体育においては，その陶冶目標が一義的に健康維持と身体の発育発達に向けられているので，体育の運動学習は，エクササイズという手段的運動の学習が前景に立てられることになる。だから，ここで主題化されるシュトラウスの〈運動学習〉という訳語の意味は，わが国では誤解されることが少なくない。そのために，競技スポーツや舞踊を教材に取り上げても，その動きの意味発生学習は，上位に位置づけられている生理学的身体の発育発達の枠組みに従属せざるをえなくなり，〈体育学習〉の背景に沈められる可能性を否定できない。いわば，身体表現を本質とする舞踊や非日常的な器械運動などでは，その動きの発生学習と体力向上学習とが混在する可能性も否定できない。

このようにして，動きのコツやとっさに決断するカンの価値意識をもつ感覚質発生が主題となる動きの意味発生学習は，身体教育に不可欠な〈陶冶対象性〉をもつことになる。しかし，わが国の学校体育では，健康・体力を一義的に取り上げているから，動きの発生学習はどうしても前景に立てられない憾みがある。体育の教師は，新しい動きや行動をスポーツやダンスのなかで学習させることになるが，特に，うまく動けない生徒たちの発生指導に苦労させられるこ

---

29) Straus, E.: Vom Sinn der sinne 2. Aufl. 1956, S.263 Springer Verlag

とが多い。学習の合理的なマネジメントを呈示し，運動教材のメカニズムを説明しても，一向にそのように〈動けない〉生徒たちに対して，教師は一体どのように対応しているのか。これまでは，もし出来なければ，不足している体力要素のトレーニングとその学習手順のマニュアルを呈示し，その学習活動を意欲的にさせるマネジメントを工夫する。それでも出来ない生徒たちは，どんな動きに躓いているかをビデオ映像で直接に見られるようにしてやるのが精一杯の〈処方〉と言えよう。しかし，ビデオ映像で自分の動きを見ても，自分がどのように動いたのか全く感じとれない生徒は，〈動感ヒュレー〉を反省するどんな〈ノエシス契機〉も見出せない。まして，教師もビデオ映像を〈物理座標系〉のなかで見ているのだから，生徒にコツやカンを暗示してやることはできるはずもない。それは，教師自身が運動学の〈自己観察〉や〈他者観察〉の実習経験をもっていないのだから当然かも知れない。学生時代にその教材の競技経験をもっている教師なら，その〈動きの見抜き能力〉をもっている可能性はある。しかし，学校体育の教師は，多くの種目の身体運動の意味発生を指導しなければならない。とすると，中学や高校ではクラブで専門的な訓練を受けた生徒も少なくないから，技能の発生指導のミスを指摘されることも出てくる。学校体育の教師の専門能力には，何を，どのレベルまで要求されるのかという基本問題に逢着してしまうことになる。まして，金槌の体育教師も皆無ではないし，逆上がりに一度も成功した経験をもたない教師もいる。その〈意味発生〉の感覚質も持ち合わせていない教師が，その生徒の逆上がりを見ても，その〈動く感じ〉に共感できるはずもない。いわば体育教師は，動きの発生指導に関わる専門教育，つまり〈感覚質発生論〉の講義も実習も受けていないのだから当然かも知れない。となると，体育の授業展開には，運動教材の理論的知識を説明し，学習の手順を解説し，学習効率を保証するマネジメント的手順を呈示することはできても，現実の意味発生学習の実践指導は，生徒たちの自得に丸投げするしか方法はないことになる。

　それどころか，〈ゼロ動感〉[30]の働く乳幼児期における〈空虚形態〉の発生指導は，高度の専門能力が問われるから，まさに困難を極めることになる。そこでは，その動作反復が〈快不快を感じる感情や衝動〉[31]の働きによって触

---

30) Hua. XV. S.606 ［Beilage 45-⑩］
31) Hua. IV. S.197 ［邦訳：第51節・段落⑬］

発されるのだから，素人にはとても手に負えるものではない。加えて，いつの間にか習慣になって生じる〈鋳型化現象の修正〉は，さらに〈動感ゼロ点の形成化深層〉にまで遡っていかざるをえないことになる。他方では，怪我や病因によって引き起こされる動きの鋳型化現象も習慣化した受動発生として見出される。その〈固癖消滅〉の可能性は，運動障碍の原因となる物質身体の恢復に伴うことはあるとしても，それでもなお長年にわたって習慣化された動きかたの修正作業は教師たちを途方に暮れさせてしまう。

このような〈修正化の障碍現象〉は，その動感発生領野の〈機械的な反復動作〉によって引き起こされる。それに加えて，〈動感故郷世界の消失問題〉も浮上してくるが，それは，本論（§37～§40）で考察したとおりである。つまり，改めて修正化しようとすれば，動感能力の〈原発生層位〉に回帰せざるをえない。しかし，戻れる動感故郷が最初から見過ごされているのだから，〈帰るべき故郷〉はもともと存在していないことになる。それは機械的反復によって動感能力が空虚形態のなまま放置されてきたからである。しかも，その固癖化された動きかたは，新しい形態発生を妨害する能動的意識の働きをもっている。とりわけ，その鋳型化形態に〈動感類縁の修正化〉の道には，極めて高いアポリアが待ち構えている。当然ながらそこでは，動感発生に微妙な感覚質を感知できる高次元の動感能力が求められる。しかし，その指導者本人は，そのような動感経験をもっていないとすると，修正の学習指導は成立するはずもない。動きかたの目標像の成立条件が許す限り，別種の動感システムを創発するしかなくなる。この事実は，動感原発生地平における〈感知と共感の動感反省能力〉こそ，決定的な役割をもつことを示している。

何れにしても，鋳型化された動きかたは，その〈形態形成化の統覚化現象野〉が決定的な運動基盤となっている。だから，教育場面でも，競技場面でも，動感分析できる指導者が渇望されるのは当然のことである。これまでの学校体育においては，動感システムに内在する〈感知・共感の反省能力〉という動感発生領野の意味核が全く学習対象に取り上げられてこなかったのはどうしてなのか。単にその技能ができれば，本人は言表できなくても，動感発生を感知し，了解しているはずだという旧来の運動認識こそ，ここで改めて爆破されなければならない。これまでは，その動感意識を言表できなくても，〈動けた〉のだから〈分かっている〉という端的な因果決定論が信じられていて，〈動感スキ

ップ現象〉が見逃されてきたのだ．学校体育の世界では，その根源的な身体性の生成や消滅をわが身で捉え，どう動くのかという〈今ここ〉の〈身体経験の豊かさ〉が，改めて学校の身体教育に主題化される本質必然性に注目しなければならない．

すでに前段（§87～§88）において，体育教師の〈分析能力〉の問題性と教師のもつべき〈専門能力の養成〉については言及されている．このことは，単一競技種目のコーチの場合には，多少の差異化能力に違いはあるにしても，動感ヒュレーをほぼ統握する専門能力と，それを処方に生かす専門能力とは，統一態の様相を示す必然可能性があるかもしれない．しかし，学校体育における動きの感覚質という発生学習内容については，単に多種目に対応できる幅広い専門能力を養成するというだけではすまない本質普遍性が潜んでいることに注目しなければならない．つまり，座学における他の教科の理論学習と比較するとき，体育領域における陶冶領域の「本質必然性は何か」に改めて問いかける必要が生じてくる．遙か半世紀以上も前に，マイネル教授は〈言語教育〉と〈身体教育〉との関わりに言及しながら，身体教育にとっての固有領域として，その身体性を教育する〈直接的陶冶対象性〉こそ〈身体運動そのもの〉の発生学習であることを指摘し，「身体教育のすべては，動きを通しての教育であるから，〈身体教育〉の概念を〈運動教育〉に置き換えることが正当性をもつ」[32]と正鵠を射た見解を披瀝している．

マイネルはその遺著『スポーツ運動学』（1960）において，身体運動の〈発生と形成〉こそ運動学習の中核をなしていると指摘して，〈自己観察〉と〈他者観察〉という超越論的形態学の視座から新しい〈運動分析論〉を提言している．それにしても，日本の学校体育が19世紀の生理学的運動認識に固執して，身体教育における〈原身体経験〉，つまり動感身体の〈原発生地平経験〉に未だに踏み込むこともできないのは遺憾としか言いようがない．そこには，動感身体性の〈存在論分析〉が大きく立ち後れていることを見逃してはならない．同時に，学校体育に参画する諸々の身体運動を現象学的視座からの体系論が急がれなければならない．その基礎的研究なしには，学校における身体教育がその生理学主義の体育から脱却することは難しいであろう．

---

[32] Meinel, K.: Bewegungslehre 1960 S.30［邦訳：19頁，1981，大修館書店］

§ 95. 比較競技論の成立を探る

　西欧の 18 世紀後半において，身体教育が一般社会のなかに明確に組織化された時期に比べると，競技スポーツが国際的な競技会をもち，その競技力を争い合う競技連盟を組織化するようになったのは，世紀を超えて時代を下ることになる。しかし，身体教育が未だに陶冶対象に本質問題を抱えているのに比べれば，競技スポーツがその国際的な第一回近代オリンピック大会（1896）として華々しく登場しているのは，対照的な様相を呈していると言えよう。ところが，その世界規模の競技会は，五輪大会のみならず，世界選手権やワールドカップ大会などそれぞれの競技ごとに巨大化し，プロスポーツを巻き込みながら，政治問題や経済問題への波及を含めて，大きな社会的イベントとしてグローバルな問題性を抱え込んでいる。

　このような競技スポーツの世界的な発展の流れのなかにあっても，現象学的な動感運動学の視座から眺めると，そこには競技者と競技指導者の間に，学校の身体教育と似た問題圏が潜んでいることに気づかされる。つまり，競技するアスリートとその選手を鍛え指導するコーチないし監督の間には，動感身体能力の伝承発生をめぐって，一つの特徴的な関係系を見出すことができるからである。わが国でも，中世のころから芸道や武道における技芸者ないし武芸者とその師匠との間に，〈わざ〉の伝承の営為とその方式をめぐって，家元制度や流派対立などの問題が起こっても，その技芸伝承世界は現代にまで連綿として生き続けている。このような驚異的身体能力をめぐる伝承発生領野では，たしかに秘密に満ちた動感能力を〈伝え手と承け手の関係系〉のなかで，どのように伝承するかが大きな関心を呼んできたのは事実である。そこには，学校において集団的に動感能力を伝承する方式と違って，より純粋な動感伝承の現象野が立ち現れてくることになる。その注目すべき本質可能性の詳細は，拙著『わざの伝承』に譲らざるをえないが，その伝え手と承け手の関係系は，学校体育の場合より遙かに鮮明に際立っていることに注目することができる。

　まず，競技者とその指導者の関係系に注目すると，そこには，驚異的な動感能力の承け手となるアスリートと，選手を育成し，より高度な技を次の承け手に移す役割をもつ，いわばコーチや監督という伝え手との間に，固有な伝承関係系が成立している。体育教師は承け手の生徒たちを選べないが，競技指導者

は，本来的に技能を承けとる才能を見出す役割も同時に担っている。とは言っても，競技指導者は，エントリー選手に採用する生殺与奪の権ももっているから，次々と有望な選手に取り替えることも可能である。そこには，承け手の動感発生能力を無視する可能性も含んでいるから，直接に微妙な感覚質の世界に共感できない，名目だけの〈冠監督〉の存在を許すことにもなる。そこには，〈技能達成者〉と〈動感反省可能者〉とを等式で結べない現実も存在するからである。巷間に〈名選手必ずしも名コーチならず〉というのはこの意味においてである。そこでは，空虚形態のなかに動感スキップしたままでも，受動発生する本質必然性が存在しているのだ。「できるけど，うまく言えない」一流選手もいれば，「感覚質の違いが分かる」控えの選手もいる。そのためには，勝れた選手たちの動感地平の潜在態に向けて借問し，顕在態に浮上させる促発能力を方法論として体系化しなければならなくなる。競技成績の如何にかかわらず，多様な動感身体の体験地平をもっている選手たちから，多くの貴重な動感ヒュレーを収集する可能性は，まだ十分に残っていることを見逃してはならない。これまでの競技指導者が，選手たちの動感能力にどのような様相化分析をしてきたかは定かではない。それは技能達成における〈動感質反省能力〉の存在論を放棄し，技能達成者は同時にその〈動感質反省能力〉をもつという等式関係を是認してきたからである。しかも競技指導者は「試合にエントリーしない」という強権を発動できるから，選手たちの感覚質発生過程を無視しても，その成果主義によって競技マネジメントは可能と考える。さらに「その微妙な程度差の感覚質を区別できるか」とか「動感メロディーを反省できるか」といった，ややこしい感覚質発生の意識分析をしなくてもよいという牧歌的な冠監督も現に存在するのだ。これでは，動感メロディーの突然の消滅に戸惑う選手の苦悩に居合わせ，それを救うことなどできるはずもない。

　こうして，我々は突然の動感消滅に対応できる方法論のために，未だ空虚形態にある選手たちの多様な様相化分析に入る不可欠さについては，すでに本論で立ち入っている。世界の頂点に立ったメダリストが詳しく自らの動感深層の様相を純粋に記述することは珍しい。しかし，そこには，常人の達しえない深層世界における貴重な動感経験が潜んでいるかも知れない。とすれば，その微妙な感覚質分析に対して，どのように借問し，純粋記述できるのかは，今後の動感運動学の発生論分析の成果を左右することになろう。同時に，卓逸した動

感能力に恵まれずに，苦しみながら反省分析力を蓄えた二流の選手たちの様相化分析は，貴重な動感ヒュレーを後世に残してくれるはずである。その意味においては，身体教育の世界でも同じではあるが，競技スポーツの世界でも，〈感覚質ヒュレーの分析能力〉に対して，どのような〈借問システム〉に沿ってその貴重な動感知を分析できるのか，その分析方法論の体系化は，まさに喫緊の問題として浮上してくることになろう。その動感発生論的な分析能力の存在論は，コーチばかりでなく，体育教員の資格認定にも不可欠な合否判定基準を示唆してくれるかもしれない。その点では，高名なメダリストの輝かしい戦績が動感スキップ現象を覆い隠してしまう事実を見逃してはならない。そこに〈体罰コーチ〉や〈暴力監督〉の温床があるとすれば，〈感覚質反省能力〉の査定可能性がいみじくも浮かび上がってくることになろう。

　競技スポーツにおける動感能力の伝承発生をめぐる問題は，そこにまだ多くの問題を抱えているのが実情である。それだけに，まずはその動感原発生の地平分析論が伝承発生領野との関係性のなかに〈生化〉されて，その動感促発の〈分析能力〉を高める道が精力的に開拓されるのでなければならない。ところが，競技スポーツにおいては，決定的な価値判断領域を形成しているのが競技規程の問題圏である。そのルールの制定は，競技スポーツの盛衰を左右する重大事である。つまり，競技における勝敗決定の規則制定とその改正の問題圏がとりわけ注目されることになる。競技規程は，それぞれの国際競技連盟によって区々であるが，その規則制定とその改正は，例外なく当該の競技連盟の先決事項である。一般に，国際競技連盟は，その連盟設立の定款にあたる規程のほかに，直接に競技成立の条件を定める競技規程と，その競技の勝敗決定規則の二種類に分けることができよう。

　例えば，もっとも古くから〈採点による競技形式〉をとる〈評定競技〉には，規定演技と自由演技があった。しかしフィギュアスケート連盟が規定演技を廃止したのに連動して，体操競技でも規定演技が廃止されてしまった。そこには大衆化を狙ったIFの方針とTVの放映権問題もからんで，独創的な動感発生の温床であった同一技の極限を追求する〈規定演技〉を放棄する暴挙に走ってしまった。さらに採点規則でも，10点満点の採点方法を難度加算の無限方式に改訂した。そのために生命の危険を招くような難技が助長され，研ぎ澄まされた〈審美的遂行〉は犠牲にされる傾向を生み出してしまった。さらに，採点

規則も数学的表現が増え，例えば31度以上の姿勢欠点などの表記が散見できる。それは幾何学的な30度と31度との空間姿勢を審判員が必然的に見抜ける能力を前提にしていることになる。さらに，採点に疑義が出れば，高速ビデオによる述定判断が基準になるから，どうしても〈物理的な述定判断〉が混入する危険性が出てくることになる。

　同様なことは，レフリーによる〈感覚質判定〉を本義とする〈判定競技〉でも，例えば野球の盗塁成功か否かの判定は，高速ビデオでその映像を再生し，その物理的基準に従って決定されることになる。そこには，レフリーの感覚質の高次元の分析能力より，100万分の1秒を分析できる電子工学の精密さに傾斜する科学主義の復活を許容することになる。その極限には，〈測定競技〉の1000分の1秒による勝敗決定権がある。そこでは，アスリートのキネステーゼ感覚質より電子工学の機器に正当性が保証され，価値意識をもつ感覚質は貶められることになる。測定競技の関係者は，競技の勝敗決定権が生きた人間の高度な感覚質に，つまり価値意識をもつ感覚質にはなくて，電子機器にすべてを委せる競技を人間の〈スポーツ競技〉と考えているのだろうか。生きた人間の〈スポーツ文化〉は無機質な科学主義に隷属するしかないのであろうか。短距離走のスタートでファウル判定を受けた選手の遣る方ない無念の抗議を，我々はどのように理解すべきなのであろうか。そこには，運動現象学的分析による競技論の本質必然性が探られるべきであろう。とりわけ〈蛸壺化〉が進んで，相互に絶縁した各競技連盟の間には，新しい〈比較競技論〉の学問的裏付けが，その危機を救う可能性があるかも知れない。近い将来に，スポーツ文化領域のなかに，動感運動学を基柢に据えた超越論的な〈個別競技論〉が成立して，さらに高次元の〈比較競技論〉がこれからの競技スポーツの発展を支えてくれる時代が来ることを密かに期待しておきたい。

さくいん

あ行

アスペクト与件 157
アナログ反復 115
アポリア 3
阿吽の呼吸 12
悪しき遺産 104
遊び空間 270
遊び幅 121, 128, 218
当て外れ 90, 241
イマージュ 210
鋳型化 123
鋳型化現象 218
鋳型化主義 115
生き生きした原現在 179
生き生きした現在 191, 192
異郷世界 86
意識の奴隷 108
意志経験 68
意味形態 54
意味づけ 57
意味統握 45
意味の地滑り 256
意味発生 45, 53, 54, 200, 208
位置移動 134
位置交換 146
一次性質 170, 206
一回性現象 188
一回性原理 229
一切の原理の原理 207
移入経験 135, 255
移入交信能力 259
命綱 121, 180, 238
今統握 74, 157, 169, 178
苛立ち 193

印象分析 153
ヴェクトル構造 158
動きかた 108, 200, 291
運動遊び 281, 284
運動学習 7, 108, 281, 291
運動感覚 291
運動基盤 22, 51, 93, 128, 189, 211, 216, 278
運動教育 294
運動ゲシュタルト 11
運動時空系 158
運動発生学習 175, 247
運動模倣 12
エクササイズ 6, 7
エピステーメー 168
似非図式 69
会得 203
遠近感 154, 171, 183
遠心的伸長化現象 136
横断科学 223
横断科学化 263
奥行き 278
汚点 171

か行

かたまり運動 11
カテゴリー的類化 261
カン 33
カンの誘い 181
解体分析論 238
外地平 217
回転軸 193
回転ドアの原理 192
科学革命 35
科学的思考 25
科学主義的運動学 100

科学的運動学 7
科学的運動感覚 14
科学的思考 55, 104, 126, 157
科学的明証性 237
価値感知 200
価値知覚 30, 79, 200, 214, 250, 285
価値知覚経験 68
鏡稽古 289
可感的性質 170
架橋性 232
角加速度運動 16
確信 211
確信様態 177
確定化層位 178
過去事実 189
過去把持 178
過去把持志向性 121, 179, 181
過去把持の把持 179
過去様相 241
数稽古 119
加速度 16
括弧入れ 125
合致原形態 145
含意潜在態 28, 261
感覚運動知能 95
感覚質 3, 10, 53, 60, 91, 166, 168, 239
感覚質形態 248
感覚質消滅 282
感覚質生成 174
感覚質程度差 270
感覚質転移 256
感覚質の越境性 145
感覚質発生 29, 43, 53, 62

感覚質ヒュレー 164
感覚主義的呪縛 24
感覚態 39, 162, 192
感覚知 35, 95, 204
感覚的性質 168
感覚ヒュレー 35, 225
感覚与件 16, 21, 53, 91, 133, 168, 239
感情感覚 196
感知 135
観察分析能力 286
観取 231
間主観身体 58, 118, 144, 148
間主観的共同性 283
間主観的普遍性 125
間身体 148
間身体性 256
冠監督 296
キネステーゼ 20
キネステーゼ感覚 2, 19
キネステーゼ感覚質 22, 29, 72, 114, 243, 249
キネステーゼ能力システム 24
機械的自動化 126
機能運動学 36, 158
機能変動 40
幾何学的精神 25
基礎属性 28
基礎づけ 14
基体 25
基体 X 25
規定可能な未規定性 84, 99
起点化契機 288
疑念様相 252
気分 70, 138
気分価値 140
気分可能性 86
気分づけられた身体 85, 89

求心的伸長化現象 136
共感 135
共感覚質 31, 95
共感的印象分析 153
共時態 264
共時淘汰化 178
共所与性 71
共遂行能力 117
共通感覚質 71
共通する一者 232
共通する一般者 238
共通知覚 197
極限 156
局面化能力 185
筋努力 15
空間意識 210, 278
空間的奥行き 184
空虚形態 5, 76, 84, 113, 160, 245, 280, 292
空虚志向 279
空虚地平 14, 83, 135, 188, 217
空虚表象 160, 164, 188, 249
偶発性 13, 97, 100
偶発達成 69
偶発的消滅 116, 127
偶発的な動感消滅 92
ゲシュタルト 70
ゲシュタルト充実 182, 203
経験移入 129, 152
経験直観 231, 232
形而上的極限 224
形成 12
形相学的形態学 50, 203
形相的還元 94
形相的形態学 36
形態化 258
形態化現象 218
形態化作用 101
形態学的漠然性 28

形態形成 54
形態形成化 96
形態形成化領野 178
形態淘汰化領野 178
形態発生 63, 200
形態発生領野 178
結果の先取り 181
欠陥生物 11
欠損性 92
欠損態 159, 174, 189
決断・承認の同時性 158
気配感 86, 137, 138, 154, 259, 285
原意識 155
原印象 74, 178
原感情 70, 113, 196
原経験 44, 68, 81
原形象 235
原形態 126, 145, 241, 242, 256, 267
原現在 121, 132, 190, 268, 270
原現象 172, 179, 184
原構造 76, 189, 190, 193, 194, 196, 269, 280
原自覚 66
原事実 13, 196, 212
原受動性 270
原衝動 76, 113
原衝動性 280
原触発 164
原触発化 196
原身体 22
原身体経験 294
原対象 248
原対象性 220, 221
原動感 113, 189, 196
原動感志向性 194
原動感発生 247
原ドクサ 137, 198, 212
原努力 74, 102, 194, 276

原努力志向性 74
原発生 102, 162, 188, 248
原発生地平 44, 84, 218, 229
原ヒュレー 196
原方位づけ 194
原法則性 188, 229
原本性 75
原本能 196
原連合 74, 113, 180
原連合化 162
現在化様相 241
現象学的運動学 7
現象学的動感感覚 14
現象学的還元 125
現象学的空間 157
現象学的形態学 40
現象学的時間 179
現象学的時空系 158
現象学的反省分析 253
現象学的明証性 237
現象身体 255
現前化能力 74, 180
コツ 30
コツの足音 49, 181
コントラスト 27, 113
コントラスト的連合化 86
交換可能性 143
交換作用同時性 100, 163
交換同時性 117
高次元の協力 58, 147
恒常的図形時間規則 181
恒常的図形時間の規則 163
構築運動 8
構築化思考 218
構築主義 96, 115
固癖化 123
固癖化現象 121
固癖消滅 293
固有領域 51, 60, 112, 156, 247
個別競技論 298

根拠関係 191

さ行

サイバネティクス分析 223
差異化 97
再生化 219
再生像 235
再認化能力 182
再能動化 121, 125
作動する志向性 119
作動する身体性 121
システム論 223
シンボル化 139
自我分裂 186, 187
自我分裂の反省能力 271
時間意識 210, 277
時間化 248
時間化能力 74, 84, 121, 180, 182, 270
時間契機 183
時間秩序 178
時間様相 241, 247, 272, 277
始原性 275
自己移入 259
志向含意態 251
志向含蓄態 251
志向性分析 39
志向的越境 126, 256
志向的越境性 142
志向的含蓄 278
志向的モルフェー 225
志向モルフェー 35
自己運動 40, 73, 291
自己観察 153, 186
自己性 71, 221
自己責任 80, 286
自己知覚分析 153
自己中心化 178
自己忘却性 48, 64, 97, 163, 192, 268

自然的態度 231, 262
自得の美意識 12, 49, 92
自発性 64, 209
自由変更 234, 288
自由変更作用 236
事後性 269
事後的反省 192
事物化 55
事物化思想 42
実践可能性 45, 48, 50, 182, 211, 212, 213, 221, 277
実践基盤 213
実践的理解 254
実存運動 72, 95, 147, 154, 209
実的な身体運動 207
実的分析 89, 215, 227, 228, 261
射映 21
射映原理 205
借問能力 130
借問分析 87, 270
借問分析能力 286
周囲世界 139
充実形態 246
主観身体 58, 67, 94, 144
主観性 40, 291
受動志向 64
受動志向性 91, 159, 163
受動綜合 53
受動綜合化 64, 101, 106, 116, 179, 242
受動綜合分析 215
受動的確信 177
受動的原ドクサ 62
受動的固癖化 122
受動的自己忘却性 192
受動的先所与性 163, 176
受動的動感確信 189
受動発生 65, 88, 91, 159

受容経験 177
受容発生 159, 281
循環運動 226
準現在化 64, 240
準時間 241
純粋運動学 7, 231
純粋記述 208
純粋経験 165, 203
情況感 139
情況投射化能力 29, 33
情態性 69, 86, 140
情態性の先所与的存在 88
上空飛行的思考 38
消滅現象 51, 92
処方 287
資料 21
心情経験 68
心情領域 201, 214
深層形成化 278
身体意識 277
身体移入 118, 149, 152
身体移入経験 255
身体移入原理 255
身体運動 5, 52
身体化 125, 258
身体学 210, 221
身体感覚 24, 39, 70, 159
身体教育 15, 60, 294
身体駆使性 217
身体経験 68, 137
身体習練 15, 60
身体状態感 83, 86, 137
身体性 25, 40, 140, 204, 279, 291
身体性分析 104
身体対化 256
身体知 27, 35, 55, 95, 204
身体中心化 178
身体中心化能力 29
身体的なるもの 140
身体二重化法則 256

身体能力 24, 25, 79, 207
身体媒体性 51
身体発生 64, 79, 126, 206, 248
身体発生分析能力 251
身体発生論 50, 95, 204
身体物体 5, 43, 81, 204, 291
伸長化能力 185
信念確実性 241, 267
親和性 27, 113
スポーツ教育 114
遂行自我 37, 39
数学的形式化 85, 238, 266
数学的時間 166
ゼロ動感 131, 164, 242, 292
ゼロ動感志向性 280
精確さ 118
生成現象 51, 92, 214
生成転機 49
生動性 56, 105, 149, 208
生命の自然 211
生命の自然領域 61
生命的想像力 138
生理的早産 11
世界意識 157, 188, 207, 278
世界内存在 158, 189
絶対今 82, 154, 178
絶対運動 36
絶対ここ 82, 154, 178
絶対時間化 93, 161, 162
絶対事実性 70, 91, 117, 275
絶対主観性 30, 38, 94, 144, 157
絶対ゼロ点 3, 14, 44, 51, 71, 82, 94, 154, 188
絶対的失敗 238
先経験 155, 177
先経験世界 73
先経験の時間 179
先言語的所与性 25
先時間現在 268

先時間的原受動性 191
先述定経験 68, 177
先触発 202
先所与性 159
先存在 261
先反省 212
先反省性 73
全身感覚 137, 138, 197
潜勢自己運動 170
潜在的動機づけ 287
洗練化層位 178
相関共属性 31
相互隠蔽原理 51
相互隠蔽性 191
相補的統一態 57, 208
想起直観 240
想像像 235
想像体験 68
想像直観 240
想像変様 272
創発 287
即座構成化 288
即興的交換作用 149
即興的同時性 55
即興の動き 51
測定競技 36, 298
促発処方分析能力 286
促発的能動発生 177
促発分析能力 260
存在確信 22, 24
存在信念の基盤 177
存在同時性 100
存在様相 227, 272
存在論的気分性 87
存在論的分析 266
存在論分析 9

━━━━ た行 ━━━━

たった今 54
体育学習 291

体験時空系 158
体性感覚 15, 70, 207
体罰方式 66
体力 29, 95, 207
対化 99, 142, 256
対象身体 81
対象性 220
対象的時間 167
待機構成化 288
代行化分析能力 259
代行形態化 259
代行分析能力 254
代行模倣分析能力 289
他者観察 153, 186
立ちとどまる今 180, 270
立場交換 117
達成原理 284
脱目的性 9, 112
妥当変移現象 22
妥当変動現象 251
妥当基づけ 208
短懸垂 9
端的把握 141
弾力化能力 185
知覚確信 241, 267
地球地盤 164
地平 278
地平意識 157, 207, 278
中立変様 241, 272
超越化的解釈 38
超越化的思考作用 38
超越論的経験分析 262
超越論的固有領域 144
超越論的自我 186, 250
超越論的反省 276
超越論的分析 44, 73, 253
長懸垂 9
重複一元性 33
直観 231
直観像 234
沈殿化現象 179

通時態 264
通時淘汰化 178
テクネー 35
デジタル反復 115
出会い 145
定位感 154
定量分析 104
抵抗経験 215
抵抗程度差 215
呈示感覚 20
程度差 97, 280
的確さ 118
転換点 209
転成 12
伝承財 266
伝承発生 11, 65
伝動化能力 182
伝導原理 284
天頂の〈上〉 194
ドクサ経験 24, 81, 168
ドクサ領域 26
統覚化 172
統覚化層位 178
動感移入能力 257
動感運動 212, 220
動感運動学 5
動感越境 257
動感化時間性 178
動感感覚 291
動感経験 68
動感形態 57, 278
動感故郷 93, 130
動感故郷世界 65, 219
動感故郷世界の消失問題 293
動感システム 22, 70, 134, 222
動感質 19, 29, 169
動感質観察 249
動感質発生分析 52, 262
動感質反省能力 270

動感質反省分析 254
動感質分析能力 253, 254
動感情況 27, 33, 200, 207
動感類縁の修正化 293
動感消滅 214
動感身体 95, 255
動感身体性 204
動感親和性 181
動感スキップ 42
動感スキップ現象 65, 128, 169
動感生成 49
動感生動性 149
動感世界 157
動感世界意識 274
動感創発 22
動感促発 22
動感促発分析能力 258
動感地滑り 257
動感沈澱化 266
動感的先反省性 276
動感仲間化 147, 245, 255
動感能力 22
動感能力システム 222
動感発生論 48
動感反省能力 220
動感分析能力 250
動感メロディー 82, 129, 208
動感連帯化 145, 146
動感連帯感 145, 245, 247
動機づけ 39, 127, 202, 213, 246, 284
動機づけ因果性 131
動機づけ法則性 100
動機づけ領域 287
動体視力 259
道具性 72, 174
統計学的確率論 218
統計的標準化 180, 189
同時現在 192

同時交換可能性 149
同時交換作用 244
同時性 169
同時相互外在性 157
同時反転性 2, 34, 51
同質性 180
等質時間 166
淘汰化分析 264
頭頂の〈上〉 194
陶冶目標 49
独我論的主観 58
努力志向性 114, 274, 276

─────── **な行** ───────

なじみ地平 177
ナンバ歩き 131
内在経験 39
内在経験のヒュレー成素 228
内在時間 166
内在成素 286
内在的超越 44, 52, 167, 201, 250, 251
内在反省 243, 248
内地平 217
内的組織化 98
中庭 178, 192
流れ去る今 180
流れる今 270
流れる原現在 161, 190
流れる現在 157
二次性質 24, 170
二重化統一態 144
二重化統一の身体性 145
二重感覚 72, 220, 291
二重感覚概念 157
二重統一態 271
二重パラドックス 13
任意形態 235
任意性意識 236

認識知覚 200
眠れるゼロ動感 279
眠れる喃語 164
ノエシス意味統握 221
ノエシス契機 5, 45, 54, 281
ノエシス契機統握 49
ノエシス層位 285
ノエシス的意味統握 232
ノエシス的統握分析 260
ノエシス的な意味統握 240
ノエシス的分析 230, 244
ノエシス的分析能力 263
ノエマの意味 5, 45, 173
ノエマの意味存在 221
ノエマの意味存在論 247
ノエマの意味づけ 49
ノエマの意味内容 232, 240
ノエマの意味分析 173
能作 145
能動経験 177
能力可能性 10, 29, 73, 251

─────── **は行** ───────

パトスカテゴリー 82
パトス転機 127
媒介動作 8, 112, 274
破局的危機 93
破局的消滅 116, 127, 161
破局的動感消滅 92
漠然性 36, 97, 171, 223
把持地平 188
場所与件 157
発生学習 9
発生現象学 36
発生分析 104
発生変様態 56
半陰陽的統一体 237
反逆身体 131, 212, 217, 230, 274
反射弓 88

反省能力 268
反省分析 102, 219
反省分析能力 271
反転化交換可能性 144
反論理性 2, 53, 280
判定競技 36, 298
ビデオコーチ 65
ヒュレー成素 229
ヒュレー層位 285
ヒュレー契機 281
比較競技論 298
非循環運動 225
必然可能性 80
必当然的明証性 37
否定様相 252
被投性 87
一つの我々 145, 255
非人称自在化 161
評定競技 36, 297
ふたなりの統一体 237
二つの今 190
二つの上 190
負担軽減 119
縁取り分析 238
物質的自然 211
物体化 39
物体経験 136, 141
物体身体 230
普遍基盤 155, 160, 177
雰囲気 138
分析能力 251
並行関係 227
平行棒論争 8, 89
隔たり 172, 183
隔たり原現象 161, 260
変様態 175, 201
方向不定 138
方向不定性 139
方向不定な全身感覚 137
補完性 259
没意識性 280

没自我的受動性 191, 192
没目的性 233
本原身体 94
本原性 9, 54, 221
本原的開示性 154, 242, 255
本原的経験 83
本原的原事実 26
本原的所与性 207
本原的直観 81, 94, 131, 149, 205
本質学 203
本質直観 62, 203, 205, 224, 231, 232
本質直観能力 225, 251
本質直観分析 240, 267, 282
本質直観方法論 233
本質的漠然性 97
本質必然性 9, 158, 250
本質普遍性 205, 223, 231
本能動感 77, 123, 131, 164, 280

ま行

マグレ発生 13
ミュラー=リヤー図形 24
未規定の規定性 263
未来予持志向性 216
未来予持 178
未来予持志向性 121, 179
未来予持の予持 179, 189
道しるべ 287
無意識の志向性 279
メタモルフォーゼ 11
メンタル能力 95
明証性 27
モザイク主義 115
モナド 250, 255
モナドカン 227
モナドコツ 227
モナド的動感形態 238

モナド論 251
モルフォロギー分析 223
モルフォロギー分析論 153
目的論的原形態 265
目的論的無限性 265
目標構成化領域 287
目標像 234
模倣呈示能力 289

や行

野次馬 43
安らぎ 76, 276, 280
野性動感 77, 164
誘引動機づけ 188
融合局面 227
融合形態 225
融合統一体 237
優勢化能力 185
有体性 71, 221
有体的 92
有体的反省能力 207
遊動空間 139
遊動空間意識 139
幽霊身体 80
要素一元論 17
様相 240
様相化分析 53, 90, 106, 109, 201, 218
予期充実 188
予期様相 241
予持地平 188

ら行

リズム化能力 182
離見の見 186, 289
理念的関係点 156
領域存在論 221, 239
類的普遍化 85, 117, 238
例証分析 36

歴史身体 68, 93, 124, 204
歴史性 264
歴史的現在 265
歴史的目的論 265
連合化 99, 142
連合的覚起 27, 113
連合的綜合 64
連動運動の原理 72
連動原理 88, 134
ロックの呪縛 4, 37, 154, 168
ロボット化 126
論理可能性 213

わ

私の身体 156
我汝仲間化 145
我汝連関 145

[著 者]

金子明友（かねこ あきとも）

筑波大学名誉教授
元日本女子体育大学学長
国際体操連盟名誉メンバー

[主な著書]

『体操競技のコーチング』1974 年，大修館書店
『マイネル・スポーツ運動学』（訳）1981 年，大修館書店
教師のための器械運動指導法シリーズ『マット運動』『跳び箱・平均台運動』『鉄棒運動』
 　1982 〜 1984 年，大修館書店
マイネル遺稿『動きの感性学』（編訳），1998 年，大修館書店
『わざの伝承』2002 年，明和出版
『身体知の形成［上］－運動分析論講義・基礎編－』2005 年，明和出版
『身体知の形成［下］－運動分析論講義・方法編－』2005 年，明和出版
『身体知の構造－構造分析論講義－』2007 年，明和出版
『スポーツ運動学』－身体知の分析論－』2009 年，明和出版

運動感覚の深層
ⓒ Kaneko Akitomo 2015

初版発行――――2015 年 2 月 1 日

著　者	金子明友（かねこあきとも）
発行者	和田義智
発行所	株式会社 明和出版
	〒 176-0064　東京都板橋区中台 3 - 27 - F709
	電話　03-5921-0557　E-mail: meiwa@zak.att.ne.jp
	振替　00120-3-25221
装　丁	下田浩一
印刷・製本	壮光舎印刷株式会社

ISBN978-4-901933-36-0　　　　　　　Printed in Japan
Ⓡ 本書の全部または一部を無断で複写複製 (コピー) することは，著作権法上
での例外を除き禁じられています。